"十二五"应用型本科经管类专业创新规划教材

商业银行经营管理

主　编　王　晋
副主编　丁　琳　姚芳玲　李　静

中国财富出版社

图书在版编目（CIP）数据

商业银行经营管理/王晋主编．—北京：中国财富出版社，2013.9
（“十二五”应用型本科经管类专业创新规划教材）
ISBN 978－7－5047－4782－2

Ⅰ.①商…　Ⅱ.①王…　Ⅲ.①商业银行－经营管理－高等学校－教材　Ⅳ.①F830.33

中国版本图书馆 CIP 数据核字（2013）第 182063 号

策划编辑　寇俊玲　　**责任印制**　方朋远
责任编辑　曹保利　彭佳逸　　**责任校对**　杨小静

出版发行　中国财富出版社（原中国物资出版社）
社　　址　北京市丰台区南四环西路 188 号 5 区 20 楼　**邮政编码**　100070
电　　话　010－52227568（发行部）　010－52227588 转 307（总编室）
　　　　　　010－68589540（读者服务部）　010－52227588 转 305（质检部）
网　　址　http：//www.cfpress.com.cn
经　　销　新华书店
印　　刷　三河市西华印务有限公司
书　　号　ISBN 978－7－5047－4782－2/F·1998
开　　本　787mm×1092mm　1/16　　**版　　次**　2013 年 9 月第 1 版
印　　张　19.5　　**印　　次**　2013 年 9 月第 1 次印刷
字　　数　462 千字　　**定　　价**　40.00 元

“十二五”应用型本科经管类专业创新规划教材编审委员会

出版说明

随着我国经济体制改革的不断深化，社会经济发展对人才的需求呈现出新的多样化特征。日益发展的经济和不断进步的社会不仅为经管类毕业生提供了广阔的就业前景，也对经管类人才培养提出了更高的要求。未来社会对高新技术，尤其是应用型创新人才的整体需求更加紧迫，高端技能型、高级技术型创新人才将逐步成为社会劳动力竞争的主体。为了适应这一要求，中国财富出版社联合国内多所高校，特邀江西财经大学原党委书记伍世安教授和首都经济贸易大学原校长文魁教授担任顾问，山东财经大学刘兴云校长和安徽财经大学丁忠明校长担任主任委员，组织策划了这套“‘十二五’应用型本科经管类专业创新规划教材”。

结合培养应用型创新人才的需要，丛书在内容安排和结构体系上具有以下特色：

1. 体现了最新的经管类本科教育的核心理念。按照应用型创新人才培养模式的要求，将学科知识与实践知识相融合，理论与实践相结合，重实务，具有较强的可操作性。

2. 定位准确。准确体现经管类专业培养方案及课程大纲的要求，内容紧贴经管类专业的教学、就业实际，充分考虑应用型本科院校学生认知特点，语言简练、形式新颖、整体风格活泼，符合现代教学授受规律。

3. 突破了较为狭隘的专业界限和学科界限，突出“大经管”理念。在管理学和经济学两个一级学科的统领下，广纳多个分支学科的专业基础和专业技术课程，涵盖了工商管理学、金融学、会计学、财政学等多个领域。各学科、各专业既自成体系、完整配套，又相互融合、相互交叉；既有纵向的独立性，又有横向的交叉性。这样安排便于各院校根据自身的培养目标设置课程，灵活选择使用。

4. 内容新颖丰富，体系完整，全面反映了国内外经济与金融领域的最新成果。

5. 凝聚国内多所高校的智慧。特别是一大批一线教师和专家参加了这套丛书的编写和审定，他们了解学生的诉求，具有丰富的实践教学经验，更好地体现了本书的应用性特色。这些专家学者分别来自于北京物资学院、天津财经大学、山东财经大学、安徽财经大学、江西财经大学、西安交通大学、内蒙古财经大学、河北经贸大学、河南财经政法大学、山西财经大学、西安财经学院、广东商学院、广西财经学院、哈尔滨商业大学、哈尔滨金融学院、石家庄经济学院、海南医学院等十几所国内知名高校。

6. 配有电子教学资料包。教师可以登录中国财富出版社网站（http://www.cfpress.com.cn）“下载中心”下载教学资料包，该资料包包括教学指南、电子教案、习题答案，为教师教学提供完整支持。

本套丛书在编写过程中，得到了众多专家教授、一线教师、企业与机构人员的大力支持和帮助，他们对“产学研”一体化教学进行了艰辛而有益的探索，为本套丛书的完成奉献了大量的精力和宝贵的时间，在此表示衷心感谢！另外，特别要感谢中国高等教育学会高等财经教育分会对这套丛书的指导和帮助。同时，我们恳请各位专家、同行对本套丛书存在的不足之处给予批评和指正。

前　言

伴随中国30多年的改革开放，我国商业银行按照邓小平同志提出的“要把银行真正办成银行”的要求，进行了一系列卓有成效的改革，特别是股份制改革和上市以来，商业银行主要财务指标已接近国际较好银行水平，现代商业银行制度初步建立，已具备了可持续发展的基础。但从总体来看，商业银行同中国经济面临的巨大问题一样，不稳定、不平衡、不协调、不可持续的问题依然存在。从银行内部看，国有商业银行在公司治理结构、经营机制、增长方式和风险防范机制等方面与国际先进银行相比还有很大差距。从外部环境看，金融业的进一步对外开放、金融全球化的趋势，特别是《新巴塞尔协议》即将实行，将从根本上改变商业银行的经营环境，在创造新机遇的同时，也对商业银行发展形成了严峻的挑战。因此，我们对今后一段时期商业银行深化改革可能遇到的问题和困难要有充分的估计，对改革的长期性、复杂性和艰巨性要有更清醒的认识。

本书就是在这样的宏观背景下完成的。商业银行经营管理作为金融专业核心课程，是一门极具理论高度和实践广度的学科，并且始终处于动态发展之中。本书是建立在编者多年的教学实践与科学研究基础上，结合应用型本科人才培养目标，着眼于理论与实践的结合。全书紧紧围绕这一目标，系统地阐述商业银行的基本理论知识，重点介绍了实务的操作和流程，并且紧密结合中国经济、金融开放的最新实践，努力捕捉金融新动态。据此形成了本书理论与实务相结合，独具特色的知识体系，同时具有较强的可操作性。

(1) 本书按照商业银行经营管理的内在联系，对商业银行知识模块进行了重新组合与安排，构建了一个结构完整、逻辑性强的体系。在编写过程中既不是简单地分为理论和实践部分，也不是一种拼凑式的板块结构，而是始终把握明确的研究对象和贯穿全课程的逻辑主线，准确地描述商业银行经营管理的基本原理，全面系统地反映商业银行经营管理的教学科研的新动态。

(2) 本书理论与实践相结合，重实务，具有较强的可操作性。重点在于为金融实践教学提供支持，集合了金融实务所需的实践性、操作性和综合性教学资源，突出全面提高学生实践能力的特色。同时还涵盖了主要商业银行业务，贯穿商业银行资产、负债、中间诸业务，同时也用较大篇幅对网络银行和金融创新及其应用进行了分析。通过这样的安排，力图为学习、处理商业银行业务提供了最新、最简洁的方法，注重实际业务的操作程序、风险防范措施，注重运用案例分析方法。

同时，本书以“案例导入”“知识链接”和“延伸阅读”的形式，讨论了当前金融领域发生的大事件，如我国商业银行股份制改革、《巴塞尔新资本协议》、商业银行发展趋势等，并结合相关理论予以分析，反映了时代特点和学科最新发展，这有助于读者举一反三，跟踪金融热点，保持对金融市场的敏感，开拓读者的思路。突出一个“新”，这也是我们几所高校多年来金融教学的经验总结。

(3) 本书注重教学，尽可能地为教与学提供方便，同时立足于学生自主学习、自我建构。按照知识的认知过程，我们在每章节编排上首先提出学习的目标要求，并分为知识目标要求和能力目标要求，特别是能力目标的要求和围绕它构建的知识结构，凸显本书教学对象和特色。同时每章均以金融领域的热点或来自我们身边的金融现象等案例导入，激发学生进行思考和探究的兴趣。在每章结束时安排了本章小结和复习参考题，在书后详细列出了参考文献，为有兴趣课外学习和自学的学生提供一些线索。当然对于一些最新的金融实践，教材虽然提供了素材，但它所能提供的毕竟有限，我们只给出进一步学习的切入点。所以在某种意义上讲，教材的最终成果，不只是编写者完成，还给学生留出空间，成为编写者与学生共同完成的作品。

本书由西安交通大学王晋任主编，拟定编写大纲、确定内容框架、设计撰写体例，并对全书进行了修改补充，最终定稿。宝鸡市副市长、经济学博士丁琳，西安财经学院姚芳玲，西安交通大学李静任副主编。各章的撰写人如下：王晋撰写第一章、第八章；丁琳撰写第九章、第十章；姚芳玲撰写第三章、第四章；李静撰写第二章、第七章、第十二章；西安财经学院王学敏撰写第五章、第十三章；西安财经学院姚畅燕撰写第六章、第十一章。

值本书付梓出版之际，我们要感谢中国财富出版社寇俊玲老师的支持和鼓励，是她以极高的专业素质保证了本书的高质量。本书在写作过程中参阅了大量的国内外研究成果、相关资料和同类书籍，为了体现对知识产权和他人劳动成果的尊重，我们在书中引用的当页或书后参考文献中均进行了详细注释与说明，在此一并表示感谢。

由于水平所限，加之时间仓促，本书仍有一些不尽如人意之处，在结构体系、原理的精确性和写作风格的统一等方面会存在一些缺点和不足，敬请广大读者惠予指正，以便再版时予以修正。

王　晋

2013年夏于古都西安

目　录

第一章　商业银行导论 …………………………………………………… (1)
第一节　商业银行的起源与发展……………………………………………… (3)
第二节　商业银行的性质与职能……………………………………………… (9)
第三节　商业银行的经营原则 ……………………………………………… (12)
第四节　商业银行的组织结构 ……………………………………………… (15)

第二章　商业银行财务报表 …………………………………………………… (25)
第一节　商业银行财务报表概述 …………………………………………… (27)
第二节　商业银行资产负债表 ……………………………………………… (30)
第三节　商业银行利润表 …………………………………………………… (33)
第四节　商业银行现金流量表 ……………………………………………… (36)
第五节　商业银行所有者权益变动表 ……………………………………… (41)

第三章　商业银行的资本金管理 ……………………………………………… (47)
第一节　商业银行资本金的构成及功能 …………………………………… (48)
第二节　商业银行资本金的筹集方式与选择 ……………………………… (53)
第三节　银行资本充足性管理 ……………………………………………… (58)
第四节　《巴塞尔协议》与商业银行资本金………………………………… (60)

第四章　商业银行的负债业务 ………………………………………………… (75)
第一节　商业银行负债业务概述 …………………………………………… (76)
第二节　商业银行存款负债的管理 ………………………………………… (79)
第三节　商业银行非存款负债的管理 ……………………………………… (92)

第五章　商业银行现金资产管理 ……………………………………………… (99)
第一节　现金资产概述………………………………………………………… (101)
第二节　商业银行现金头寸的预测及调度…………………………………… (105)

第三节　商业银行现金资产的管理…………………………………………………（112）

第六章　商业银行贷款业务 ……………………………………………（118）
第一节　商业银行贷款业务概述……………………………………………（119）
第二节　贷款定价原则……………………………………………………（126）
第三节　商业银行主要贷款业务……………………………………………（130）
第四节　商业银行贷款信用分析……………………………………………（133）
第五节　贷款分类程序与方法………………………………………………（143）

第七章　商业银行中间业务 ……………………………………………（151）
第一节　商业银行中间业务概述……………………………………………（153）
第二节　商业银行中间业务的产生与发展……………………………………（158）
第三节　商业银行主要的中间业务…………………………………………（162）

第八章　商业银行国际业务 ……………………………………………（172）
第一节　国际结算……………………………………………………………（173）
第二节　国际贸易融资与出口信贷…………………………………………（182）
第三节　国际银行与银团信贷………………………………………………（185）
第四节　外汇交易……………………………………………………………（188）
第五节　国际金融衍生产品及其业务………………………………………（192）

第九章　网络银行 ……………………………………………………（200）
第一节　网络银行定义与特征………………………………………………（203）
第二节　网络银行业务………………………………………………………（206）
第三节　网络银行的发展历程………………………………………………（209）
第四节　网络银行风险与管理………………………………………………（213）

第十章　商业银行风险管理 ……………………………………………（222）
第一节　商业银行风险管理概述……………………………………………（224）
第二节　商业银行风险管理原则与内容……………………………………（231）
第三节　信用、市场和操作风险管理………………………………………（236）

第十一章　商业银行内部控制及机构管理 ……………………………（245）
第一节　商业银行内部控制…………………………………………………（247）
第二节　商业银行内部稽核…………………………………………………（255）

第三节　商业银行机构管理…………………………………………………………（260）

第十二章　商业银行绩效评估……………………………………………………（267）
第一节　商业银行绩效评价概述…………………………………………………（268）
第二节　商业银行绩效评估指标体系……………………………………………（271）
第三节　商业银行绩效评价方法…………………………………………………（275）

第十三章　商业银行未来发展趋势………………………………………………（283）
第一节　商业银行面临的挑战……………………………………………………（286）
第二节　现代商业银行的发展趋势………………………………………………（290）

参考文献……………………………………………………………………………（298）

第一章　商业银行导论

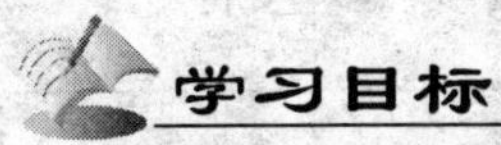

学习目标

商业银行是现代金融中介体系的重要组成部分，商业银行的经营管理水平不仅影响银行自身的发展，而且对于一国的经济发展和金融稳定也有着重要意义。本章作为全书的导论，重点在于对商业银行相关核心概念、内容及其关系进行界定，据此构建本教材的课程体系。

1. 知识目标

※掌握商业银行的性质及其职能；

※掌握商业银行的经营原则，理解商业银行经营原则间的矛盾及其协调；

※掌握商业银行的组织结构；

※了解商业银行的由来和发展脉络。

2. 能力目标

※着重理解商业银行各相关概念的界定，为全书的学习打下一个坚实的理论基础；

※在本章延伸阅读的指引下，收集相关资料，简要分析中国商业银行三十多年来的发展，理解近年来中国商业银行的规模、结构的发展变化特征。

案例导入1—1

分析中国商业银行三十年来的发展历程，特别是股份制改革以来的情况，是理解商业银行基础知识的一个很好的切入点。表1—1至表1—3是中国工商银行、中国银行、中国建设银行股份制改革相关情况，阅读并思考表下问题。

表1—1　　中国工商银行、中国银行、中国建设银行财务重组一览表

简称	原有资本金	资本金	可疑类贷款处置	损失类贷款处置	次级债	其他
中国工商银行	财政部保留原有资本金1240亿元	汇金150亿美元	4590亿元，以减值准备前账面价值卖给四大AMC，其中，4305亿元以五年期特别央行票据对价	2460亿元，财政部以账面价值接受，设共管基金，用未来收益逐年冲销	350亿元（2005），650亿元（2007）	土地所有权以国家作价出资方式注入，约199亿元

续 表

简称	原有资本金	资本金	可疑类贷款处置	损失类贷款处置	次级债	其他
中国银行	所有者权益余额2034亿元转入未分配利润，用以弥补因不良资产所形成的累计亏损	汇金196亿美元和时价29亿美元的黄金	1485.40亿元，以净值734.30亿元卖给信达，全部以五年期专项央行票据对价	1053.8亿元，以零价格出售给东方资产管理公司	600亿元	向央行出售181亿元政策性资产，以三年期专项央行票据支付
中国建设银行	以全部资本金和储备以及累计未分配利润弥补了全部的累计亏损	汇金225亿美元，宝钢30亿元，国家电网30亿元，长江电力20亿元	1289亿元，以账面价值50%出售给信达，其中633.54亿元购买了五年期专项票据	569亿元全部核销	400亿元	分别成立中国建设银行股份有限公司和中国建投

资料来源：根据三行A股招股书相关内容整理。

注：AMC即资产管理公司（Asset Management Corporation，AMC），是在借鉴国际经验的基础上成立的以解决不良资产为目的的金融性公司。包括东方、信达、华融和长城四大资产管理公司。

表1—2　　中国工商银行、中国银行、中国建设银行A股市场IPO

简称	A股代码	发行价	市净率	上市日	发行数量（万股）	募集资金（亿元）
中国工商银行	601398	3.12	2.23	2006—10—27	1495000	466
中国银行	601988	3.08	2.23	2006—07—05	649351	200
中国建设银行	601939	6.45	3.29	2007—09—25	900000	581

资料来源：表1—2指标均参照三家银行A股发布的年报。

注：IPO即首次公开募股（Initial Public Offerings）或初次公开发行。

表1—3　中国工商银行、中国银行、中国建设银行上市后业绩（2004—2007年）　单位：%

简称	年份	ROA	ROE	成本收入比	资本充足率	核心资本充足率	不良贷款比率	拨备覆盖率
中国工商银行	2004	0.65	—	33.80	—	—	21.16	76.28
	2005	0.66	—	37.75	9.89	8.11	4.69	54.20
	2006	0.71	15.18	35.68	14.05	12.23	3.79	70.56
	2007	1.01	16.15	34.48	13.09	10.99	2.74	103.50

续 表

简称	年份	ROA	ROE	成本收入比	资本充足率	核心资本充足率	不良贷款比率	拨备覆盖率
中国银行	2004	0.66	11.22	—	10.04	8.48	5.12	68.02
	2005	0.71	11.98	40.85	10.42	8.08	4.62	80.55
	2006	0.95	13.79	38.57	13.59	11.44	4.04	96.00
	2007	1.09	13.85	38.07	13.34	10.67	3.12	108.18
中国建设银行	2004	1.31	22.99	40.17	11.32	8.60	3.92	61.64
	2005	1.11	21.75	39.29	13.59	11.08	3.84	66.78
	2006	0.92	15.00	38.00	12.11	9.92	3.29	82.24
	2007	1.15	19.50	35.92	12.58	10.37	2.60	104.41

资料来源：表1—3指标均参照三家银行A股发布的年报。

注：ROA即资产收益率（Return on Assets），又称资产回报率。

ROE即净资产收益率，又称股东权益报酬率（Rate of Return on Common Stockholders'Equity）。

请思考：

股份制改造使国有商业银行的产权关系明晰化，真正实现了银行资产在法律上的所有权与银行的法人财产权的分离，有助于国有商业银行成为真正的独立市场主体。目前来看，这场以产权改革为特征、以建立现代商业银行制度为目的的新一轮改革已基本实现了改革的初衷，改革已经取得了阶段性的成功。思考下列问题：

1. 通过股份制改革，虽然国有商业银行主要财务指标已接近国际较好银行的水平，现代商业银行制度初步建立，已具备了可持续发展的基础，但如何理解改革的成果还是初步的、阶段性的这一说法？

2. 对今后一段时期国有商业银行对改革的长期性、复杂性和艰巨性要有更清醒的认识。

3. 从银行内部看，为什么说国有商业银行在公司治理结构、经营机制和增长方式、风险防范机制与国际先进银行相比还有很大差距？

第一节 商业银行的起源与发展

一、商业银行的起源

（一）银行的起源

1. 西方银行业的起源

关于银行业的起源，可谓源远流长。西方银行业的原始状态，可溯及公元前的古巴比伦文明古国时期，据《大英百科全书》记载，早在公元前 6 世纪，在巴比伦已有一家“里吉比”银行。人们公认的早期银行的萌芽，起源于文艺复兴时期的意大利，“银行”一词的英文叫“bank”，是由意大利文“banca”演变而来的。在意大利文中，banca 是“长凳”的意思，最初的银行业者均为祖居在意大利北部伦巴第的犹太人，他们为躲避战乱，迁移到英伦三岛，以兑换、保管贵重物品、汇兑等为业。在市场上人各一凳，据以经营货币兑换业务。倘若有人遇到资金周转不灵，无力支付债务时，就会招致债主们群起捣碎其长凳，兑换商的信用也即宣告破碎。英文“破产”为“bankruptcy”，即源于此。

早期银行业的产生与国际贸易的发展有着密切联系。在中世纪的欧洲，地中海沿岸各国，尤其是意大利的威尼斯、热那亚等城市是著名的国际贸易中心，商贾云集，市场繁荣。但由于当时社会的封建割据，货币制度混乱，各国商人所携带的铸币形状、成色、重量各不相同，为了适应贸易发展的需要，必须进行货币兑换，于是，单纯从事货币兑换业并从中收取手续费的专业货币商便开始出现。随着异地交易和国际贸易的不断发展，来自各地的商人们为了避免长途携带而产生的麻烦和风险，开始把自己的货币存放在专业货币商处，委托其办理汇兑与支付。这时的专业货币商已反映出银行萌芽的最初职能：货币的兑换与款项的划拨。随着接受存款的数量不断增加，商人们发现多个存款人不会同时支取存款，于是他们开始把汇兑业务中暂时闲置的资金贷放给社会上的资金需求者。最初，商人们贷放的款项仅限于自有资金，随着代理支付制度的出现，借款者即把所借款项存入贷出者之处，并通知贷放人代理支付。可见，从实质上看，贷款已不仅限于现实的货币，而是开始变成账面信用。由此，货币兑换商演变成了集存贷款和汇兑支付、结算业务于一身的早期银行，于是，具有近代意义的银行——威利斯银行在 1587 年应运而生。

2. 中国银行业的起源

中国关于银钱业的记载，较早的是南北朝时的寺庙典当业。到了唐代，出现了类似汇票的“飞钱”，这是我国最早的汇兑业务。北宋真宗时，由四川富商发行的交子，成为我国早期的纸币。明末，一些较大的经营银钱兑换业的钱铺发展成为银庄，银庄产生初期，除兑换银钱外，还从事贷放。到了清代，才逐渐开办存款、汇兑业务，但最终在清政府的限制和外国银行的压迫下，走向衰落。我国近代银行业，是在 19 世纪中叶外国资本主义银行入侵之后才兴起的。最早到中国来的外国银行是英商东方银行，其后各资本主义国家纷纷来华设立银行。在华外国银行虽给中国国民经济带来巨大破坏，但在客观上也对我国银行业的发展起了一定的刺激作用。为了摆脱外国银行支配，清政府于 1897 年在上海成立了中国通商银行，标志着中国现代银行的产生。此后，浙江兴业、交通银行相继产生。早期的银行业虽已具备了银行的本质特征，但它仅仅是现代银行的原始发展阶段。因为银行业的生存基础还不是社会化大生产的生产方式，银行业的放款对象还主要是政府和封建贵族，银行业的放款带有明显的高利贷性质，其提供的信用还不利于社会再生产过程。但早期银行业的出现，完善了货币经营业务，孕育了信贷业务的萌芽。

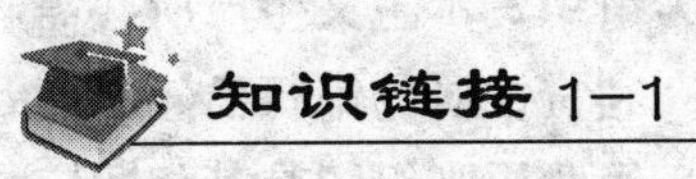

山西票号：中国“现代银行的乡下祖父”

据说，西方的金融专家把山西票号的首创者日升昌称为“现代银行的乡下祖父”。这句名言出自何人已经无从查考，但是在英语中，把票号翻译为“shanxi bank”却是千真万确的。沿着历史长河追溯日升昌的兴衰，会发现许多既有趣味又值得思考的事情。

票号是清代以经营汇兑业务为主的信用机构，亦称票庄、汇号或汇兑庄。明末清初汇票作为汇兑的工具已有流行。乾隆、嘉庆以后，由于埠际贸易扩展，汇兑业务发展迅速，专营汇兑的票号应时产生，道光初年山西平遥县日昇昌颜料庄改组为日昇昌票庄是最早的一家。其后，平遥、祁县、太谷三县商人继起，将原来由商号兼营的汇兑业务划出或重新集资设立票号，形成山西人独占的一大新兴行业，通称山西票号，外国人称之为山西银行。山西票号经营的业务首先是汇兑，活动范围遍及全国。营业重心在北方，但也兼及南方。最盛时山西有总号三十余家，全国各省区设分号四百余所。汇兑的收入为汇费，亦称汇水，收费标准根据各地银两平色高低、路途远近和银根松紧而定。票号在收付款项时，往往借口银色不足或压低分量，取得额外利润。营业对象最初主要是商人。太平天国期间及以后，以代清政府汇解各处税收协款、领发军队饷银、衙署薪金为业务重点，票号经营存款、放款，其往来对象则以清政府和贵族、官僚为主体。当时票号信誉卓著，且内部组织严密，能严守秘密，虽存款利息较低，贵族、官僚也乐意将私蓄寄存。放款对象除官吏外，主要是钱庄、典当和富商，不与一般商人发生借贷关系。此外还替人代捐官衔爵位和垫款谋缺，从中获利。其收入主要来源原是汇水和银两平色的换算盈余；后来，存放款利率上的差额和代办捐官、谋缺等活动也成为重要利源。

由于票号得到官府和大官僚的直接扶助，地位优越，在全国金融市场上曾煊赫一时。19世纪末、20世纪初发展到高峰，按资本、存款、发行小票三项估计约达二亿两。但为时不久，外国银行势力迅速扩张，钱庄业务范围扩大，夺去不少票号营业。光绪末年，各省自设官银钱号，以及中国自办银行相继成立，公款存汇业务逐渐丧失。辛亥革命后，票号失去靠山，存款被提，放款一时无法收回，周转困难，多数票号相继倒闭，终归没落。

（二）现代商业银行的起源

商业银行是商品经济发展到一定阶段的必然产物，并随着商品经济的发展不断完善。现代商业银行的最初形式是资本主义商业银行，是资本主义生产方式的产物。随着生产力的发展，生产技术的进步，社会劳动分工的扩大，一些手工场主同城市富商、银行家一起形成新的阶级——资产阶级。由于封建主义银行贷款具有高利贷的性质，年利率平均在20%～30%，严重阻碍着社会闲置资本向产业资本的转化。另外，早期银行的贷款对象主要是政府等一批特权阶层而非工商业，新兴的资产阶级工商业无法得到足够的信用支持，而资本主义生产方式产生与发展的一个重要前提是要有大量的为组织资本主义生产所必需的货币资本。随着资本主义生产方式和社会化大生产的出现，高利贷性质的银行已经不能适应社会化大生产对货币资本的需要，客观上要求按照资本主义经营原则组织与其相适应的现代商业银行，因此，新兴的资产阶级迫切需要建立和发展资本主义银行。

从历史上看，资本主义商业银行的产生，基本上通过以下三种途径。

（1）第一个途径是旧的高利贷性质的银行逐渐适应新的经济条件，演变为资本主义银行。在西欧，由金匠业演化而来的旧式银行，主要是通过这一途径缓慢地转化为资本主义银行。

（2）第二个途径就是新兴的资产阶级按照资本主义原则组织的股份制银行，这一途径是主要的，它在较早建立资本主义制度的英国表现得尤其明显。1694 年，在政府的帮助下，英国建立了历史上第一家资本主义股商业银行经营管理制的商业银行——英格兰银行。它的出现，宣告了高利贷性质的银行业在社会信用领域垄断地位的结束，标志着资本主义现代银行制度开始形成以及商业银行的产生。从这个意义上说，英格兰银行是现代商业银行的鼻祖，继英格兰银行之后，欧洲各资本主义国家都相继成立了商业银行，从此，现代商业银行体系在世界范围内开始普及。

（3）第三个途径则是由国家作为主要出资者组建。尽管各国商业银行产生的条件和过程不同，称谓也不一致，但其发展基本上遵循着两种模式。①英国式融通短期资金模式（又称职能分工型模式）。截至 21 世纪初，英美两国商业银行的贷款仍以短期商业贷款为主。这种模式有其历史原因，英国是最早建立资本主义制度的国家，也是较早建立股份制的国家，所以英国的资本市场比较发达，企业的资金来源主要依靠资本市场募集。这种模式主要以提供短期商业性贷款为主，它的优点是能较好地保持银行清偿力，银行经营的安全性较好；缺点是银行业务的发展受到限制。②德国式综合银行模式（又称全能型模式）。按照这一模式组建的商业银行，除了提供短期商业性贷款外，还提供长期贷款，甚至直接投资于企业股票与债券，替公司包销证券，参与企业的决策与发展，并向企业提供合并与兼并所需要的财务支持和财务咨询等投资银行业务。至今，不仅德国、瑞士、荷兰、奥地利等少数国家仍坚持这一传统模式，而且美国、日本等国的商业银行也开始向这种综合银行模式发展。这种综合银行模式的优点是有利于银行展开全方位的业务经营活动，充分发挥商业银行在国民经济活动中的作用；缺点是可能会加大银行经营风险，对银行经营管理有更高的要求。

二、商业银行的发展及现状

在美国金融史上，早期的投资银行中，有一部分是与商业银行融合的，但多数还是以独立的形式存在的。到 20 世纪 20 年代，商业银行与投资银行之间已经不存在任何界限。1929 年 10 月，一场以股市崩溃为直接信号的金融危机爆发，导致这场危机的最直接原因，是商业银行大量涉足证券投资活动，从而使自身的流动性和安全性大大降低，许多银行因此破产倒闭。为了整顿金融秩序，美国国会于 1933 年 6 月通过了《格拉斯—斯蒂格尔法案》。该法对商业银行和投资银行的业务范围进行了强制分离，即规定商业银行和投资银行应实行分业经营。在第二次世界大战前后，日本先后仿效英国和美国，不断强化和完善其分离银行制度。1927 年通过的《银行法》，强调银行信用业务必须明确分工，以保证经营的安全性。1948 年 5 月颁布了《证券交易法》，该法规定：日本商业银行与证券公司业务分业经营。《信托法》和《信托业法》，将银行业与信托业的分离正式用法律形式加以规定，并设立了专门从事信托业务的信托公司，以保护债权人的经济利益和提高银行经营的安全性，以后又把信托公司改为信托银行，采取由银行兼营信托业务的形式。

自 20 世纪 70 年代初开始，某些实行分离银行体制的发达国家，逐渐放松了对商业银行经营范围的管制，其商业银行的经营体制开始向全能银行体制转变。其中最典型的国家是英国、日本和美国。如英国政府从 20 世纪 70 年代起，允许其结算银行（即商业银行）通过发行可转让定期存款单吸收定期存款，并经营中长期贷款业务；办理旅行支票业务和信用卡业务；经营租赁业务、保险业务、证券投资业务、信托业务以及住宅抵押放款业务。此外，还允许其从事各种国际业务。以后，英格兰银行又允许清算银行在贴现行参股，从而使那些大清算银行发展成为没有业务界限、无所不包的金融混合联合企业。从 20 世纪 80 年代初期开始，在日本也出现了银行业与证券业融合的现象，如 1981 年 5 月公布的《新银行法》规定，银行可以经营证券业务，即允许银行经营公共债券的买卖和募集。1985 年，商业银行和信托银行又获准经营过去只允许证券公司和长期信用银行经营的私募债券，长期以来禁止银行经营证券业务的限制从此被打破。与此同时，证券公司也开始介入银行业务。自 1993 年 4 月起付诸实施的《金融制度改革法》，则允许商业银行、信托银行、证券公司之间可以子公司的形式跨领域经营。1998 年 3 月，日本政府又通过了《金融制度改革法案》。该法案不仅允许商业银行等金融机构开办柜台投资信托和保险业务，而且还取消了长短期信用业务的分离，允许普通银行发行金融债券。这样，日本商业银行的经营体制基本上完成了向全能银行制度的转变。

美国虽然自 20 世纪 30 年代初一直实行严格的分离银行制度，但商业银行为了扩大其业务范围，通过银行持股公司绕过有关立法条款的限制，大量从事证券投资、信托保险、不动产、租赁和数据处理等非银行业务。商业银行向证券业渗透的活动在 20 世纪 80 年代还得到了联邦存款保险公司的支持，1991 年 11 月由国会通过的《1991 年联邦存款保险公司改进法》，允许某些银行获得和持有相当于其全部资本数量的普通股票和优先股票。1999 年 11 月，时任美国总统克林顿签署了国会通过的《金融服务现代化法案》，该法案取消了 1933 年大萧条时期颁布的限制商业银行从事证券业务的《格拉斯—斯蒂格尔法案》。该法案的通过使美国金融业从立法上告别了分业经营的历史，迈向一个混业经营的新时代。

现在的西方商业银行不仅有传统的存款、贷款、汇款（结算）和货币兑换，还有众多的创新业务；不仅有商业银行业务，还有证券包销、证券经纪、资产管理、财务顾问、企业并购策划等典型的投资银行业务；不仅有一般的银行业务，还有基金、信托、租赁、保险代理等各种非银行的金融业务。

此外，从20世纪90年代开始国外商业银行的网上银行业务得到了蓬勃发展，使得商业银行业务运行的速度加快、效率提高、成本降低。所谓的网上银行，就是以互联网技术为基础展开的银行业务，既包括传统商业银行开办的网上银行业务，也包括新出现的纯网络银行。借助网络手段，网上银行无须修建遍布各地的营业网点、雇用大量柜面操作人员、支付昂贵的办公费用，所以，其经营成本只占营业收入的15%，仅为传统银行的1/4。

随着金融经济形势的发展，商业银行的经营环境发生了重大而深刻的变化。来自于证券业和保险业的挑战、商业银行自身的竞争及金融监管方式和力度的变化，迫使商业银行进行全面调整，并出现银行业务经营综合化、资产证券化（即商业银行将缺乏流动性但具有未来现金流收入的资产，转换成可以在金融市场上出售和流通的证券，据以融通资金），资产证券化作为商业银行经营管理理念的创新，使银行资产的流动性和盈利性大大提高，出现金融创新全面化以及经营管理电子化等许多新的变化和发展趋势。

知识链接 1-2

《格拉斯—斯蒂格尔法案》和《金融服务现代化法案》

1.《格拉斯—斯蒂格尔法案》

《格拉斯—斯蒂格尔法案》，也称作《1933年银行法》。在20世纪30年代大危机后的美国立法，将投资银行业务和商业银行业务严格地划分开，保证商业银行避免证券业的风险。该法案禁止银行包销和经营公司证券，只能购买由美联储批准的债券。

该法案令美国金融业形成了银行、证券分业经营的模式，允许商业银行以信托的名义代客买卖公司股票。商业银行普遍设立信托部，通过信托部和银行控股的方式，参与大公司的人事和资本，大量进入非银行金融业务。

随着时间的推移，该法案形成的分业格局使得商业银行利润下滑，非银行的公司集团纷纷侵入商业银行的贷款业务，与金融发展形势不相符合，是银行向其他金融领域拓展的主要障碍。

2.《金融服务现代化法案》

随着美国金融业的发展和扩张，1933年的《格拉斯—斯蒂格尔法案》已经成为今天的障碍。商业银行不满足于低利润的银行零售业，开始向投资银行渗透，很多商业银行都有变相的投资银行部门。自20世纪80年代起，《格拉斯—斯蒂格尔法案》遭到很多商业银行的反对。

在银行业的游说下，1988年第一次尝试废除《格拉斯—斯蒂格尔法案》，未成功。

1999年，由克林顿政府提交由1991年布什政府推出的监管改革绿皮书，并经国会通过，形成了《金融服务现代化法案》（*Financial Services Modernization Act*），亦称《格雷姆—里奇—比利雷法案》，废除了1933年制定的《格拉斯—斯蒂格尔法案》有关条款，从法律上消除了银行、证券、保险机构在业务范围上的边界，结束了美国长达 66 年之久的金融分业经营的历史。其结果是商业银行开始同时大规模从事投资银行的活动，如花旗集团（Citigroup）和摩根大通（JPMorgan Chase）。

20 世纪 90 年代，国际金融领域出现的不少创新手段和业务，直接或间接地对商业银行的经营与业务产生了深远的影响，主要表现在：银行资本越来越集中，国际银行业出现竞争新格局；国际银行业竞争激化，银行国际化进程加快；金融业务与工具不断创新，金融业务进一步交叉，传统的专业化金融业务分工界限有所缩小；金融管制不断放宽，金融自由化的趋势日益明显；国内外融资出现证券化趋势，证券市场蓬勃发展；全球金融一体化的趋势确立。这些发展趋势的出现必将对今后商业银行制度与业务的发展产生更加深远的影响。

第二节　商业银行的性质与职能

一、商业银行的性质

（一）商业银行是企业

作为价值尺度和交换媒介的货币是从商品交换中筛选出来的，它本身是商品，与其他商品一样具有价值和使用价值。纸币也不例外，同样具有价值和使用价值。既然货币是商品，那么经营货币的银行自然就是企业。在我国，商业银行是依法设立的吸收公众存款、发放贷款、办理结算等业务的企业法人。也就是说，我国商业银行的法律性质是特许成立的企业法人，它具有企业性质，拥有法人地位。

（二）商业银行是特殊的企业

说其特殊，一是指它所经营的货币是一般等价物的特殊商品；二是指它经营货币的方式是采取借贷方式（即信用方式），不改变货币的所有权，只把货币的使用权作有条件的让渡。具体表现在：它的经营对象具有特殊性；它是高负债的企业；关系面广，渗透力强；更容易冒风险；社会信誉与社会形象对其也更加重要，是其生存与发展的根基；其破产倒闭的社会成本也特别巨大，社会责任特殊。对整个社会经济的影响和受社会经济的影响也很特殊。

（三）商业银行是特殊的金融企业

商业银行的成立实行特许制，即由国家特许成立，发放银行经营许可证的部门是银行监管部门。特许审批过程主要是：首先由申请人提出申请，然后由银行监管部门予以审查。形式审查要弄清各种申请文件、资料是否齐全，是否符合法律规定；实质审查要弄清申请人是否符合各项经营商业银行业务的条件。审查通过后，由申请人将填写的正式申请表和法律要求的其他文件、资料，报银行监管部门特许批准并颁发经营许可证。值得一提的是，特许批准的权力完全属于国家，符合成立商业银行的各项条件也并不意味着一定能取得经营许可证。

（四）商业银行是特殊的银行

商业银行作为特殊银行，首先在经营性质和经营目标上，商业银行与中央银行和政策性金融机构不同。商业银行以盈利为目的，在经营过程中讲求盈利性、安全性和流动性原则，不受政府行政干预。其次商业银行与各类专业银行和非银行金融机构也不同。商业银行的业务范围广泛，功能齐全、综合性强，尤其是商业银行能够经营活期存款业务，它可以借助于支票及转账结算制度创造存款货币，使其具有信用创造的功能。

我国商业银行经营范围

下文是《中华人民共和国商业银行法》节录，明确了商业银行的企业法人地位和经营范围。

“第二条　本法所称的商业银行是指依照本法和《中华人民共和国公司法》设立的吸收公众存款、发放贷款、办理结算等业务的企业法人。

第三条　商业银行可以经营下列部分或者全部业务：（一）吸收公众存款；（二）发放短期、中期和长期贷款；（三）办理国内外结算；（四）办理票据承兑与贴现；（五）发行金融债券；（六）代理发行、代理兑付、承销政府债券；（七）买卖政府债券、金融债券；（八）从事同业拆借；（九）买卖、代理买卖外汇；（十）从事银行卡业务；（十一）提供信用证服务及担保；（十二）代理收付款项及代理保险业务；（十三）提供保管箱服务；（十四）经国务院银行业监督管理机构批准的其他业务。

经营范围由商业银行章程规定，报国务院银行业监督管理机构批准。商业银行经中国人民银行批准，可以经营结汇、售汇业务。”

资料来源：《中华人民共和国商业银行法》。

二、商业银行的职能

（一）信用中介

信用中介是指商业银行通过其负债业务，把社会上各种闲散资金集中到银行，再通过资产业务把资金投放到国民经济各部门，即在借贷之间充当中间人的角色，商业银行在借贷活动中充当媒介。它最直接地反映了商业银行的经营特征。信用中介是商业银行最基本的功能，它在国民经济中发挥着多层次的调节作用：一是变闲置资本为有用资本，在不改变社会资本总量的条件下，通过改变资本的使用量，为实现扩大再生产提供了可能，从而使闲置资本得到充分利用；二是变小额资本为大额资本，将用于消费的资金转化为能带来货币收入的投资，扩大社会资本总量，加速经济增长；三是变短期资本为长期资本，在盈利原则支配下，还可以把货币资本从效益低的部门或行业引向效益高的部门或行业，形成对经济结构的调节。

（二）支付中介

商业银行的支付中介职能，是指商业银行为客户办理各种货币结算、货币支付和转移存款等业务活动。商业银行在业务经营过程中，除了作为信用中介进行资金融通外，还通过存款在账户上的转移、代理客户支付、在存款的基础上为客户兑付现款等，成为工商企业、团体和个人的货币保管者、出纳者和支付代理人。商业银行的支付中介职能与信用中介职能是紧密联系的。支付中介职能的发挥，一方面扩大了商业银行的资金来源，另一方面又通过转账结算，节约了流通费用，加速了资金的周转。从历史上看，银行的支付中介职能先于信用中介职能。商业银行的支付中介职能实际上是古代货币经营业从事货币保管和办理货币支付等业务的延续，而正是这些业务的发展，为信用中介职能的产生创造了条件。但支付中介职能也有赖于信用中介职能的发挥，因为只有在客户确有存款的前提下，商业银行才能为客户办理支付。所以，这两个职能的相互依赖和相互推进，促进了商业银行基本业务的发展。

（三）信用创造

所谓信用创造，是指商业银行吸收活期存款后，通过发放贷款和从事投资业务，又衍生出更多的存款，从而导致货币和信用总量的扩张。商业银行在其负债业务和中间业务中不断地创造着各种金融工具，如可转让定期存单，各种金融债券、银行支票、本票、汇票等。因此，信用创造包括信用工具和信用量的创造。这是商业银行区别于其他金融机构最显著的特征。商业银行的信用创造功能是在信用中介和支付中介的基础上产生的。商业银行能够吸收各种存款，用其所吸收的各种存款发放贷款，在支票流通和转账的基础上，贷款又转化为存款，进而增加了商业银行的资金来源。从整个银行体系来看，则形成了数倍于原始存款的派生存款。需要说明的是，商业银行整个信用创造过程是在商业银行业务经营和中央银行的金融调控过程中共同完成的。中央银行运用货币发行的权力调控货币供应量，而商业银行通过吸收存款和发放贷款实现信用创造。

（四）金融服务

随着经济的发展，工商企业的业务经营环境日益复杂化，银行间的业务竞争也日益剧烈。由于银行联系面广，信息比较灵通，特别是电子计算机在银行业务中的广泛应用，使其具备了为客户提供信息服务和咨询服务的条件，以金融服务为特点的服务性业务应运而生，工商企业生产和流通专业化的发展，又要求把许多原来属于企业自身的货币业务转交给银行代为办理，如发放工资、代理支付其他费用等。个人消费也由原来的单纯钱物交易，发展为转账结算。现代化的社会生活，从多方面给商业银行提出了金融服务的要求。各商业银行也不断开拓服务领域，通过金融服务业务的发展，进一步促进资产负债业务的扩大，并把资产负债业务与金融服务结合起来，开拓新的业务领域。在现代经济生活中，金融服务已成为商业银行的重要职能。商业银行除了资产负债业务和汇兑、结算业务外，还有一些不影响银行资产与负债总额的经营活动，这些业务不列入资产负债表内，所以被称为表外业务。其主要的特征是银行只提供金融服务，而不承担资金损失的风险，以收取手续费为目的。这些业务种类包括：现金管理、代理保管、代理租赁、代客资信调查、信息咨询业务等。

第三节　商业银行的经营原则

一、商业银行的经营特点

商业银行是一种经营货币资产的特殊金融企业，因此，商业银行具有与一般工商业企业不同的经营特点。商业银行的经营特点可以归纳为“三高”，即高负债性、高风险性和外部监管的高度严格性。

（一）高负债性

商业银行是经营货币的金融机构，它的主要业务就是吸收公众的存款和主动借入资金，然后将这些存款和借入资金的相当大的一部分贷放给需要资金的工商业企业和社会公众，从而在实现对社会资金资源重新配置的同时，自身也可赚取一定的利差作为利润来源。在这种情况下，商业银行进行业务经营的资金大部分是向社会公众借入的，而并非是银行的自有资金，这就使商业银行成为了全社会最大的债务人。因此，高负债性是商业银行经营的一个非常突出的特点。

（二）高风险性

商业银行业是一个高风险的行业。其在经营管理过程中会遇到各种各样的风险，如由于审查失误，银行贷款到期不能收回的信贷风险；由于市场利率、汇率变化导致商业银行资产减值的利率风险和汇率风险；银行从事国际业务所遇到的国际风险；由于监管机构出台不利于商业银行业务扩大经营的宏观政策风险；由于银行从业人员业务水平不高、操作不当所带来的操作性风险；由于银行内部人员利于职权之便做假账贪污款项而带来的安全风险等。这些风险一旦变为现实，商业银行都将面临巨大的不可估量的损失。在这种情况下，社会公众会对该商业银行偿还债务的能力产生怀疑，对该银行的信心也会随之动摇，社会公众就会纷纷到银行去挤兑存款，这样，银行将会面临着流动性短缺的窘境，如果事态严重，银行的生存都会受到严重威胁。因此，商业银行在经营管理过程中，要始终将风险管理放在重要的位置上，从而实现银行健康稳步的发展。

（三）外部监管的高度严格性

金融业是现代经济的核心，而商业银行又可以称为金融业的核心。商业银行的发展与社会公众的利益密切相关，在国民经济中具有举足轻重的地位。国民经济要发展，商业银行要先行。正是由于商业银行的这种重要性，使得商业银行成为了各国监管部门的重点监管对象。各国监管部门对于商业银行一般都制定了一整套的严格监管措施，包括建立严格的银行市场准入制度、银行资本充足性监管制度、银行资产负债比例管理和风险管理制度等。旨在通过外部的监督管理，使商业银行经营安全性得到保障，从而使社会大众的利益得到保障。

二、商业银行的经营原则

正是由于商业银行经营的高负债性、高风险性和外部监管的高度严格性，决定了商业银行在业务经营过程中一定要遵循适当的经营原则。根据商业银行业长期经营管理的经验总结，可将商业银行的经营原则归纳为：安全性、流动性、盈利性。俗称商业银行的“三性”原则，“三性”是商业银行经营管理的核心与终极目标，商业银行的一切经营管理活动，都是围绕着“三性”原则展开的。

（一）商业银行的“三性”原则

1. 安全性原则

安全性原则是指商业银行在日常的经营活动中，应当积极采取各种防范风险的措施，尽量避免银行的资本、资产、信誉、利润受各种不确定性因素的影响，从而保障银行的稳健经营与健康发展。

在讨论安全性原则之前，非常有必要介绍一下风险的概念。“风险”这个词产生于意大利，最初出现在早期的航海贸易中，在最初的用法中，风险被理解为客观的危险，体现为航海家在远航时遇到礁石、风暴等事件。后来，“风险”一词又用在早期保险业当中，此时风险定义为一个事件造成破坏或伤害的概率。如今，“风险”不但广泛存在于经济的各个行业之中，而且在其他的领域，如政治、军事领域也广泛存在。人类对于风险的认识也随着人类历史的发展而进一步完善起来。归根结底，风险其实指的是一种能够引起不良后果的不确定性，而且这种不确定性在事前不能加以绝对的预测和避免。

而银行业正是一种高风险的产业，由于银行经营中面临许多风险，因此有效地防范、控制和管理风险是银行经营管理中的核心所在。银行风险来源于其自身的经营活动和宏观的经济环境，这些风险的存在为银行的生存带来了很大挑战，因此，贯彻安全性原则的核心就在于正确地处理、分化、减小风险。坚持安全性原则，有助于商业银行减少或者避免资产流失，也有利于在客户和公众中树立良好的形象，提高企业信誉，而且坚持安全性的原则，宏观上有利于整个国民经济的稳定。对此，银行的经营管理者在银行的经营管理过程中，应当积极采取各种措施，防范和抵御各类风险，保障经营的安全。例如，为了防范信用风险，银行应合理安排贷款和投资的规模与期限结构，使之与银行存款的期限与结构相匹配，建立存款保险制度等。为了防范市场风险，银行应广泛关注市场的各类经济信息，加强对客户的咨询调查和经营预测，建立市场风险预警机制，设立市场风险损失补偿基金等。为了防范宏观政策风险，商业银行应主动遵守国家的各项法令，积极配合中央银行和国家财政部的宏观经济政策，在经济不景气时加大银行市场营销的力度，加强银行的自身宣传等。为了防范国际风险，商业银行应本着审慎的态度在充分了解其经济状况的基础上，与国外客户进行业务往来，对国外客户的贷款应做到宁缺毋滥等。

2. 流动性原则

流动性是指商业银行在保持其资产不受损失的前提下，保证资产能够随时变现，以随时应付客户提取现款和满足客户贷款的需求。当银行的流动性过低时，其资产的变现能力就变得很小，如果客户突然因为某种原因大量地提取现款或者要求银行为其提供贷款，那么银行此时根本无力应付客户的这种资金需求，银行的经营风险就会大大增加。当流动性过高时，表明银行持有较多的可随时变现的资产，如短期贷款和短期投资等，这时银行虽然能满足客户大量的资金需要，但是由于资产的变现能力越强，其盈利的能力就越小，因此流动性过高就会加大银行经营的机会成本，银行的盈利性就会受到很大影响，甚至银行会因此发生亏损，故而保持适当的流动性是实现银行经营安全性和盈利性的重要保证。

如果进一步划分的话，商业银行的流动性包含资产的流动性和负债的流动性两方面。其中资产的流动性是指银行资产在不受损失的前提下迅速变现的能力。负债的流动性是指银行能经常以较低的成本随时吸收各种存款和获得其他所需资金的能力。通常所说的流动性是指前者，即资产的变现能力。衡量商业银行资产流动性的标准主要有资产变现速度与资产变现能力两个标准。资产变现速度越快，资产变现能力越强，商业银行资产流动性就越强，反之则越弱。衡量商业银行负债流动性的标准主要有获得可用资金的时效和获得可用资金的价格两个标准。银行获得可用资金越及时，获得可用资金的价格越低，该银行负债的流动性就越强，反之则越弱。商业银行进行科学管理的关键之一，就是要保持适度的流动性。这种“度”是商业银行业务经营的生命线，是商业银行成败的关键。但是这种“度”没有绝对的标准可以对其进行规范，这就要求银行经营管理者在动态的管理中及时果断地把握时机和作出决策，当流动性不足时，要及时补充和提高；在流动性过高时，要尽快安排资金运用，提高资金的盈利能力。

3. 盈利性原则

盈利性原则是指商业银行作为一个企业，应以追求最大的利润为目标来安排自己的经营活动。银行的利润是银行的各项营业收入减去银行的各项支出、成本之后的余额。银行的收入主要包括：各类贷款的利息收入、存放同业存款的利息收入、在中央银行存款的利息收入、银行各种服务的手续费收入、经营外汇业务收入、结算罚款收入、投资证券的收入以及其他意外收入等。银行的支出主要包括：各类存款的利息支出、同业拆借的利息支出、向中央银行再贷款的利息支出、各项业务费和差旅费支出、员工工资和福利奖金支出、固定资产折旧支出、贷款坏账损失、意外罚款支出等。影响商业银行盈利性指标的因素主要有存贷款规模、存贷款利差、银行金融理财服务开展的广泛程度、银行的证券投资状况等。盈利性既是评价商业银行经营水平的核心指标，也是商业银行最终效益的体现，坚持贯彻盈利性原则对商业银行的业务经营有着十分重要的意义。

(二)“三性”原则之间的辩证关系

总的来说，银行的“三性”经营原则既有相互统一的一面，又有矛盾的一面。它们之间存在着一种对立统一的辩证关系。

1. 银行的“三性”经营原则的相互统一

“三性”的经营原则是一个不可分割的整体，单独强调某一方面（如忽略安全性和流动性，单纯强调盈利性）是大错特错的，这将会导致非常严重的后果。

一般来说，安全性是前提，只有保持银行的资金安全，才能为银行获得盈利打下基础；流动性是条件，只有保持银行资金较强的流动性，才能保障银行在急于需要现款的情况下不至于筹集不到充足的资金，这样流动性就进一步加强了银行的安全性，也间接地加强了银行的盈利性；盈利性是最终目的，商业银行之所以保持较高的安全性与较强的流动性，其最终目的就是为了提高银行的盈利性。

2. 安全性、流动性和盈利性之间也存在着矛盾的一面

安全性、流动性越高的资产，其盈利性越低，反之亦然。如银行的现金资产的安全性、流动性越高，但其盈利性就越低。中长期贷款的流动性和安全性较低，但其盈利性却较高。但是商业银行的安全性与流动性之间常常呈现正相关关系，即它们之间的变动是同方向的。流动性较大的资产，风险就小，安全性也就高。流动性较小的资产，风险就大，安全性也就低。

商业银行在经营活动当中，全面协调“三性”之间的关系，审时度势，既应照顾全面，又需有所侧重。例如，在经济繁荣时期，由于银行的资金来源充足，因而银行应首先考虑的是盈利性，流动性、安全性次之。在经济不景气时期，由于企业贷款的还款风险加大，因而银行应将流动性和安全性放在首位，获取盈利应居于次要位置。在银行持有较多的流动性、安全性好，但盈利性差的资产情况下，银行就应首先考虑盈利性，设法增加中长期贷款之类的盈利性较好资产的比重，反之亦然。“三性”原则贯穿于商业银行所有的经营管理活动中。

第四节 商业银行的组织结构

一、商业银行的类型

商业银行的类型是指一国商业银行分为哪些不同的层次，然后由这些不同层次的商业银行构成该国商业银行体系。商业银行在不同国家是不完全相同的，按照不同的划分方法有不同的类型，一般有以下几种划分标准：

（一）按资本所有权的不同划分

按资本所有权的不同，可将商业银行划分为私人的、合股的以及国家所有的三种。私人商业银行一般是指由若干个出资人共同出资组建的商业银行，其规模较小，在现代商业银行中占比很小。合股商业银行指以股份公司形式组织商业银行，又称股份银行，这种商业银行是现代商业银行的主要形式。国有商业银行是由国家或地方政府出资组建的商业银行，这类商业银行规模较大。

（二）按服务对象的不同划分

商业银行可以按照其服务对象划分为批发性银行、零售性银行、批发与零售兼营性银行等。批发性银行主要为银行间或工商企业等机构客户提供大额交易金融服务；零售性银行主要为普通消费者提供零星的、以小额交易为特征的金融服务；批发与零售兼营性银行

则同时经营对工商企业和普通消费者的两种不同性质的金融服务。

（三）按其所在的地域和经营范围的不同划分

商业银行亦可以根据其所在的地域和经营范围划分为地方性银行、区域性银行、全国性银行、国际性银行等。一般来说，商业银行的所在地域亦代表了其市场经营范围。地方性银行以所在的社区客户为服务对象，主要从事零售性银行业务；区域性银行则以其区域内的所有社区为基本市场，兼营批发与零售两种不同的银行业务；全国性银行则是服务于国内市场的工商客户和个人客户；国际性银行即为世界货币与金融中心的银行，以国际间的机构客户为主要业务对象，但近年来亦有相当数量的国际性银行为富有的个人客户提供金融服务。

（四）按银行从事的业务范围的不同划分

不同的国家，对该国商业银行从事的业务范围有不同的规定。按照商业银行是否从事证券业务和保险业务，将商业银行分为德国式全能银行、英国式全能银行和美国式职能银行。德国式全能银行是指那些既能经营全面银行业务，又能经营证券业务和保险业务的商业银行，这些银行还可以投资于工商企业的股票。英国式全能银行是指那些可以通过设立独立法人公司来从事证券承销等业务，但不能持有工商企业股票，也很少从事保险业务的商业银行。美国式职能银行是指那些经营银行业务，但不能从事证券承销和证券业务，也不能从事保险业务的商业银行。

（五）按其组织形式的不同划分

商业银行的组织形式，即商业银行在社会经济中的存在形式，受所在国政治、经济、法律等多方面因素的影响，同时也受到国际金融发展的影响。各国商业银行的组织形式各有其特征。一般而言，主要有总分行制、单一银行制、银行控股公司制、连锁银行制、代理银行制等类型。

二、商业银行的组织结构

自商业银行诞生以来，已经形成了多种组织形式，发挥着各种功能以满足社会公众不同的需求。但无论采取何种组织形式，都必须以效率为原则。事实上，商业银行的组织形式既与其发挥的功能有关，也受银行规模的影响。因为商业银行规模大小与商业银行的作用呈正相关关系，银行规模越大，所提供的金融服务就越多，对经济生活发挥的作用也越大，因此也决定了银行的组织形式。当然，政府对银行业的监管要求也会对银行的组织形式产生一定的影响。通常，商业银行的组织结构可以从其外部组织形式和内部组织结构两方面来认识。

商业银行的外部组织形式是指商业银行在社会经济生活中的存在形式。受国际、国内政治、经济、法律等多方面因素的影响，世界各国商业银行的组织形式可以分为总分行制、单一银行制、持股公司制、连锁银行制和代理银行制五种形式。

（一）总分行制

总分行制又称分支银行制，实行这一制度的商业银行可以在总行以外，在国内外普遍设立分支机构，分支银行的各项业务和内部事务统一遵照总行的规章和指示办理。分支银行制按总行管理方式的不同，又可进一步划分为总行制和总管理处制。总行制即总行除了领导和管理各分支行以外，本身也对外营业，办理银行业务；而在总管理处制下，总行只负责管理和控制各分支行，本身不对外营业办理银行业务，在总行所在地另设分支行或营业部开展业务活动。总分行银行制是当今世界许多国家采用的一种银行组织形式，比较典型的是英国。

1. 分支银行制的优点

(1) 实行这一制度的商业银行，其分支银行遍布各地，有利于迅速发展各种银行业务，降低经营风险，为社会提供多样化的金融服务。

(2) 实行总分行制的商业银行，还易于采用先进的计算机设备，广泛开展金融服务，其规模可以按业务发展的需要而扩张，使银行经营取得较好的规模经济效益。

(3) 实行总分行制的商业银行规模较大，分支机构较多，业务范围较广，易于组织资金，资金实力较强；分支行之间可以相互调剂资金，既能增强银行总体的安全性，又能提高银行资金的运用效率，银行资产可以在地区之间实行有效的组合，从而大大降低银行风险。

(4) 实行总分行制的商业银行可以实行高度的专业化分工，从而大幅度地提高工作效率，分支行之间的资金调拨也十分方便。

(5) 分支银行制在一定程度上克服了地方干预，促进了银行业竞争，并使金融业突破地域，更好地为经济运行提供服务。

(6) 分支银行制使银行数减少，便于国家控制和管理。

2. 分支银行制的缺点

(1) 从整体上看，分支银行制易于加速大银行对小银行的吞并，形成金融垄断；

(2) 从银行内部管理看，总分行制管理层次较多，管理的难度较大；

(3) 分支银行的业务经营状况依赖于总行，其对地方经济的发展缺乏较高的关切度，而且是在较大范围内调度资金，不利于地方经济的发展。

虽然总分行制度有着这样的一些缺点，但就总体而言，总分行制更能适应现代化经济发展的需要，因而受到各国银行业界的普遍认可，已成为当代商业银行的主要组织形式。我国的商业银行均实行总分行制。

(二) 单一银行制

单一银行制又称单元银行制，它是指商业银行业务由各个相互独立的商业银行独自进行经营，商业银行不设立或不允许设立分支机构的一种组织形式。实行这种制度最为典型的国家主要是美国。美国商业银行分为在联邦政府注册的国民银行和在州政府注册的州银行两种。在 1863 年《国民银行法》颁布之前，美国没有联邦注册银行，只有州注册银行，各州政府严格禁止本州银行设立分支银行，任何银行都以单一的形式在限定地区经营。《国民银行法》则把这种单一银行制法制化，并规定，禁止国民银行在任何地方、以任何形式设立分支银行。这项规定既包括禁止国民银行跨州建立分支银行，也包括禁止国民银行在本州建立分支银行，因此就形成了一种极为典型的单一银行制。

1. 单一银行制度的优点

(1) 它可以限制银行业的兼并和垄断，有利于自由竞争，人为地缓和竞争的剧烈程度，减缓银行集中的进程；

(2) 有利于协调银行与地方政府的关系，使银行更好地为地区的经济发展服务；

(3) 由于单一银行制富于独立性和自主性，在经营决策上由于不受总行牵制，因而其业务经营的自主性强、灵活性较大，能够及时改变经营策略，管理起来也较容易；

(4) 由于单一银行制管理层次少，中央银行的控制和管理意图传导较快，有利于达到控制和管理的目标。

2. 单一银行制的缺点

(1) 单一制银行规模较小，经营成本较高，难以取得规模效益；

(2) 单一银行制与经济的外向发展存在矛盾，人为地造成资本的迂回流动，削弱了银行的竞争力；

(3) 单一制银行的业务相对集中，风险较大；

(4) 随着计算机技术的普及，单一银行制限制银行业务发展和金融创新的弊端也愈加明显。

(三) 持股公司制银行

持股公司制银行又叫集团制银行，即由某个大集团或大银行设立股权公司，再由该公司控制或收购多家独立的银行。在法律上这些银行是独立的，但实际上控股公司往往已直接或间接拥有并控制了这些银行25%以上的投票股权，控制了银行董事会的选举，对银行的管理决策和经营政策有着决定性的影响。在这里，表面上看是控股公司控制银行，而实际上控股公司是银行建立并受银行操纵的组织。这样，大银行通过控股公司把许多银行置于自己的控制之下。银行控股公司制在美国最为流行，已成为美国商业银行最基本的组织形式。

持股公司制银行的优点是能够有效地扩大资本总量，增强银行实力，提高银行抵御风险和参与市场竞争的能力，弥补单一银行制的不足；缺点是容易引起金融权力过度集中，形成银行业的垄断，并在一定程度上限制了银行经营的自主性，不利于银行的创新活动。

(四) 连锁银行制

连锁银行制是指由某一个人或某一集团拥有若干（两家或两家以上）银行的股权，以取得对这些银行的控制权的一种组织形式。这种控制可以通过持有股份、共同指导或其他法律允许的形式完成。连锁银行制的成员银行保持自己的独立地位，掌握各自业务和经营政策，具有自己的董事会。当前国际金融领域的连锁制银行主要是由不同国家的大商业银行合资建立的，主要目的是为了经营欧洲货币业务以及国际资金存放业务。在国际上，这种国际间的连锁制也可以称为跨国联合制。连锁的银行在法律上是独立的，但其业务和经营权由某一个人或某一集团控制，形成连锁银行。连锁银行往往是围绕一个地区或一个州的大银行加以组织，成员银行的董事会由同一批人组成，其中的大银行为集团确立银行业务模式，并以大银行为中心，形成集团内部的各种联合。由此可见，连锁银行之间有一种类似于总分行之间的分工协作关系，正因为如此，连锁银行制与银行控股公司一样，都是为了弥补单一银行制的不足，回避对设立分行的种种限制而采取的一种银行组织形式。它与银行控股公司制的区别在于它不需要设立控股公司。在连锁银行制下，银行容易受到某个人或某集团的控制，并且不易获取银行所需要的大量资本。为此，连锁银行制的存在比例远小于银行控股公司制。

（五）代理银行制

代理银行制也称为往来银行制，是指银行相互间签订代理协议，委托对方银行代办指定业务的一种组织形式。被委托的银行为委托行的代理行，相互间的关系则为代理行关系。一般地说，银行代理关系是相互的，因此互为对方代理行。在国际之间，代理银行制非常普遍。至于在各国国内，代理制最为发达的是实行单一银行制的美国。美国的代理银行制往往是大银行和小银行之间私下所形成的一种业务网络关系。小银行将各种存款存入自己的代理行，大银行（代理行）则为小银行提供各种银行业务。这种代理银行制下大银行与小银行之间的关系类似于分支银行制下总行与分支行之间的关系。因而，美国商业银行普遍采用代理银行制突破单一银行制的限制，解决不准设立分支机构的矛盾。不过，就是在实行分支银行制的国家中，银行之间也存在着代理关系，这种代理往往是平等的、双向的，是扩展银行业务领域的一种有效选择。

我国国有商业银行改革三十年

回首过去的三十年，按照邓小平同志提出的“要把银行真正办成银行”要求，国有商业银行进行了一系列卓有成效的改革，逐步转变为符合公司治理规范、按照市场规则运作的现代企业，逐渐成长为真正追求利润和效率的市场主体。

第一阶段：恢复四大专业银行，开始企业化改革的探索（1978—1993 年）

1979 年 2 月，恢复组建中国农业银行，作为从事农业金融业务的专业银行；同年 3 月，专营外汇业务的中国银行从中国人民银行中分离出来；8 月，中国人民建设银行也从财政部分设出来，专门从事固定资产贷款和中长期投资业务。1983 年 9 月，国务院决定中国人民银行单一行使中央银行职责，同时设立中国工商银行，经营原中国人民银行办理的工商信贷和储蓄等经营性业务。这一步骤标志着我国金融机构体系的重大变革，即中央银行体制的正式建立。至此，传统的人民银行“大一统”金融体制被打破，以中国人民银行为核心、四大专业银行为主体的金融机构体系正式形成，这是我国国有商业银行发展的真正起点。

国有专业银行本身还带有浓郁的行政色彩，过多的行政干预更使其经营自主权无法落实，转变管理方式的改革也难以切实推进。虽然四大国有专业银行在一定程度上拥有了运用信贷资金的自主权力，但前提是必须遵守和完成国家下达的信贷计划。“政企不分”导致“按信贷规律办事”成为一句空话，银行的风险管理、内部控制也就无从谈起。从这一阶段起，国有银行在为经济建设提供金融支持的同时也累积了大量的不良资产，以不良贷款为特征的“历史包袱”从此产生。

第二阶段：“商业银行”概念的提出及商业化改革的开始（1993—2003 年）

国务院先后批准设立了三家政策性银行，承担原专业银行办理的政策性金融业务，力图解决国有专业银行“一身兼两任”的问题。政策性业务初步分离后，专业银行推行了贷款限额下的资产负债比例管理，实行了统一法人制度，逐步建立健全审慎的会计原则，建立了授权授信制度，推行经营目标责任制，实行审贷分离、内部稽核制等。1995 年 7 月，《中华人民共和国商业银行法》正式颁布实施，从法律上明确了工、农、中、建四家银行是实行“自主经营、自担风险、自负盈亏、自我约束”的国有独资商业银行。

从以上改革举措来看，通过剥离政策性业务创造了商业化经营条件，颁布《人民银行法》、《商业银行法》等法律法规提供了制度支持，深化内部管理体制改革进一步建立了银行自我约束机制和独立经营意识，可见这一阶段的商业化改革进展较快，四大国有银行的制度体系初步具备了商业银行的特征。

1997 年亚洲金融危机之后，国有企业大面积陷入经营困境，致使国有商业银行不良资产剧增，银行脆弱的资产质量甚至影响到国家经济和金融体系的安全。1997 年 11 月，国家召开了第一次全国金融工作会议，此后实施的主要改革措施包括：成立金融工作委员会；补充资本金，剥离不良资产，提高国有独资商业银行的抵御风险能力；全面推行资产质量五级分类制度以取代原来的“一逾二呆”分类方法；国务院向四大银行派驻监事会，强化监督制约机制。

第三阶段：股份制改造启动，产权改革破局（2003 年至今）

2002 年 2 月，党中央、国务院召开第二次全国金融工作会议，提出要按照“产权清晰、权责明确、政企分开、管理科学”的现代金融企业制度要求，把国有商业银行改造成治理结构完善、运行机制健全、经营目标明确、财务状况良好、具有较强国际竞争力的现代金融企业。2003 年 9 月，中央和国务院原则通过了《中国人民银行关于加快国有独资商业银行股份制改革的汇报》，决定选择中国银行、中国建设银行作为试点银行，运用 450 亿美元国家外汇储备和黄金储备补充资本金，进一步加快国有独资商业银行股份制改革进程。在改革具体运作模式的选择上，国家根据产权明晰的原则，于 2003 年 12 月 16 日依《公司法》设立了中央汇金公司，由其运用国家外汇储备向试点银行注资，并作为国有资本出资人代表，行使国有重点金融机构控股股东职责，真正落实出资人对资本安全性和收益性的责任和约束。汇金公司的成立是国有商业银行业改革的一个重大创新，国有商业银行长期存在的产权主体虚位局面由此得到根本性改变。

此后中国银行、中国建设银行等试点银行的改革工作按照改革总体方案，根据“一行一策”的原则稳步开展。第一步是财务重组，主要包括核销资产损失、处置不良资产、再注资等三个环节。第二步在财务重组的基础上实施股份制改造，建立现代公司治理框架。

第三步为引进战略投资者。第四步也即改革总体方案的最后一步是境内外公开发行上市。从2005年10月起三行相继启动首次公开发行工作，均取得了巨大成功，在融资规模、认购倍数、发行价格等方面屡创纪录，这表明股份制改革的前期成果已得到市场充分认可。截至2007年9月，中、建、工三行全部完成A股+H股两地上市，到目前为止三行市值均稳居全球十大银行之列。

新一轮国有商业银行改革已取得阶段性成功

股份制改造使国有商业银行的产权关系明晰化，真正实现了银行资产在法律上的所有权与银行的法人财产权的分离，有助于国有商业银行成为真正的独立市场主体，汇金公司行使国有资本出资人权利，强化了对于国有银行的产权约束。截至2007年年底，四家银行的资本充足率均超过12%，不良贷款率下降到3.5%以下，税前利润总额超过3000亿元。同时，国家注资获得明显收益，实现了国有资本保值增值。目前来看，这场以产权改革为特征、以建立现代商业银行制度为目的的新一轮改革已基本实现了改革的初衷，改革已经取得了阶段性的成功。

对改革的长期性、复杂性和艰巨性要保持清醒的认识

通过股份制改革，国有商业银行主要财务指标已接近国际较好银行水平，现代商业银行制度初步建立，已具备了可持续发展的基础。但总体来看，改革的成果还是初步的、阶段性的。对今后一段时期国有商业银行深化改革可能遇到的问题和困难要有充分的估计，对改革的长期性、复杂性和艰巨性要有更清醒的认识。从银行内部看，国有商业银行在公司治理结构、经营机制和增长方式、风险防范机制与国际先进银行相比还有很大差距。从银行外部环境看，一方面金融业将进一步对外开放，国有商业银行将面临更加严峻的市场竞争；另一方面，我国正处在完善社会主义市场经济体制的重要阶段，国民经济和产业结构在不断调整，国有企业也在转轨和改制之中，与市场经济相适应的金融法制建设尚待完善，社会诚信体系建设刚刚起步。这些因素都会影响到试点银行的资产质量与财务状况，影响国有商业银行未来的改革和发展。2007年2月召开的第三次全国金融工作会议在肯定国有商业银行改革已取得重大进展的同时，依然将深化国有银行改革作为下一个时期的最为重要的任务之一。

资料来源：谢平，《国有商业银行改革三十年》，刊于《中国金融40人论坛》（http://www.cf40.org.cn）2008年第12期，有删节。

延伸阅读1-2

商业银行经营管理理论的沿革

银行经营管理理论的演变主要经历了三个阶段。

1. 资产管理理论

资产管理理论主流认为，银行负债是由客户决定的，银行的收入取决于银行对资产的管理。在早期该理论比较关注资产的流动性，但随着对银行经营认识的提高，资产管理理论在资产运用方面也取得了一些发展。

(1) 商业贷款理论。该理论认为，银行的流动性来自于资产的短期性和自偿性。商业银行只应将资产用于短期贷款，这种贷款可以在正常的商业周转中得到偿还，商业银行的流动性就有了保障。由于商业贷款是以商业行为为基础，以商业票据作依据，具有自偿性，所以也叫真实票据理论。该理论的局限性在于：首先，流动性并不完全来自于资产的短期性。在正常的经济循环中，短期、自偿的（商业）贷款可以提供流动性，但在经济衰退时，存货和应收账款的周转率下降，企业在贷款到期时就难以还贷，银行的流动性就得不到保障。其次，该理论没有考虑到银行存款的相对稳定性。即使是活期存款，也会有相当部分的沉淀，存款的这种稳定性使得银行可以把短期资金作为长期资金来使用（如发放期限适当长的贷款），而不会造成银行的流动性不足。

(2) 资产转换理论。资产转换理论认为，银行能否保持资产的流动性关键在于资产的变现能力。如果银行持有的资产可以在短期内转让或出售给其他贷款者或投资者而变成现金，则银行就能保持其资金的流动性。所谓转换，就是银行持有资产通过市场转换为现金资产。若银行的贷款不能获得清偿，其贷款抵押品可在市场上出售变现，其贷款也可转让给中央银行。从单个银行来说，只要持有可以供出售的资产，银行就能够满足其流动性的需求；而只要中央银行随时准备购买银行提出的再贴现资产，整个银行系统就能保持流动性。在资产转换理论的影响下，银行的资产范围明显扩大，业务经营也更加灵活。这个理论的缺陷在于片面强调资产的转换能力，忽视了证券和资产的质量，大开信用膨胀方便之门，并且也忽视了当整个市场运行出现问题时，资产的市场流通性就要大大下降。

(3) 预期收入理论。该理论认为流动性的保障归根结底来自于客户的预期收入。无论短期商业贷款或是可转让的证券，其偿还能力或变现能力都是以未来的收入为基础的。如果一项资产的预期收入有保证，即使是长期资产，仍具有较高的流动性。在商业银行贷款结构安排中，银行可以把贷款的偿还期与借款人的预期收入联系起来，使到期日多元化，从而增加银行的流动性。预期收入理论鼓励了商业银行对证券投资采取“梯形效应”的投资组合，将到期日错开，使资金的回收建立在定期的和可以预知的基础上。这个理论促进了银行业务的进一步扩大，涉足一些新的领域，如住房抵押贷款、消费贷款等。这个理论的缺陷在于预期收入的主观性和可预测性是不能确定的，在资产期限较长的情况下，债务人的经营状况也可能发生变化。

(4) 超货币供给理论。该理论认为，信贷业务只是银行实现经营目标的一个手段，银行还可以在其他领域从事经营，而不是局限于从事货币供应业务。所谓超货币供给就是银行的资产业务应该超越仅仅提供货币业务的范围。在这个理论指导下，银行的经营范围进一步扩大，进入了许多银行传统业务领域以外的领域，中间业务在银行业务中所占的份额越来越大。

2. 负债管理理论

在资产管理理论的思想下，银行的负债是由客户决定的，银行只是起被动接受的作

用。随着银行经营环境的变化和竞争的日益激烈，银行的管理观念也发生了变化，从被动地接受负债向主动管理负债发展，从而出现了负债管理理论。

(1) 存款理论。该理论认为，存款是银行最重要的负债来源，是银行经营活动的基础。这个理论仍然认为存款是被动的，是由存款人所决定的，银行应该按照客户的意愿组织存款，并根据存款的状况安排贷款，以贷款的收益为参考支付存款利息。这个理论是以稳定性和安全性为主要特点的，不赞成盲目地发展资产业务，保守性特征较重。

(2) 购买理论。该理论强调通过积极的负债来创造流动性以支持资产；强调不仅吸收存款，还可以发行债券，发展新的金融产品向各行各业推广，扩大负债业务的范畴。在购买负债的过程中，银行可以积极主动地运用多种策略，如价格策略、服务策略等吸引客户。在这个理论下，银行的负债范围得到扩大。当然，积极的负债也需要和稳健经营相结合，否则扩张过快也可能出现问题。

(3) 销售理论。销售理论产生于20世纪80年代，是在金融创新和放松管制的背景下出现的。这种理论认为，银行不再局限于提供资金服务、强调负债资金的特性，而是立足于推销金融产品的角度，认为银行是提供金融产品的企业，而不仅仅是提供资金。对于银行而言，该理论强调银行在提供资金时实际上提供的既是一种产品，又是一种服务。这个理论是改变传统的银行经营理念，从产品和服务的角度来看待银行经营，从本质而言银行提供资金就是提供一种服务，银行要根据客户的需求设计、开发新的产品。资产管理理论和负债管理理论的侧重在于银行资产和负债都是产品，银行通过提供产品来获得收益。这是银行经营观念的一个重要变化，促进了银行管理重视市场营销策略。

3. 资产负债管理理论

自20世纪70年代末以来，资产负债管理理论在商业银行中占据了统治地位，这种理论又可以被称为相机抉择资金管理。资产负债管理理论认为，依靠资产管理或负债管理来经营都有不足之处，在实际经营的过程中，银行应该综合运用资产和负债以实现安全性、盈利性和流动性三者之间的协调。在具体的管理过程中，应该遵循如下的基本原则。

(1) 规模对称原理。银行的资产和负债规模应该相互对称和平衡。银行的资金来源和运用是相互联系的，应该根据经营的实际情况综合决定资产和负债的规模，并保持均衡的发展。但是规模的对称不是一成不变的，而是要根据具体情况进行动态的调整。

(2) 结构对称原理。银行的资产和负债在期限结构和利率结构上应该对称。这种对称同样不是简单地保持同等期限的资产和负债规模相等，保持固定利率的资产和负债与浮动利率的资产和负债相等，而是一种动态的对称，在经营时还可以根据情况主动地保持一定的缺口。

(3) 速度对称原理。银行的资产和负债应该在流动性上保持对称，流动性较高的资产可以与流动性较高的负债相对应，流动性较低的资产可以由较为稳定的负债来支持。这种对称同样也不是简单的对等，因为银行本来就是以短借长放为特征，对称只是要求协调和保持一定的流动性。

(4) 目标互补原理。目标互补原理也被称为协调原理。银行的安全性、流动性和盈利性目标之间是可以互补的，在特定的情况下可能更侧重于某个特定的目标，互补原理要求银行协调三大目标并实现综合目标的最优化。

此外，其他现代金融学理论对银行管理也有着重要的影响，这些理论包括：资产组合理论、资产定价模型（CAPM）理论、套利定价理论（APT）、有效市场假说、布莱克—斯克尔斯期权定价理论等。

本章小结

1. 商业银行是以市场经济为内在动力而逐渐产生和发展起来的。商业银行的产生和发展经历了货币兑换业、货币保管业、银钱业、早期商业银行业、现代商业银行业 5 个历史发展阶段，并在未来的发展中显示出蓬勃的生命力和多样化的发展趋势。

2. 商业银行是以利润最大化为经营目标，以经营存款、放款、转账结算和汇兑为主要业务，并以多种形式的金融创新为手段的多功能综合性金融企业。

3. 商业银行是一种特殊的金融企业，它既不同于一般的工商业企业，也不同于其他类型的金融机构。

4. 商业银行有四大职能，即信用中介职能、支付中介职能、信用创造职能和金融服务职能。正是因为商业银行发挥着这些重要的职能，才使商业银行成为一种举足轻重的经济部门。

5. 商业银行的类型可以按照多种标准进行划分，各国的银行制度也表现出独具的特色。一般按照外部组织形式，可以将商业银行分为总分行制、单一银行制、集团银行制和连锁银行制、代理银行制 5 种。

复习参考题

1. 名词解释。

商业银行　山西票号　格拉斯—斯蒂格尔法案《金融服务现代化法案》总分行制　分支银行制　单一银行制　持股公司制银行　连锁银行制　代理银行制

2. 简述商业银行的产生过程，早期商业银行的两种发展模式及各自的优缺点。

3. 商业银行的性质和职能各是什么？

4. 商业银行按照外部组织形式划分有哪些基本类型？它们的特点各是什么？

5. 如何理解商业银行“三性”经营原则？如何理解它们三者之间的辩证关系？

6. 试述我国商业银行三十年的改革历程，特别是股份制改革以来的基本情况。为什么要对我国商业银行未来改革的长期性、复杂性和艰巨性要保持清醒的认识？

第二章　商业银行财务报表

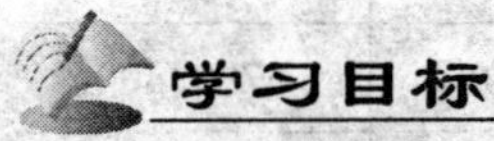

商业银行财务报表是银行财务状况和经营成果的汇总，它不仅为银行自身掌握和控制经营活动进行正确的决策提供全面、可靠的数据资料，而且为国家宏观调控部门和监管部门提供依据，为股东、债权人、存款人、投资者和证券机构提供信息。

1. 知识目标

※熟练掌握会计报表的概念、作用、种类及编制要求；

※掌握资产负债表、利润表、现金流量表和所有者权益变动表的概念、作用和结构；

※了解我国商业银行会计报表的基本构成内容。

2. 能力目标

※会计报表是会计信息的主要载体，按照知识的认知规律，商业银行会计报表是学习商业银行理论实务一个很好的切入点，熟练掌握资产负债表、利润表、现金流量表和所有者权益变动表的相关知识，为今后分析商业银行经营状况打下一个很好的基础。

案例导入 2—1

表 2—1 是根据国内某上市银行 A 股年报整理的近三年财务报表摘要，阅读并思考表下问题。

表 2—1　　国内某上市银行近三年财务报表摘要

报告日期	2012—12—31	2011—12—31	2010—12—31	2009—12—31
利润表摘要：				
营业利润	30745800	27100000	21448700	16599400
利润总额	30868700	27231100	21542600	16724800
所得税费用	6999600	6386600	4940100	3789800
净利润	23869100	20844500	16602500	12935000
基本每股收益（元）	0.68	0.60	0.48	0.39

续 表

报告日期	2012－12－31	2011－12－31	2010－12－31	2009－12－31
资产负债表摘要：				
货币资金	317494300	276215600	228299900	169304800
固定资产净额	11027500	10024600	9056900	8462600
资产总计	1754221700	1547686800	1345862200	1178505300
负债合计	1641375800	1451904500	1263696500	1110611900
所有者权益(股东权益)合计	112845900	95782300	82165700	67893400
现金流量表摘要：				
期初现金及现金等价物余额	84830800	52897100	40939400	60729100
经营产生的现金流量净额	53350800	34812300	27817600	40386200
投资产生的现金流量净额	－12667000	－5673300	－15958600	－58528400
筹资产生的现金流量净额	－4927900	3600500	404600	－1628700
现金及现金等价物净增加额	35333900	31933700	11957700	－19789700
期末现金及现金等价物余额	120164700	84830800	52897100	40939400

资料来源：根据根据该银行 A 股年报整理。

注：表中每股收益单位为人民币元，其余均单位为人民币万元。

请思考：

每一家公司的年报，都一定包括以下三种会计报告，即资产负债表、损益表和现金流量表。每一个表都有一定的作用，投资者必须三表并读，才能对企业的业务及财务状况有一个较为全面的认识。

我们可以这样说：公司好比是一个三角形立体金字塔，由 3 份“平面”组成，如果只看一个表的话，你等于只看到企业的一个平面，难以窥见全貌，必须从三个角度去看三个平面，才能见到全貌。

许多有心研究股票的朋友，都把重心放在业务的了解上，对于账目，有一份恐惧感，因为不是每一个投资者都是会计师，所以他们都有一种错误的想法，认为只有会计师才看得懂“三表”。当然，会计师是最有资格看“三表”，最了解“三表”的，但普通人只要读过小学 6 年级，稍为用心学习，都可以看懂这“三表”。实际上，许多经理级人员，甚至老板，都不是会计师出身，都照样读懂这 3 份报表。只有读懂这几份报表，才能对一个公司的基本财务状况有所了解，以作出自己的决策：是否购买该公司股票、还是抛出股票、是否借款给该公司、该公司是否偷税漏税以及是否与该公司有生意往来等。

第一节　商业银行财务报表概述

一、财务报表的概念与内容

（一）财务报表的概念

财务报表是按照一定的会计方法和程序，以表格形式反映商业银行某一特定日期财务状况和某一会计期间经营成果、现金流量的文件。

会计的最终目标是向报表使用者提供决策有用的会计信息，会计报表是会计信息的主要载体。会计报表全面、综合、系统地反映了商业银行财务状况、经营成果和现金流量，不仅是最重要的会计信息资料，也是会计工作成果的最终体现。

《国际会计准则》第1号《财务报表的列报》中规定财务报表的目的为："财务报表是对主体财务状况和财务业绩的结构性表述。通用财务报表的目标是提供有助于广大使用者进行经济决策的有关主体财务状况、财务业绩和现金流量的信息。财务报表还反映主体管理层对受托资源经管责任的成果。"这里所说的使用者包括现在和潜在的投资者、雇员、贷款人、供应商和其他商业债权人、顾客、政府及其机构和公众。从我国的实际情况来看，会计报表已经成为包括政府部门、投资者、债权人、内部管理以及其他各个方面了解和掌握企业财务状况、经营成果和现金流量的重要的信息来源，是国家宏观经济管理、资源分配和内部管理的重要保证。

商业银行会计报表的使用者主要包括五个方面：

1. 宏观经济管理者

会计信息是经济决策的依据，也是国家宏观经济管理部门制定财政经济政策、开展宏观调控的依据。由于商业银行在国民经济发展中具有举足轻重的作用，因此，商业银行会计报表所反映的各项存款、贷款、头寸等情况，为国家制定包括财政政策、税收政策、货币政策等在内的各项经济政策提供了重要依据。同时，税收是财政收入的主要来源，国家在制定税法，进行税收征管时，都以会计信息为依据，并在会计信息的基础上进行必要的调整，会计信息也是国家税收管理的重要依据。

2. 金融监管机构

安全、稳健的银行体系对于国民经济的健康运行具有十分重要的作用。作为金融监管机构，需要定期或不定期地了解商业银行的经营管理情况，以便适时、有效地开展金融监管，防范金融风险，保证金融的健康运行。银行会计，作为一个向内部管理当局和外部利益相关人提供决策相关财务信息的信息系统，能否公允地表达其财务状况、经营成果及资金变动情况的同时，较为充分地披露银行经营的风险状况，是能否预警金融风险的重要因素。

3. 股东和广大投资者

及时、客观、真实、准确的会计信息，确认、记录和报告了商业银行的财务状况、经营成果和现金流量，是股东和广大投资者据以投资等财务决策的重要依据。

4. 内部管理层

会计报表是内部管理的直接信息来源，是各项决策的重要基础。商业银行在进行贷款营销、产品定价、资金调拨、投资等决策时，都必须以会计信息为基础，同时，在进行考核、业绩评价和资源分配时，会计信息也是最基础的信息。

5. 其他有关各方

除此之外，会计报表还是国外银行信用评级机构对银行信用评级的主要依据。在资本市场上进行融资（如发行债券）时，会计报表也是基本的信息资料。

可见，会计报表要满足不同的报表使用者的信息需要。当然，对于会计报表而言，不同的报表使用者对报表信息需求是不同的。但大致来说，报表使用者可以分为外部使用者和内部使用者。向外部使用者提供的会计信息，通常称为财务会计报告。

编制会计报表是商业银行会计核算的一项重要内容，也是会计核算程序中非常重要的一个环节。为了充分发挥会计报表的作用，商业银行应当按照《企业会计准则》、《金融企业会计制度》的规定，编制和对外提供数字真实、准确，内容完整的财务会计报表。

（二）会计报表的内容

2006年2月15日财政部颁布的《企业会计准则第30号——财务报表列报》明确规范：财务报表是对企业财务状况、经营成果和现金流量的结构性表述。财务报表至少应当包括下列组成部分：①资产负债表；②利润表；③所有者权益（或股东权益）变动表；④现金流量表；⑤附注。

会计报表附注是为便于报表使用者理解会计报表的内容而对会计报表的编制基础、编制依据、编制原则和方法及主要项目等作的解释。

二、商业银行财务报表的种类

商业银行会计报表的种类很多，通常按信息使用者不同划分为内部报表（对内报表）和外部报表（对外报表）两类。内部报表是各商业银行系统内根据自身特点和需要设置的，格式无统一规定；外部报表是根据《金融企业会计制度》有关规定，按统一的格式并按期向外报送的会计报表。

（一）按使用对象分类

商业银行财务报表既要满足外部使用者的要求，又要满足内部管理需要。按使用对象的不同分为：

1. 统一会计报表

统一会计报表，即商业银行按《商业银行会计制度》的要求向外报送的会计报表及试算平衡表。主要包括：资产负债表、利润表、现金流量表、会计报表附注、试算平衡表等。

2. 管理层报表

管理层报表，即商业银行为反映本行财务状况和经营成果的明细情况或变动趋势的报

表。管理层报表以会计系统的数据为基础，其格式与编报频率等主要取决于管理层信息需要，并随管理层关注变化而调整。目前管理层报表主要包括：主表：资产负债表、利润表；附表：主要指标表、资产负债结构表、主要资产项目明细表、主要负债项目明细表、主要资产减值项目明细表、利润分析表、主要指标分省表等。当然，这里所说的管理层报表是指纯粹为了满足内部管理需要而编制的报表，在实际使用中，商业银行对外报送的报表也是内部管理的重要依据。

（二）按编报时间分类

商业银行对外提供的财务会计报告分为年度、半年度、季度和月度财务报告。月度、季度财务会计报告是指月度和季度终了提供的财务会计报告；半年度财务会计报告是指在每个会计年度的前六个月结束后对外提供的财务会计报告；年度财务会计报告是指年度终了对外提供的财务会计报告。

（三）按反映方式分类

商业银行按反映方式可分为：动态会计报表，是反映一定期间经营成果的会计报表，主要包括：利润表、现金流量表；静态会计报表，是反映某一时点财务状况的会计报表，主要包括资产负债表。

（四）按币种分类

会计报表按币种分类，汇总报表单位包括本币、外币和本外币并账三种报表。

三、商业银行财务报表的编制与基本要求

（一）财务报表编制的基本要求

编制财务会计报告必须严格按照国家《金融企业会计制度》和商业银行统一会计制度的有关要求，保证会计信息的真实、可靠，以满足报告使用者对信息的要求。财务会计报表编制应遵循以下要求：

（1）根据真实的交易、事项以及完整、准确的账簿记录等有关资料，按照会计制度规定的编制基础、编制依据、编制原则和方法编制财务会计报告。财务会计报告中各项会计要素，应当依据会计制度的有关规定，进行合理的确认和计量，不得随意改变会计要素的确认原则和计量标准。

（2）依据有关法律、行政法规和建行规定的结账日进行结账，不得随意提前或推迟。年度结账日为公历年度每年 12 月 31 日；半年度、季度和月度结账日分别为公历年度每半年、每季、每月的最后一天。

（3）按照会计制度规定的财务会计报告格式和内容，根据登记完整、核对无误的会计账簿记录或其他有关资料编制财务会计报告，做到内容完整、数字真实、计算准确、不得漏报或任意取舍。财务会计报告之间、财务会计报告各项目之间，凡有对应关系的项目，应当相互一致；财务会计报告中本期与上期的有关数据应当相互衔接。

（4）财务会计报告的报送要及时，各编报单位要保证在规定日期内报上级机构；同时还应按有关规定对外报送中国人民银行、税务等有关部门。

(5) 商业银行编报的会计报表，应由商业银行法定代表人和主管会计工作的负责人、会计机构负责人（会计主管人员）签名并盖章；设置总会计师的商业银行，还应当由总会计师签名并盖章。

（二）财务报表装订和保管的基本要求

商业银行编报的会计报表，应当依次编定页数，加具封面，装订成册，加盖公章。封面上应当注明：商业银行名称、组织形式、地址、开业年份、报表所属年度、季度、月份；报出日期等。

各种财务会计报告均为内部资料，必须妥善保管，除按规定范围、种类和份数提供有关部门外，数字不得外传，报表不得外借。

装订时，应首先检查报表是否完整无缺，盖章齐全。基层行对各种财务会计报告应按年度，分别不同种类，依照月份、季度顺序装订成册；管辖行应视实际情况按月将辖属行所报送的同期报表分类装订成册；年度会计决算报表各行处均应单独装订保管；装订时应加封面和封底，并由装订人员、会计主管盖章确认。装订成册的报表，应按册编号，并在封面标明年度、月份及报表名称，登记“记账凭证、账簿、报表保管登记簿”，归档保管。

第二节 商业银行资产负债表

一、资产负债表的概念与格式

（一）资产负债表的概念

资产负债表是反映商业银行在某一特定日期的财务状况的报表。资产负债表是根据资产、负债和股东权益之间的相互关系，按照一定的分类标准和一定的顺序，把商业银行一定日期的资产、负债和股东权益各项目予以适当排列，并对日常工作中形成的大量数据进行高度浓缩整理后编制而成的。

根据我国《金融企业会计制度》的规定，资产负债表应当按照资产、负债和股东权益分类分项列示。其中资产、负债和股东权益的定义和列示应遵循以下规定：

资产是指过去交易、事项形成并由商业银行所拥有或控制的资源，该资源预期会给商业银行带来经济利益；负债是指过去交易、事项形成的现时义务，履行该义务预期会导致经济利益流出商业银行；股东权益是指投资者在商业银行资产中享有的经济利益，其金额为资产减去负债后的余额。在资产负债表上，股东权益应当按照实收资本（或股本）、资本公积、盈余公积、未分配利润等项目分项列示。

资产负债表表明商业银行在某一特定日期所拥有或控制的经济资源、所承担的现有义务和所有者对净资产的要求权。通过资产负债表，可以提供某一日期资产的总额及其结构，表明商业银行拥有或控制的经济资源及其分布情况；通过资产负债表，可以反映某一日期的负债总额及其结构，表明商业银行未来需要用多少资产清偿债务；通过资产负债表，可以反映股东权益的情况，表明投资者在商业银行资产中所占的份额，了解股东权益

的构成情况。

（二）资产负债表的格式

资产负债表的格式有账户式和报告式两种。根据《金融企业会计制度》，商业银行资产负债表采用账户式结构，即资产负债表分为左方和右方，左方列示资产各项目，右方列示负债和股东权益各项目，资产各项目的合计等于负债和股东权益各项目的合计。通过账户式资产负债表，反映资产、负债和股东权益之间的内在关系，并达到资产负债表左方和右方平衡，即资产总计＝负债及股东权益总计（资产＝负债＋股东权益）。同时，资产负债表还提供年初数和期末数的比较资料。商业银行资产负债表格式如表2—2所示。

表2—2　　商业银行资产负债表

资　　产	行次	年初数	期末数	负债和股东权益	行次	年初数	期末数
资产：	1			负债：	31		
现金及存放中央银行款项	2			同业存放款项	32		
存放同业款项	3			向中央银行借款	33		
贵金属	4			同业拆入	34		
拆放同业	5			卖出回购款项	35		
买入返售资产	6			客户存款	36		
交易性资产	7			应解及汇出款	37		
——以公允价值计量且其变动计入当期损益的债券	8			应付利息及股利	38		
——其他交易性资产	9			应交税金及附加	39		
应收利息及股利	10			其他应付款项	40		
客户贷款及垫款	11			预计负债	41		
债券投资	12			应付债券	42		
——持有至到期债券	13			长期借款	43		
——贷款和应收款项债券	14			其他负债	44		
——可供出售债券	15			递延税款贷项	45		
	16			负债合计	46		
	17				47		
资产支持证券	18				48		
	19			股东权益：	49		
	20			股本	50		
股权投资	21			资本公积	51		

续 表

资　　产	行次	年初数	期末数	负债和股东权益	行次	年初数	期末数
固定资产	22			盈余公积	52		
在建工程	23			一般准备	53		
无形资产	24			未分配利润	54		
抵债资产	25			外币报表折算差额	55		
其他资产	26			少数股东权益	56		
递延税款借项	27			股东权益合计	57		
	28				58		
	29				59		
资产总计	30			负债和股东权益总计	60		
补充资料：							
开出信用证				签开信用担保函			
抵押品				催收贷款利息			
银行承兑汇票				贷款承诺			

二、资产负债表各项目的主要内容

（一）现金资产

现金资产是银行资产中流动性最高的部分，一般包括：库存现金，指银行金库里的现钞和硬币；在中央银行的存款，主要用于应付法定准备金的要求，并可用作支票清算、财政部库券交易和电汇等账户的余额；存放同业、联行的款项，主要用于同业间、联行间业务往来的需要；在途资金，这是存入中央银行或同业、联行的支票，但资金未到达其账上。

（二）准备金

每一家银行都有依法将其吸收存款的法定比例缴存中央银行或提留现金准备。按照中央银行法定准备金比率要求准备的现金或上缴存款称为第一准备金。此外，银行在第一准备金之外还会保有一部分高流动性资产，能随时变现，以应付临时性需要，如短期投资、贴现与放款，在收益性、流动性方面介于贷款资产和现金资产之间。它们是银行应付提存的第二道防线，也称为第二准备金。

（三）证券投资

这是商业银行主要的盈利资产之一，有时占资产总额的20%以上，可划分为短期投资和长期投资两部分。前者以保有流动性为目的，包括在第二准备金内，后者以取得盈利为目的。商业银行持有的证券分为三类：国库券及政府机构债券、市政债券和企业债券、

票据。商业银行一般不允许投资股票和投机级企业债券。银行债券投资组合中政府机构债券占较大份额，主要因为这类债券基本不存在信用风险，安全性高，可在二级市场转让，有较高流动性，部分市政债券还可给商业银行带来免税利益。另外，政府机构债券还是商业银行从外部借款时合格的抵押品。

证券投资科目一般以购入时的成本作为记账基础，其市价在资产负债表附注中披露。短期投资部分也可直接采用市价记账，对证券投资科目分析时必须考虑其市价波动情况。

（四）贷款

贷款是商业银行资产中比重最大的一项，也是商业银行收入的主要来源。银行贷款可进一步划分为消费信贷、不动产信贷、工商业贷款等。在资产负债表中，银行贷款以总值、净值两种方式加以表述，贷款总值是报表尚未还清的贷款余额和账面价值，贷款总值扣除一些抵减项目后得到贷款净值。第一个抵减项目是贷款损失准备金，该科目反映了银行对未来可能发生的贷款损失值。第二个抵减项目为预收利息，是指银行收到的贷款客户预付的利息。

（五）固定资产

固定资产主要指商业银行房产、设备的净值，所占比重一般较低，属于非盈利性资产。银行通过对客户抵押品行使赎回权所得的不动产在单独设置“其他不动产”科目中反映。

（六）其他资产

其他资产包括那些数量很小、不足以单独立户的项目，如已承兑的顾客对银行的负债、预付费用等。这些项目达到一定数量就可以单独立户。

第三节　商业银行利润表

一、利润表的概念与格式

（一）利润表的概念

利润表是反映商业银行在一定会计期间经营成果的报表。利润表是把一定会计期间的收入与同一会计期间相关的成本费用进行配比，以计算出一定时期的净利润（或净亏损）。

根据我国《金融企业会计制度》的规定，利润表应当按照各项收入、费用以及构成利润的各个项目分类分项列示。其中收入、成本和费用、利润的定义及其列示应当遵循下列规定：

（1）收入是指商业银行在销售商品、提供劳务及让渡资产使用权等日常活动中所形成的经济利益的总流入。收入不包括为第三方或者客户代收的款项，如代收的水电费等。在利润表上，收入应当按照其重要性分项列示。

（2）成本和费用。费用是指商业银行为销售商品、提供劳务等日常活动所发生的经济利益的流出；成本是指商业银行为提供劳务和产品而发生的各种耗费。但不包括为第三方和客户垫付的款项。在利润表上，成本和费用应当按照其性质分项列示。

（3）利润是指商业银行在一定会计期间的经营成果。在利润表上，利润应当按照营业利润、利润总额和净利润等利润的构成分类分项列示。

利润表是通过一定的表格来反映商业银行的经营成果。通过利润表所反映的收入和成本费用情况，能够反映商业银行的收益和成本支出情况，表明经营成果；同时，通过对利润表提供的不同时期的比较数字（本月数、本年累计数、上年数），可以分析今后利润的趋势及获利能力，了解投资者投入资本的完整性。由于利润是经营业绩的综合体现，又是进行利润分配的主要依据。因此，利润表是会计报表的主要报表。

（二）利润表的格式

由于不同的国家和地区对会计报表的信息要求不完全相同，利润表的结构也不完全相同。目前比较普遍的利润表的结构有多步式利润表和单步式利润表两种。根据《金融企业会计制度》规定，商业银行采用多步式利润表格式，即采用上下加减的报告式结构，将损益的计算分解为多个步骤，同时，利润表还提供本期数、本年累计数。商业银行利润表格式如表2—3所示。

表2—3　　　　利润表

项　目	行次	本期数	本年累计数
一、利息净收入	1		
利息收入	2		
利息支出	3		
二、中间业务净收入	4		
中间业务收入	5		
中间业务支出	6		
三、其他经营净收入	7		
汇兑收益	8		
交易性资产形成的收益	9		
其他业务净收入	10		
四、营业费用	11		
业务及管理费	12		
营业税金及附加	13		
五、投资收益	14		
六、营业利润	15		
加：营业外净收入	16		
七、扣除资产减值损失前的利润总额	17		

续　表

项　目	行次	本期数	本年累计数
减：资产减值损失	18		
八、扣除资产损失后利润总额	19		
减：所得税	20		
九、净利润	21		

二、利润表表各项目的内容

（一）营业收入

商业银行提供金融商品服务所取得的收入，主要包括利息收入、手续费收入、其他营业收入。

1. 利息收入

利息收入是商业银行最主要的来源。商业银行利息收入主要是受放款需求多少，市场利率的变动等外部因素的影响。市场对资金的需求越旺，市场利率越高，银行资金运用可能就越多，利息收入就越高；反之，利息收入就低。从银行内部来看，利息收入主要取决于盈利资产的数量和结构。盈利资产的数量越多，利息收入就越多；反之，则可能越少。而在盈利资产中，高盈利资产所占比重越大，利息收入就越多；反之，就会越少。

2. 手续费收入

手续费收入的主要来源有：在西方商业银行对达不到最低存款限额所收取的保管费和人工费（在支票存款中，只有在银行有超过银行所要求的最低限额的活期存款时才免收这类费用）；银行为客户办理转账结算业务，即汇款、收款业务所收取的费用；对外保证业务，如开立或保兑信用证，开立保函或备用信用证，开立履约保证书及承兑汇票等收取的手续费；包销债券或股票收取的佣金；代客买卖证券或贵金属收取的佣金；咨询业务收入；银行卡的费用等。

3. 其他营业收入

该项收入包括信托收入、租赁收入、投资收益、同业往来收入及其他各种非利息的营业收入。

（二）营业支出

商业银行营业支出包括营业成本和费用两个组成部分。商业银行的营业成本是指在业务经营过程中发生的与业务经营有关的支出。它包括利息支出、金融企业往来支出、手续费支出、卖出回购证券支出、汇兑损失、赔款支出等。其中利息支出仍是主要部分，其中大部分又是存款。营业费用是指商业银行在业务经营及管理工作中发生的各项费用。它包括固定资产折旧、业务宣传费、业务招待费、电子设备运转费、安全防卫费、企业财产保险费、邮电费、印刷费、公杂费、低值易耗品摊销、职工工资、差旅费、水电费等。

（三）利润

我国现行会计制度规定，银行利润分为营业利润、总利润及净利润。营业利润是银行营业收入与营业支出的差额减去营业税金的值。总利润等于营业利润加投资收益与营业外收入再减去营业外支出的值。投资收益来自证券的出售、交换、提前清偿或投资于其他企业所获取的报酬。净利润等于总利润减去所得税额。

第四节　商业银行现金流量表

一、现金流量表的概念

现金流量是指银行在一定会计期间的现金流入和流出的数量，或者说是现金收入和现金支出的数量。

现金流量表是指反映银行在一定会计期间现金和现金等价物流入和流出的报表。通过该表反映的信息，以揭示银行的偿债能力和变现能力，进一步预测银行未来的现金流量。相对于存量报表而言，它是一张动态报表。当前西方国家的银行都编制现金流量表，我国从 1998 年要求银行编制现金流量表，以取代财务状况变动表。

现金流量表中的现金是指可以立即投入流通的交换媒介，包活现金和现金等价物。现金对银行而言，是指银行库存现金以及可以随时用于支付的各种存款，包括现金、存放中央银行款项、存放同业款项、存放系统内存款等。现金等价物是指银行持有的期限短、流动性强、易于转换为已知金额现金、价值变动风险很小的投资。我国现行《企业会计准则—现金流量表》准则中定义的现金和现金等价物不包含银行透支。

二、现金流量表的格式

现金流量表的基本格式如表 2—4 所示。

表 2—4　　现金流量表

项　　目	行次	金额
一、经营活动产生的现金流量：		
收回的中长期贷款	1	
吸收的活期存款净额	2	
吸收的活期存款以外的其他存款	3	
同业存款净额	4	
系统内存放净额	5	
向其他商业银行拆入的资金净额	6	
向中央银行借款净增加额	7	

续　表

项　　目	行次	金额
收取的利息和手续费	8	
收回的已于前期核销的贷款	9	
收回的委托资金净额	10	
收到的其他与经营活动有关的现金	11	
现金流入小计	12	
对外发放的中长期贷款	13	
对外发放的短期贷款净额	14	
对外发放的委托贷款净额	15	
支付的活期存款以外的其他存款本金	16	
存放同业款项净额	17	
存放系统内款项净额	18	
拆放其他金融机构资金净额	19	
支付的利息和手续费	20	
支付给职工以及为职工支付的现金	21	
支付的各项税费	22	
支付的其他与经营活动有关的现金	23	
现金流出小计	24	
经营活动产生的现金流量净额	25	
二、投资活动产生的现金流量：		
收回投资所收到的现金	26	
取得投资收益所收到的现金	27	
处置固定资产、无形资产和其他长期资产而收到的现金净额	28	
收到的其他与投资活动有关的现金	29	
现金流入小计	30	
购建固定资产、无形资产和其他长期资产所支付的现金	31	
债券投资所支付的现金	32	
支付的其他与投资活动有关的现金	33	
现金流出小计	34	
投资活动产生的现金流量净额	35	
三、筹资活动产生的现金流量：		
吸收权益性投资所收到的现金	36	

续 表

项　　目	行次	金额
发行债券所收到的现金	37	
借款所收到的现金	38	
收到的其他与筹资活动有关的现金	39	
现金流入小计	40	
偿还债务所支付的现金	41	
分配利润所支付的现金	42	
支付的其他与筹资活动有关的现金	43	
现金流出小计	44	
筹资活动产生的现金流量净额	45	
四、汇率变动对现金的影响额		
五、现金及现金等价物净增加额		

附注：

项　　目	行次	金额
1. 将净利润调节为经营活动现金流量：		
净利润	46	
加：计提的资产减值准备	47	
固定资产折旧	48	
无形资产摊销	49	
长期待摊费用摊销	50	
待摊费用减少（减：增加）	51	
预提费用增加（减：减少）	52	
处置固定资产、无形资产和其他长期资产的损失（减：收益）	53	
固定资产盘亏损失（减：盘盈收益）	54	
投资损失（减：收益）	55	
递延税款贷项（减：借项）	56	
经营性应收项目的减少（减：增加）	57	
经营性应付项目的增加（减：减少）	58	
其他	59	
经营活动产生的现金流量净额	60	
2. 不涉及现金收支的投资和筹资活动：		

续　表

项　　目	行次	金额
债务转为资本	61	
融资租入固定资产	62	
3. 现金及现金等价物净增加情况：		
现金的期末余额	63	
减：现金的期初余额	64	
加：现金等价物的期末余额	65	
减：现金等价物的期初余额	66	
现金及现金等价物净增加额	67	

表2—4是以“现金”为基础编制的。这里所说的“现金”包括现金和现金等价物两部分。具体解释如下：

（1）主表部分是由来自经营活动的现金流量、来自投资活动的现金流量、来自筹资活动的现金流量三部分组成。

（2）各部分又分别按收入项目和支出项目分项列示，以反映各类活动所产生的现金流入量和现金流出量，展示各类现金流入和流出的原因。

（3）单账列示利润表中的利润总额与本表所要提供的来自经营活动的现金流量之间的调整，可以在主表中予以报告，也可以在附注中专门揭示。

（4）不影响现金变动的重大理财项目逐一列示，或者总括反映。

（5）现金流量表设置依据的公式为：现金净流量＝现金流入－现金流出。

（6）会计政策的揭示安排在会计报表的最后部分。关于编制基础——现金等价物的界定标准通常列示在该表的最后。

三、现金流量表的内容

在通常情况下，银行的全部现金收支活动可概括为日常营运、投资与筹资三大类，因此现金流量也可相应地分为三类，即经营活动产生的现金流量，投资活动产生的现金流量，筹资活动产生的现金流量。而各类活动对现金流量的影响均表现为现金流入与现金流出两个方面。

（一）经营活动产生的现金流量

银行的正常经营活动主要有存款、贷款（贴现）、结算、现金出纳业务等。

1. 现金流入

经营活动产生的现金流入主要包括：银行发放各类贷款及与商业银行往来所取得的现金利息收入；银行实际收回发放贷款的本金；银行开展各项业务收取的手续费收入；银行进行外汇买卖或兑换所产生的汇兑收益；其他业务现金收入，如咨询收入，无形资产转让收入等；银行吸收的各项存款；应付、暂收其他单位或个人的款项。

2. 现金流出

经营活动产生的现金流出主要包括：吸收各项存款及与金融机构往来的实际利息支出；因各项借款、发行金融债券而实际支付的现金利息；委托其他单位代办业务而支付的手续费；按照有关规定当期实际支付的各项税费；外汇买卖和外币兑换业务而产生的汇兑损失；以现金方式支付给职工的工资和其他劳动报酬、福利支出；除以上各项支出以外的、用于银行经营活动的各项费用和支出；实际对外发放的各类贷款；实际对外支付的其他单位或个人的存款本金，以及暂付其他单位或个人的款项。

（二）投资活动产生的现金流量

这里所说的投资活动，是指银行进行原定期限 3 个月以上的债券投资以及用于购置和处置固定资产、无形资产的行为。

1. 现金流入

投资活动产生的现金流入主要包括：以现金方式收回的债券本金；出售固定资产、无形资产而取得的现金，扣除以现金支付有关费用和税金的现金净额；收到的股利和利息。

2. 现金流出

投资活动产生的现金流出主要包括：购买期限在三个月以上的债券支付的现金；购建固定资产、无形资产而支付的现金或偿付应付款。

（三）筹资活动产生的现金流量

这里所说的筹资活动，是指银行进行吸收资本、发行金融债券、借款以及还款或清算债务等这些与筹资有关的活动。

1. 现金流入

筹资活动产生的现金流入包括：发行金融债券而收入的现金；发行股票而收入的现金；借入借款而取得的现金。

2. 现金流出

筹资活动产生的现金流出包括：偿还借款或债券本金；当期支付给投资者的股利和利息；为发行债券、借款及其他筹资活动而以现金支付的有关费用；以现金方式支付的融资租赁固定资产的租赁费。

四、现金流量表的编制

根据确定现金流量的方法不同，现金流量表分为两种：一种是以营业收入为计算起点的现金流量表（直接法编制）；另一种是以利润为计算起点的现金流量表（间接法编制）。

（一）会计准则的规范

《国际会计准则第 7 号：现金流量表》中第 18 条规定：“企业应按下列方法中的一种报告源于经营业务的现金流量：①直接法，即揭示现全收入总额和现金支出总额的主要类别；②间接法，即在净损益的基础上，调整非现金性交易的影响，调整过去或未来经营业务现金收入或支出的任何递延或应计项目，以及与源于投资与融资的现金流量有关的收入或费用项目。”即鼓励主体采用直接法报告经营活动现金流量，但也可以采用间接法；我国《会计准则》规定，编制现金流量表时必须采用直接法，同时要求在附注中按间接法将净利润调节为经营活动现金流量的信息。

（二）直接法和间接法的比较

直接法编制的现金流量表，由于它的编制原理简单明了，即从现金收入中扣除现金支出得出净现金流量，报表使用者很容易理解。同时，这种方法还揭示了营业产生的现金收支总额，可以得到经营活动现金流入的来源和经营活动现金流出的用途的信息，有助于估计将来的现金流量。现金流量表反映企业一定时期内的现金流入和流出的整体情况，说明企业现金进出的来源，其中：经营活动产生的现金流量，代表企业运用经济资源创造现金流量的能力，便于分析一定期间内产生的净利润与经营活动产生现金流量的差异；投资活动产生的现金流量，代表企业运用资金产生现金流量的能力；筹资活动产生的现金流量，代表企业筹资获得现金流量能力。现金流量表辅助其他的财务信息，可以分析企业未来获取或支付现金的能力。在评价企业从经营活动中产生足够现金偿付债务、追加投资以及向股东进行分配的能力时，各类现金流入和流出的信息要比间接法下列示唯一的合计数（经营活动现金净流量）更为有用。这一信息正是其他报表所提供不了的，起到了对资产负债表、损益表的补充作用。因此，《国际会计准则》鼓励企业采用直接法编制现金流量表。我国新的《会计准则》要求现金流量表必须以直接法编制。但直接法编制缺点是：若现金流动种类多，收支渠道复杂，编制起来就比较困难，不能很好地揭示现金流量表与损益表之间的关系。

采用间接法编制的现金流量表，由于以净利润为起点，调整非现金业务收入和支出，以及过去或未来的营业性现金收支的应计额，有助于从现金流量的角度分析企业净利润的质量。编制时只找调整数，因此工作量小。整个编制过程揭示了现金流量表与资产负债表之间的内在联系，很好地反映了获利能力和偿债能力的差异。但间接法编制时未能详细列示经营活动的各项现金流入的来源和现金流出的用途。

因此，我国现行《会计准则》规定采用直接法，同时要求在现金流量表附注中披露将净利润调节为经营活动现金流量的信息，也就是用间接法来计算经营活动的现金流量，以更好地发挥现金流量表的作用。

第五节　商业银行所有者权益变动表

一、所有者权益变动表的概念和项目

所有者权益变动表是为反映所有者权益交易情况，及所有者权益组成项目增减变动和结余情况而编制的财务报表。新《会计准则》将商业银行主表由原来的“三大报表”规范为“四大报表”，既是与国际会计准则的“趋同”，也是所有者权益日益受到重视的体现。

所有者权益变动表各项目应根据股本、资本公积、盈余公积、利润分配科目的发生额分析填列。

权益的增减变动直接反映了主体在一定期间的总收益和总费用，一般应单独列报以下项目：

(1) 净利润。

(2) 直接计入所有者权益的利得和损失项目及其总额。

(3) 会计政策变更和会计差错更正的累积影响金额。

(4) 所有者投入资本和向所有者分配利润等。

(5) 按照规定提取的盈余公积。

(6) 实收资本、资本公积、盈余公积、未分配利润期初和期末余额及其调整情况。

二、所有者权益变动表的格式

所有者权益变动表以矩阵的形式列示，其好处主要表现为以下两个方面：一方面，列示显示了导致所有者权益变动的交易或事项，改变了以往仅仅按照所有者权益的各组成部分反映所有者权益变动情况，而是从所有者权益变动的来源对一定时期所有者权益变动情况进行全面反映；另一方面，按照所有者权益各组成部分及其总额列示交易或事项对所有者权益的影响。此外，企业还需提供比较所有者权益变动表，所有者权益变动表还应就各项目再分为“本年金额”和“上年金额”两栏分别填列。所有者权益变动表的基本格式如表 2—5 所示。

表 2—5　　所有者权益增减变动表

	本年金额						上年金额					
	实收资本或股本	资本公积	减：库存股	盈余公积	未分配利润	所有者权益合计	实收资本或股本	资本公积	减：库存股	盈余公积	未分配利润	所有者权益合计
一、上年年末余额												
加：会计政策变更												
前期差错更正												
二、本年年初余额												
三、本年增减变动金额												
（一）净利润												
（二）直接计入所有者权益的利得和损失												

续　表

	本年金额						上年金额					
	实收资本或股本	资本公积	减：库存股	盈余公积	未分配利润	所有者权益合计	实收资本或股本	资本公积	减：库存股	盈余公积	未分配利润	所有者权益合计
1. 可供出售金融资产公允价值变动净额												
2. 权益法下被投资单位其他所有者权益变动的影响												
3. 与计入所有者权益项目相关的所得税影响												
4. 其他												
（三）所有者投入和减少资本												
1. 所有者投入资本												
2. 股份支付计入所有者权益的金额												
3. 其他												
（四）利润分配												
1. 提取盈余公积												
2. 对所有者（或股东）的分配												
3. 其他												
（五）所有者权益内部结转												
1. 资本公积转增资本（或股本）												
2. 盈余公积转增资本（或股本）												
3. 盈余公积弥补亏损												
4. 其他												
四、本年年末余额												

延伸阅读 2-1

公允价值计量与公允价值计量金融工具

1. 公允价值计量含义

公允价值计量是指资产和负债按照在公平交易中，熟悉情况的交易双方自愿进行资产交换或债务清偿的金额计量。公允价值计量是市场经济条件下维护产权秩序的必要手段，也是提高会计信息质量的重要途径，它代表了会计计量体系变革的总体趋势。

2. 公允价值计量的优越性

(1) 适应金融创新的需要。主要以合约形式出现的金融衍生工具因不具有实物形态和货币形态，加之交易和事项大多并未实际发生，传统的历史成本无法对其进行会计处理。传统的成本计量必须等到合约真正履行或取消之时，才一次性地报告，企业在该金融衍生工具上的损益，实际上揭示的将是一个累积数字。公允价值计量却能很好地解决这个问题，其价值的确定并不取决于业务是否发生，只要双方一致同意就可形成一个对市场价值判断的价值。因此，公允价值能计量、反映金融衍生工具产生的权利和义务，向信息使用者提供信息。同时，将金融衍生工具的到期累计风险分散到其合约的存续期间，也符合稳健性原则。

(2) 使会计收益更加真实、全面。经济学的收益概念除包括会计收益外，还包括非交易和未实现的资产价值变动形成的利益或损失，较之会计收益在内容上更为真实和全面。而公允价值会计计量恰恰就是既要计量资产和负债在资产负债表中的公允价值，也要计量公允价值变动所造成的利益和损失。这样可弥补会计收益的不足而向经济收益看齐，更加准确地披露企业获得的现金流量，更确切地反映企业的经营能力、偿债能力及所承担的财务风险，更合理地反映企业的财务状况以及企业的真实收益，可以全面评价企业管理当局的经营业绩。

(3) 有利于企业的资本保全。企业对生产过程中耗费的生产能力必须回购，以维持简单再生产和扩大再生产。如果采用历史成本计量，计量得出的金额在物价上涨的经济环境中，将购不回原来相应规模的生产能力。采用公允价值计量时，不管何时耗费的生产能力一律按现行市价或未来现金流量现值计量，计量得出的金额即使在物价上涨的环境下也可以购回原来相应规模的生产能力，企业实物资本得到维护。

(4) 更加符合配比原则的要求。对于非货币性资产而言，其计量的一个主要目标在于计算本期的企业收益。现行企业计算收益时，收入是按现行市价计量，而成本、费用则按历史成本计量，收益包括劳动者创造的纯利润和由经济因素影响形成的价格差。现行的利润分配制度对这两者不加区分，从而出现收益超分配、虚利实分的现象。采用公允价值计量，这种问题就可得到很好的解决。在公允价值计量下，收益是现时收入与按公允价值计算的成本费用配比的结果，因而更能体现配比原则。

(5) 提高信息的决策有用性。由上述优点很容易看出，按公允价值计量提供的会计信息较之于历史成本计量提供的会计信息而言，更具有高度的相关性，从而提高信息决策的有用性。按公允价值计量得出的信息能为企业管理人员、债权人、投资者等信息使用者提供更为相关的会计信息，避免因历史成本无法反映未实现利得或损失而做出错误判断，从而为他们的经营、决策提供更有力的支持。

3. 金融工具的公允价值计量及其影响

根据《企业会计准则》第 22 号“金融工具确认和计量”规定，以公允价值计量的金融工具主要包括交易性金融资产和金融负债，例如，企业为充分利用闲置资金、以赚取差价为目的从二级市场购入的股票、债券、基金等；再如，企业不作为有效套期工具的衍生工具，如远期合同、期货合同、互换和期权等。此外，企业可以基于风险管理需要或为消除金融资产或金融负债在会计确认和计量方面存在不一致情况等，直接指定某些金融资产或金融负债以公允价值计量。这些被列为公允价值计量的金融工具，其报告价值即为市场价值，且其变动直接计入当期损益。这也意味着，如果企业能够较好地把握市场行情和动向，其业绩即会随“公允价值变动损益”增加而提升；相反，如果企业的投资策略与市场行情相左，其当期利润就会因此受损。所以，公允价值计量属性可以被认为是一把“双刃剑”，与老准则采用“只报忧不报喜”，从而使金融工具报告价值经常被低估的孰低法有很大不同。

本章小结

1. 会计报表是按照一定的会计方法和程序，以表格形式反映商业银行某一特定日期财务状况和某一会计期间经营成果、现金流量的文件。

会计的最终目标是向报表使用者提供决策有用的会计信息，会计报表是会计信息的主要载体。会计报表全面、综合、系统地反映了商业银行财务状况、经营成果和现金流量，不仅是最重要的会计信息资料，也是会计工作成果的最终体现。

2. 资产负债表是反映商业银行在某一特定日期的财务状况的报表。资产负债表是根据资产、负债和股东权益之间的相互关系，按照一定的分类标准和一定的顺序，把商业银行一定日期的资产、负债和股东权益各项目予以适当排列，并对日常工作中形成的大量数据进行高度浓缩整理后编制而成的。

3. 利润表是反映商业银行在一定会计期间经营成果的报表。利润表是把一定会计期间的收入与同一会计期间相关的成本费用进行配比，以计算出一定时期的净利润（或净亏损）。

4. 现金流量表是指反映银行在一定会计期间现金和现金等价物流入和流出的报表。通过该表反映的信息，以揭示银行的偿债能力和变现能力，进一步预测银行未来的现金流量。相对于存量报表而言，它是一张动态报表。

5. 股东权益变动表是为反映所有者权益交易情况，及所有者权益组成项目增减变动和结余情况而编制的财务报表。

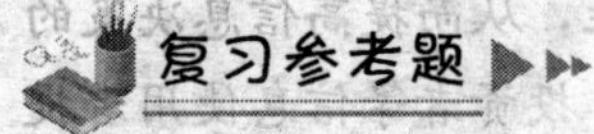

复习参考题

1. 名词解释。

会计报表　报表附注　资产负债表　利润表　现金流量表　所有者权益变动表

2. 试述资产负债表的编制方法及作用。

3. 试述利润表的编制方法及作用。

4. 试述现金流量表的重要性及优点。

5. 何谓现金及现金等价物?

6. 不影响现金流量的投资活动与筹资活动应如何披露?

7. 有时企业经营发生亏损，经营活动的现金流量却为正数；有时企业经营发生获利，经营活动的现金流量却为负数，为什么？试举例说明。

第三章　商业银行的资本金管理

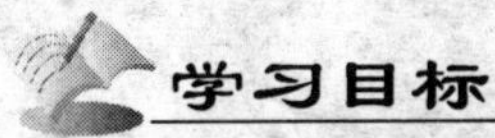

学习目标

银行资本是商业银行存在的前提和发展的基础，同时也在银行风险——收益权衡方面起着重要作用。本章重点阐述《巴塞尔协议》、《新巴塞尔协议》对商业银行资本的划分与商业银行资本充足比率的规定，并涵盖了商业银行资本的性质、分类、作用以及银行资本管理的一些基本方法。

1. 知识目标

※掌握商业银行资本的概念；

※理解资本在银行经营管理中的功能作用；

※掌握商业银行资本的构成及其充足度要求；

※掌握《巴塞尔协议》关于统一银行资本构成和资本衡量的规定。

2. 能力目标

※了解《巴塞尔协议》在我国的实施情况；

※分析商业银行资本的构成及其充足性，并能对不同情况选择最佳资本筹集途径。

案例导入 3—1

表 3—1 是中国工商银行、中国银行、中国建设银行、中国农业银行和交通银行 2011 年年底不良贷款和资本充足率的基本情况，阅读并思考表下问题。

表 3—1　　国内主要银行不良贷款和资本充足率　　（2011 年 12 月 31 日）

	不良贷款率	不良贷款拨备覆盖率	资本充足率	核心资本充足率
中国工商银行	0.94%	266.92%	13.17%	10.07%
中国银行	1.00%	220.75%	12.97%	10.07%
中国建设银行	1.09%	241.44%	13.68%	10.97%
中国农业银行	1.96%	241.78%	11.94%	9.50%
交通银行	0.86%	256.37%	12.44%	9.37%

资料来源：各行 2011 年 A 股年报汇总。

请思考：

1. 不良贷款率、不良贷款拨备覆盖率、资本充足率和核心资本充足率的含义；

2. 上述各家商业银行的资本充足率和核心资本充足率是否符合《巴塞尔协议》要求；

3. 进一步收集相关历史资料，了解我国商业银行资本充足率变化历程，思考我们如何应对全球银行业正式步入《巴塞尔协议Ⅲ》时代。

日本幸福银行破产案

日本金融再生委员会1999年5月23日正式宣布，总部设立在大陌的地方银行——幸福银行破产，由政府接管。这是自日本金融破产法案生效以来第二家宣告破产倒闭并由金融再生委员会委任破产管理人的地方银行。金融当局说，在稽核幸福银行的账户后发现，截至1998年9月，该银行资本亏损达到569亿日元，包括所持的证券的亏损；到1999年3月底，自有资金率只有0.5%。幸福银行有50年的历史，在日本国内有110家分支机构，2000多名员工。但多年一直亏损，日本金融监管部门曾要求该银行立即增加资本，该银行总裁江川笃明也提出动用私人财产挽救银行，但该银行终究还是逃脱不了倒闭的厄运。

分析提示：同其他企业一样，商业银行的资本是银行从事经营管理活动的基本物质条件，要办银行首先要有资本。一般企业的资本通常占其资产总额的50%以上，而商业银行的资本占资产总额的比例一般都不到10%，企业资本是其维持生产经营的主要物质条件和支撑力量，而商业银行的资产经营主要不是依靠资本来支撑，而是依靠存款负债。这就决定了银行资本和企业资本的区别。一般来说，银行经营管理者总是倾向于使用较少的资本千方百计地扩展资产业务，以获得较大的股权收益率，其必然结果是增大银行的经营风险；而银行管理当局则更重视银行系统的稳定和保护存款者的利益。因而要求商业银行提高资本比率，以保证银行业务经营的稳健。

资料来源：姜旭朝，《商业银行经营管理案例评析》，山东大学出版社2002年出版。

请思考：

1. 为什么商业银行资本金是商业银行稳健运行的前提？

2. 与其他工商企业相比，银行资本有什么特点？

第一节　商业银行资本金的构成及功能

资本不仅是商业银行得以建立、开业的基础，而且是其生存、发展、壮大的前提条件。由于商业银行在国民经济中的特殊地位，各国金融管理当局往往采取各种手段对其进

行规范和控制，其中资本要求就是对商业银行管理的重要一环。

一、商业银行资本金的含义及其构成

（一）商业银行资本金的概念

商业银行资本金，是指商业银行自身拥有的，或者是能永久支配使用的资金来源，即商业银行资产总额和负债总额的差额。它代表着商业银行的投资者对商业银行的所有者权益。银行资本是商业银行建立、生存与发展的最为基础和最为重要的条件。资本的充足与否直接影响着商业银行未来的发展前途，因此对商业银行资本的充足性进行有效的监督和管理，一直是各个国家金融管理当局的一项长期而重要的职责和任务。

在银行的各种资金来源中，资本是商业银行可独立运用的最可靠、最稳定的资金来源，也是商业银行经营的基础。在实践中，商业银行资本涉及以下相关概念：

1. 最低资本

最低资本是按照有关法律规定建立银行要求达到的最低资本额，达不到最低要求不得设立商业银行，各国法律一般都有相关规定。

2. 注册资本

注册资本是商业银行设立时，在银行章程中注明的向政府主管机关登记注册的资金。注册资金是公开声明的财产总额，可以使公众了解银行以后可能达到的经营规模。注册资本必须等于或大于最低资本。

3. 发行资本

发行资本也称名义资本，是商业银行实际已向投资人发行的股份总额，同时，也是投资人同意用现金或实物认购的股份总额。发行资本不能超出注册资本。

4. 实收资本

实收资本也称已付资本，指投资人已实际认购的股份全部或部分缴纳给募集资金公司的股金。如果发行的股份都已收到全部金额，那么实收资本总额就等于发行资本。商业银行资本这一概念与商业银行的资产是有根本差别的。商业银行的资产是针对商业银行的资金运用而言的，而资本则是商业银行资金来源中的自有资金部分。

商业银行资本的概念也不同于一般公司、一般企业的资本概念。从数量上看，商业银行资本金在银行资产中所占的比重，远低于公司、企业资本金占总资产的比重。从性质上看，商业银行的资本金具有双重性质。商业银行的资本金，除了产权资本金外，还可拥有一定比例的非产权资本金，即通常所说的债务资本金。为规范商业银行资本金的双重性质，通常把产权资本称为一级资本或核心资本，把债务资本称为二级资本或附属资本。商业银行资本金的双重性特点，既有利于保障所有者的权益，又有利于发挥财务杠杆的效应；既使得商业银行资本管理复杂化了，也为如何更好地发挥资本金的功能，实现资本金的最佳组合带来了机会。

（二）商业银行资本金的具体构成

由于各个国家对银行资本金的内涵及计算方法有着不同的规定，为消除各国银行之间的不平等竞争，《巴塞尔协议》对商业银行的资本做了统一规范，把商业银行的资本分为“核心资本”和“附属资本”。核心资本包括已发行并完全缴足的普通股、永久性非累积优先股以及公开储备；附属资本包括债务资本、有偿还期限的累积性优先股以及未公开储备等。

1. 核心资本

商业银行的核心资本也称为一级资本，是银行的所有权资本，代表了银行真实的资本实力。因此《巴塞尔协议》规定核心资本至少应该占全部资本的50%。它主要包括永久的股东权益和公开储备。在会计账户上反映为实收资本、资本公积、盈余公积和未分配利润。

(1) 股本。股本包括已经发行并全额实施的普通股股本和永久性非积累性优先股股本。

普通股。普通股是一种股权证书，代表着投资者对商业银行的所有权，具有永久性。投资者以单一普通股的形式将资金投入商业银行并注册登记后，就不能从商业银行中抽回或者要求偿还，除非商业银行因营业规模缩小等原因进行减少资本金的法律登记或银行解散、破产。

非积累性优先股。优先股是指股份制商业银行发行的、在收益分配以及资产分配方面比普通股具有优先要求权的股票。非积累性的优先股是优先股的一种，该优先股具有债券和普通股的双重特性：既像债券一样，通常获得固定股息；又可同普通股一样，没有定期支付股息和到期偿还本金的义务。非累积优先股对于商业银行来说，没有法律义务支付累计未分配的那部分优先股息。因此商业银行会选择发行永久非累积性优先股的方式来增加资本金。

(2) 公开储备。公开储备一般从商业银行税后利润中提留，是银行权益类资本的重要组成部分。通过保留盈余或其他盈余的方式在资产负债表上明确反映的储备。

留存盈余，也被称为保留盈余或未分配利润，是尚未动用的银行税后利润部分，即银行税后利润减去普通股股息和红利后的余额；

资本盈余，也称股本盈余，是指商业银行在发行股票时股票的市场价格与票面价值的差额，及股票的溢价部分；

公积金，包括往年从税后利润中计提的以公积金形式留存在银行中的那部分资金和由于捐赠等非经营原因导致的股东所有者权益的增加。

核心资本的特点是资本的价值相对稳定，同银行的盈利率和竞争能力有着密切关系，它是衡量资本充足率的基础。

2. 附属资本

附属资本也被称为补充资本或二级资本，包括未公开储备、重估储备、普通准备金、混合资本工具和长期附属债务。

(1) 未公开储备。由于各国的法律以及会计制度不同，《巴塞尔协议》认为，非公开储备是指包括不公开在资产负债表上标明，但却反映在损益表内，并为银行的监管机构所接受的储备。它与公开储备具有相同的内在质量，可以自由地、及时地用于应付不可预料的损失。但由于它缺乏透明度，而且许多国家不承认其为可按受的会计概念，也不承认其为资本的合法成分，因此，不能包括在核心资本的成分中。

（2）重估储备，包括物业重估储备和证券重估储备。资产重估必须由官方认可的专门评估机构进行，需要审慎估价并充分反映价格波动和被迫销售的可能性。

（3）普通准备金，指用于防备目前尚不能确定的损失的准备金或呆账准备金。

（4）混合资本工具，指既有股本性质又有债务性质的混合工具。银行发行的优先股和附属债务中有一部分可按事先约定在一定时期内转换为普通股。这种可转换为普通股的资本性证券称为可转换证券，它既具有债券的性质，又具有股票的性质。

（5）长期附属债务，包括普通的、无担保的、初次所定期限最少五年以上的次级债务资本工具和不许购回的优先股。

（三）我国商业银行对资本构成的规定

作为国际清算银行的成员行，1993 年中国人民银行第一次公布了资本充足率的测算标准，以后又进行了多次的更新与改进，在 2004 年 2 月 23 日中国人民银行公布《商业银行资本充足率管理办法》（以下简称《办法》）。根据《办法》的规定，我国商业银行监管资本包括以下组成部分。

1. 核心资本

核心资本包括实收资本、资本公积、盈余公积、税后利润中提取的一般准备、未分配利润和少数股权。

（1）实收资本是指投资者按照章程或合同、协议的约定，实际投入商业银行的资本。股份制银行的股本应该是在核定的股本总额及核定的股份总额的范围内通过发行股票或股东出资所得。

（2）资本公积是指投资者或者他人投入到银行的，所有权归属于投资者，并且投入金额上超过法定资本部分的资本。我国银行的资本公积包括：资本溢价、接受非现金资产捐赠准备、接受现金捐赠、股权投资准备、外币资本折算差额、关联交易差价、其他资本公积。债权人豁免的债务也在此项目中核算。

（3）盈余公积是指银行按照规定从净利润中提取的各种积累资金。盈余公积根据其用途不同分为公益金和一般盈余公积两类，其中一般盈余公积金又可分为法定盈余公积和任意盈余公积。

法定盈余公积，是指银行按照规定的比例从净利润中提取的盈余公积。

任意盈余公积，是指银行经股东大会类似机构批准，按照规定的比例从净利润中提取的盈余公积。

公益金，是指银行按照规定的比例从净利润中提取的，用于职工集体福利设施的公益金。

（4）银行的未分配利润是指以前年度实现的累积未分配的利润或未弥补的亏损。

（5）少数股权是指金融机构的子公司净经营成果和净资产中不以任何直接或间接方式

归属银行的部分。它包括合并报表中核心资本中非全资子公司中的少数股权。

2. 附属资本

按照《办法》规定，附属资本包括重估储备、一般准备、优先股、可转换债券及长期次级债务。其中，附属资本不得超过核心资本的100%，计入附属资本的长期次级债券不得超过核心资本的50%。

(1) 重估储备。是指商业银行经国家有关部门批准，对所拥有的固定资产进行价值重估时，其公允价值与账面价值之间的正差额。需要注意的是，只有在银监会认为该重估作价是审慎的时候，该类重估储备才可列入附属资本，但计入附属资本的部分不得超过重估储备的70%。

(2) 一般准备。按照财政部2005年发布的《金融企业呆账准备金提取管理办法》，金融企业在每年年终时根据承担的风险及损失的资产余额的一定比例提取一般准备，它的提取比例由金融机构综合其风险状况而定，原则上一般准备余额不低于风险资产期末余额1%。

(3) 优先股。是指商业银行发行的，给予投资者在收益分配及清算时剩余资产求偿方面具有优先权利的股票。

(4) 可转换债券。根据规定，商业银行可以依照法定程序发行在一定期限内依据相关条约转换成商业银行普通股的债券。但该类债券必须满足相关条件：持有者在银行破产清算时对剩余资产的求偿权在存款人及其他普通债权人之后，并不以银行资产为抵押或者质押；持有者不可主动回售债券，而发行银行未经银监会同意，不得赎回债券。

(5) 混合资本工具。《办法》规定，商业银行所发行的符合要求的混合资本工具可计入附属资本。

(6) 长期次级债务。经银监会认可，商业银行发行的普通的、无担保的、不以银行资产为抵押或质押，除非银行倒闭清算，否则不用于弥补银行日常经营损失的长期次级债务工具可列入附属资本。同样，在距离到期日之后五年内，其可列入附属资本的数量每年累计折扣20%。

(7) 根据《办法》的相关规定，我国商业银行在计算资本总额时，同样必须剔除相应的扣减项目，包括：商誉；商业银行对未合并报表的银行机构的资本投资；商业银行对非自用不动产、非银行金融机构和企业的投资。

二、商业银行资本金的功能

虽然商业银行的资本金占其全部资产的比重比较小。但作用很大。商业银行资本金具有营业功能、保护功能和管理功能。

(一) 营业功能

(1) 资本金是商业银行成立、正常运转和发展的必要前提和保证。与一般企业一样，银行从事经营活动也必须也必须具备一定的物质条件和基本设施，如营业场所、办公设备和办公用品及开展经营活动所必需的货币资金。

(2) 商业银行作为从事货币信用活动的金融企业，在其业务经营中必须拥有充足的资本。这是因为，商业银行有充足的自有资本，可以提高其信誉度，使社会公众对银行的稳健经营充满信心。资本金的多少标志着资金实力是否雄厚，反映了承担风险能力的大小。

(3) 商业银行有充足的自有资本，还可以提高盈利水平，使其在业务经营中有更强的竞争力。资本是银行的一项稳定的资金来源，除用于购置房产、设备等支出外，还可以用来发放中长期贷款。自有资本不用支付利息，中长期贷款利率较高，这将提高商业银行的获利能力。因此，在存款规模一定的情况下（利息支出一定），银行拥有较多的自有资本，就可以扩大贷款规模，增加利息收入，提高盈利水平，使商业银行的业务经营进入良性循环。

(二) 保护功能

资本金是保护存款人利益、承担银行经营风险的保障。商业银行大部分的经营资金来自存款，可以说商业银行是用别人的钱去赚钱的。如果银行的资产遭受了损失，资产收不回来了，存款人的利益必然会受到影响。而资本给存款人提供了一个承受损失的缓冲器，当银行的资产遭受损失时，首先由银行的收益去抵补，若收益不足以弥补，再动用银行的资本金，只要银行的损失不超过收益和资本之和，存款人的利益就不会受损害。所以说商业银行的资本金是保护存款人和债权人利益的重要保障。拥有数额较大的资本金表明商业银行有能力承担较大的风险，不会轻易发生流动性危机和支付困难，即使在破产或倒闭时也能给予存款人和债权人较高的补偿。显然，资本金有助于树立公众对商业银行的信心：一方面，它向债权人显示了自己的实力；另一方面，也使商业银行向借款人表明，在任何时候商业银行都能够满足他们对贷款的需求。

(三) 管理功能

资本管理是银行监管的重要内容，资本金具有管制和约束银行资产增长的功能。资本金是吸纳商业银行经营亏损、促进银行业务经营与发展的保证。商业银行的资本金可以有效地抵御外来风险的侵袭，弥补业务经营中的亏损，为商业银行避免破产提供了缓冲的余地。作为商业银行的重要资金来源，资本金还是商业银行进一步扩大经营规模、拓展业务范围、增加银行投资、调节银行扩张与可持续增长的资金保证。而且各国金融监管机构为了保持金融稳定，实施对商业银行有效的控制，一般都对商业银行的资本金做出具体规定或提出具体要求。例如，金融当局规定了银行开业所必需的最低资本额、设立分支机构的最低资本额、银行兼并时的资本规模以及银行的资本充足比率等。金融监管机构通过规定和调节商业银行各种业务规模与资本的比率，使银行的业务活动受到了约束，实现了金融监管机构对商业银行的监督与管理。

第二节 商业银行资本金的筹集方式与选择

为保证银行资产业务持续健康增长，基于银行的需要，商业银行在业务经营中就要合理筹集资本。

一、从银行外部筹措资本

资本的外部筹集是指银行通过发行股票、长期性资本债券等方式向社会公众筹集资金，以扩充其资本的业务活动。

（一）发行普通股

普通股是商业银行资本的基本形式，它是一种权利证明，代表着持有者对银行的所有权。这种融资方式对于商业银行来说有以下特点。

1. 发行普通股的优点

（1）普通股没有固定股息负担，因此商业银行具有主动权，在经营上有较大的灵活性。

（2）由于普通股股金不需偿还，银行可以长期使用，因此是银行长期稳定的资金来源。

（3）发行普通股更符合监管当局和社会公众的心理要求，因为普通股属核心资本，发行普通股有助于增强银行的信心，增强银行的筹资能力。

2. 发行普通股的弊端

（1）普通股发行时成本较高。

（2）新股的大量发行会削弱银行的股东控制力。

（3）新股票的发行还会使杠杆作用降低。如果不能保证筹集的资金将会带来更高的收益，新股的增加会使股票的每股收益减少。

（二）发行优先股

优先股兼有股票和债券的双重特点。优先股有永久性优先股、累积优先股、非累积优先股、有期限优先股、可转换优先股、不可转换优先股等。

1. 发行优先股的优点

（1）因不会削弱原有股东的控制权从而容易被原有股东接受。

（2）因股息固定，在银行收益大幅上升时，可使银行获得杠杆效应。

（3）发行优先股可以给银行带来长期稳定的资金来源，其中永久性非累积优先股属于核心资本，更符合市场要求。

2. 发行优先股的缺点

（1）与普通股一样，优先股的发行成本也很高。

（2）由于股息固定，当银行收益下降时，会使普通股的收益加速下降。

（3）优先股发行过多会降低银行信誉，因为这部分资本属于债务资本，如果过多，会降低普通股在银行资本中的比重，使银行信誉受到削弱。因此，优先股的发行受到一定的限制，金融管理当局会对此加以控制，以保证银行业经营的稳健。

（三）发行中长期债券

自20世纪70年代以来，西方国家的商业银行通过广泛发行中长期债券的方式为银行融资。

1. 发行中长期债券融资的优点

(1) 成本较低。

(2) 银行发行的中长期债券不会削弱股东的控制权。

2. 发行中长期债券融资的缺点

(1) 债务资本不是永久性资本，它有一定的期限，因此限制了银行对此资金的使用。

(2) 加大银行债务风险。因利息是银行的一种固定负担，一旦银行盈利状况不好，不仅不能支付其利息，还会因过大的债务负担而导致银行破产。

(3) 其市场接受程度不如普通股。

二、从银行内部筹措资本

所谓内部融资，是指从银行内部来增加资本金。是商业银行通过自身积累而形成的资本。资本内部筹集的渠道是指留存收益。商业银行在进行年终结算时，一般不会把全部利润作为投资收益分给股东，总是会留下一部分作为留存收益，用于商业银行扩大经营、增强流动性、偿还债款，或者为营业中可能发生的损失预先做准备等。它是西方商业银行最普遍的补充资本金的方式。银行内源融资的优点在于：

(1) 商业银行只需将银行的税后利润转入留存盈余账户，即可增加银行资本金。这种方式成本低，免发行费，简便易行，比其他资本筹集方式都要容易。因此，被认为是增加资本金的成本最低的方式。

(2) 商业银行的留存收益作为股东的未分配利润保留在银行，其权益仍属于普通股股东，可看成是银行股东收到股息后又将其投入银行，而且股东不必为这部分收入缴纳个人所得税，也不会影响到现有股东的控制权。

(3) 风险小，不受外部市场波动的影响。现实生活中，绝大多数中小银行缺乏再进入市场筹集外部资本的可能性，它们更多地倾向于采取增加内源资本的方式解决资本需求。虽然留存收益是银行充实资本最方便、成本最低的一种方式，但内源资本支持银行资产增长受以下因素限制：银行及金融当局所决定的适度资本金数额、银行所能创造的净收入数额、净收入总额中能够提留的数额，即取决于股利政策。股利政策是指银行将净收入在股东的股息和留存收益之间进行分配的政策。股利政策要么有利于增加股东红利，要么有利于收益留存而增加资本。但当银行若过分注重内部融资，会降低股利分配，较低的现金分红使股票失去吸引力，可能会引起该银行股票价格下跌。

三、商业银行资本筹集方式的选择

在资本金不足时，银行补充资本金的渠道有多种，而通过每种渠道进行融资的成本各有不同。融资成本的高低成为财务管理选择融资渠道的主要因素之一。商业银行的内部筹集虽然成本低，较方便，但客观限制条件多，因而大量的资本需要设法从外部筹集。如果融资成本太高，则意味着要求这部分资金的使用效率（如收益率）相对更高。总的来说，在国外银行更偏向于通过债务渠道满足自身的资本需求。因为相对于权益资本而言，债务渠道更为灵活，且成本更低。如果银行持有的权益资本过多，而投资项目匮乏，则其股票价格便难以提升。但是通过债券融资便可以灵活地对时间期限进行控制，随时根据银行自身经营状况发行不同期限的债券以应对资金不足的情况，并在债券到期时再发行权益性资本工具进行再投资。而可转换债券及可回购债券的兴起则为银行和债券持有人提供了更多灵活选择的方式。外部筹集资本应注意以下三个问题。

（一）不同资本形式的选择

银行究竟发行普通股、优先股还是长期性债券来筹措资本，须慎重考虑，选择时要考虑三个因素。

1. 每种筹资方式的筹资成本

发行股票和债券首先要考虑的是发行成本和营运成本。发行成本是发行股票和债券所直接产生的，因而属于直接成本。这些成本首先包括发行的广告、宣传费，咨询费，印刷、纸张费用，市场调查费及有关劳务费用；其次是营运成本，如股息、红利、利息等。实际上这是一种预期成本，因而属于间接的筹资成本。一般来说，银行在筹资前，应对不同资本形式的筹资成本进行预算、比较，达到用尽可能低的成本筹集到尽可能稳定的资本。一般情况下，权益性资本与债务资本相比较而言，权益性资本尤其是普通股股息、红利视银行经营状况而定。因此，当银行盈利状况良好时权益性资本成本较高，要求有较高的投资回报率；当银行经营状况不佳时，债务资本所承担的成本高。

2. 投资者对不同资本形式的需求

不同投资者的投资需求是不同的，如有的投资者以盈利性作为主要的追求目标，愿意在较高的收益条件下提供自己的资金作为银行资本，这类投资者会更多地倾向于购买长期性债券。银行在考虑资本筹措时，必须对不同资本形式的需求有一定的预期，这是银行资本筹措方法得以实施的前提。

3. 不同筹资方式的财务效果

财务效果主要看最终股本资本的收益率大小。一般来讲，发行债券，有利于提高权益资本的收益率，优先股次之，普通股最差。这是因为债券资本只要求在一定期限内支付利息，优先股只要求定期支付固定股息，两者的发行对普通股每股盈利的稀释作用低；而普通股始终都参与分红，对普通股每股收益的稀释作用强。因此，不同资本形式的财务效果是不同的。

（二）对资本发行的市场状况及价格的把握

银行发行资本的时机选择极为重要，通常在经济形势较好、商业银行经营状况及社会影响良好的时候，此时发行证券比较顺畅。

发行对象和范围也应加以考虑。组建新的商业银行时，它的股票通常出售给与之有利益关系的投资者，当银行迅速发展、需要追加普通股时，可向社会公众出售股票。

最为关键的是确定合理的证券价格，应将银行账面估价、盈利能力及分红水平同相似规模的其他银行的股票进行比较，确定每股价格。

（三）不同外源资本形式的影响因素及特点

银行的外源资本形式可以按基本属性划分为银行普通股和银行优先证券两大类。银行优先证券包括各种类型的后期偿付债券、优先股票以及租赁合同等外源资本形式。

1. 普通股影响因素

从商业银行来看，普通股票不是最具吸引力的外源资本形式。除了新股票发行价格偏低以外，还存在其他问题，如在银行净收入增加时，银行面临着普通股持有人要求增加红利分配的压力；由于股票持有人的红利收入须缴纳所得税，普通股票对以利息收入为主要目的的投资者吸引力较小；新股票发行的交易费用一般都高于其他外源资本形式。从金融监管当局来看，普通股票则是最优的外部资本来源形式。监管当局主要关心的是银行制度的健全与稳定，而普通股则满足了维持银行健全运行的要求。银行普通股构成银行资本的核心部分，它不仅代表对银行的所有权，而且具有永久性质。此外，红利分配被排在所有负债之后，当银行发生危机时，它可以用于对存户的补偿，从而直接支持了公众对银行的信心。

一般来说，银行是否通过发行股票来增加资本金取决于三个因素：一是银行可采用的其他外部资本来源的可能性；二是银行筹集未来所需资本的灵活程度；三是不同形式外源资本的金融结果比较，如资本杠杆作用、对银行的股权削弱程度以及对股票未来收益的影响等。前两个因素与银行规模有直接的联系，银行规模越大，通过各种优先证券获取外源资本的可能性越高，且银行筹集未来所需资本的灵活程度亦越高。

2. 后期偿付债券对银行而言存在的优点

后期偿付债券对银行而言存在的优点，一是此类债券享有免税优待，可以降低筹资成本；二是发行此类债券有可能提高股票收益率。不过，后期偿付债券也有不利的地方。如后期偿付债券的本金与利息的偿还是法定的；在利率变动的情况下，后期偿付债券有可能加重银行负担等。

3. 优先股的主要优点

和普通股相比，优先股的优点，一是在短期内，当优先证券的金融成本低于银行普通股的收益时，发行优先证券可以防止银行普通股票单位收益率降低；二是在较长时期内，由于优先证券可以提高银行的金融杠杆作用，发行优先证券通常会增加银行普通股的收益率。当银行增发股票时，普通股总额将会上升，在银行净收入与红利分配不变或没有显著增长的情况下，银行普通股票的单位收益率便会随之下降，从而导致银行股价与收益比例的变化，进而导致银行股票的市场价格下跌。当银行采取发行优先证券的方式增加银行资本时，则可避免这一问题。并且优先股的红利分配在总体上亦小于普通股票。此外，优先股不同于长期债券，不存在偿债负担。总的来说，发行优先股的成本相对低于普通股。目前发行优先股已成为大银行常用的外部资本来源。

第三节　银行资本充足性管理

一、决定资本金需要量的客观因素

资本充足性又称资本适宜度，通常指商业银行的资本应保持在既能承受风险损失以保护存款人和债权人的利益，又能保障银行正常运营、获取盈利的水平上。随着竞争日益激烈，商业银行的经营风险越来越大，拥有充足的资本具有非常重要的意义。

资本管理的首要任务是确定资本需要量。商业银行应当拥有足够的资本，但商业银行的资本也不是越多越好。因为商业银行的资本越多，其用于支付普通股股息、优先股股息或资本性债券利息的费用便越大，成本也越高，加重了商业银行的经营负担。事实上，各商业银行在不同时期的资本需要量有所不同，它受各方面因素的综合影响，决定资本需要量有主要有以下四个客观因素：

（一）经济运行状况

银行的资本金需要量与一国的经济发展周期有着密切的关系。在经济发展的繁荣时期，经济形势良好，市场供求状况正常，银行筹集资金的渠道畅通，资金来源充裕，资金周转顺利，因而有稳定可靠的资金来源，一般也不会发生突发性挤兑，同时，工商企业在良好的经济形势下，破产倒闭的可能性较小，银行面临的风险也较少，因而商业银行可以保持相对较低的资本量以降低经营成本、提高盈利水平。反之，在经济衰退或萧条或者危机时期，一方面，由于工商企业经营业绩普遍下降，商业银行贷款风险增加，银行贷款呆账的可能性呈上升趋势；另一方面，此时发生挤兑现象的可能性也增大。因而，商业银行必须保持相对充裕的资本量。

（二）商业银行信誉

信誉程度较高的商业银行能比较容易地增发股票和发行资本债券和资本票据，也能在相同的利率水平下吸收更多的存款，会有充足的资金来源，其资本比率可以相对低一点。而对于信誉较差的银行，资金来源可能不充裕，面临的风险较大，故需要较多的资本来抵御风险。

（三）银行经营状况

银行经营状况对资本金的需要量有很大的影响，如果银行资产质量高，提供的收益就多，遭受损失的可能性小，所需银行资本金量就会少些；反之，如果银行资产质量很差，收益就少，遭受损失的可能性也大，所需资本金量则会多些。另外，银行的负债结构也会对资本量产生影响，活期比重大，所需要的资本金就多；定期比重大，所需要的资本金就少。

（四）法律制度因素

一国有关银行监管的法律制度直接决定着银行资本数量。例如，许多国家在银行法或其他法律条文中除了规定银行创办者的资格、开设银行的地域、可否设立分支机构等内容

外，还严格规定银行注册资本的最低限额，达不到资本最低限额者，金融部门一般不准予其注册。除此之外，《中央银行法》、《税法》、存款保险制度等法律法规及一些公约、协议也会间接影响着银行资本量。

二、商业银行资本金需要量的确定方法

商业银行资本量的确定方法随各国金融管理部门的衡量标准的不同、银行经营环境的变化以及对商业银行经营风险的认识过程的演变而不同。目前常见的有以下几种。

（一）资本和存款比率

资本和存款比率测定的是商业银行资本所占存款总量的比例。这是西方国家在 20 世纪 40 年代常用的方法，当时各国对商业银行资本和存款的比例普遍要求保持在 10%左右，因此，商业银行资本必须随着存款的增加或减少作相应地调整。

这种测定资本量的方法简洁明了，容易计算，但是其忽视了商业银行资本的主要作用，即弥补银行日常经营过程中产生的亏损或抵御突发事件产生的冲击。商业银行经营亏损和经营风险与存款数量并无直接的联系，存款量的大小并不意味着商业银行经营风险的大小。商业银行经营损失和风险主要来自于放款和投资业务，正是由于资本存款比率方法没有考虑到商业银行的存贷款业务的结构，因而已逐渐地被其他方法所取代。

（二）资本和资产比率

资本和资产比率又可分为资本和总资产比率及资本和风险资产比率两种。

1. 资本和总资产比率

由于商业银行经营损失和风险主要来自于资产业务，所以商业银行资产业务的扩大必然会增加商业银行经营产生损失和风险的可能性。因而，资本必须随着资产业务的扩大而相应增加，以限制商业银行不合理的资产膨胀。这种方法的优点是把商业银行资本与造成商业银行经营损失和风险的主要来源——资产业务相结合加以考察，提高了商业银行资本量测定方法上的科学性。其缺陷在于没有考虑商业银行各种不同资产的风险程度，因而在实践中的运用受到了很大的限制。

2. 资本和风险资产比率

商业银行各种不同资产的风险程度差距很大，在实际业务中商业银行通常用资产风险系数来反映不同资产的风险程度。有的资产其风险系数等于零，如现金资产；而有的资产其风险系数等于 100%，如无法回收的资产。因而将商业银行资本量与经过风险系数作相应调整后的资产相比较，能较为正确地反映出商业银行资本量用于抵御资产损失和风险的程度。资本和风险资产比率方法的优点是较为准确地反映了商业银行资本的充足程度，但其主要缺陷是，在实际业务中有些资产难以区分其类别，因而在确定其风险系数时具有许多不确定因素。

（三）综合分析方法

这种方法不仅考虑各类资产的数量及总量，同时也考虑了商业银行自身的经营状况，因而涉及面较广。其特点是较为全面地分析各种因素对商业银行资本量的影响，但由于许

多因素难以定量分析，实际上可操作性较差。综合分析方法中通常涉及的因素有：商业银行经营管理水平；资产的流动性；存款结构的潜在变化；收益状况及收益留置额；商业银行股东的特点和信誉；商业银行费用的负担；商业银行营业过程的特点；在竞争中满足本地现在和将来金融需求的能力。

第四节 《巴塞尔协议》与商业银行资本金

作为国际银行界的“游戏规则”，巴塞尔资本协议一直在争议中不断发展。20 世纪 90 年代以后，随着银行经营复杂程度的不断增加和风险管理水平的日益提高，1988 年的《巴塞尔协议Ⅰ》已经越来越滞后于风险监管的需要。2004 年 6 月十国集团的央行行长一致通过《资本计量和资本标准的国际协议：修订框架》，即《巴塞尔协议Ⅱ》的最终稿，并决定于 2006 年年底在十国集团开始实施。《巴塞尔协议Ⅱ》是对《巴塞尔协议Ⅰ》的继承与超越，但仍然存在一些不足之处。针对直接导致雷曼破产的流动性危机，2010 年 9 月 12 日出炉的《巴塞尔协议Ⅲ》在强调资本充足外，也把加强流动性风险管理作为监管重点，是前两个版本的进一步改进。

一、1988 年《巴塞尔协议》的内容及其局限性

(一)《巴塞尔协议》的产生背景

从 20 世纪 60 年代开始，银行业金融创新层出不穷，银行开始突破传统银行业务的限制，跨国银行的发展也使风险跨越国界，银行业的整体风险增大，不稳定性增强。1974 年原联邦德国的赫尔斯塔银行和美国的富兰克林国民银行两家著名国际性银行的倒闭使人们认识到必须加强对银行业的国际监管，1974 年 9 月，十国集团中央银行行长在瑞士巴塞尔市召开会议，倡议成立巴塞尔银行监督委员会。委员会成员由比利时、加拿大、日本、法国、德国、意大利、卢森堡、荷兰、瑞典、瑞士、英国和美国银行监管当局和中央银行的高级代表组成，委员会的主要职责是加强各国的银行监管合作，划分监管责任。虽然巴塞尔委员会不是严格意义上的银行监管国际组织，但实际上已成为银行监管国际标准的制定者。

20 世纪 80 年代后，在拉美爆发债务危机，国际风险不断增长的同时，主要国际银行的资本充足率却呈下降趋势。为了阻止其银行体系资本充足率的进一步滑坡，并争取形成比较一致的资本充足率衡量标准，巴塞尔银行监管委员会于 1988 年 7 月颁布了《统一资本计量与资本标准的国际协议》，即通常所说的巴塞尔资本协议或《巴塞尔协议Ⅰ》，协议主要是强调银行必须拥有足以覆盖其风险资产的充足的资本金，并提供了统一的计算标准。

1988 年的《巴塞尔协议》在国际银行监管史上具有重要的意义，该协议就银行的资本与风险资产的比率确定了国际认可的计算方法和计算标准，厘清了不同信用资产的风险权重，并提出了最低资本充足标准。协议的目的主要有以下两个方面：一是确保国际银行

体系拥有充足的资本水平；二是统一了国际银行业的资本充足率标准，有助于消除各国银行间的不平等竞争，成为各国银行监管的统一准则。该协议被誉为国际银行监管领域的一个划时代的文件，其基本原则、要求被各国银行及金融监管当局所普遍重视，已成为银行风险管理的国际基准文件。

(二)《巴塞尔协议》的主要内容

《巴塞尔协议》包含了三个方面的内容：资本金的组成、风险权数系统、标准比率目标。

1. 资本金的组成

《巴塞尔协议》认为，银行的资本金并非是完全同质性的，有些同类的资本金承受着相当大的风险，一旦金融市场发生突然性的变化，这些资本金的价值就可能下降。因此，《巴塞尔协议》将商业银行的资本划分为两级。商业银行的资本金分为核心资本和附属资本两部分，两级资本之间应维持一定的比例。核心资本金（一级资本金）是由股本和税后利润中提取的公开储备所组成，并应占全部资本的50%以上。

（1）核心资本

核心资本的主要内容包括以下三个方面：

①永久的股东权益。它包括实收普通股股本和永久性非累积优先股股本；

②公开储备它是以公开的形式通过保留盈余或其他盈余（如由股票发行溢价、普通准备金或法定准备金的增加而创造和相应增加的新增储备）反映在资产负债表上的储备。

③对于合并列账的银行持股公司来说，核心资本成分中还包括不完全拥有的子银行公司的少数股东权益。

（2）附属资本

附属资本主要包括以下五个方面：

①非公开储备或隐蔽储备。非公开储备主要有以下几个特点：该储备金不公开在资产负债表上表明，但却反映在银行的损益账户上；它与公开储备具有相同的内在本质，可以自由而及时地用于应付不可预料的损失；由于它缺乏透明度，因此许多国家不承认其作为可接受的会计概念，也不承认其为资本的合法成分，因此，非公开储备不能包括在核心资本的股本成分中，只有在监管机构接受的情况下，它才有资格包括在附属资本之内。

②重估储备。有些国家根据本国的监管和会计条例，允许银行和其他商业公司经常对某些资产进行价值重估，以便反映它们的真实市价，并把经过重估的储备包括在资本基础中引入资产负债表。资产重估必须由官方认可的专门评估机构进行并慎重估价。

③一般准备金或一般贷款损失准备金。这是指用于防备目前尚不能确定的损失的准备金或呆账准备金，在损失一旦出现时可随时用于弥补，因此可以列入附属资本成分。但是，对于某项价值明显下降的特定资产或已经确认的损失而设立的准备金，由于其不能用于防备未确定的损失，因而不具有资本的基本特征，必须排除在外。

④债务—资本混合工具。这包括一系列具有股本资本特性和债务资本特性的金融工具。由于它们与股本极为相似，特别是它们能够在不必清偿的情况下承担损失、维持经

营，因而可列为附属资本。

⑤次级长期债务。这类资本工具具有两项鲜明的特征：一是次级，即债务清偿时不能享有优先清偿权；二是长期，即有严格的期限规定。这类资本工具通常包括普通的、无担保的、初始期限至少在5年以上的次级债务工具和不可购回的优先股。

2. 风险权数系统

《巴塞尔协议》衡量资本金充足性的主要尺度是资本金与风险资产的比率，为此，该协议制定了对不同资产界定风险权数级别的办法。

(1) 资产负债表内资产风险权重。根据资本金与风险资产对称的规律，《巴塞尔协议》将银行的表内资产分为5类，其风险权重分别为0、10%、20%、50%和100%，如表3—2所示。

表3—2　　1988年《巴塞尔协议》关于银行主要资产的风险加权系数

资产的风险权重	0	20%	50%	100%
对应的主要资产内容	中央银行的债权、现金、对本国中由其他OECD国家(或中央银行)主权担保的债权等	由多国发展银行担保的债权；由OECD国家的金融机构提供担保的债权；由OECD国家的公共部门、非OECD国家中央银行、银行提供担保的不超过一年的债权，在途现金等	有完全资产抵押担保的房地产或者个人零售贷款等	其他(如对公共部门的企业的债权，对非OECD银行、国家的超过一年的债权等)

资料来源：巴塞尔银行监管委员会，《国际资本和资本标准测量方法》。

注：OECD即经济合作与发展组织(Organization for Economic Co-operation and Development，OECD)。

《巴塞尔协议》认为信用风险是银行面临的主要风险，因此在计算风险资产的过程中，主要考虑的是信用风险资产风险权重。它是以资产的风险大小来确定的，风险越大的资产，风险权重越大；反之，则越小。

(2) 资产负债表外项目的信用转换系数。随着银行资产负债表外业务的迅速发展及其资产风险加大，影响到银行的安全稳健经营，银行资本应包含和体现这类业务可能产生的损失。1988年，《巴塞尔协议》提出，通过"信用转换系数"把表外业务额转换为表内业务额，然后再根据表内同等性质的项目的风险权重进行风险加权。《巴塞尔协议》将银行的表外项目分为5大类，同时，对前4类表外项目分别规定了各自的信用转换系数(如表3—3所示)。

表 3—3　　资产负债表外项目的信用转换系数

一 般 表 述	表外项目信用换算系数
类似原始期限不到一年的或可随时取消的承诺	0
与贸易有关的项目或短期内资产清偿项目	20%
与贸易相关的偶然项目；票据发行融通和循环报销便利；其他原始期限超过一年的承诺	50%
直接信贷代用工具；销售和回购协议、有追索权的资产销售；远期资产购买、远期存款、部分缴付款项的股票和代表承诺一定损失的证券	100%

资料来源：根据《巴塞尔协议》整理。

对在资产负债表外项目的信用转换系数中与汇率、利率相关的或有项目的风险权数的确定要作具体分析，除了上述情况，还要取决于汇率合约、利率合约的期限和该类业务的利率变化情况。

另外，《巴塞尔协议》对国家风险权数做了规定：特别放款安排的国家属于优惠组，其他家属于非优惠组。对优惠组国家的债权给予较低甚至为 0 的风险权数，而对非优惠组国家的债权视资产种类不同给予较高甚至 100%的风险权数。

3. 标准比率目标

《巴塞尔协议》将资本与风险资产的比例作为衡量商业银行资本充足程度的指标，这就是我们通常所说的资本充足率。资本充足率等于合格总资本除以风险资产总和。在“目标标准比率”中，《巴塞尔协议》规定各成员国的商业银行资本金与加权风险资产的目标比率最少为 8%，其中资本金核心部分至少为 4%。并且到 1992 年年底，成员国的商业银行都要达到这一标准。

《巴塞尔协议》为各国商业银行制定了统一的资本充足度标准，这有助于各国商业银行在公平基础上开展竞争；同时，对于商业银行更好地防范风险以及整个银行业的稳健经营起着重要的作用。

(三)《巴塞尔协议Ⅰ》的作用及局限性

1988 年的《巴塞尔协议》突出强调了资本充足率的标准及其在银行风险管理中的重要意义，使得全球银行经营从注重规模转向注重资本、资产质量等因素，它的出台标志着西方银行资产负债管理理论和风险管理理论的完善与统一。它的颁布和实施为国际银行业开展公平竞争，也为国际银行体系的稳定作出了不可磨灭的贡献。可以说，《巴塞尔协议Ⅰ》在推进全球银行监管的一致化和可操作性方面具有划时代的意义。

《巴塞尔协议》的实施对降低金融风险的确起到积极的作用，但随着金融创新浪潮的推进、国际金融市场的发展以及金融机构经营管理方式的变革，《巴塞尔协议Ⅰ》因其自身的缺陷已经越来越不适应国际金融的最新发展。

1. 协议着重强调信用风险管理

忽视了对盈利性及在银行经营中影响越来越大的市场风险、操作风险等风险的管理。事实上，由于表外业务尤其是金融衍生业务的快速增长，市场风险、操作风险等已逐渐成为与信用风险等量齐观的风险，8％乃至更高的资本充足率只能防范由于资产质量不良造成的单一信用风险，对防范其他方面的风险来说效果甚微。

2. 没有考虑不同银行风险管理水平的差异

这样运用同一种方法计算资本充足率，对于风险管理水平比较高的银行，计算出的资本需求量可能会大于其经济资本数量；而对于管理水平一般的银行，得出的资本需求数量可能仍不足以抵御银行面临的各种风险。

3. 没有考虑同类资产不同信用等级的差别

《巴塞尔协议Ⅰ》要求的风险权重只对经济风险进行了粗略的估计，没有有效区分不同借款人的信用风险，从而无法准确反映银行资产的真实情况。此外风险权重的级次过于简单且不合理，仅有0、20％、50％及100％四个档次。没有考虑同类资产不同信用等级的差异，也就无法准确地反映银行资产所面临的真实风险状况。

4. 没有考虑许多国际性银行风险管理水平大为提高这一事实

由于1988年《巴塞尔协议》在应用中日益显现出来的局限性，之后巴塞尔委员会相继对其进行了一系列修订，其中主要包括1996年1月公布的《巴塞尔协议市场风险修正案》，强调市场风险管理；1997年9月推出的《有效银行监管的核心原则》，提出比较系统的全面风险管理思路；1998年发表的《关于操作风险管理的报告》，提出对银行操作风险管理的初步意见。这些补充和完善，都为此后巴塞尔新协议的出台奠定了基础。

二、《巴塞尔协议Ⅱ》内容及局限性

1997年亚洲金融危机爆发，伴随着东亚神话破灭，东南亚各国金融体系受到了严重的挑战。1998年东南亚金融危机开始向俄罗斯、韩国、日本和美洲国家迅速蔓延，全球经济、金融陷入了新的恐慌。尽管此轮危机并没有直接影响主要发达国家，但是由于金融经济全球化步伐加快，欧洲与美国经济与金融体系也受到了不小的冲击。各国金融监管当局和国际银行业感到重新修订现行的国际金融监管标准已经刻不容缓。在此背景下，巴塞尔委员会于1999年和2001年两次就新协议草案向各国政府和银行公开征求意见，并于2003年年底完成了《巴塞尔新资本协议》（即《巴塞尔协议Ⅱ》）的正式文本。2004年6月正式签署。

（一）《巴塞尔协议Ⅱ》的主要内容

《巴塞尔协议Ⅱ》继承了1988年协议以资本充足率为核心的监管思路，在信用风险的基础上，将风险扩大到涵盖信用风险、市场风险和操作风险，力求使银行资本更客观、更全面地反映银行面对的各项主要风险，保证银行资本充足率能对银行业务发展和资产负债结构变化引起的风险具有足够的敏感度，形成了由单纯信用风险管理走向全面风险管理的基本框架；在最低资本要求的基础上，提出了监管部门监督检查和市场约束的新规定，提出了衡量资本充足率的新思路和方法——实行以最低资本要求、监督检查、市场纪律三大支柱为特点的新的监管框架。新协议强调三大支柱必须协调使用、相互支撑，才能真正提高金融体系的安全性与稳健性。

1. 第一支柱：最低资本要求

《巴塞尔协议Ⅱ》仍将资本充足率作为核心指标，将银行资本分为核心资本和附属资本。但进行了创新，详细介绍了多种用于评估银行最低资本要求的方法。

第一支柱主要包括三个基本要素：监管资本的定义、风险加权资产和资本对风险加权资产的最低比率。

在计算资本比率时，市场风险和操作风险的资本要求乘以 12.5（即最低资本比率 8% 的倒数），再加上针对信用风险的风险加权资产，就得到分母，即总的风险加权资产。分子是监管资本，两者相除得到资本比率的数值。总的资本比率不得低于 8%，二级资本仍然不得超过一级资本，即限制在一级资本的 100%以内。

最低资本要求主要考虑了以下三种风险的影响。

(1) 信用风险。委员会提出，允许银行在计算信用风险的资本要求时，从两种主要的方法中任择一种：一种方法是根据外部信用评级结果，以标准化处理方式计量信用风险，它与《巴塞尔协议Ⅰ》一样采用风险加权方法计算银行的资本充足率标准，所不同的是它对风险权重的确定根据借款对象（如主权国家、银行和公司等）的不同有所区别；另一种方法是采用银行自身开发的内部评级体系，根据其复杂程度又有初级法与高级法之分，初级内部评级法允许银行自行估计和确定客户的违约率，而高级内部评级法在此基础上又允许估算违约客户的违约风险暴露和违约损失率。但选择内部评级法计算信用风险的资本要求必须经过银行监管当局的正式批准。实施内都评级法，对于风险管理能力强的公司，可以减少风险加权资产，降低银行的资本金要求，提高银行在国内和国际市场上的竞争能力；而对于风险管理能力弱的银行，则会提高其资本比例，增加经营成本，有效地制约了银行过度追求规模扩张的盲目性。

(2) 市场风险。市场风险是指由于市场价格（包括利率、汇率、股票价格和商品价格等）的不利变动而使银行表内和表外业务发生损失的风险。这类风险与金融市场本身的成熟程度相关，市场越成熟，市场风险就越小。由于金融市场的价格波动和竞争日趋复杂激烈，美国的银行业率先推出金融创新产品，诸如利率互换，货币互换，期权、期指交易，以适应金融业和大公司资产负债管理的需要，并对冲由于利率变动或汇率变动可能引起亏损的交易敞口，以期达到避险保值的目的。同时，衍生工具的大量使用使得商业银行面临巨大的潜在市场风险，而且由于分业界限的日渐模糊，商业银行经营重点的转移，也使得市场风险日益成为商业银行最重要的风险之一。市场风险一旦大规模发生，不仅给投资者带来极大的损失和伤害，而且也会给整个金融市场带来灾难性的破坏。由于一些市场风险，如利率风险难以精确量化，《巴塞尔协议Ⅱ》建议对利率风险大大高于平均水平的银行，应根据银行账户中的利率风险提高相应的资本数量。

(3) 操作风险。从新资本协议来看，在第一支柱要求所覆盖的风险领域中，特别值得关注的就是该协议率先将操作风险纳入风险管理框架，使资本的计量能够更加真实地反映银行面临的风险状况，并且要求金融机构为操作风险配置相应的资本金水平。这既是近年来国际金融界日益注重操作风险管理实践的一个总结，同时也对操作风险的管理提出了新的要求，使得金融机构的风险管理面临新的压力。从《新巴塞尔协议》对操作风险的定义可知，操作风险是指由不完善或有问题的内部程序、人员及系统或外部事件所造成损失的风险。本定义包括法律风险，但不包括策略风险和声誉风险（Strategic and Reputational Risk）。对于操作风险的衡量，《巴塞尔协议Ⅱ》提供了三种方法：基本指标法、标准法和高级计量法。这三种方法都是银行在评估自身经营风险、计算资本金要求时应遵循的基本程序，具体使用的评估和计算方法由银行自主决定，但需要上报相应的银行监管机构认可。

2. 第二支柱：监督检查

虽然第一支柱中计算监管资本的风险包括银行面临的主要风险，但是有些风险，如贷款集中性风险、战略风险、道德风险等，由于难以量化而无法包含在第一支柱的计算中，加上支柱一它无法解决像顺经济周期效应这类问题，这就需要第二支柱和第三支柱来进行补充。第二支柱旨在确保各家银行制定有效的风险计量程序，以评估银行在认真分析风险的基础上设定的资本充足率。监管当局要负责监督检查银行的风险管理状况、风险化解能力、所在市场的性质及收益可靠性等因素，全面判断该银行的资本是否充足，其中包括银行是否妥善处理了不同风险之间的关系。

第二支柱是巴塞尔委员会针对银行业风险制定的监督检查的主要原则、风险管理指引和监督透明度及问责制度，以及如何处理银行账户中利率风险、操作风险和信用风险有关方面（包括压力测试、违约定义、剩余风险、贷款集中风险和资产证券化）的指引。监管约束第一次被纳入资本框架之中。

监督检查的目的是，不仅要保证银行有充足的资本来应对业务中的风险，而且还鼓励银行开发、使用更好的风险管理技术来监测和管理风险。监管当局应评价商业银行如何按自身的风险状况确定资本需求，并在必要时进行干预。这样做的目的是在银行和监管当局之间形成有效的对话机制，以便在发现问题时及时地采取措施降低风险和补充资本。

为了达到这些目标，巴塞尔银行监管委员会确立了四项主要原则：①银行应当建立一整套能够有效评估符合自己具体风险特征的资本充足问题的程序；②监管当局应当审查银行内部的资本充足评估情况；③银行应当保持高于最低资本要求的资本，以防范第一支柱下未有效覆盖的风险；④在银行的资本充足率可能出现问题时，监管当局应当及早介入，采取干预措施以防止问题的实际发生。这四个原则能够促使银行自身积极地发现并处理所有的重大风险，同时可以让监管者能够有效监督并帮助银行进行风险管理。

关于国际间监管当局合作的问题，巴塞尔委员会于 2004 年 5 月指出，《巴塞尔协议Ⅱ》的有效实施有赖于各国监管当局之间的密切合作。巴塞尔委员会将积极推进以国际业务为主的银行集团的母国与东道国监管的合作，尤其是在高级计量法上的合作。母国和东道国监管当局在银行集团信息披露方面上的合作，应避免进行多余及无协调的审批、检查工作，以减少银行集团的执行成本。

3. 第三支柱：市场纪律

在旧协议中，信息披露和市场约束只是作为监管制度的附属部分，而在《新巴塞尔协议》中则被作为三大支柱之一列入了主体框架之中。新资本协议强调市场约束规则具有强化资本监管、帮助监管当局提高金融体系安全性的潜在作用。委员会认为，共同的披露框架是将银行风险暴露告知市场的有效途径，并为增强可比性提供了一致、合理的披露标准。委员会通过建立一套披露要求以达到促进市场纪律的目的，对最低资本要求（第一支柱）和监督检查（第二支柱）进行补充。并在适用范围、资本结构、风险敞口与评估和资本充足率四个领域提出了具体的定性、定量的信息披露要求。而市场约束要发挥作用必须以有效的信息披露为前提，为此《巴塞尔协议Ⅱ》通过加强银行的信息披露以达到强化市场约束的目的。为了充分发挥市场约束的作用，促进金融体系的安全和稳定，信息披露必须符合一定的要求，这些要求主要包括及时性、可比性、相关性、重要性和全面性。在《巴塞尔协议Ⅱ》中，提出了有关信息披露的规定和建议。所披露的信息包括：资本构成、资本状况、盈利水平、风险估价、管理过程等。银行在一个会计年度内至少披露一次财务状况、重大业务活动及风险管理状况。金融监管机构要对银行信息披露体系进行监管。

(二)《巴塞尔协议Ⅱ》的局限性

《巴塞尔协议Ⅱ》是在吸取了1997年东南亚金融危机所揭示的银行业潜在风险后，形成了更为贴合现代商业银行运作的新协议，使其更为全面地反映商业银行在金融创新高速发展和信用中介服务市场化程度日益提高的情况下所面临的各种风险，进一步拓展了风险范畴。因而确保该协议的有效实施意义重大。

自《巴塞尔协议Ⅰ》到《巴塞尔协议Ⅱ》的制定和实施，实际是对资本协议实施过去十多年经验教训进行的总结和提高。新协议从单一的资本充足率监管到三大支柱的确立，体现了监管思想的重大变化，代表了国际银行业的监管趋势。即银行的资本监管正在从单一的资本充足率监管转向以资本充足主监管为核心、以维护公众对银行信心为目标的监管；统一标准将被逐步打破，银行正在由被动性监管向自主性监管转变；在资本监管中风险防范是其根本所在，全面的风险管理已经势在必行。当然《巴塞尔协议Ⅱ》并非尽善尽美的，它也存在着一些这样那样的问题。

1. 从适用范围看

《巴塞尔协议Ⅰ》主要是依据发达国家的情况制定的，主要对象是十国集团国家的国际大型银行。《巴塞尔协议Ⅱ》中提出的各种风险计量方法也主要是针对大型国际银行设计的，由于协议内容比较复杂，风险计量方法的技术要求比较高，因此协议比较适用于那些在风险计量和管理水平上领先的银行。而对于一些条件还不成熟的发展中国家来说，离完全实施《巴塞尔协议Ⅱ》还有一定的距离。

2. 从监管方面看

许多国家实施新协议的条件还不成熟，短期内无法达到新协议的要求，急于实施无助于提高本国银行业的稳定性，也达不到其他各项目标。因此，巴塞尔委员会认为，各国应该自行决定是否实施及如何实施新协议。对大多数发展中国家而言，如果不实施新协议，其跨国银行极有可能遭受市场歧视，在竞争中处于被动地位。由于国家不同，巴塞尔委员会在新协议框架中强调各国监管当局结合各国银行业的实际风险对各国银行进行灵活的监管；银行的制度选择和市场条件需要不断完善。

3. 从发展中国家看

相当部分发展中国家在短期内并不适合直接全面按照新协议来进行银行资本监管，因此根据本国情况，将协议的理念、原则、要求与之对照，通过本国金融体制、市场环境的改善，逐渐地贯彻新协议的相关精神，不断为全面实施新协议创造条件，这个过程将是一个长期的、渐进的过程。

三、《巴塞尔协议Ⅲ》的内容与特点

（一）《巴塞尔协议Ⅲ》的内容

2010 年 11 月在韩国首尔 G20 峰会上获得正式批准实施的《巴塞尔协议Ⅲ》是近年来针对银行监管领域最大规模的一次改革。相比于强调银行内控、监管审查与市场纪律的《巴塞尔协议Ⅱ》，《巴塞尔协议Ⅲ》更加关注银行的资本质量与抗周期性风险的能力。对于经历了金融危机之后的全球银行业来说，《巴塞尔协议Ⅲ》的作用不仅反映在更严格的监管指标上，更为严格的资本充足率要求、流动性风险监管等，更体现了正确的监管核心价值观重新回归，即安全性远远超过效益性。

《巴塞尔协议Ⅲ》改革主要源于三个方面的动机。一是金融危机的破坏性影响，从某种程度来看，《巴塞尔协议Ⅲ》是 2008 年全球金融危机直接催生的产物。在本次金融危机里，银行业部门和主权国家之间存在着严重的风险溢出现象，相当一部分发达国家的政府不得不扩大负债以稳定银行和经济发展，结果导致一些国家债务/GDP 的比率高达 10%～25%。二是金融危机的频繁爆发，1985 年以来，已经有超过 30 个巴塞尔委员会成员国发生过金融危机，相当于巴塞尔委员会成员国每年有高达 5%的危机发生概率。银行危机的成本巨大且发生频率高。三是严格监管利大于弊，《巴塞尔协议Ⅲ》改革的目标是减少未来危机发生的可能性和造成的危害，这意味着更高的资本监管和流动性要求。尽管成本会提高，加强监管的长期效益远足以抵消短期成本。

《巴塞尔协议Ⅲ》的主要内容如下：

《巴塞尔协议Ⅲ》确立了微观审慎和宏观审慎监管相结合，资本监管和流动性监管相结合的全面监管框架，使银行能在不同的市场环境下更有效地应对各种冲击。

1. 微观审慎监管

《巴塞尔协议Ⅲ》对银行资本进行了重新定义：①银行的一级资本必须充分考虑在“持续经营资本”的基础上吸收亏损，其核心形式是普通股和留存收益，剔除少数股东权益、无形资产等项目；②二级资本在银行“破产清算资本”的基础上吸收损失，并取消了二级资本结构中的所有子类别；③银行的三级资本被废除，以确保市场风险要求下的资本质量与信贷和操作风险要求下的资本质量看齐。

对资本比率提出新的要求标准。一是建立资本缓冲。资本缓冲分为资本留存缓冲和逆周期资本缓冲两类。留存缓冲由扣除递延税项及其他项目后的普通股构成，且不低于2.5%，它的目的在于确保持有缓冲资金用于在经济危机时“吸收亏损”；逆周期资本缓冲比率为普通股或者其他能完全吸收亏损资本的0～2.5%，根据各国具体情况来定，它是基于一项更广泛的审慎目标——要求银行在信贷过分充足的情况下居安思危。二是提高最低资本充足率要求。关于《巴塞尔协议Ⅲ》的新要求及其与《巴塞尔协议Ⅱ》的比较，如表3－4所示。

表3－4　　新协议资本框架的调整

	普通股（扣除之后）/风险加权资产	核心资本/风险加权资产	总资本/风险资产
最低资本要求	4.5（2）	6.0（4）	8.0（8）
资本留存缓冲	2.5		
最低资本要求＋资本留存缓冲	7.0	8.5	10.5
逆周期缓冲范围	0～2.5		
系统重要性银行资本要求	1		

资料来源：根据《巴塞尔协议》相关资料整理。

注：所有数字为百分比；表中括号内的数字为《巴塞尔协议Ⅱ》要求。

新标准的资本数量和质量都比《巴塞尔协议Ⅱ》的要求高出很多。质量上，注重普通股的比率，这是对于银行安全最有力的保障；数量上，不仅提高资本充足率要求，还增加资本缓冲。

2. 宏观审慎监管

宏观审慎是针对于系统性风险的，它主要包括以下三个方面：

（1）杠杆比率。为有效应对监管资本套利活动，巴塞尔委员会提出了不具风险敏感性的杠杆率监管要求作为辅助。杠杆比率计算法为核心资本与总资本的商。总资本不经过风险调整，可以防止模型风险和为计量错误提供额外保护，补充和强化基于协议Ⅱ的风险管理框架。2010年7月26日巴塞尔委员会文件将一级资本最低杠杆率定于3%。巴塞尔委员会希望在2013—2017年双轨运行这个比率，在2017年上半年进行最终调整，并希望在2018年1月1日进入协议Ⅲ的第一支柱。

（2）降低顺周期性。银行自身经营和监管要求的顺周期性放大了金融危机的危害性。巴塞尔委员会研究并公布了一些降低顺周期性的措施：减缓最低资本要求的周期性波动；建立前瞻性的贷款损失拨备，通过推动会计准则认可准备金与预期损失挂钩等方式，推进稳健拨备做法，提高吸收经济衰退时额外损失的能力。

（3）系统重要性金融机构，应该具备附加的损失吸收能力。由于具有系统重要性的机构在整个经济运行中扮演着重要角色，加上它们之间具有很多相互交易，易产生广泛联系。金融稳定局建议对系统重要性金融机构提出1%的附加资本要求，降低“大而不倒”带来的道德风险。同时，巴塞尔委员会与金融稳定局正在研究一项针对具有“系统重要性”银行的综合方案，可能包括资本附加费、或有资本、保释债等。

3. 流动性监管

《巴塞尔协议Ⅲ》将流动性监管提升到和资本监管同样的地位，引入了两个统一的定量监测指标：流动性覆盖比率（Liquidity Coverage Ratio，LCR）和净稳定资金比率（Net Stable Funding Ratio，NSFR）和五个监测工具。

（1）设立新的流动性监测指标：流动性覆盖比率和净稳定资金比率。流动性覆盖比率主要描述短期（30天以内）特定压力情境下，银行所持有的无变现障碍的、高质量的流动性资产数量，以此应对资金流失的能力。对于LCR的压力情境，委员会的假设包括一家机构的公共信用评级大幅下降，存款部分流失，无担保批发融资渠道干涸，有担保融资工具大幅折价，衍生品追缴保证金上升，以及合约性和非合约性表外敞口的大量提取。而对于优质流动性资产，委员会规定最好是符合央行工具抵押品的资格，不应混作或用作交易头寸的对冲、用于抵押或结构性交易中的信用增级，且应当明确仅用于应急资金，主要包括现金、央行准备金、主权政府债，以及由非中央政府的公共实体、IMF、欧盟或多边开发银行等发行或担保的债券等。

净稳定资金比率主要考核的是银行中长期（1年以上）的流动性，即各项资产和业务融资，至少具有与它们流动性风险状况相匹配的满足最低限额的稳定资金来源。它旨在提高机构在更长期内抵御流动性风险的能力。在压力情境下，委员会要求银行一年以内可用的稳定资金大于需要的稳定资金，通过这个指标反映银行资产与负债的匹配程度。引入净稳定资金比例可鼓励银行减少短期融资的期限错配，增加长期稳定资金来源，提高监测措施的有效性。NSFR更强调资金来源的稳定性。委员会指出，可用的稳定资金包括银行的资本、期限在一年以上的优先股、实际期限在一年以上的负债及其他预计在压力情境下仍将保持稳定的活期或定期存款。央行在常规公开市场操作以外提供的借贷工具不包括在稳定融资渠道中（如表3－5所示）。

表3－5　新协议的流动性监测指标

项目	流动性覆盖率（LCR）	净稳定资金比例（NSFR）
监管目标	短期流动性风险的监测	调整期限错配、稳定资金来源
分析基础	资产负债表	现金流量表
作用	保障银行基本的流动性	促进银行使用更长期的结构性资金来源以支持资产负债表内、表外风险暴露和资本市场业务活动
目的	通过确保机构拥有足够的优质流动性资源来提高应对短期流动性风险的能力	让银行运用更加稳定、持久和结构化的融资渠道来提高其在较长时期内应对流动性风险的能力，防止银行在市场繁荣、流动性充裕时期过度依赖批发性融资

续　表

项目	流动性覆盖率（LCR）	净稳定资金比例（NSFR）
对应的压力场景	1. 机构公众信用评级显著下降 2. 储蓄的部分损失 3. 无担保的批发资金的损失 4. 担保资金头寸的显著增加 5. 对衍生品交易提出追加抵押品的要求 6. 对契约性与非契约性的表外风险暴露提出高额提款要求	1. 信用等级被调低 2. 因风险造成的清偿或盈利能力下降 3. 突发事件造成银行的声誉损失或者社会信任度下降

资料来源：巴曙松，《国际银行业的流动性监管现状与述评》，刊于《中国金融 40 人论坛》2010 年第 10 期。

（2）建立流动性监管的辅助监测工具。巴塞尔委员会规定了五个监测工具随时监测，用于反映银行业机构现金流、资产负债表以及某些市场指标的具体信息。一是合同到期期限错配评估，该工具反映在指定时间段内合同约定现金流入、流出的期限差距，这个工具显示了在特定时间内跨度需要补充的流动性总量。二是资金集中度，它需要从三个角度测量：重要交易对手、金融工具及币种，重要性依据是单一交易对手、金融工具和币种分别占相应资产比重的 1%以上，这可以识别比较重要的批发融资渠道及交易对手，监管当局希望借此鼓励融资来源多元化。三是可用的未抵押资产，它是指银行可以用来在二级市场上进行抵押融资和被中央银行接受作为借款担保品的、无变现障碍的资产。四是重要币种的流动性覆盖比率，为了防止重要币种的错误配置风险，银行和监管者需要监测重要币种的流动性覆盖比率。五是与市场有关的监测工具，运用以市场为基础的数据作为对上述定量方法的有价值补充，包括市场整体信息、金融行业信息和特定银行信息，这些信息可以作为银行业、单个金融机构出现流动性困难的早期预警（如表 3－6 所示）。

表 3－6　　新流动性监管的辅助性监测工具

监测工具	作　用
合同到期期限错配评估	基线评估，以了解银行最基本的流动性需求
资金集中度	对已知和潜在的交易对手、货币、市场和交易工具类别的批发融资集中程度进行分析，反映银行的资产负债表中的大型资产风险暴露分析结果
可用的未抵押资产	评估银行能够在市场上进行抵押或通过中央银行的常设信贷，在短期内筹得流动资金的资产水平
重要币种流动性覆盖比率	为了防止重要币种的错误配置风险，银行和监管者需要监测重要币种的流动性覆盖比率

续 表

监测工具	作　用
市场监测工具	鼓励监管机构定期收集市场数据，补充上述的其他四种监测工具，如大额存单展期、股价变动、各种波动度指标及个别机构的消息

资料来源：根据《巴塞尔协议Ⅲ》相关资料整理。

(二)《巴塞尔协议Ⅲ》过渡期安排

《巴塞尔协议Ⅲ》规定，全球各商业银行5年内必须将一级资本充足率的下限从现行要求的4%上调至6%，过渡期限为2013年升至4.5%，2014年为5.5%，2015年达6%。同时，《巴塞尔协议Ⅲ》将普通股最低要求从2%提升至4.5%，过渡期限为2013年升至3.5%，2014年升至4%，2015年升至4.5%。截至2019年1月1日，全球各商业银行必须将资本留存缓冲提高到2.5%。

另外，《巴塞尔协议Ⅲ》维持目前资本充足率8%不变；但是对资本充足率加资本留存缓冲要求在2019年以前从现在的8%逐步升至10.5%。最低普通股比例加资本留存缓冲比例在2019年以前由目前的3.5%逐步升至7%。

此次《巴塞尔协议Ⅲ》对一级资本提出了新的限制性定义，只包括普通股和永久优先股。会议还决定各家银行最迟在2017年年底完全接受最新的针对一级资本的定义。

(三)《巴塞尔协议Ⅲ》的特点

巴塞尔委员会早在2008年就着手进行流动性风险管理的改革，2008年2月发布了《流动性风险管理和监管的挑战》；2008年9月在2000年版《银行机构流动性风险管理的稳健做法》基础上，发布了《流动性风险管理和监管的稳健原则》，归纳流动性风险管理面临的新挑战，提出了加强流动性风险管理和监管的新准则；2009年12月发布了《流动性风险计量标准和监测的国际框架》。

1. 大幅提高银行资本监管要求

2008年金融危机的产生和蔓延，充分暴露出在旧有的银行业监管规则中，对于核心资本充足率的要求过低，使得银行体系难以抵御突如其来的全球性金融系统风险，原本认为可以有效分散风险的衍生金融工具，在此次金融危机中未能发挥其效能，反而在某种程度上对风险的进一步扩散起了推波助澜的作用，因此新协议对银行资本作了一系列严格要求。

2. 调整不合理的风险权重

《巴塞尔协议Ⅲ》提高了资产证券化交易风险暴露的风险权重，大幅提高相关业务资本要求。

3. 突出强调银行流动性风险监管

一是引入流动性监管指标。二是明确资本杠杆比率标准。高杠杆率是造成在危机发生时银行难以获得足够的资本金从而导致破产的重要原因，引入杠杆率的目的是将其作为风

险度量的一道屏障。

四、《巴塞尔协议》对世界银行业的影响

2008年的金融危机后，各国政府在加强全球金融监管方面达成了共识，即通过加强对金融衍生品、高管薪酬、资本充足率三个方面的监管，以实现全球金融业的健康发展。《巴塞尔协议Ⅲ》是近几十年来针对银行监管领域的最大规模改革。各国央行和监管部门均希望这些改革能促使银行减少高风险业务，确保银行持有足够储备金，在不依靠政府的情况下独立应对今后发生的金融危机。

（一）推动全球各银行提高抵御风险能力

《巴塞尔协议Ⅲ》要求，商业银行的核心资本充足率将由4%上调到6%，同时计提2.5%的防护缓冲资本和不高于2.5%的反周期准备资本，这样核心资本充足率的要求可达到8.5%～11%。总资本充足率要求仍维持8%不变。此外，还将引入杠杆比率、流动杠杆比率和净稳定资金比率的要求，以降低银行系统的流动性风险，加强抵御金融风险的能力。

（二）对全球金融体系稳定具有积极影响

《巴塞尔协议Ⅲ》的实施将会对世界经济、金融体系和银行业的发展产生深远影响。从长期看，充足的资本对银行业的稳定发展的确有益；短期内，资本增加将造成信贷成本增加及对经济恢复的制约不容置疑。按照巴塞尔清算银行的估计，在过渡期内目标资本充足率每提高一个百分点，将导致GDP增速比基准水平低0.32%，滞后期影响4年半；流动性指标的实施会导致GDP增速比基准水平低0.08%。美国金融学会计算得出《巴塞尔协议Ⅲ》实施五年后主要经济体规模将减少3%，法国银行协会也得出法国经济下滑6%的悲观结果。

本章小结

1. 商业银行资本金一般指银行拥有的归银行支配使用的自有资金。我国《商业银行资本充足率管理办法》（以下简称《办法》）规定，我国商业银行监管资本包括以下组成部分。核心资本。核心资本包括实收资本、资本公积、盈余公积、税后利润中提取的一般准备、未分配利润和少数股权。附属资本。按照《办法》规定，附属资本包括重估储备、一般准备、优先股、可转换债券及长期次级债务。其中，附属资本不得超过核心资本的100%，计入附属资本的长期次级债券不得超过核心资本的50%。

2. 虽然商业银行的资本占其全部资产的比重比较小，但作用很大，商业银行资本金具有营业功能、保护功能和管理功能。

3. 为保证银行资产业务持续健康增长，基于银行的需要，商业银行在业务经营中就要合理筹集资本。资本的外部筹集是指银行通过发行股票、长期性资本债券等方式向社会公众筹集资金，以扩充其资本的业务活动。内部融资，是指从银行内部来增加资本金，是商业银行通过自身积累而形成的资本。

4. 商业银行资本量的确定方法随各国金融管理部门的衡量标准的不同、银行经营环境的变化以及对商业银行经营风险的认识过程的演变而不同。目前常见的有以下几种：资本和存款比率、资本和资产比率、综合分析方法。

5. 作为国际银行界的“游戏规则”，巴塞尔资本协议一直在争议中不断发展。20 世纪 90 年代以后 2010 年 9 月 12 日出炉的《巴塞尔协议Ⅲ》在强调资本充足外，也把加强流动性风险管理作为监管重点，是前两个版本的进一步改进。

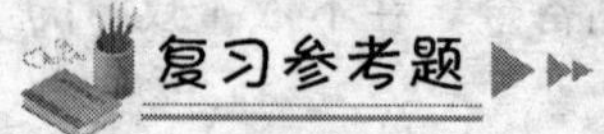

1. 名词解释。

资本金　核心资本　附属资本　《巴塞尔协议》　重估储备　一般准备　优先股　可转换债券　长期次级债务

2. 简述商业银行资本金的构成、功能和作用。

3. 简述我国商业银行提高资本充足率的主要途径。

4. 简述《巴塞尔协议》的主要内容。

5. 简述商业银行资本管理的策略。

6.《巴塞尔协议Ⅲ》即将实行，目前国内许多银行和机构在研究它的影响。结合本章内容，思考《巴塞尔协议Ⅲ》对我国商业银行未来发展的影响。

第四章　商业银行的负债业务

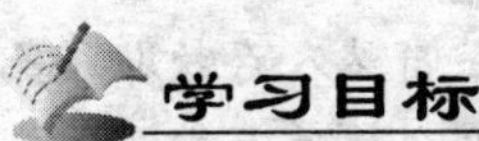

学习目标

在商业银行负债业务中，存款业务是其最基本、最主要的业务，存款负债业务经营管理的好坏对于商业银行的盈利水平和风险状况有着极大影响。通过本章的学习，重点要求掌握商业银行负债的构成、特点以及现代商业银行存款经营管理的一些原理和方法。

1. 知识目标

※了解商业银行负债业务的重要性、构成；

※熟悉商业银行存款业务的管理、非存款业务及其管理策略；

※掌握商业银行存款负债与借入负债的种类、特点及现实意义；

※掌握商业银行负债业务的经营管理。

2. 能力目标

※以本章延伸阅读为切入点，收集相关资料，了解我国商业银行负债的基本现状、构成的特征等。

案例导入 4-1

海南发展银行倒闭案已过去多年，其倒闭是多方面原因造成的，但关闭的直接原因，就是储户因为恐慌引起的“挤兑”，阅读下文并思考。

海南发展银行的倒闭

海南发展银行是在 1994 年 12 月 8 日经中国人民银行批准筹建，并于 1995 年 8 月 18 日正式开业。但仅在 1995 年 5—9 月，就已发放贷款 10.60 亿元，其中股东贷款 9.20 亿元，占贷款总额的 86.71%。绝大部分股东贷款都属于无合法担保的贷款；许多贷款的用途根本不明确，实际上是用于归还用来入股的临时拆借资金；许多股东的贷款发生在其资本金到账后 1 个月内，入股单位实际上是“刚拿来，又带走；拿来多少，带走多少”。这种不负责任的行为显然无法使海南发展银行走上健康发展的道路。

由于上述原因，海南发展银行从开业之日起就举步维艰，不良资产比例大，资本金不足，支付困难，信誉差。在有关部门将 28 家有问题的信用社并入海南发展银行之后，公众逐渐意识到问题的严重性，出现了挤兑行为。持续几个月的挤兑耗尽了海南发展银行的准备金，而其贷款又无法收回。为保护海南发展银行，国家曾紧急调拨了34亿元人民币抵御这场危机，但只是杯水车薪。为控制局面，化解金融风险，国务院和中国人民银行当机立断，宣布1998年6月21日关闭海南发展银行。

从宣布关闭海南发展银行起至其正式解散之日前，由工商银行托管海南发展银行的全部资产负债。其中包括：接收并行使原海南发展银行的行政领导权、业务管理权及财务收支审批权；承接原海南发展银行的全部资产负债，停止海南发展银行新的经营活动；配合有关部门清理原海南发展银行的财产，制定、落实原海南发展银行的清算方案和债务清偿计划。

对于海南发展银行的存款，则采取自然人和法人分别对待的办法，自然人存款即居民储蓄一律由工行兑付，而法人债权进行登记，将海南发展银行全部资产负债清算完毕以后按折扣率进行兑付。6月30日，在原海南发展银行各网点开始了原海南发展银行存款的兑付业务。由于公众对工行的信任，兑付业务开始后并没有造成大量挤兑，大部分储户只是把存款转存工行，现金提取量不多。

海发行倒闭是多方面原因造成的，但关闭的直接原因，就是储户因为恐慌引起的“挤兑”。挤兑的发生往往有两方面原因，一是由于信息不对称，储户在缺乏银行的信息；二是由于存款缺乏安全保障，导致储户信心丧失。其中的教训，一是要求金融机构不断提高运作规范性和透明度，使公众能够充分了解内部的风险收益特征；二是要求尽快建立起中国的存款保险制度，成为挽救储户信心的“最终安全网”。

资料来源：根据《南方周末》整理。

第一节　商业银行负债业务概述

银行的负债业务，是商业银行筹措资金、借以形成资金来源的业务。20世纪70年代之前，商业银行经营的重点是资产的运作，70年代以后，由于金融业竞争的加剧，商业银行开始关注资金来源问题。银行开始力图以最低的风险、最小的成本获取最大的资金保障。

一、银行负债业务的含义和种类

（一）银行负债业务的含义

负债是企业所承担的能以货币计量、需以资产或劳务偿付的债务。商业银行的负债业务是指商业银行通过对外负债方式筹措日常工作所需资金的活动。负债业务是商业银行的基础业务环节，它是决定商业银行资产业务的前提。

（二）银行负债业务的种类

商业银行负债业务就其范围来讲，有狭义和广义之分。狭义负债是指商业银行对他人的债务或欠款，狭义负债按照资金来源渠道又可细分为存款负债、借入负债和结算中负

债；广义负债除了包括商业银行对他人的债务以外，还包括商业银行的自有资本金和在途资金占用等。

存款负债是商业银行通过吸收存款方式从社会上筹集的资金，是商业银行主要的资金来源。

借入负债是商业银行通过发行金融债券、发行大额存单、同业拆借、向中央银行借款、在国际货币市场筹措资金等方式获得的资金。

结算中负债是银行在办理结算业务中形成的短期资金占用。银行的结算原则是先收款后付款，如果收款人和付款人在同一银行开户，结算可通过转账立即完成；如果不在同一银行开户，或者收款人和付款人不在同一城市，就需要通过银行之间的联行划转资金，这需要一定的时间。随着银行电子联行的推行，结算时间大大缩短，但终究还是需要一定的时间，在这段时间之内，银行可以无偿占用这部分资金。

负债业务就其取得资金的方式来讲，有被动型负债（如存款负债）、主动型负债（如发行股票及债券、发行大额可转让定期存单、向中央银行借款等）和其他负债。

二、商业银行负债业务的意义

商业银行区别于工商企业的一个重要标志就在于它的高负债性。商业银行的自有资本很少，所需资金绝大部分来自于对外负债。因此，负债业务对商业银行有着特别重要的意义。

（一）负债业务是商业银行资金的主要来源

按照《巴塞尔协议》规定的对商业银行最低资本充足比率的限制，也就意味着负债可占商业银行资金总额的92%，商业银行负债的数量和结构决定了商业银行经营的规模与方向，商业银行负债的性质也决定了商业银行经营的特征。作为信用中介机构，商业银行通过负债业务经营，将全社会各种闲散资金集中起来，形成商业银行重要的资金来源，变消费基金为生产基金，从而增加和扩大了商业银行信贷资金的总量。

（二）负债业务是商业银行资产业务及其他业务的基础

负债业务是商业银行资产业务及其他业务开展的基础和前提，是商业银行得以发展的基础，集中表现在一方面，商业银行的负债规模的大小，制约着资产规模的大小；另一方面，商业银行负债的结构制约着资产的结构，而资产业务的开展，反过来又可以促进负债业务的扩大，如商业银行通过贷款、投资可以成倍地派生存款。商业银行作为支付中介，也必须以存款为前提，为客户办理资金的收付、转账结算等服务，可见，商业银行的负债业务也是银行中间业务的前提。

（三）负债业务是商业银行同社会联系的主要渠道

商业银行是国民经济的综合部门和资金运动的枢纽，是社会资金活动的集散地。社会上所有经济单位的闲散资金和货币收支，都离不开商业银行的负债业务。一方面，银行为社会各界提供金融投资的场所、金融投资的工具，如各种存款和金融债券；另一方面，客户的货币收支随时会反映到银行的账面上，银行可以了解资金规模、资金流向以及经营活动。银行在为客户提供各种信息咨询、担保等金融服务的同时，也可以为宏观金融决策部门和银行自身的营销策略反馈必要的市场信息。

（四）负债业务是商业银行竞争的焦点

由于负债业务是商业银行其他业务的起点，对于商业银行的经营活动具有重大的影响，各家商业银行都希望尽可能扩大负债业务达到拓展经营范围、扩大信贷规模，最终获得最大限度盈利的效果。商业银行为了扩大市场占有率，获得尽可能多的客户，筹集到尽可能多的资金，往往各自在负债的策略、存款方式、存款种类、服务质量等方面，加大营销力度，力求为自身的生存与发展创造条件，由此也造成商业银行在负债业务上的激烈竞争。

三、商业银行负债业务经营管理目标

商业银行负债经营的基本目标是在风险一定的条件下，以尽可能低的成本筹集所需要的资金。其具体的经营目标包括降低负债的成本、扩大负债的规模、合理把握负债结构、增强负债的稳定性、确保负债效益性等。

（一）不断扩大负债规模，维持银行负债的稳定增长

商业银行是一个典型的高负债经营的金融企业，负债规模的大小在很大程度上决定了商业银行经营实力与竞争能力的强弱。自从 1998 年我国取消了信贷规模控制，全面实行资产负债比例管理后，各家商业银行都把如何扩大负债规模、维持负债的稳定增长放在经营的重要位置。

（二）建立合理的负债结构，提高负债的稳定性

合理的负债结构是指着眼于银行资产业务的资金需求，根据各种负债的易得程度、成本高低以及期限的长短进行组合选择，使负债结构一方面能够与资产的需要相匹配，另一方面又能保持一定的流动性，以利于盈利性目标的实现。首先，就负债期限结构而言，要将短期负债与长期负债进行综合考虑，需找科学合理的组合，在保证稳定性的前提下寻求成本的降低以及流动性的增强。其次，就负债的客户结构而言，商业银行要充分了解自己的客户性质，并就不同的客户群体实施不同的管理方式，在积极争取存款大户的同时，不忽视存款散户和小户，以保持合理的客户结构，增强负债的稳定性。最后，就负债的种类结构而言，商业银行要从客户的角度出发，根据客户多样化的需求，积极研发负债品种，开拓潜在的负债市场，进一步扩大资金的来源，增强商业银行资金实力，提高负债的稳定性。

（三）降低负债成本，确保负债的效益性

商业银行经营目标的基本要求就是实现利润的最大化，因此必须进行负债成本控制。商业银行的负债成本主要是由利息支出和非利息支出组成，非利息支出主要是一些相关费用的支出。对于不同的负债，其利息支出和非利息支出各不相同，而随着负债规模的扩大，有些费用支出即固定成本有逐渐下降的特性。因此，商业银行可以通过扩大负债规模、调整负债结构、减少非利息支出等措施，降低负债成本率，不断提高银行的盈利水平，更好地为银行的生存和发展创造条件。

第二节 商业银行存款负债的管理

存款是银行负债业务中最重要的业务，是商业银行资金的主要来源。吸收存款是商业银行赖以生存和发展的基础，直接影响商业银行的竞争力，关系商业银行的生存与发展。

一、商业银行存款的种类及特点

商业银行的存款按不同的标准可以划分为不同的种类。通常按存款的所有者划分，可分为工商企业存款、个人存款、财政存款、机关团体存款、同业存款和其他存款；按存款支取方式划分，可分为活期存款、定期存款和储蓄存款等；按存款的来源和性质可以分为原始存款和派生存款；按存款的货币形式划分，可分为人民币存款和外汇存款。其具体划分依研究角度和实际需要而自主决定，所以，对于不同的国家，银行存款的种类也有很大的差别，以下是美国商业银行存款的分类。

（一）交易账户

所谓交易账户是私人和企业为了交易目的而开立的支票账户，客户可以通过支票、汇票、电话转账、自动出纳机等提款或对第三者支付款项。

1. 活期存款

活期存款是相对于定期存款而言的。活期存款又称交易账户或支票账户，是指存款人不需事先通知，可随时提取或支付的存款。

其基本特点如下：多用于支付和交易用途；支付方式多样化，如支票、本票、汇票、电话转账等；对于开设账户的客户一般没有限制，各种公司、非银行性金融机构、个人或社会团体、政府机构等均可；银行对客户一般不支付利息或者收取手续费。活期存款由于其存取频繁，手续复杂，并且商业银行还需提供大量的各种服务，如存取、提现和转账等，所以成本比较高。因此，商业银行对这类存款一般不支付利息或支付很低的利息。我国是世界上少数几个对活期存款支付利息的国家之一；在一定条件下允许透支；从货币供应角度看，活期存款具有很强的派生能力，是各国金融监管当局调控货币供应量的主要操作对象；虽然期限较短，但在不断进行的此取彼存中，银行总能获得一个较稳定的活期存款可用余额，并将之用于各项资产和投资业务；活期存款凭支票取款，而支票的要件、程式和使用方法等，在各个国家都有明确的法律规定，要求银行人员必须具有丰富的经验和常识；否则，或造成支付不当或不合法的行为。

虽然活期存款的经营成本较高，与商业银行的盈利性原则也有矛盾，但各国商业银行仍然十分重视这项业务，其原因在于活期存款业务对商业银行有许多有利之处。活期存款具有流通功能和信用派生功能，活期存款由于常用支票结算，因此支票在用于提现或转账时，它只是一种普通的信用结算凭证，但当支票用于向第三人支付时，则支票代替货币充当了流通工具，由于支票在流通中可作多次转让，因此在同一存款下完成了多次支付行为，所以支票又具有很强的信用派生功能；活期存款虽然存取频繁，但在大量此存彼取、彼存此取的过程中，银行总能获得一个比较稳定的存款余额可用于高盈利资产；活期存款业务有利于密切银行和客户的关系。

2. 可转让支付命令（NOWS）和超级可转让支付命令账户（Super NOWS）

这是一种对个人和非营利机构开立的、计算利息的支票账户，当时，美国商业银行存款利率受到管制，不准储蓄账户使用支票。为了规避这一限制，争取更多的客户，1972年由美国马萨诸塞州的一家互助储蓄银行创造。它是一种储蓄存款账户，可以取得利息，同时又可以开出可转让支付命令，用于对第三者进行支付；这种可转让支付命令可以背书转让，其实与支票的作用相同。另外，该账户中的平均余额可以获得利息。由于该账户兼有传统的支票活期存款的方便性和储蓄存款的获利性的特点，对存户的吸引力很大，所以逐渐成为商业银行吸收存款的一种新途径。

其特点如下：转账或付款不是使用一般的支票，而是使用支付命令；可以按其平均余额支付利息，年利率略低于储蓄存款；账户的开立人限定为个人和非营利机构，营利机构不得开设；这种账户集中了支票账户和储蓄存款的优点。

超级可转让支付命令存款账户，是NOWS账户的延伸，这类账户是美国储蓄及贷款协会于1983年1月开办的一种新的金融产品。Super NOWS账户较NOWS账户的先进之处在于它不存在利率上限，而是由银行根据货币市场利率变动每周进行调整。该账户的法定最低开户金额和平均余额为2500美元，可以无限制地发出支付命令，并按月收取手续费。该账户的利率介于NOWS账户和货币市场存款账户之间。

3. 自动转账服务账户

该账户是在电话转账服务的基础上发展而来的。存户首先需要在银行同时开立活期存款和储蓄存款两个账户，活期存款账户余额可只保持1美元，其余款项全部存入储蓄存款账户，以取得利息收入。银行根据客户授权，在收到存户支票需要付款时，随即将支付款项从储蓄账户转移到活期存款账户上，以完成自动转账或提现。客户为此要支付一定的手续费，同时银行也要向中央银行缴存准备金。

4. 货币市场存款账户

该账户由美国货币市场基金会于1972年首创，是一种储蓄和投资相结合的账户。该账户规定，企业和个人都可以开户，只需保留2500美元的最低余额，对利率没有最高限；如果存款余额低于2500美元，利率按储蓄存款利率办理，每天调整，每天复利；每月使用这一账户不能超过6次，其中支票付款不能超过3次；存款没有最短期限限制，要求存款人取款时提前7天通知银行。同时，这一存款的个人账户不需缴纳法定存款准备金，非个人账户只上缴3%的存款准备金。货币市场存款账户的开办成本比Super NOWS的低，支付利息较高，扩大了商业银行对存款的吸引力，使一大部分流向货币市场互助基金的存款得到了弥补。从未来发展来看，此类账户和NOWS账户最终将代替个人储蓄存款账户。

5. 货币市场共同基金账户

该基金是美国在20世纪70年代初由梅尔林奇公司创立的小额信托投资，其目的在于广泛吸收社会闲散资金用于社会投资。货币市场共同基金是一种特殊类型的共同基金，通

过这种方式聚集起来的资金往往投资于可转让大额定期存单、商业票据、银行承兑汇票和国库券等短期凭证。参加共同基金的投资者可以随时购买股份或出售股份，即可获取一定利益，可随时变现（当时年收益率可达17%左右，远远高于同期的定期存款利率）。该基金之所以受到欢迎，是因为客户除购买股份基金外，还可在商业银行开立账户。当投资者需要用款时，可通知货币市场共同基金出售其所有的股份，把款项计入银行的活期存款账户内；客户可以用支票支付500美元。

（二）非交易账户

非交易账户是指资金所有者主要为了获取收益而在银行开设的账户。

1. 定期存款

定期存款是指存款客户与银行事先商定取款期限并以此获取一定利息的存款。定期存款的特点是：能使持有者获得较高的利息收入；定期存单一般不能转让，但可以作为抵押品使用；期限固定。

定期存款有固定的存款期限，到期后商业银行按事先确定的利率支付利息。定期存款在原则上规定存款户不能提前支取，但商业银行为了吸引存款，对于未到期的定期存款仍给予支取，但通常按活期利率计付利息。

定期存款是货币所有者获取利息收入的重要金融资产，也是银行获取资金的重要渠道，它对于银行而言也有着特殊重要的意义。首先，定期存款是银行稳定的资金来源。这是因为定期存款的期限较长，按规定一般不能提前支取，这样银行就可将这部分资金用于中长期投资或放款而无流动性风险之忧。其次，定期存款的资金利用率高于活期存款。定期存款由于提取有时间的限制，故稳定性较强，存款准备金率较低，银行可以把吸收的绝大部分资金都贷出去用以获取收益。最后，定期存款的营业成本低于活期存款。因为定期存款只需开具一张定期存单即可，在存款期间银行几乎不提供任何服务，除了利息之外，银行为定期存款所支付的各种费用很低，有利于提高银行的收益。

2. 可转让大额定期存单

它是指资金按某一固定期限和一定利率存入银行，并可在市场上买卖的凭证，是商业银行执行负债管理政策的主要金融工具。它是由美国花旗银行于20世纪60年代开办的，原是为了逃避最高利率限制（“Q字条例”）和存款准备金规定（“D字条例”）。一般情况下，可转让定期存单有国内发行的和国外发行的两种。其特点是：存单面额固定（10万～100万美元），不记名，利率有固定也有浮动，存期为3个月、6个月、9个月及12个月不等，以3个月居多，存单不记名，可以流通转让。有比较活跃的二级市场，具有流动性和盈利性。大额可转让定期存单既可以直接向投资者发行，也可以通过证券商和经纪人采取间接发行方式。

3. 储蓄存款

储蓄存款是指居民个人和家庭为积蓄货币和取得利息收入而开立的存款账户。是针对居民个人积蓄货币和取得利息收入之需而开办的一种存款业务。通常由银行发给客户存折以作为存款和提现的凭证。储蓄存款一般不能据此签发支票，支用时只能提取现金或转入存款人的活期存款账户。由于它的流动性介于活期存款和定期存款之间，因此，其利率也介于两者之间，高于活期存款而低于定期存款。

其基本特点是：开设账户的客户主要是居民个人和家庭，也包括一些非营利组织；一般为存折或存单形式，手续比较简便；存款期限灵活多样；为保护存款人利益，许多国家对经营该项业务的金融机构资格要求比较严格，一般只能由商业银行的储蓄部门或专门的储蓄机构经营。储蓄存款可分为活期和定期两类。

活期储蓄存款存取没有一定期限，只凭存折便可提现。开立活期储蓄存款账户不需他人介绍或保证，只要填写“开户申请书”和留存“印鉴卡”或密码即可；存户以后存取时只需填写“存款凭条”或“取款凭条”，并把存折交由银行登记、核对结存余额。活期储蓄存款存折一般不能转让流通，存户不能透支款项。

定期储蓄存款分零存整取、整存零取、存本取息等几种形式。由于其利率比活期储蓄高，它是预先约定其期限的个人投资获利的重要手段。但它不具有流动性，因为其存折不能转让流通及贴现。定期储蓄存款如果要提前支取，存户需预先通知银行。

定活两便储蓄存款是开户时不确定存款，存款可以随时提取，利率随实际存期长短而变动的一种储蓄存款。这种存款集合了定期储蓄存款和活期储蓄存款两者的优势，既可以像活期储蓄存款那样随时提取，又可以获得定期储蓄存款利率按一定比例折扣后的优惠利率。

4. 个人退休金账户

个人退休金账户是美国商业银行在 1974 年开办的账户，是一种个人自愿投资性退休账户，所有有工资收入者都可开立，其开办初衷是为那些未参加养老基金的个人提供便利。该种账户的存款因为存期长，其利率略高于一般的储蓄存款。个人退休金账户是商业银行吸收稳定资金来源的重要手段之一。

（三）存款创新业务

1. 股金提款单账户

股金提款单账户，是专为划转股金收入而创立的一种储蓄存款账户，是一种支付利息的支票账户，也是逃避利率管制的一种创新。该种储蓄账户兼具支票账户功能，可以随时开出提款单，代替支票提现或用作支付转账，在未支付或提现前该账户属于储蓄账户，可取得利息收入；需要支付或提现时便开出提款单，通知银行付款。该账户方便灵活，又有利息收入。

2. 指数定期存单

1987 年，大通曼哈顿银行开始出售与股票或商品相联系的定期存单，这种储蓄工具被称为指数定期存单。当股指或商业价格与预期一致时，存款者可以得到额外的收入，但与预期相反时，存款者就会损失其利息收入。另外，对于指数定期存单的额外收益，多数银行都规定了参与比例，即存款者并不能享受全部的收益。

3. 外币定期存单

20 世纪 80 年代末 90 年代初，美国的货币市场利率下降很多，低于国外同期利率水平。于是商业银行向获得利率并富有的投资者提供外币定期存单的服务。美国的投资者向银行购买外国定期存单，赚取高于本国银行存款利率的差价，同时也要承担相应的风险。如外币贬值率高于利率差、汇率波动的损失不享受存款保险等。

二、影响商业银行存款的因素

要保持存款的稳定增长，应弄清影响存款变动的因素。分析影响存款变动的因素可以从内部和外部两个方面进行。

（一）影响银行存款变动的内部因素

影响银行存款变动的内部因素是指银行自身可以控制和调节的因素，主要有以下几个方面：

1. 存款利率水平

一般来讲，存款利率水平高，社会闲置资金就会从其他投资工具流向银行。但是，商业银行通常不主动采用提高利率的方法来争取存款。这是由于：①提高利率会提高银行的负债成本，增加银行的负担。②一定时期内的社会可提供的存款资金总额是一定的，相对利差只能改变存款资金总额在竞争银行间的分配而不改变存款总额。因此，商业银行采用提高利率增加存款的办法，很可能两败俱伤，并殃及银行业的稳定和社会经济秩序的正常化。③金融管理当局通常不允许商业银行竞相提高利率来吸收存款。但是商业银行可以采用隐蔽的方式来间接地利用利率因素：一是调整存款结构；二是创立新的存款工具。

2. 银行服务质量与业务种类

对银行而言，存款是被动型业务，但银行也完全可以化被动为主动，通过不断推出新的服务项目，提供高质量的服务内容，以增强对客户的吸引力，稳定存款来源。

3. 贷款的便利程度

商业银行能否在客户需要的时候为其提供贷款，是客户选择的一个重要条件。如果商业银行能够及时提供贷款，则对客户的吸引力就加大，相应会增加商业银行存款；反之则会受到很大影响。

4. 银行的实力与信誉

银行的实力越强，信誉越高，就越能吸引客户。出于对自身资金安全的考虑，客户选择银行的首要标准是看其实力和信誉如何，尤其是持有资金数额较大的客户，更注重银行偿还债务的能力。

5. 存款工具的种类

存款客户的需求是多方面的，保存价值的目的也各不相同。存款工具的种类越多，越能够满足存款客户的各种需要，从而有利于吸收更多的存款。通过在利率、期限、方式、灵活性等方面的多种组合，不断开发适合储户的存款品种，已成为银行吸收存款的重要措施。

（二）影响银行存款变动的外部因素分析

影响银行存款变动的外部因素是银行自身无法控制的因素，主要包括以下几点。

1. 国民经济发展水平

国民经济发展水平与银行存款数额的变动呈正相关关系，经济越发达，货币信用关系深化的国家和地区，人们的收入水平越高，整个商业银行存款的规模就越大；反之亦然。

2. 货币政策

中央银行对货币政策的调整会直接或间接地影响商业银行的存款。如中央银行实行扩张性货币政策，降低贴现率和存款准备金率，商业银行的存款就会相应地增加；反之，中央银行实行紧缩性的货币政策而提高存款准备金率和再贴现率，商业银行势必会减少贷款及投资，从而导致整个银行系统的派生存款减少，存款总规模就会缩小。

3. 金融管制

为了稳定金融秩序，促进经济协调发展，世界各国都对银行业实行一定程度的管制。一般而言，管制越严，银行存款增加的难度越大；反之，管制越松弛，银行存款的增加就越容易，因为在这种情况下，银行开发新的存款产品、灵活调整利率等受到的约束较少。

4. 居民的消费习惯和偏好对存款规模的增减变化也有着重要的影响

外部因素不会改变银行同业竞争存款的均衡和存款市场份额在各银行间的分配。但是，外部因素特别是金融管制可能会改变商业银行写其他存款机构、非银行金融机构间的竞争格局，从而引致商业银行体系内存款的外流。这时，商业银行联结为一个整体，形成利益集团，对金融监管当局施加压力，从而影响不可控的宏观因素就成为一种必要和可能。单个商业银行也可通过存款品种的创新来规避金融监管，从而部分地将外部因素从不可控变为可控。

三、商业银行存款业务管理

（一）存款负债的经营策略

1. 存款负债的积极经营策略

由于存款的主动权掌握在存户手中，因此，存款对银行来说是一种被动负债。银行经营存款的核心就是要化被动负债为积极经营，通过一系列措施使自己推出的存款工具能迅速地获取存款人的青睐而占领存款市场。银行的存款经营策略主要有开发存款新产品与加强已有存款工具的吸引力。

面对竞争日益加剧的存款市场，银行必须不断开发新的存款产品以求得生存与发展。存款产品的开发主要有两条途径：银行创造出单一的存款新产品，包括该产品的特征与售价等；银行推出配套的存款新产品，这不仅包括存款产品本身，而且还有关于存款产品的售后服务、流动转让、到期兑付等。

银行在存款新产品开发与推广过程中，首先，要进行具有创新性的产品设计，也就是要运用新思维来构思存款新品种，起到市场分离的作用；其次，银行必须进行成本与收益、收益与风险的分析与控制，在数量化的基础上对存款新产品的开发进行预算；再次，银行必须运用一切有效手段来进行存款新产品的介绍与推销，这对存款新产品能否顺利地被市场接受具有重要作用；最后，存款新产品的配套措施及后备服务是树立良好银行形象

的重要环节，所以，银行在存款新产品市场化阶段应及时建立产品的全套服务。

同时，要加强已有产品的吸引力。银行应根据不同市场及客户的投资需求，对现有的存款产品进行分析，在此基础上调整其结构与功能，使之能更好地适应不同层次投资者的要求。例如，银行对个人存款客户可以按资金量的大小细分为小额存户、中额存户和大额存户，还可以按年龄与性别加以区分。一般而言，银行的存款产品分类做得越详尽，越能吸引各种类型的存款投资者。此外，存款产品良好的售后服务与完善的网络系统也是银行留住客户、减少客户流失的重要方面。优质服务与方便的网络系统，有利于银行与存款客户建立持续与长期的合作关系，树立良好的形象，从而为银行的长期发展提供可靠的资金保证。

2. 强化存款负债稳定性的策略措施

存款的稳定性又称存款沉淀率，是形成银行中长期和高盈利资产的前提条件。银行在吸收存款时必须把重点放在稳定性强的存款即核心存款上，主要有交易账户上的存款和定期存款。这类存款对市场利率变动和外部经济因素变化反应不敏感，因此，增加核心存款的比重有利于降低银行经营的市场风险。与核心存款相对应的是波动性存款，即那些对市场利率变动和外部经济因素变化反应敏感的存款。银行波动性存款的增加，会扩大银行的市场风险和流动性风险。因此，银行必须努力扩大核心存款的比例，从而有效地提高存款的稳定性。不过在注重吸收核心存款的同时，银行也应努力提高波动性存款的稳定性。银行应通过提高服务来巩固与老客户之间的良好关系，同时争取更多的新客户，从而提高波动性存款的稳定率和延长存款的平均占用天数，降低筹资成本，进而有利于其盈利目标的实现。

（二）控制存款规模

存款规模是衡量一家银行规模和资金实力的重要指标。就宏观而言，一国的存款总规模主要决定于该国国民经济发展的总体水平，受制于多种客观因素。例如，储蓄存款的增减变化主要取决于国民货币收入的增减变化和消费结构的变迁，受制于金融市场的发达程度和社会保障体系的完善与否，同时该国的文化和历史传统对储蓄存款也有着重要的影响。又如，企业存款的增减变化既取决于社会再生产的规模和企业的经营状况，同时也受国家金融政策、商业信用和银行结算等多种因素的影响。所以，无论是企业存款还是储蓄存款，在客观上都有一个在正常状态下的适度问题。判断存款总量是否适度的指标有：①存款总额同国内生产总值之比；②企业存款总额同企业销售总额或流动资金占用总额之比；③储蓄存款总额与居民收入总额之比。将这三个指标的常态值与当前值比较，若离差小，存款规模就是适度的。

就银行经营管理而言，一家银行的存款量应以其贷款的可发放程度及吸收存款的成本和管理负担之承受能力为界，如果超过这一界限，反而会给银行的经营管理造成困难。因此，银行对存款规模的控制，要以存款资金在多大程度上被实际运用于生息资产为评判标准。若存款的期限结构既能满足银行资产业务的需要，又能适当降低资金成本，存款的品种结构既能满足资产结构的要求，又能满足客户的多样化需求，其规模就是合理的。如果一家银行的超额准备金比率过高，则意味着这家银行处于存差的净付息状况，也就是存款过多的表现。国际上有一些科学的存款规模控制模式值得借鉴，比如一些银行通过存款成本变化来控制存款量，努力寻求边际成本和实际收益曲线的相交点，力求获得最佳存款规模。

四、存款的成本管理

（一）存款负债的成本构成

存款负债成本是一个综合性概念，主要有利息成本、营业成本、资金成本、可用资金成本和相关成本等。

1. 利息成本

利息成本是商业银行以货币形式直接支付给存款者的报酬，是银行存款成本的重要组成部分。影响商业银行利息成本的主要因素有存款利率、存款结构与存款平均余额。存款利率有固定利率和可变利率之分。前者是指存款发生时规定的利率，以后不再调整，利息额按存款余额乘以既定的利率而得；后者是指存款发生时不规定具体的利率，而是确定一个基点。

目前，我国的银行一般都采用固定利率。西方国家普遍使用浮动利率计息办法。由于市场利率波动，若以固定利率计息，在市场利率下降时银行存款成本过高，因此会遭受损失；在市场利率上升时，银行则会受益。这也就是说，利率波动会给银行存款负债带来风险。若以可变利率计息，则可以降低银行存款负债的利率风险，但会给银行成本预测和管理带来困难。

2. 营业成本

营业成本是指银行花费在吸收存款上的除利息之外的其他一切开支，这些费用开支包括人员工资、广告宣传费、存款所需要的设备、设备折旧费、各种办公服务费等。这些成本有的有具体的受益者，如提供转账结算等所需的开支，它实际代表银行为吸收存款而支付的除利息之外的报酬；有的则没有具体的受益者，如广告宣传费等。在我国，由于利息成本相对固定并由国家统一控制，因此营业成本也就成为商业银行成本控制的重点。

3. 资金成本

资金成本是包括利息在内的花费在吸收存款上的一切费用，为利息成本和营业成本之和。它反映银行为取得存款而付出的代价，通常用资金成本率指标分析。资金成本率是资金成本与吸收的全部存款资金的比率。用公式表示为：

资金成本率＝(利息成本＋营业成本)/吸收的负债资金数额×100％

它可以用来比较银行不同年份吸收负债的成本，考察其发展趋势，也可以在银行之间，尤其规模相同、条件相近的银行之间进行比较，从而明确其在当前竞争中的地位。

4. 可用资金成本

可用资金是指银行可以实际用于贷款和投资的资金，它是银行总的资金来源扣除应交存的法定付款准备金和必要的储备金后的余额，即扣除库存现金、中央银行存款、在联行

或往来行的存款及其他现金项目之后的资金。可用资金成本也称为银行的资金转移价格，指银行可用资金所应负担的全部成本，它是确定银行资产价格的基础，因而也是银行经营中资金分析的重点。

银行所吸收的存款资金不能全部运用于盈利性资产，必须在扣除法定存款准备金和必要的超额准备金后才能实际用于贷款和投资。将资金成本与可用资金数额相比可得到可用资金成本率。这个比率既可以用于各种存款之间的对比，分析为得到各种可用资金所要付出的代价，也可在总体上分析银行可用资金成本的历史变化情况以及比较本行与他行可用资金成本的高低。

5. 相关成本

相关成本是指与存款有关，但未包括在以上成本之中的成本。相关成本主要有以下两种。一种是风险成本，指因存款增加引起的商业银行潜在的经营风险增加。例如，存款总额的增加会增加银行的资本风险；利率敏感性存款增加会增加利率风险；可变利率存款取决于市场利率变动的方向；保值储蓄贴补率取决于物价指数上涨的风险等。另一种是连锁反应成本，指银行对新吸收存款增加服务和利息支出而引起对银行原有存款增加的支出。银行为了争取更多客户存款，往往以增加利息和提供服务的方式来吸引顾客，但在对新存款客户支付更多利息和提供更多服务的同时，会使原有客户产生攀比心理，他们会要求享受同样高的利息和同样多的服务，这就会加大银行成本开支。

（二）存款负债的成本控制

商业银行的最终目的是追求利润的最大化，而成本是影响利润的关键因素，因此商业银行在经营管理中一定要控制和降低负债成本。

1. 存款负债总量与存款负债成本控制

存款负债总量与存款负债成本之间的关系有三种：一是逆向组合形式，即存款负债总量增长，存款负债成本反而下降；二是同向组合形式，即存款负债总量增长，存款负债成本随之提高；三是特殊组合形式，即存款负债总量增加，存款负债成本不变，或存款负债总量不变，存款负债成本却增加。出现逆向组合是因为存款负债平均成本的高低，不但与存款负债总量有关，而且与存款负债结构、单位成本内固定成本与变动成本占总成本的比重、利息成本与营业成本占总成本的比重也有着密切的联系，而这些组合因素的变动与存款负债总量变动的方向、幅度、范围不一定一致，因而出现了存款负债总量增长，存款负债成本反而下降的逆向组合形式。出现同向组合主要是由于增加网点、提高利率、增加人手的措施不但增加了存款负债的总量，而且也使得利息成本和营业成本同时上升。出现特殊组合形式则是由于银行内部管理的变动趋于效率化或者相反。

由上可知，商业银行不能单纯靠提高存款利率、增加吸储投入来扩大存款负债，而要在改善存款负债结构与形式、强化信用载体的流动性、推行存款经营市场化机制、提高工效和工作质量上做文章，以达到在少增加或不增加存款负债成本的前提下，争取到更多存款的管理目标。

2. 存款负债结构与存款负债成本控制

一般的情况下，存款期限越长，利率越高，成本亦越高；反之亦然。但是实际情况并非一定如此。如活期存款的利率虽然较低，但营业成本较高，因而活期存款的总成本并不一定低。所以，研究存款结构与存款成本的关系，不仅要考虑利息成本，还应考虑营业成本。又如，居民储蓄存款的成本比企业存款要高，但储蓄存款通过银行可以创造出派生存款，而派生存款的利息是比较低的，这又会降低存款的平均成本。因此，要有效地控制存款负债的成本，就必须从改善存款结构出发，处理好下列关系：①正确处理低、中、高息存款占全部存款的比重，注重增加低息和中息存款，降低利息成本的相对数。②正确处理不同种类存款利息成本与营业成本占总成本的比例关系，降低营业成本。③正确处理存款总量与存款可用量之间的关系。银行在扩大存款总量的同时，不能忽视存款的可用量。

五、存款的定价方法

存款定价是指商业银行为各种类型的存款确定合理的利息率。存款定价是商业银行存款业务经营管理中的一项重要任务。为了吸收存款，银行要给客户较高的利息；但如果存款利息定得太高，成本加大，又会吞噬运用存款资金可获得的潜在利润。因此，银行必须通过合理的存款定价，以便使增长和盈利达到最佳组合。

（一）成本加利润定价法

成本加利润定价法是在银行存款成本的基础上，加上银行的既定目标利润，确定银行资产的可接受价格。成本加利润定价法要求精确地计算每种存款服务的成本，侧重点在于考察存款的最终价格。定价公式如下：

每单位存款服务的价格＝每单位存款服务的经营支出＋每单位存款摊入的管理费用＋单位存款服务的预期利润

比如，某商业银行吸收的一笔存款的利息率为3%，非利息成本率为1.5%，这笔存款的预计利润收入是1.5%，则这笔存款总的价格就是6%。

成本加利润定价法不考虑竞争形势，也不考虑不同的客户主体的不同要求。这种方法试图将存款的价格与银行的服务成本直接结合起来。但是，在银行的实际业务操作中，每项存款的成本，尤其是费用的构成是十分复杂的，准确计算比较困难。

（二）边际成本定价法

边际成本是指银行新增存款需要增加的利息支出。银行在确定资产价格时，只有使新增加资产的边际收益大于新增加负债的成本时，银行才能获得适当利润。银行每项负债都有不同的边际成本，边际成本也可以反映各种负债的相对成本，以确定新增加的负债最低费用目标。当银行资金边际成本一定时，银行需要选用那些边际收益大于或等于边际成本的资产。一般银行在利率频繁变动时使用。

存款的边际成本定价从某种意义上说可能要优于加权平均成本定价，因为在浮动利率体制下，利率的不断变化使平均成本的定价标准有些不合实际。如果利率下降，筹集新资金的追加成本低于平均成本，某些贷款和投资根据平均成本看起来是不盈利的，但以更低

的边际成本计算则是相当盈利的；相反，如果利率上升。筹集新资金的边际成本大于平均成本，按照平均成本看应提供贷款，但按更高的边际成本看则可能是完全不盈利的。

【例 4—1】 某银行通过 7％的存款利率吸引 25 万元新存款。银行估计，如果提供利率为 7.5％，可筹集存款 50 万元；提供 8％的利率可筹集存款 75 万元；提供 8.5％的利率可筹集存款 100 万元；提供 9％的利率可吸收 125 万元存款。如果银行投资资产的收益率为 10％，由于贷款的利率不随贷款量的增加而增加，贷款的利率就是贷款的边际收益率。存款为多少时，银行可获得最大的利润？

根据给定条件列出表 4—1。

表 4—1　　贷款的利率与贷款的边际收益率

存款利率（％）	存款（万元）	利息成本（万元）	边际成本（万元）	边际成本率（％）	边际收益率（％）	利润（万元）
7.0	25	1.75	1.75	7	10	0.75
7.5	50	3.75	2	8	10	1.25
8.0	75	6.0	2.25	9	10	1.5
8.5	100	8.5	2.5	10	10	1.5
9.0	125	11.25	2.75	11	10	1.25

注：TR 为总收益，计算方法为存款量×边际收益率；TC 为总成本，计算方法为存款量×存款利率。

从表 4—1 看出，当利率为 8.5％时边际成本率等于边际收益率，银行利润规模最大。

（三）市场渗透定价法

市场渗透定价法也称渐取定价法，是一种不注重利润和成本回收的定价方法，目的是在短期内加速市场成长，牺牲高毛利以期获得较高的销售量及市场占有率，进而产生显著的成本经济效益，使成本和价格得以不断降低。它的基本做法是商业银行为客户提供一个远高于市场平均水平的利率和远低于市场标准的服务费，以尽可能吸收更多的客户，占领更多的市场份额。银行希望由此带来的存款量和相关贷款业务的增加可以弥补较低的利润率。

（四）存款规模定价法

20 世纪 70 年代以来，银行业对吸收存款的竞争日益加剧，为了吸引客户，银行建立了一个费率表，按照客户在银行存款的平均余额以及客户对其存款的运用情况安排不同的价格。也就是说，商业银行为客户规定一个存款的平均余额最低限，只要客户存款数量保持在最低限以上，客户在使用存款时只需支付很低的费用甚至不付费；但当平均余额下降到商业银行规定的最低水平以下时，就需支付较高的费用。这种存款定价方法实际上是为了鼓励大额存户和存款使用频率低的客户，一方面使商业银行可以获得稳定的、大额的资金来源，另一方面也为存款人自由选择存款组合提供了参考。

（五）关系定价法

关系定价法是指以商业银行和客户之间的关系为标准来进行存款负债定价的方法。近年来，关系定价在金融服务中越来越重要。这种方法是运用交叉销售和最大限度销售其他种类产品的方法建立与客户的关系，一个零售银行可以在增加客户数量和扩大市场份额的同时最大限度地获取潜在利润和降低成本。关系定价需要重点产品成本的极详细数字和顾客信息，这意味着定价政策应该建立在金融系列产品和客户组成的两者之间的特殊联系之上。关系价格有许多优势，它既可以增加客户的信任度，也可以将来自客户的回报最大化，它吸引着特殊的市场细分区并且鼓励对选择性产品的使用。

六、存款准备金制度与存款保险制度

（一）存款准备金制度

1. 存款准备金制度的含义

存款准备金制度（Deposit Reserve System），又称存款准备金政策，是指中央银行对商业银行的存款等债务规定存款准备金比率，强制性地要求商业银行按此准备率上缴存款准备金；并通过调整存款准备金比率以增加或减少商业银行的超额准备，促使信用扩张或收缩，从而达到调节货币供应量的目的。

存款准备金是限制金融机构信贷扩张和保证客户提取存款和资金清算需要而准备的资金。它的存在，在一定程度上有助于商业银行降低经营风险，较多的准备金也增加了银行的资金成本。将存款准备金集中于中央银行的做法始于18世纪的英国。英国1928年通过的《通货与银行券法》、美国1913年的《联邦储备法》和1935年的《银行法》，都以法律形式规定商业银行必须向中央银行缴存存款准备金。由于1929—1933年的世界经济危机，各国普遍认识到限制商业银行信用扩张的重要性，凡实行中央银行制度的国家都仿效英美等国的做法，纷纷以法律形式规定存款准备金的比例，并授权中央银行按照货币政策的需要随时加以调整。

2. 存款准备金政策的内容

存款准备金政策包括：规定存款准备金制度适用对象；规定存款准备金计提范围；规定可作为存款准备资产的项目；规定存款准备率和允许变动幅度；规定准备金计提的方法。这里包含着两项内容等。

3. 存款准备金政策的作用

存款准备金政策的主要作用包括：

（1）保证商业银行资金的流动性。每个银行从保证自身资金的流动性出发，都会自觉地保持一定的现金准备。在国家干预的情况下，现金准备则由法律规定而存入中央银行，这就从制度上保证了商业银行自身资金的流动性和清偿力。

（2）集中国内的一部分信贷资金。由于存款准备金缴存中央银行，使中央银行在客观上掌握了国内一部分信贷资金，可以用来履行其银行职能，办理银行同业之间的清算，并对它们进行再贷款和再贴现。

(3) 调节信贷总额和货币供应量。由于调节信贷与货币对于中央银行实施货币政策具有重要意义，它已使前两个作用退居次要地位，究其本质而言，存款准备金政策是影响货币供应量的最强有力的政策。以央行实行紧缩政策为例，当法定存款准备率提高时，一方面使得货币乘数变小；另一方面，由于准备金比率提高，使商业银行的应缴准备金额增加，超额准备金则相应减少（只有超额准备金才构成派生存款的基础），降低了商业银行创造信用与派生存款的能力。迫使商业银行减少放款和投资，使货币供应量缩小，由于银根抽紧而导致利率水平提高，社会投资和支出都相应缩减，从而达到紧缩效果。

4. 存款准备金政策的局限性

(1) 存款准备金政策缺乏弹性。一般而言，存款准备金比率的调整所带来的效果较强烈，中央银行难以确定调整准备率的时机和调整的幅度，因而法定存款准备率不宜随时调整，所以，中央银行一般不经常予以变动，并且许多国家的中央银行在提高准备率之前，往往会事先通知商业银行，这样会使得这项货币政策工具效果平稳一些。

(2) 由于存款准备金政策对商业银行的超额准备金、货币乘数及社会货币供应量均有较强烈的震动，存款准备率的调整，对整个经济和社会大众的心理预期等，都会产生显著的影响，因而客观上促使存款准备率有固定化倾向。

(3) 存款准备金政策对各类银行或各地区银行的影响也不一致。因为超额准备金并不是平均分布在各家银行，银行大小规模有差别，各家银行在某一时点上所持有的超额准备金参差不齐。因此，中央银行调整准备率时，对各家银行的影响也就不尽相同，往往是对大银行有利，而对小银行不利。

(二) 存款保险制度

1. 存款保险制度的含义

存款保险制度一种金融保障制度，是指由符合条件的各类存款性金融机构集中起来建立一个保险机构，各存款机构作为投保人按一定存款比例向其缴纳保险费，建立存款保险准备金，当成员机构发生经营危机或面临破产倒闭时，存款保险机构向其提供财务救助或直接向存款人支付部分或全部存款，从而保护存款人利益，维护银行信用，稳定金融秩序。

存款保险制度始于20世纪30年代的美国，当时为了挽救在经济危机的冲击下已濒临崩溃的银行体系，美国国会在1933年通过《格拉斯—斯蒂格尔法》，确定联邦存款保险公司（FDIC）作为一家为银行存款保险的政府机构于1934年成立并开始实行存款保险业务。现在世界上共有67个国家建立了显性存款保险制度，55个国家建立了隐性存款保险制度。这种制度安排在客观上也确实起到了保护存款人尤其是公众存款人利益的作用。

2. 存款保险制度的类型

目前国际上通行的理论是把存款保险分为隐性（implicit）存款保险和显性（explicit）存款保险两种。

(1) 隐性的存款保险制度则多见于发展中国家或者国有银行占主导的银行体系中，指国家没有对存款保险做出制度安排，但在银行倒闭时，政府会采取某种形式保护存款人的利益，因而形成了公众对存款保护的预期。

（2）显性的存款保险制度是指国家以法律的形式对存款保险的要素机构设置以及有问题机构的处置等问题做出明确规定。显性存款保险制度的优势在于：明确银行倒闭时存款人的赔付额度；建立专业化机构，以明确的方式迅速、有效地处置有问题银行，节约处置成本；事先进行基金积累，以用于赔付存款人和处置银行；增强银行体系的市场约束，明确银行倒闭时各方责任。

我国虽然没有建立显性的存款保险制度，但政府一直实行的都是隐性的存款保险制度。这种隐性存款保险制度甚至还覆盖到证券、信托等各个非银行金融领域（比如在关闭海南发展银行和广国投时，它们所欠自然人的负债都是由政府来负责全额偿还的）。

3. 存款保险制度的作用

（1）保护存款人的利益，提高社会公众对银行体系的信心。当银行资金周转不灵或破产倒闭而不能支付存款人的存款时，按照保险合同条款，投保银行可从存款保险机构那里获取赔偿或取得资金援助。存款保险制度虽然是一种事后补救措施，但它的作用却在事前也有体现，当公众知道银行已实行了该制度，即使银行真的出现问题时，也会得到相应的赔偿，这从心理上给了他们以安全感，进而减少了对银行体系的挤兑。

（2）可有效提高金融体系的稳定性，维持正常的金融秩序。由于存款保险机构负有对有问题银行承担保证支付的责任，它必然会对投保银行的日常经营活动进行一定的监督、管理，从中发现隐患所在，及时提出建议和警告，这实际上增加了一道金融安全网。

（3）促进银行业适度竞争，为公众提供质优价廉的服务。大银行由于其规模和实力往往在吸收存款方面处于优势，而中小银行则处于劣势地位，这就容易形成大银行垄断经营的局面。存款保险制度是保护中小银行，它可使存款者形成一种共识，将存款无论存入大银行还是小银行，该制度对其保护程度都是相同的，因此提供服务的优劣，将成为客户选择存款银行的主要因素。

（4）存款保险机构可通过对有问题银行提供担保，补贴或融资支持等方式对其进行挽救，或促使其被实力较强的银行兼并，减少社会震荡，有助于社会的安定。

第三节　商业银行非存款负债的管理

一、商业银行非存款负债的种类及特点

商业银行非存款负债又称借入负债，是指商业银行主动通过金融市场或直接向中央银行融通资金，是商业银行除存款以外的又一重要资金来源。非存款性负债作为商业银行的主动性负债，比存款负债更具主动性、灵活性和稳定性。

商业银行的非存款性负债在期限上有短期和长期之分。短期借入负债是指在一年以内的一个营业周期必须偿还的债务，长期借入负债是指偿还期在一年以上的债务，两者具有不同的特点和内容。

（一）短期借入负债

1. 短期借入负债的特点

（1）对流动性需要的集中性。相对于存款性负债，短期借入负债比较集中，因而短期负债的流动性需要在时间上和金额上相对集中，如果不能如期还款，商业银行就会丧失信誉，从这方面说，其流动性风险要高于存款性负债。

（2）主动性。活期存款的余额随时随地都在发生着变化，定期存款有可能提前支取，因此对于存款性负债商业银行难以主动控制和把握。相对而言，商业银行对于短期借入负债在某一时点上的存款余额能够较为准确地把握，具有充分的主动性，可以进行有计划地选择和控制，以加强对负债的管理。

（3）较高的利率风险。短期借入负债的利率与市场资金的关系密切，极易受到市场利率变动的影响。当市场上的资金需求大于资金供给，短期借入负债的利率有可能随之上升，导致商业银行负债成本的提高，给商业银行的经营造成损失。因此，商业银行要加强对短期借款负债的成本分析和控制，降低利率风险。

（4）主要用于弥补短期头寸的不足。短期借入负债由于期限较短，因而只能用于商业银行的头寸的调剂，解决临时性资金不足和周转需要。虽然短期借入负债也会有一定稳定的余额，可以被用于中长期投资，但是绝不能优先用短期借入负债来满足盈利性资产的资金需要。

2. 短期借入负债的种类

商业银行的短期借入负债主要包括同业借款、向中央银行借款、回购协议、出售大额可转让定期存单、票据市场借款、欧洲短期信贷市场借款等。

（1）同业借款。是指商业银行与其他金融机构之间开展的4个月至3年（含3年）的银行间借贷，是同业拆借和转贴现、转抵押的统称。

同业拆借是指金融机构（中央银行除外）之间为调剂资金头寸、支持日常性的资金周转而进行的短期借贷，是同业借款的主要形式，也是商业银行传统的、主要的短期借入负债业务。同业拆借往往与银行间资金清算有密切的联系。在进行资金结算轧差后，为了平衡资金，头寸不足的商业银行就需要从头寸盈余的银行拆入资金。同业拆借的资金来源通常是商业银行在中央银行的存款中超出法定准备金的部分，因此其实质是超额准备金的调剂，期限一般以1～6天居多，拆借利率通常由双方协商而定，大部分随行就市。

在发达国家，中央银行对商业银行的存款准备金、商业银行对企事业单位的活期存款通常是不付息的，这就更加刺激了商业银行将其闲置的资金头寸投放到同业拆借市场以获取盈利。而我国现阶段中央银行对商业银行的存款准备金及商业银行对企事业单位的活期存款是付息的，因此，我国银行间同业拆借的主要目的是弥补准备金的不足和保持资金的流动性。

同业拆借的利率一般是由借贷双方依市场资金供求状况协商确定的，通常介于存款利率与短期贷款利率之间。同业拆借的额度必须立足于自身的承受能力。拆出资金以不影响存款的正常提取和转账为限，拆入资金必须以本身短期内的偿还能力为度。拆入资金的用途通常只限于弥补资金头寸的不足，而不能用于弥补信贷缺口长期占用，更不能用于固定资产投资。

转贴现是指商业银行在资金临时不足时，将已经贴现但仍未到期的票据，交给其他商业银行或贴现机构给予贴现，以取得资金融通。转贴现利率可由双方协商而定，也可以贴现率为基础或参照再贴现率来确定。转贴现的期限为从贴现之日始到票据到期日止，按实际天数计算。转贴现利率通常由双方议定，一般以贴现率为基础参照再贴现率来确定。只要票据没有到期，它可进行多次转贴。然而，由于转贴现手续较为复杂，而且商业银行还要承担信誉风险，所以转贴现业务必须合理地运用。

转抵押是指商业银行在临时性资金短缺、周转不畅的情况下，通过转抵押的方式向中央银行之外的金融机构办理的贷款。转抵押贷款的程序与工商企业向商业银行申请抵押贷款的程序基本相同，手续较复杂，技术性也较强。

（2）向中央银行借款。中央银行是一国金融机构体系的领导和核心，作为“最后贷款人”，中央银行的重要职能之一就是充当整个金融机构体系的最后贷款人，即当商业银行等金融机构在经营过程中出现头寸不足或资金周转不灵时，可以向中央银行申请借款。商业银行向中央银行借款主要有两种形式：

再贴现也称间接借款是指商业银行将其从工商企业那里以贴现方式买进的未到期的商业票据再向中央银行进行贴现。再贴现是中央银行三大传统的货币政策工具之一，中央银行通过调整再贴现利率、票据的质量、期限及种类等，可以影响商业银行的筹资成本，起到影响基础利率的作用。再贴现利率一般略低于再贷款利率。

再贷款是指商业银行向中央银行的直接借款。商业银行从中央银行所获取的借款具有派生能力，因此各国中央银行都把对商业银行的放款作为宏观金融调控的重要手段。中央银行对商业银行是否放款，何时放款，放多少款，主要依据市场银根的松紧来进行，受经济环境、金融形势相关，受到国家货币政策、金融政策和产业政策的制约。向中央银行借款所获取的资金在使用上也有较大的限制。通常只能用于调剂头寸、补充储蓄不足和资产的应急调整，而不能用于贷款和投资。

（3）回购协议。是指商业银行在出售证券的同时，与证券的购买商达成协议，约定在一定期限后按预定的价格购回所卖证券，从而获取即时可用资金的一种交易行为。此种协议实际上是由卖方提供抵押品给买方，就卖方而言，回购协议即为一种抵押贷款形式；对于买方而言，回购协议又称“逆回购协议”或“反回购协议”，即资金供给者在签订协议时交割资金、买回证券等金融资产，而在合同期满时“再卖出”证券等金融资产换回资金。回购协议可以是隔夜交易，也可以期限长达几个月，大部分回购协议的期限是几天。我国规定回购协议的期限最长不得超过 3 个月。由于证券回购方式获取的资金无须缴纳存款准备金，所以有利于商业银行负债成本的降低。

（4）国际金融市场融资。商业银行利用国际金融市场也可以获取所需的资金，最典型的是欧洲货币市场。当银行所接受的存款货币不是母国货币时，该存款就叫做欧洲货币存款。欧洲货币市场最早起源于欧洲，目前已经突破欧洲范围，遍及世界各地。银行从国际

金融市场融资既可以通过专门的机构进行，也可以通过自己的海外分支机构完成。

（二）长期借入负债

商业银行长期借入负债一般采用发行金融债券的形式。金融债券区别于存款的特点有以下几方面：

1. 筹资目的不同

吸引存款是为了全面扩大银行的信贷资金来源总量；而发行债券则着眼于增加长期资金来源和满足特定用途的资金需要。

2. 筹资机制不同

吸收存款是经常性的、无限额的，而且取决于客户的意愿，属于买方市场；而发行金融债券则是集中性的、有限额的，且主动权掌握在银行手中，属于卖方市场。

3. 筹资效率不同

由于债券的盈利性高，对客户的吸引力强，所以筹资效率高于存款。

4. 所吸收资金的稳定性不同

债券具有明确的偿还期，一般不能提前还本付息，资金稳定性程度较存款高。

5. 资金的流动性程度不同

除可转让存单外，一般存款的信用关系固定在银行和客户之间，不能转让。而金融债券一般不记名，可以流通转让，较银行存款具有更广泛的流动性。向其他商业银行或中央银行借款所得资金主要是短期资金，而金融机构往往需要进行一些期限较长的投融资，这样就出现了资金来源和资金运用在期限上的矛盾，而发行金融债券可以有效地解决这个问题。同时，金融机构发行债券时可以灵活规定期限，比如为了一些长期项目投资，可以发行期限较长的债券。因此，发行金融债券可以使金融机构筹措到稳定且期限灵活的资金，从而有利于优化资产结构、扩大长期投资业务。

由于银行等金融机构在一国经济中占有较特殊的地位，政府对它们的运营进行严格的监管，因此，金融债券的资信通常高于其他非金融机构债券，违约风险相对较小，具有较高的安全性。所以，金融债券的利率通常低于一般的企业债券，但高于风险更小的国债和银行储蓄存款利率。

二、非存款负债的影响因素

（一）非存款资金来源的相对筹资成本

（1）利率是银行非存款资金来源的主要借款成本，而货币市场上各种非存款资金来源的利率很不相同且变动频繁，所以银行必须时刻注意货币市场利率的变动。

（2）在计算非存款类借款的真正成本时非利息成本也不能忽视，包括银行职员所花费的时间和贷款交易的谈判和缔结所涉及的电话电报费。

（二）资金来源的风险

银行在选择非存款资金来源时，必须至少考虑两种风险。

1. 利率风险——信贷成本的波动

除央行的贴现率以外，其他所有非存款资金来源的利率都是由公开市场的供求力量决定的，因此变化无常。

2. 信贷可供性风险

任何信贷市场都不能保证贷款人愿意并且能够贷款给每一个借款人。当银根很紧时，贷款人的贷款资金可能是有限的，可能实行信贷配给，只向那些最好最重视的客户贷款。经验证明可转让存单、欧洲美元和商业票据市场对信用风险特别敏感。所以银行经理必须做好寻找其他信贷来源的准备，并在必要的时候为获取资金支付较高的价格。

（三）所需资金的时间长短

不同的资金来源其期限也很不相同。在银行需要即时信贷时是不能依靠某些资金来源的（如商业票据和欧洲美元）。当天下午就需要可贷资金的银行经理往往会在联邦资金市场借款。但如果所需资金的期限为几天，存单和商业票据就成为更可行的选择。因此，所需资金的期限（到期日）也起到了关键的作用。

另外，需要非存款资金的银行的规模大小决定了银行非存款融资的难易程度。一般大银行较容易以较低成本获得非存款性资金。监管部门的限制也是银行在非存款融资时需要考虑的因素。

非存款性负债扩大了银行的经营规模，加强了银行与外部的联系和往来。非存款性负债数量的增加意味着商业银行资金来源的增多，同时也为资产业务的扩大创造了条件，银行经营规模随之不断扩大。同时，非存款性负债加强了商业银行与中央银行、同业间的联系与往来，便于了解各种信息和形成统一的国际金融市场。

三、短期非存款业务的管理

（一）非存款性短期借款的经营策略

1. 选择恰当的借款时机

商业银行要根据一定时期的资产结构及其变动趋势来确定是否利用和在多大程度上利用非存款性短期负债；商业银行应该根据中央银行的货币政策变化来控制对短期借款的利用程度；商业银行应根据一定时期金融市场的状况，如利率的高低等来选择负债时机。在市场利率较高的时候不借或少借资金，在市场利率较低的时候多借资金。

2. 控制借款规模

非存款性短期负债是商业银行实现流动性、盈利性目标所必需的，但并不是越多越有好，负债规模适度应适度。商业银行在进行负债安排时，应该权衡收益与负债成本，如果利用短期借款所形成的利润小于所要付出的成本，则得不偿失。

3. 安排借款结构

从成本结构来看，商业银行在一般情况下应当先利用低息负债，不用或者少用高息负债，以降低负债的借入成本；此外，商业银行应该积极扩展借款渠道，利用国际市场借入可能的便宜资金；并根据中央银行的利息政策，选择是否从中央银行借款。

（二）非存款性短期借款的管理重点

因短期借款的借款时间比较集中、期限较短。银行进行短期借款的管理要点，主要有以下三个方面。

1. 把握借款期限和金额

进行短期借款时，应该控制借款金额的规模和借款的期限，有计划地将各种非存款性负债的金额和到期时间分散化，进行合理的组合，减轻对商业银行流动性需要的压力。

2. 安排好短期借款的到期时间、金额与存款的增长规律

通过合理安排，把借款控制在自身承受能力允许的范围之内，并争取利用存款的增长来解决一部分流动性需要。

3. 分散非存款性负债的借款对象和金额

商业银行应该尽可能地通过多头拆借的办法将借款对象和金额分散化，变短期资金为长期运用，力求形成一部分可以长期占用的借款余额，以获取更高的收益。

四、长期非存款性业务的管理

对发行长期债券的管理要注意以下四点：

（一）做好债券发行和资金使用的衔接工作

商业银行应根据自身资金的平衡要求，制订好相应的债券发行计划、用款计划和还款计划，尤其要注重发行债券所筹得的资金在数量上、效益上与用款项目的衔接。

（二）确定合理的债券利率和期限

金融债券的发行应根据利率变化的趋势决定计息方式和偿还年限。例如，若预测利率未来将会上升，则采取固定利率的计息方式，并尽可能地延长债券偿还期限；反之，则采取浮动利率的计息方式，尽可能地缩短债券偿还期限。

（三）寻找最佳的发行时机

发行债券的商业银行应选择市场资金供应充裕、利率较低的时机发行债券。

（四）研究投资者心理

金融债券能否顺利推销，在很大程度上取决于投资者的购买心理。因此，商业银行必须认真研究和充分了解投资者对所购买的金融债券的收益性、安全性、流动性方面的需求，并以客户的需求为导向，积极研发新的债券品种。

本章小结

1. 商业银行负债是商业银行经营的基础和前提，是银行开展业务经营的先决条件，是决定银行盈利状况的重要因素，提供了银行与社会各界往来的重要渠道，是反映和监督社会资金流向的主要渠道。负债业务分为存款负债业务与其他负债业务。

2. 存款业务是商业银行筹措资金并借以形成资金来源的重要业务，是银行对存款客户的负债。存款负债被称为银行的被动型负债。商业银行吸收存款能够为银行提供大部分资金来源，为银行各职能的实现提供基础。

3. 商业银行的借入资金按期限长短可划分为短期借入资金和长期借入资金。短期借入资金包括银行同业借款、商业银行向中央银行的融通资金；长期借入资金的主要形式是金融债券。

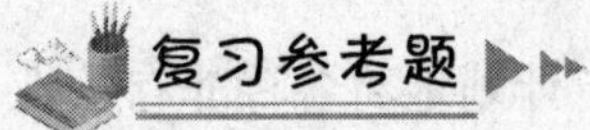

复习参考题

1. 名词解释。

负债业务　银行存款　存款准备金　同业拆借　非交易账户　存款保险制度　证券回购

2. 简述商业银行存款负债的构成。

3. 简述商业银行负债业务的重要性。

4. 简述商业银行存款业务的管理内容。

5. 简述商业银行借入负债的构成。

第五章　商业银行现金资产管理

学习目标

资产业务是商业银行运用资金获取收益的业务，主要包括现金资产、贷款资产和证券投资。其中现金资产是安全性最高、流动性最强的资产，但也是盈利性较低的资产。通过学习商业银行现金资产管理，了解商业银行现金资产的构成、认识商业银行现金资产的作用及管理意义，了解商业银行现金头寸的预测及调度，掌握商业银行现金资产管理原则和方法。

1. 知识目标

※掌握商业银行现金资产的含义及构成；

※理解商业银行现金头寸的内涵；

※认识商业银行现金资产管理的意义。

2. 能力目标

※掌握商业银行现金头寸的预测及调度方法；

※掌握商业银行现金资产的管理原则、内容及方法。

案例导入5－1

英国诺什洛克银行挤兑案

1. 诺什洛克银行简介

诺什洛克银行（亦称北岩银行）是英国国内的第五大抵押贷款机构，主要业务集中在英国的住房抵押贷款上。该公司一直是英国东北部地区两家富时指数 100（FTSE 100）公司之一。该公司提供有抵押与无抵押贷款，通过吸收存款、同业拆借、抵押资产证券化、发行债券等方式融资，并在债券市场进行投资。

2. 诺什洛克银行危机背景

诺什洛克银行在零售市场存款停滞不前的状态下，为了维持业务增长，改变了其负债策略，通过全球金融批发市场大量融资。从 1999 年开始，诺什洛克银行不再将贷款持有到期而是将贷款打包出售，并以此为抵押进一步融资。这些策略使得诺什洛克银行的资产负债结构发生了很大的变化，2007 年诺什洛克银行新增抵押贷款额排名英国第一。由于批发市场具有很大的不确定性，将批发市场作为主要的融资来源无疑是承担了更大的风险，银行流动性受到批发市场流动性的非常大的影响。

2007年美国次贷危机导致全球金融市场的流动性不足，诺什洛克银行受到资产抵押市场不景气的影响发生了融资困难。2008年8月16日，诺什洛克银行向英格兰银行申请紧急注资，但这无疑是向市场发出一种危机信号，影响公众信心。在注资细节公布后，诺什洛克银行遭到了严重的挤兑，酿成了英国140年来首次银行挤兑事件，出现严重的流动性危机。

3. 诺什洛克银行流动性危机的原因分析

从诺什洛克银行流动性危机发生的经过可以看出，诺什洛克银行的不科学流动性管理策略是造成其危机的根本原因。

（1）资产的流动性较差。诺什洛克银行2006年年末流动资产仅占总资产的14.21%，现金和中央银行存款仅占0.946%。非流动资产虽然在经济景气时期具有较高的盈利性，但一旦市场或银行自身某一环节出现问题，而银行没有充足的流动性储备进行补充时，都会给银行造成较大的冲击，引发危机。

（2）流动性来源渠道单一，对存款特别是核心存款的重视不够。诺什洛克银行积极追求负债策略的改变。2006年，其通过同业拆借、发行债券或出售资产抵押证券方式筹集的资金大约占到3/4，远远高于同类金融机构。但是存款作为传统的最主要的流动性来源，具有较强的稳定性与规律性，银行应该将存款作为最主要的负债形式以保持适度的流动性规模。诺什洛克银行没有重视存款，特别是核心存款的作用，通过在资本、货币市场筹集资金，加大了其流动性风险。这种融资方式使得其流动性过度依赖于资本、货币市场的流动性。当资本、货币市场流动性充足时，银行可以比较容易地获得融资。但是当资本、货币市场流动性下降时，资金供给减少、利率提高，银行的融资渠道就被堵塞。诺什洛克银行流动性来源的结构不合理，造成了其流动性的枯竭。并且货币市场上利率、资金供求具有很强的波动性，银行必须具有较高的管理水平才能够采用这种融资策略。

（3）资产负债的期限错配严重。诺什洛克银行将很多的短期借款投放在长期按揭贷款中，资产负债的期限错配，使其埋下了危机的隐患。

（4）资产负债利率缺口过大。在资产方，诺什洛克银行的住房抵押贷款是按照英格兰银行的基准利率发放的；在负债方，发行的债券和住房抵押贷款证券化产品是根据LIBOR进行定价的。当LIBOR利率高于基准利率时，即使是微小的差额，也会给存在很大资产负债利率缺口的北岩银行造成巨额损失。

（5）经济危机影响。美国次贷危机对诺什洛克银行的影响包括两个方面。第一，危机爆发后，投资者对资产证券化产品失去了信心和兴趣，批发市场的流动性紧缩，诺什洛克银行的主要融资渠道被阻，流动性来源几近枯竭。第二，虽然诺什洛克银行在美国次级债券市场上的投资仅占全部资产的0.24%，但是却占到该行有价证券投资的40%。证券投资的损失，使投资者更加丧失了对该银行的信心，造成了严重的恐慌。

4. 诺什洛克银行危机的处理

（1）诺什洛克银行自身对策。诺什洛克银行在向英格兰银行申请紧急流动性贷款的同时通过出售资产、寻求重组获取流动性。同时为了安抚储户的恐慌心理，声明其业务正常、客户的资金会得到安全保障。

（2）政府及央行的援助。9 月 13 日诺什洛克银行发生挤兑后，英国财政部、英格兰银行、金融监管局与诺什洛克银行召开紧急会议。次日联合发表声明，称北岩银行资本充足率符合监管要求，贷款资产质量良好，具备清偿能力，目前只是出现临时性流动性困难。财政部授权英格兰银行向诺什洛克银行提供附加惩罚利率的贷款支持。但是这一声明并没有起到正的效用，而是加速了恐慌的蔓延，大规模的挤兑使得北岩银行在几天的时间内就流失了 30 亿英镑存款。

9 月 17 日，英国财政部部长宣布，政府将保证诺什洛克银行现有储户存款的安全，该保障涵盖所有存款。这一承诺减轻了储户的恐慌心理。

9 月 18 日，英格兰银行承诺向银行业注资 44 亿英镑，9 月 19 日宣布向 3 个月期的资本市场注资 100 亿英镑，以缓解银行间拆借市场的流动性短缺。

资料来源：①中国银行业监督管理委员会 2009 年年报。

②程实，《解析北岩银行挤兑危机》，刊登于《上海投资》2008 年第 2 期。

诺什洛克银行危机向我们证明商业银行流动性管理对商业银行经营与发展的重要性。

请思考：

1. 诺什洛克银行危机对我国商业银行流动性管理的启示。

2. 诺什洛克银行危机对我国银行业监管的启示。

第一节　现金资产概述

一、现金资产的含义

现金资产是银行持有的库存现金以及与现金等同的可随时用于支付的银行资产。现金资产是商业银行所有资产中，流动性最强的资产。商业银行是高负债经营的企业，其资金来源除少量源自资本，其余绝大部分来自客户的存款和各项借入资金，因此，商业银行在日常经营过程中，必须保证资产的流动性，保持一定比例的现金资产，保证日常经营的支付能力，即随时满足存款人提现的要求，满足债权人到期收回本息的要求，满足客户合理的贷款要求，满足中央银行的存款准备制度的要求以及行际间支付清算的要求。

商业银行的经营资金半数以上来源于客户的存款，作为商业银行的被动负债，其存与不存、存多存少、期限长短、何时提取等主动权都掌握在客户手中，银行只能无条件地满足客户的要求。如果银行不能满足客户的要求，就有可能影响银行的信誉，引发“挤兑”

风潮，甚至使银行陷入清偿力危机而遭受破产的命运。商业银行的借入资金是其主动性负债，但也必须按期还本付息，否则不仅影响银行的信誉，也会影响日后的融资能力。银行持有一定数量的高流动性资产，也有利于银行及时抓住新的贷款和投资的机会，为增加盈利、吸引客户提供条件。此外，商业银行还必须严格遵守中央银行的存款准备制度及支付清算规定，否则将受到中央银行的处罚或承担相应的法律责任。

二、现金资产的构成

商业银行现金资产通常包括以下几部分内容。

（一）库存现金

库存现金是商业银行为了满足日常经营需要而保存在银行业务库内的纸币和硬币。包括柜台内支付和ATM机内的本外币之和。商业银行的库存现金来源于客户的现金存入以及从中央银行发行库中提取的现金，主要用来应付客户的日常提现及商业银行自身的日常零星收支。

我国居民的日常生活消费大量采用现金支付，所以国内经办储蓄业务的银行必须为储蓄业务准备大量的备用金。西方居民大部分采取支票或信用卡进行日常支付，只有一些零星的小额支付使用现金，所以相对于中国的商业银行来说，西方商业银行库存现金存留比较少。

任何一家银行必须保有一定量的现金以保证对客户的现金支付。但是，由于库存现金是一种非盈利资产，而且，银行持有库存现金还需要花费相当大的管理成本，如安全保卫费用、库存现金核查费用、押运费用等。所以从盈利性角度，库存现金不宜过多，保持适度的规模，符合流动性要求即可。

中国农业银行邯郸分行金库被盗案

2007年4月14日，农业银行邯郸分行发生新中国成立以来罕见的特大金库盗窃案，被盗现金达人民币近5100万元。随后犯罪嫌疑人马向景、任晓峰先后落网，二人从2006年10月到2007年4月，先后20多次监守自盗，从金库盗出现金累计金额5095.6万元，大部分用于购买体育彩票且血本无归。虽然二人得到了法律的严惩，农业银行邯郸分行及河北分行负责人相继受到处分。但能从层层设防的金库盗出5100万元，无疑暴露了农行邯郸分行现金管理的漏洞。

（1）内控制度形同虚设，执行不力。各家商业银行都制定有一套完整、合理的内部控制制度，包括职责权限的界定、会计规则及双人原则等。针对现金管理也专门制定有业务操作规程。但该行未能认真执行，管库员之间钥匙、密码交接混乱，登记簿与实际情况不符，客观上给违法犯罪分子以可乘之机。

(2) 查库制度徒有虚名，落实不力。按规定，银行营业机构出纳应做到每日账实相符，值班主任每旬查库，机构负责人每月查库，支行会计部门负责人每季查库等。而该行查库人员玩忽职守，严重违规，不认真查库，只草率地在查库登记簿上签名盖章。两罪犯在作案期间曾经历两次查库，都没有发现问题，查库登记簿上记载的还是“账款相符”。

(3) 电子监控失修瘫痪，失去效力。自 2007 年 4 月 2 日至案发，该行金库电子监控系统一直处于瘫痪状态，无人修复，也没有定人定时看守。致使案发后无法获取这段时间的监控录像，给侦结此案带来很大难度。

(4) 门岗门卫虚设失察、车辆人员随意出入。两案犯将重达两吨的现金先后从银行金库中带离，多次经过银行门岗竟无人过问，作案车辆进入银行后院也没作任何登记。

资料来源：《21 世纪经济报道》2007 年 4 月 19 日。

(二) 在中央银行的存款

在中央银行的存款是指商业银行存放在中央银行存款准备金账户中的款项，即存款准备金。它包括以下两部分。

1. 法定存款准备金

法定存款准备金是商业银行按照法定比率向中央银行缴存的存款准备金。存款准备金制度是在中央银行体制下建立起来的，美国最先以法律形式规定，商业银行应按存款余额的一定比率向中央银行缴存存款准备金，这一规定比率就是法定存款准备率。规定缴存准备金的最初目的，是为了保证银行备有足够的资金，以应付存款人的提取，避免发生挤兑而引起银行倒闭。法定存款准备金具有强制性，商业银行必须按规定缴存，一般不得动用，并要定期按银行存款额的增减而进行相应调整。20 世纪中期，法定存款准备率逐渐演变成为中央银行宏观调控的货币政策工具之一。中央银行通过调整存款准备率，影响金融机构的信贷能力，从而间接调控货币供应量。

2. 超额存款准备金

超额存款准备金是指商业银行在中央银行存款扣除法定存款准备金的部分，是商业银行用于日常支付和债权债务清算的资金。超额准备金的多少直接影响商业银行的信贷扩张能力。因为商业银行一般不能动用法定存款准备金，能动用的只是超额准备金。因此，一旦中央银行提高法定准备金率，则商业银行法定存款准备金就会增加，超额准备金就会减少，从而限制了商业银行的信贷扩张能力；反之，若法定存款准备金率降低，则商业银行的信贷扩张能力增强。

(三) 存放同业款项

存放同业款项是指商业银行用于代理收付、票据清算业务而存放在代理行和其他相关银行的款项。由于存放同业的存款属于活期存款的性质，可以随时支用，因此可以视同银行的现金资产。

过去，我国的四大国有银行内部自成联行清算系统，异行结算通过总行与中国人民银行跨行转账，在四大国有银行内部，没有必要将过多的货币资金存放同业。只是中小银行因无清算系统，需委托四大国有银行办理时，需要存放同业款项。近年，我国建立了现代化支付系统。该系统是中国人民银行按照我国支付清算的需要，并利用现代计算机技术和通信网络开发建设的，能够高效、安全地处理各银行办理的异地、同城各种支付业务及其资金清算支付系统。它包括大额支付系统和小额批量支付系统两个业务清算系统，是各银行和货币市场的公共支付清算平台，是中国人民银行发挥其金融服务职能的重要的核心支付系统。现代化支付系统的建成，使各家银行都有了能迅速进行交易的平台，所以存放国内同业款项也逐渐减少。随着商业银行国际化步伐加快，为了满足跨国支付清算需要，存放境外同业款项逐年增加。

（四）托收中现金

托收中现金亦称在途资金或托收未达款项，是指银行为客户办理票据支付清算业务过程中，产生需向其他付款银行托收但尚未收妥的款项。当银行受理客户票据结算业务时，银行要办理票据交换、发送汇划信息等过程，经付款银行确认、转账，方能收到款项，因而需要一定时间及托收过程。

托收中的现金规模取决于托收票据的数量以及票据清算时间。随着我国清算支付系统的发展，票据清算的速度不断加快，在途资金数额呈下降趋势。

三、现金资产管理的意义

现金资产是商业银行维持其流动性而必须持有的资产，它是银行信誉的基本保证。对现金资产的合理运营及管理是商业银行健康运营、持续发展的重要任务。

从安全性角度讲，商业银行流动性越强，安全性就越有保障。如果银行的现金资产不足以应对客户的提现要求，将会加大银行的流动性风险，引发挤兑风潮，甚至导致银行破产，进而出现货币供给的收缩效应，削弱商业银行创造存款货币的能力，弱化商业银行社会信用职能，这是商业银行经营过程中极力要避免的情况。而从盈利性角度讲，现金资产是一种无利或微利的资产，因持有现金资产而失去的利息收入构成持有现金资产的机会成本。现金资产占全部资产的比重越高，银行的盈利性资产就越少。因此，现金资产保留过多，不利于银行盈利水平的提高。银行从盈利性出发，有以最低的额度保有现金资产的内在动机。

现金资产管理的意义就是要在确保满足银行流动性需要的前提下，尽可能地降低现金资产占总资产的比重，使现金资产达到最适度的规模。适度的流动性是银行经营成败的关键环节，同时也是银行盈利性与安全性的平衡杠杆。现金资产管理就是着力于流动性需求的预测与满足，就是要在保有现金资产机会成本和现金资产不足的成本之间做出权衡选择，解决盈利性与安全性之间的矛盾。使商业银行在保证安全运营、保证流动性的前提下，以最小的经营成本获取最大的经济利益。

第二节　商业银行现金头寸的预测及调度

一、资金头寸及其构成

头寸是指资金、款项，具体说是商业银行在一定时期或某一时点上，能够直接、自主运用的资金。头寸既是存量（时点）指标，又是流量（时期）指标。由于商业银行的资金在工作时间是一个连续运转的过程，所以资金的额度在不断变化，每日日结之时，商业银行会把当天所发生的所有头寸进行轧差，进行统一结算。最终会通过商业银行库存现金和超额准备金账户余额的增减变化反映出来。商业银行的资金头寸按构成要素不同，可分为基础头寸和可用头寸。

（一）基础头寸及其构成

基础头寸是指商业银行的库存现金与在中央银行的超额准备金之和。基础头寸是银行最具流动性的资产，商业银行可以随时动用，用于充当银行一切资金结算的最终支付手段。不论是对客户存款的清算还是对同业或中央银行的资金清算，都是通过这部分资金进行的。在基础头寸中，库存现金和超额准备金在数量上可以互相转化，本质上没有区别。即商业银行从其在中央银行的存款准备金账户中提取现金，增加库存现金，同时减少超额准备金；相反，商业银行将库存现金存入中央银行准备金账户，就会减少库存现金而增加超额准备金。

在经营管理中这二者的运动状态有所不同：库存现金是为客户提现保持的备付金，它将在银行与客户之间流通；而在中央银行的超额准备金是为有往来的金融机构保持的清算资金，它将在金融机构之间流通。此外，这二者运用的成本、安全性也不一样。

（二）可用头寸及其构成

可用头寸也称可用现金，是指商业银行可以动用的全部资金，是商业银行扣除了法定准备金以后的所有现金资产，包括库存现金、在中央银行的超额准备金及存放同业存款。法定存款准备金的减少和其他现金资产的增加，表明可用头寸的增加；相反，法定存款准备金增加和其他现金资产的减少则意味着可用头寸的减少。可用资金是商业银行经营业务中日常所要考虑的指标。可用头寸的管理控制，对于商业银行日常管理来说非常重要。

银行的可用头寸实际上包括两个方面的内容：一是可用于应付客户提存和满足债权债务清偿需要的头寸，一般称之为支付准备金（备付金）。通常一国中央银行为了保证商业银行的支付能力，都以备付金比率的形式规定商业银行必须持有的规模。二是可贷头寸，是指商业银行在某一时期内可以用来发放贷款和进行新的投资的资金，它是形成银行盈利资产的基础。可贷头寸主要来自商业银行在中央银行的超额准备金和库存现金，但超额准备金并不等同于可贷头寸，因为超额准备金必须首先满足各项资金清算的需要，只有超过银行正常周转需要限额部分的超额准备金才是可贷头寸。银行存款和其他负债增加以及贷款的按期收回，是扩大可贷头寸的主要渠道。

知识链接 5-1

商业银行“头寸”的由来

“头寸”一词源于旧中国金融界、商业界用语，指银行、钱庄等拥有的款项。关于头寸的术语很多，当银行收大于支时（资金有余），叫做“多头寸”；当银行支大于收时（资金不足），叫做“缺头寸”。银行平衡资金收支总额的过程称为“轧平头寸”，银行款项不足，四处张罗款项的过程，称为“调头寸”或“拆头寸”。在茅盾所著《多角关系》中“东家惟恐缺了头寸，那时叫天不应，岂不是要做了第二个裕丰”；周而复《上海的早晨》中“今天厂里需要点头寸，想到银行里取一亿元。”都有关于头寸的表述。

现在头寸一般指银行等金融机构可用资金的状况。多头寸的金融机构可以拆出多余资金以生息，少头寸的金融机构可以拆入资金以补足差额，满足法定准备率要求，保证清算顺利进行。金融机构暂时不用的资金大于需求量时称“头寸松”。反之，资金需求量大于闲置量时称“头寸紧”。头寸还可以指银根，银根松也称头寸松，银根紧也称头寸紧。头寸是金融行业常用到的一个词，在金融、证券、期货交易中都经常用到。

资料来源：①吴少新，《货币金融学》，中国金融出版社 2011 年出版。

②韩祖平，《头寸》，国际文化出版公司 2010 年出版。

二、资金头寸的预测

（一）资金流动性供求及影响因素

流动性供给是指商业银行即期的资金支付能力，也就是商业银行的可用资金。包括库存现金、在中央银行的超额准备金及存放同业存款等。流动性供给一般通过以下渠道来实现：客户存款、贷款偿还、手续费及佣金收入、出售银行资产、向央行借款或再贴现、同业拆借、增资、发行金融债券等。

流动性需求是指商业银行为满足客户和往来银行清算，按照监管当局的规定必须立即兑现的流动性资产的需要。流动性需求通常来自：客户提现、到期贷款展期或对已承诺贷款履行承诺、满足新增贷款需求、偿还其他商业银行的借款、向央行缴存存款准备金、支付营业费用和税金、向股东派发现金股利等。流动性需求可以分为季节性流动性需求、长期流动性需求、周期流动性需求、临时流动性需求。

1. 季节性流动性需求

季节对银行的存贷款业务具有很重要的影响，如贷款业务中的农业贷款，通常是春季贷款需求较高，秋季贷款资金回笼较多，这便显示了很强的季节性。再如北方的房屋建设贷款，通常夏秋季节是建筑业最繁忙的时节，到了冬季，北方并不适宜开展建筑活动，所以其贷款需求就会减少。

2. 长期流动性需求

长期流动性需求受到商业银行的区位与目标客户影响。如果商业银行位于新兴城市，该地区经济发展处于相对较低的水平，各行业需要较大的资金支持，则该商业银行的贷款需求则较大，而存款吸收能力则较小。但是随着该地区经济发展到一定程度，产业升级到成熟阶段，居民收入水平提高，则该银行的存款将会增多，贷款相应会减少。

3. 周期流动性需求

经济周期的变化会引起企业投资与盈利水平的变化，进而导致居民的收入和消费水平的变化。银行存款的吸收和贷款的发放依赖于企业的投资需求和居民的收入水平，所以银行的流动性需求受到经济周期的影响。

4. 临时流动性需求

银行的发展不仅仅受到宏观经济的影响，同时也会受到一些突发事件的影响。政局、战争、其他银行的危机等都会给商业银行的流动性带来临时冲击。银行无法预测这些临时性因素的发生，只能通过储备足够的准备金或临时向市场寻求流动性来应对。

当流动性供给大于流动性需求时，称流动性正缺口，即流动性过剩；当流动性供给小于流动性需求时，称流动性负缺口，即流动性不足。流动性过剩，商业银行的资金得不到充分利用，会造成资源浪费，影响商业银行的盈利性。流动性不足，不能满足客户合理的资金需要及清算需要，便会影响商业银行信誉，甚至导致流动性危机，危及商业银行生存。流动性供求不匹配是商业银行日常经营的常态，要实现流动性供求平衡，就必须准确预测流动性需求，为资产流动性管理提供依据。影响银行流动性的因素有很多，表5－1列举了影响银行流动性变化的主要因素。

表5－1　　影响商业银行流动性的主要因素

流动性供给增加的因素（增加资金头寸）	流动性需求增加（减少资金头寸）
贷款本金和利息收回	新发放的贷款
银行的资产出售	投资金融资产
存款增加	存款减少
其他负债增加	其他负债减少
中间业务收入	各种费用和税收支出
发行新股	收购股份派发红利

（二）流动性需求的预测方法

对银行资金头寸的预测，事实上就是对银行流动性需求的预测。流动性风险管理是银行每天都要进行的日常管理。而积极的流动性风险管理首先要求银行准确地预测未来一定时期内的资金头寸需要量即流动性需求量。流动性需求的预测方法主要有以下几种。

1. 因素法

在影响银行流动性的诸多因素中，存款和贷款的变化是影响银行流动性的主要因素。

存款增加、贷款减少会减少银行的流动性需求；反之，存款提取、贷款增加则会增加流动性需求。因而影响存贷款变化的因素，也就是间接影响流动性需求变化的因素。通过对这些影响因素进行分析来预测流动性需求的方法便称为因素法。因素法要求银行在一个给定的期间内，预测出存款和贷款的规模及其变化情况，通过预期存贷款数量的变化，计算银行在这一时期的净流动性头寸，据此对流动性缺口进行调整。

影响贷款变化的因素包括预期国民经济增长率、公司的预期收益及投资需求、货币供给量的预期变化、商业银行的贷款利率、预期通货膨胀率等。

影响存款变化的主要因素是：个人收入预期增长率、社会商品零售额的预期增长率、存款利率、货币市场预期收益率及预期通货膨胀率等。通过对各种因素变动趋势的数量分析，利用各种资料和数据，银行管理者可依据以往的经验及自身对流动性的主观偏好，估计未来一段时期内存款、贷款及应缴准备金的变化情况。据此判断预测期内流动性的需要量。在一定时期内，商业银行所需资金头寸量用公式表示为：

资金头寸需要量＝预计贷款增量＋应缴存款准备金增量－预计存款增量

【例 5－1】表 5－2 显示某银行流动性需求变化情况。

表 5－2　　某银行 1－2 月流动性需求预测表　　单位：百万元

时间	存款总额预测值	存款变化预测值	所需准备金的变化	贷款总额预测值	贷款变化预测值	预计流动性过剩（＋）或不足（－）
一月上旬	1200			800		
一月中旬	1100	－100	－10	850	＋50	－140
一月下旬	1050	－50	－5	810	－40	－5
二月上旬	1120	＋70	＋7	860	＋50	＋13
二月中旬	1250	＋130	＋13	900	＋40	＋77
二月下旬	1230	－20	－2	920	＋20	－38

注：表中存款准备金按 10％计算。

表 5－2 可见，该行一月中下旬受节假日居民提款因素影响，预期存款规模会下降，加之企业贷款规模的增减变化，从而造成流动性不足；二月上中旬预期贷款需求开始回升，而预期存款增量更大，因而将形成流动性过剩；二月下旬，预期存款规模减小而贷款规模持续增加，又将造成流动性不足。

2. 资金结构法

资金结构法是通过分析存贷款的资金结构及其变化趋势，预测银行未来的流动性需求的方法。

存款是银行流动性供给的最主要来源，也是影响流动性需求的重要因素，通常存款量及其变化取决于客户的存入和支取活动，银行处于被动地位，无法控制客户的行为。但是通常来说银行可以根据历史经验和数据对客户行为进行分析，找到其内在的规律性，了解存款数量、结构和变动趋势，变被动为主动，预测流动性需求的未来变化。

我们以存款的稳定程度为标准对存款进行划分。对利率变动敏感的存款，随时可能被客户提取，这部分存款被称为游动性货币负债。近期可能被客户提取的大额存款负债，称为脆弱性负债。对于这两类存款，银行必须准备足够的流动性资金应付提现，也被称为易变性存款。对于稳定性货币负债，被提取的可能性很小，银行不必为其保留很多的准备金。这部分存款银行可以长期利用，具有很强的稳定性，构成银行的核心存款。这三种不同的存款类型，被客户提取的可能性是不同的，银行为其提取的存款准备金也会有相应的区别。为易变性存款要保留较高的存款准备金，为核心存款保留较少的存款准备金。

银行通过计算不同类型存款的总额及其需提取的准备金率，就可以计算出存款负债的流动性需求量。除存款外，银行还可能通过发行债券、借入款项等方式负债，由于这两种方式都会有相应的合同条款约定，是很容易预测出来的。所以银行总的负债需求量就可以通过下式计算出来：

负债的流动性需要量＝α×（游动性货币负债－法定准备金）＋β×（脆弱性货币负债－法定准备金）＋γ×（稳定性货币负债－法定准备金）＋δ×非存款负债

式中：α、β、γ 分别表示三种类型存款的准备金率，δ 表示非存款负债的准备金率。

银行通过预测满足合理的新增贷款需求所需要的流动性资金，得到总贷款的最大可能规模。加上上式计算出的负债流动性需要量，便是银行总的流动性需求。即：

银行总流动性需求＝存款和非存款负债的流动性需求＋贷款的流动性需求

3. 流动性指标法

流动性指标体系能够反映一家银行整体的流动性状况。银行可以通过对比分析自身的流动性指标与同行业的平均水平来估算其流动性需求量。流动性指标参见表 5－3。

表 5—3　　流动性指标体系

指　标	公　式	与流动性的关系
狭义现金指标	（库存现金＋同业存款）/总资产	＋
流动性证券比率	政府债券/总资产	＋
无风险资产比率	（库存现金＋同业存款＋政府债券）/总资产	＋
同业拆借净值率	（同业拆出－同业拆入）/总资产	＋
流动资产比率	（库存现金＋政府债券＋同业拆借净值）/总资产	＋
能力比率	（贷款净额＋租赁净额）/总资产	－
游动性货币比率	货币市场资产/货币市场负债	＋
短期投资比率	（短期同业存款＋同业拆出＋短期证券）/总资产	＋

续 表

指 标	公 式	与流动性的关系
短期投资敏感负债率	短期投资/敏感性负债	+
核心存款比率	核心存款/总资产	+
存款期限结构比率	活期存款/定期存款	—
交易性存款率	交易性存款/非交易性存款	—

注："+"表示指标越高流动性越强；"—"表示指标越低流动性越强。

表5—3所列指标中，能力比率是一个负面的流动性指标，因为贷款和租赁是银行流动性最差的资产；存款期限结构比率和交易性存款率反映银行资金的稳定性，比率越低，资金稳定性越好。

《巴塞尔资本协议Ⅲ》及其新增流动性监管指标

《巴塞尔资本协议Ⅲ》主要目的是增强对银行业的监管强度和提高银行业风险管理水平，提高银行业承受经济、金融冲击的能力、风险管理能力和公司治理水平。

《巴塞尔资本协议Ⅲ》除了提高对银行一级资本要求，增加了对商业银行逆周期资本缓冲和资本留存缓冲外，还引入了流动性覆盖率比率（LCR）和净稳定融资比率（YSPR）对银行的流动性进行监管。流动性覆盖比率的计算公式为：

流动性覆盖比率＝优质流动性资产储备/未来30日的资金净流出量≥100%

流动性覆盖比率意在确保单个银行在监管当局设定的流动性严重压力情景下，能够将变现无障碍且优质的资产保持在一个合理的水平，这些资产可以通过变现来满足其30天期限的流动性需求。一般认为，30天的缓冲期使得管理层和监管当局有足够的时间采取适当的行动，使问题得到有效处置。净稳定融资比率的计算公式为：

净稳定融资比率＝可用的稳定资金/业务所需的稳定资金＞100%

净稳定融资比率根据银行在一个年度内资产和业务的流动性特征设定可接受的最低稳定资金量，是流动性覆盖比率指标的一个补充，意在鼓励银行通过结构调整减少短期融资的期限错配，增加长期稳定资金来源，提高监管措施的有效性。可用稳定资金包括资本、期限超过1年的优先股、有效期在1年或1年以上的债务、"稳定"的无确定到期目的存款和期限小于1年但在银行出现极端压力时仍不会被取走的定期存款。此指标主要用于确保投行类产品、表外风险暴露、证券化资产及其他资产和业务的融资至少具有与它们的流动性风险状况相匹配的满足最低限额的稳定资金来源，防止银行在市场繁荣、流动性充裕时期过度依赖批发性融资，而鼓励其对表内外资产的流动性风险进行更充分的评估。

资料来源：巴塞尔银行监管委员会，《流动性风险计量标准和监测的国际框架》。

三、资金头寸的调度

商业银行的头寸调度是指在正确预测资金头寸变化趋势的基础上，及时灵活地调节头寸余缺，以保证在资金短缺时，能以最低的成本和最快的速度调入所需的资金头寸；反之，在资金头寸多余时，能及时调出头寸，并保证调出资金的收入能高于筹资成本，从而获取较高的收益。商业银行现金资产管理的目的就是要在确保满足银行流动性需要的前提下，尽可能地降低现金资产占总资产的比重，使现金资产达到最适度的规模。现金资产管理具体做法就是资金头寸调度，头寸调度包括调进和调出两个方面，无论是哪一方面，都需要有相应的渠道和方式。商业银行头寸调度的主要有以下几种方式。

（一）同业拆借

商业银行灵活调度头寸的最主要方式是同业拆借。任何一家经营有方的银行都应当建立起广泛的短期资金融通网络，在本行出现资金头寸短缺时及时的拆入资金，满足需求；而当本行出现资金头寸多余时能及时将多余资金拆放出去，以获得收益。

（二）短期证券回购及商业票据交易

短期证券和商业票据是商业银行的二级储备，对此类资产交易也是商业银行资金头寸调度的重要方式。当商业银行出现资金头寸不足时，可以在市场上通过出售证券做正回购的方式补足头寸；而当本行出现资金头寸多余时，可以在市场上通过买入证券做逆回购，将资金调出以获利。

（三）从中央银行融通资金

中央银行是金融体系的最后贷款人。当商业银行经营过程中出现暂时性资金头寸不足时，可以通过再贷款、再贴现的方式从中央银行融资，来满足头寸需求。但是由于中央银行再贷款和再贴现是货币政策的操作手段，商业银行能否获得于中央银行的贷款，在很大程度上取决于宏观经济状况和货币政策的需要。当中央银行意欲治理通货膨胀，实施紧缩的货币政策时，从中央银行融资就比较困难。

（四）商业银行系统内资金调度

商业银行实行的是一级法人体制，为了加强银行内资金调度能力，各商业银行内都实行二级准备制度。这样各级银行在日常经营活动中，如果出现头寸不足或剩余，可以在系统内进行资金调度来调节余缺。如当某个分支行头寸不足时，可以向上级行要求调入资金；而当分支行头寸多余时，可以上存资金。

（五）出售其他资产

当商业银行通过以上渠道或方式仍不能满足头寸调度的需要时，还可以通过出售中长期证券、贷款甚至固定资产来获得资金头寸。通常情况下，中长期证券和贷款是商业银行主要盈利资产，固定资产是商业银行经营的基本条件，如果仅仅从资金调度的角度讲，只要银行可以从其他渠道获得所需资金，一般不出售这些资产。如果商业银行通过上述几种方式仍难以以满足资金头寸需要时，也可以通过出售中长期证券、贷款甚至固定资产来融入资金。

第三节　商业银行现金资产的管理

一、商业银行现金资产管理的原则

商业银行现金资产管理的目的就是着力于流动性需求的预测与满足，解决盈利性与安全性之间的矛盾。在具体操作中，应当坚持如下基本原则。

（一）适度存量控制原则

按照最优存量管理理论，微观个体应使其非营利性资产保持在最低的水平上，以保证利润最大化目标的实现。就商业银行的现金资产而言，其存量的大小将直接影响其营利能力。存量过大，银行付出的机会成本就会增加，从而影响银行营利性目标的实现；存量过小，客户的流动性需求得不到满足，会导致流动性风险增加，直接威胁银行经营的安全。因此，将现金存量控制在适度的规模上是现金资产管理的首要目标。除总量控制外，合理安排现金资产存量结构也具有非常重要的意义。银行现金资产由库存现金、托收中的的现金、存放同业存款和在中央银行的存款四类资产组成。这四类资产从功能和作用上来看又各自具有不同特点，其结构合理有利于存量最优。因此，在存量适度控制的同时也要注意其结构的内在合理性。

（二）适时流量调节原则

商业银行的资金始终处于动态流动过程之中。随着银行各项业务的进行，银行的经营资金不断流进流出，最初的存量适度状态就会被新的不适度状态所替代。银行必须根据业务过程中现金流量的变化情况，适时地调节现金资产流量，以确保现金资产的规模适度。具体来讲，当一定时期内现金资产流入大于流出时，银行的现金资产存量就会上升，此时需及时调度资金头寸，将多余的资金头寸运用出去；当一定时期内现金资产流入小于流出时，银行的现金资产存量就会减少，银行应及时筹措资金补足头寸。因此，适时灵活地调节现金资产流量是银行管理者所必须面对的日常工作，也是银行维持适度现金资产存量的必要保障。

（三）确保现金安全原则

库存现金是银行现金资产中的重要组成部分，用于银行日常营业支付之用，是现金资产中唯一以现钞形态存在的资产。因此，对库存现金的管理应强调安全性原则。库存现金的风险主要来自于被盗、被抢或自然灾害的损失。同时，工作人员的操作失误，如清点、包装差错，或者是工作人员恶意挪用、贪污等都会带来风险。银行在进行库存现金管理过程中，必须健全安全保卫制度，全面提高工作人员职业道德和业务素质，确保资金安全。

二、商业银行现金资产管理

（一）库存现金的管理

库存现金是商业银行的非盈利资产，库存现金越多，银行流动性越强，盈利性越差。

为了保证在必要的流动性前提下，实现更多的盈利，就需要把库存现金压缩到最低程度。为此，银行必须在分析影响库存现金数量变动的因素的基础上，准确测算库存现金需要量，及时调节库存现金的存量，同时，加强各项管理措施，确保库存现金的安全。

1. 影响商业银行库存现金变动的因素

影响商业银行库存现金变动的因素主要有：①银行现金收支规律。银行现金收支在数量和时间上都有一定的规律性。比如，受季节性因素影响，当农产品集中收购时提现量会有所增加；每逢月初薪酬支付及节假日也会使提现额度增加；对公业务上午现金支出量大，下午现金存入量大等。②营业网点及ATM机的设置数量。银行每一个营业网点都需要有一定的铺底现金，每一台ATM机都必须保证现钞的供给，因此，网点及ATM机越多，所需的现金越多，两者数量呈正相关。③现金押运的条件及向央行发行库缴存或提现的便利程度。如果现金运送条件较好，路况、车辆、保安都有保障，如果向央行发行库缴存或从央行发行库提取现金，在距离、时间方面都很便利，商业银行就可以尽量压缩库存现金规模。

2. 商业银行库存现金管理措施

(1) 把握现金收支规律，准确预测现金需求。在日常管理中，商业银行应根据历史统计资料、结合经营环境变化，准确分析和预测现金需求量，特别是要注意随季节变化、月初月末、工作日节假日的变化而及时调度现金量，特别要把握大额现金收入与支出所发生的时间。当现金收入大于现金支出时，过多的现金应及时缴存中央银行准备金存款账户，用于满足其他支付的需要，或用于增加盈利性资产；反之，在库存现金短缺时，应及时向中央银行提取现金以补足头寸。

(2) 落实内控制度，保证现金安全。诸多的银行库存现金损失案例说明，并非管理制度缺失，往往是执行不力，落实不到位。

(二) 法定存款准备金的管理

法定存款准备金是商业银行按照法定比率向中央银行缴存的存款准备金。存款准备金占其存款余额的比例就是存款准备金率。商业银行法定存款准备金的管理就是在准确统计汇总存款余额的基础上，保证存款准备金账户中的准备金符合中央银行规定的存款准备金率。

1. 决定法定存款准备金的因素

法定存款准备金的多少取决于法定存款准备金率和存款余额这两个因素。

(1) 法定存款准备金率是由各国或地区中央银行根据宏观经济发展状况制定的，具有强制性，金融机构必须遵照执行。在国际上，各国中央银行会根据本国或本地区经济发展状况制定差别化存款准备金率。例如，按不同存款期限差异，分别规定不同的法定存款准备金率，对流动性比较强的交易性存款规定较高的存款准备金率；反之，对流动性比较差的非交易性存款规定较低的存款准备金率。又如按金融机构风险程度，分别规定不同的法定存款准备金率。金融机构的存款准备金率与其资本充足率、资产质量等指标挂钩，资本充足率低、资产质量差的金融机构执行较高的存款准备金率；反之，金融机构资本充足率越高、不良贷款比率越低，规定的存款准备金率就越低。还有的按金融机构规模大小不同，分别规定不同的法定存款准备金率。我国目前对金融机构实行的就是这种差别存款准备金率制度。出于宏观调控的需要，对大型金融机构实行较高的存款准备金率，以控制其信贷规模和信用创造能力，而对中小型金融机构实行相对较低的存款准备金率，以利于中小企业融资。实行差别存款准备金率制度的目的是控制金融风险，控制金融机构的信贷扩张，实现宏观调控目标。

(2) 存款余额是一个随时变化的动态指标，规模变动主要取决于客户的存取行为。商业银行的存款又分为财政性存款和一般性存款。财政性存款是商业银行代办的中央预算收入、地方金库存款和代理发行国债款项。因其属于中央银行的资金来源，因此要百分之百的缴存。一般性存款包括企业存款、储蓄存款、农村存款、部队存款、基建单位存款、机关团体存款、财政预算外存款、委托存款轧减委托贷款等。一般性存款必须按央行规定的存款准备率缴存存款准备金。

2. 法定存款准备金的缴存和管理

商业银行法定存款准备金的管理就是在准确统计汇总存款余额的基础上，正确计算和缴存法定存款准备金，保证存款准备金账户中的准备金符合中央银行规定的存款准备金率。以我国现行制度为例，中国人民银行对商业银行的准备金存款实行柜面审核：对各金融机构法定存款准备金按旬考核；金融机构法人于旬后五日汇总报送上旬末一般存款余额表交人民银行审核；当旬第五日至下旬第四日每日营业终了时，各行按统一法人存入的准备金存款余额与上旬末该行全行一般存款余额之比，不低于法定存款准备率；准备金由法人行统一存入其总部所在地的人民银行总行（或分行）；金融机构法人存款账户日终、旬后五日未按规定存入的准备金或未及时报送上旬末一般存款余额表。商业银行各基层行要及时编制《一般存款科目余额表》《日计表》，报上级行，并按规定计算和汇划准备金。商业银行总行要及时汇总并报送人民银行，并按规定时间和比率计算和缴存准备金。

(三) 超额存款准备金的管理

超额存款准备金是商业银行在中央银行的准备金账户中超过法定准备金要求的那部分存款资金。与法定准备金不同，超额存款准备金是银行的可用头寸，商业银行可以用来从事支取、清算、投资、贷款等业务活动。

1. 影响超额准备金变动的因素

(1) 存款的波动。超额准备金的流入流出与存款波动有着很大的关联。例如，商业银行的储蓄存款增加，银行将这部分资金缴存中央银行，导致超额存款准备金的增加，反之储蓄存款的提取，导致超额存款准备金的减少。如果在某一段时间，商业银行出现大规模的存款提取，而银行又无相应的超额存款准备金，则银行将会面临流动性不足，不得不通过资产出售和其他负债方式补足流动性，造成商业银行经营成本的增加。所以商业银行超额准备金的需要量与预期的存款流出量具有正相关关系。银行可以通过预测不同情况下存款的流出量及其相应的概率，来进行由于存款波动引起的超额存款准备金需求的变化。

(2) 贷款的发放与回收。贷款的发放与回收，主要取决于借款人的开户行与贷款银行

的关系。如果借款人是在贷款银行开户的，且贷款后并没有立即对外支付，贷款银行的超额存款准备金将不会发生变化；如果借款人是在他行开户的，或者虽然是在贷款行开户，但是贷款发放后立即支付给他行，则贷款银行的超额存款准备金将减少。如果在他行开户的借款人归还贷款，则贷款银行的超额准备金会增加；在贷款银行开户的企业归还贷款则不会影响贷款银行超额准备金的规模。

(3) 法定存款准备率的调整。在一定期间内，商业银行在中央银行的存款规模一定的情况下，法定准备金与超额准备金是此消彼长的关系，如果在此期间，中央银行提高法定准备金率，商业银行的超额准备金会减少；如央行降低法定准备金率要求，则超额准备金会增加。

(4) 其他影响因素。如向中央借款，商业银行向中央银行借款和还款的规模对比，导致超额准备金的增加或减少。在一定的期间，当借款额大于还款额时，超额准备金增加；当借款额小于还款额时，超额准备金减少。又如，同业往来，商业银行之间的同业往来若是通过中央银行来支付清算，则同业应付及应收头寸会影响超额准备金规模。如果在某一时期，在同业往来中，某商业银行的同业往来是应付头寸，则说明该行的拆入资金大于拆出资金，需要进行对外支付，此时超额准备金减少；反之，若是应收头寸，则超额准备金会增加。

2. 商业银行超额准备金的管理

超额准备金是无利或微利的资产，西方大多数国家的中央银行都以法定的形式对商业银行的准备金存款支付很少的利息或不予付息，使之成为商业银行的一种机会成本，又被称为“准备金收入税”。例如美国、日本、德国等不支付存款准备金利息，荷兰、意大利等国虽支付利息，但利率都低于市场利率。我国的中央银行对商业银行的准备金是支付利息的。目前，我国法定存款准备金利率为1.62%，超额存款准备金利率为0.72%。总体上看，存款准备金利率的水平高于西方国家。从降低机会成本角度商业银行应较少保有超额准备金，但如果因超额准备金不足而迫使银行以更高的成本在货币市场借入资金满足需求，则得不偿失。因此商业银行需要在两种成本之间权衡，在对超额准备金需求量预测的基础上进行头寸调度，以保持超额准备金的适度规模。商业银行可以通过同业拆借、中央银行借款、资产出售等方式对超额准备金头寸进行调节。

(四) 同业存款的管理

同业存款是指商业银行在其他金融机构存放的一定数量的活期存款。同业存款可以弥补网点覆盖面不足的缺陷，通过同业协作进行相应业务的办理，构成商业银行之间的委托代理关系。由于同业存款可以随时支取，流动性较强，所以构成商业银行现金资产的重要组成部分。

同业存款管理也需遵循适度规模原则，同业存款虽然可以获得一定的利息收入，但相对于其他投资来说是微乎其微的。同业存款过多，机会成本就会相应增加；而同业存款过少，则会影响银行之间委托代理业务的开展，影响本行在业内的声誉，不利于银行之间的协作。所以商业银行需要对同业存款需要量进行准确预测。商业银行同业存款需要量的测算主要考虑以下三方面因素：①代理行的服务数量和规模。同业存款的目的就是同业之间的协作，所以代理行服务数量和规模与同业存款需要量成正比关系。②代理行的收费标准。在银行之间进行委托代理业务时，代理行通常会向委托行收取一定数量的手续费。所以代理行的收费标准也会对同业存款需要量产生影响，收费标准越高，同业存款需要量越大。③可投资余额的盈利率。这里的可投资余额指的是同业存款的可投资余额。银行的同业存放款是可以获取一定的利息收入的，银行通过同业存款的存放收益来弥补其需要支付的代理业务成本。所以同业存款中可投资余额盈利情况对同业存款需要量产生直接影响。通常同业存款盈利率与同业存款需要量成反比关系。

华盛顿互惠银行因流动性不足倒闭案

华盛顿互惠银行（Washington Mutual），也译为华盛顿互助银行，创建于 1889 年，总部设在华盛顿州，主要从事地方性借贷业务，规模一直不大。到 20 世纪 90 年代，在 CEO 凯里·基林格的领导下，华盛顿互惠银行进行了大规模的并购，规模获得了迅速拓展。从 1996 年到 2002 年 6 年间，由于收购了大量的按揭贷款公司，华盛顿互惠银行成为全美第三大居民住房抵押服务供应商。在基林格主政期间，华盛顿互惠银行采取“银行中的沃尔玛”的低成本经营模式，同时将客户定位于中低收入者，专注于提高客户体验，其业绩取得快速的增长，华盛顿互惠模式、华盛顿互惠品牌一时有口皆碑。

然而，由于介入按揭贷款市场过深，华盛顿互惠银行在次贷危机中损失惨重。和贝尔斯登等其他大金融机构的破产进程相似，次贷危机爆发后，华盛顿互惠银行也相继经历了资产严重缩水、评级下调、CEO 辞职、股价暴跌、挤兑等一系列事件。

由于次级贷款带来的损失，华盛顿互惠银行市值在 12 个月的时间里跌掉 95%，被美国证券交易委员会列入禁止卖空清单。2008 年 9 月，由于抵押证券市场的严重恶化，穆迪和标准普尔等评级机构把华盛顿互惠银行的债务等级下调为“垃圾级”。2008 年 9 月 17 日，华盛顿互惠银行聘请高盛和摩根士丹利与可能的买家接洽，储户意识到其经营困境，随即引发了挤兑，从该行提走 167 亿美元，约占其存款总额的 9%。2008 年 9 月 25 日晚美国联邦存款保险公司（FDIC）宣布华盛顿互惠银行流动性资金不足，资不抵债，处于不健康状态，立即停业，由摩根大通收购华盛顿互惠银行。这家有着 190 年历史的银行宣告倒闭。摩根大通以 19 亿美元收购了华盛顿互惠银行的存款业务、分支机构以及其他业务。而华盛顿互惠银行资产曾经价值 3000 亿美元、存款业务价值 1800 多亿美元。

流动性对商业银行的生存尤为重要，一旦商业银行出现流动性困境，即使是暂时的，也会给市场发出信号，造成挤兑，使其陷入更严重的经营危机。虽然次贷危机是华盛顿互惠银行倒闭的直接原因，但是流动性管理不善却是其在次贷危机中不堪一击的根本原因。

华盛顿互惠银行总资产中次级贷款份额十分巨大，没有合理地配置和分散风险，致使

其资产巨额损失，资不抵债，陷入流动性危机。

资料来源：①《华盛顿互惠银行千亿资产蒸发成美最大银行倒闭案》，中新网 http：//www.chinanews.com//news/2008/09-27/。

②宋玮，《商业银行管理》，清华大学出版社 2012 年出版。

本章小结

1. 现金资产是银行持有的库存现金以及与现金等同的可随时用于支付的银行资产。现金资产是商业银行所有资产中，流动性最强的资产。包括：库存现金、存款准备金、同业存款即托收中现金。

2. 现金资产管理的意义就是要在确保满足银行流动性需要的前提下，尽可能地降低现金资产占总资产的比重，使现金资产达到最适度的规模。即在保有现金资产机会成本和现金资产不足的成本之间做出权衡选择，解决盈利性与安全性之间的矛盾。

3. 头寸是指资金、款项，具体说是商业银行在一定时期或某一时点上，能够直接、自主运用的资金。可分为基础头寸和可用头寸。商业银行资金头寸调度的方式包括：同业拆借、向中央银行借款、短期证券回购和商业票据交易、系统内调剂、出售其他资产。

4. 流动性需求是指商业银行为满足客户和往来银行清算，按照监管当局的规定必须立即兑现的流动性资产的需要。流动性需求通常来自：客户提现、到期贷款展期或对已承诺贷款履行承诺、满足新增贷款需求、偿还其他商业银行的借款、向央行缴存存款准备金、支付营业费用和税金；向股东派发现金股利等。流动性需求的预测方法有：因素法、资金结构法和流动性指标法。

5. 商业银行现金资产管理的原则是适度存量控制、适时流量调节、确保现金安全。对各种现金资产的管理就是要在分析决定和影响其变动因素的基础上，准确预测需求量，并据此进行资金调度。

复习参考题

1. 名词解释。

现金资产　库存现金　法定存款准备金　超额存款准备金　同业存款　头寸　流动性供给　流动性需求

2. 简述商业银行的现金资产的内容。说明现金资产管理的重要性。

3. 商业银行资金头寸调度通常有哪些方式？

4. 商业银行如何预测流动性需求？

5. 商业银行如何计算和缴存法定存款准备金？影响超额存款准备金的因素有哪些？

6. 用你所学的理论和方法对一家商业银行的流动性进行分析和预测。

第六章　商业银行贷款业务

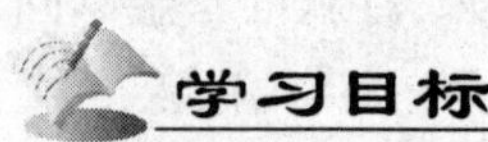

学习目标

贷款业务是商业银行的传统核心业务，是商业银行最主要的盈利性资产，也是商业银行经营管理的重点。

1. 知识目标

※掌握商业银行贷款业务的概念、种类；

※掌握商业银行贷款的程序；

※掌握商业银行贷款的定价的原则、影响因素和方法；

※掌握商业银行贷款分类的含义、程序和分类标准；

※掌握商业银行贷款的信用分析、财务分析、非财务分析和现金流量分析。

2. 能力目标

※商业银行贷款业务的核心是对借款人的还款能力的分析评价，在知识目标中我们要求对财务、非财务和现金流量分析方法的全面掌握。但在贷款实务中这些方法从来不是割裂的，在教学中，教师可以充分利用金融实验室或在实践中收集的案例，指导学生运用这些手段对借款人进行分析评价，或对已经发放的贷款予以分类，突出综合运用。

案例导入6—1

下文是中央财经大学研究员刘姝威2001年11月26日，在《金融内参》上，以“应立即停止对蓝田股份发放贷款”为标题，发表的一篇质疑蓝田神话的文章，这篇不到600字的文章，引发了轰动全国的“蓝天事件”。事件虽然已经过去了多年，但其反映出的问题仍是一个具有借鉴意义的典型案例。阅读并思考。

“应立即停止对蓝田股份发放贷款”

2001年9月，刘姝威着手写一本名为《上市公司虚假会计报表识别技术》的书，以蓝田股份作案例分析时，偶然发现蓝田股份的会计报表竟然是虚假的。出于一个学者的良知和责任，她以“应立即停止对蓝田股份发放贷款”为标题，在《金融内参》上发表了一篇质疑蓝田神话的文章。

在这篇600字的文章中，刘姝威指出：蓝田股份已经成为一个空壳，建议银行尽快收

回蓝田股份的贷款。刘姝威的结论是：蓝田已经没有创造现金流量的能力了，它完全是在依靠银行的贷款在维持生存，这是非常危险的。对蓝田危险，对银行更危险。

接下来，刘姝威意想不到的事情发生了。蓝田股份的负责人带着这份只有少数人才有资格看的机密文章找上门，要求她“公开道歉、消除影响、否则后果自负”；湖北洪湖人民法院通知她，“由于侵害蓝田公司名誉，她被告上法庭”。

作为一名学者，刘姝威认为，应敢于坚持真理，讲真话，应对国家和百姓负责。于是她将自己对蓝田股份的研究全文公布于天下，让众人评说。她对蓝田股份虚假报表的结论是用通用的方法推算出来的。因此，文章“蓝田之谜”发表后，媒体和公众对刘姝威进行了声援。

2002 年 1 月，因涉嫌提供虚假财务信息，蓝田股份公司 10 名中高层管理人员被公安机关拘传接受调查；真理的天平倾向了无畏者刘姝威这边。以一篇不到 600 字的文章戳穿了蓝田神话的刘姝威，只是一个普通的知识女性，但她坚守自己的职业操守，敢于讲真话，在她的身上，体现了一个学者的良知和社会责任感。

事后调查结果表明，向蓝田提供贷款的银行包括工、农、中、建、民生、交通、中信、浦发等中国各主要大商业银行，贷款总规模达 30 多亿元人民币，仅在工、农、中、建四大国有商业银行的贷款就高达约 23 亿元人民币，其中，中国工商银行 10 亿元人民币以上，中国农业银行 9 亿多元人民币。在给蓝天股份贷款的一些银行或金融机构面对贷款管理中的漏洞，采取“不报案”“不深究”以及“合法规避责任”的手法予以掩盖。这些手段背后，往往隐藏着涉案者自身的金融腐败和小团体私欲。直至“黑洞”无法回避，最后才向人民法院提起诉讼，但此时贷款已经石沉大海，无望收回。

资料来源：综合当时新华社《经济参考报》、2002 年中央电视台《感动中国》相关报道编写。

请思考：

1. 蓝天股份的财务造假实际上并不高明，为什么可以得到如此巨额的贷款？

2. 蓝田股份之所以能够获得如此大笔的贷款，与银行工作人员为私利而违规放款不无密切联系，这些银行在贷款管理上有哪些漏洞？

第一节　商业银行贷款业务概述

一、贷款的概念与分类

（一）贷款的概念

贷款是商业银行最基本、最主要的资产业务，是商业银行获取利润的主要来源，也是一项风险性较大的资产。贷款业务的成败将对商业银行的发展乃至整个社会经济产生重要影响，因此，商业银行必须加强贷款业务的管理。

我国《贷款通则》对相关概念的界定是：贷款系指经国务院银行业监督管理机构批准的金融机构，以社会公众为服务对象，以还本付息为条件，出借的货币资金。通则所称贷款人，系指经国务院银行业监督管理机构批准在中华人民共和国境内依法设立并具有经营贷款业务资格的金融机构，通则所称借款人，系指与贷款人建立贷款法律关系的法人、其他组织或自然人，通则中的贷款币种包括人民币和外币。

银行贷款是商业银行或其他信用机构（即贷款人）按照一定的贷款原则和政策，以还本付息为条件，将一定数量的货币资金使用权转让给资金需求者（借款人）使用的信用活动，也是一种借贷行为。这种借贷行为由贷款的对象、条件、用途、期限、利率和方式等因素构成。

商业银行贷款业务作为最重要的资金运用业务，其意义主要体现在以下两个方面：发放贷款是商业银行最主要的经济功能，对于大多数银行来说，贷款活动是其核心业务，占银行总资产的50%以上，贷款也是银行收益的主要源泉，我国大部分商业银行的存贷差收入占总收入的比重高达80%以上；对商业银行而言，贷款业务也是其经营风险的重要所在，加强贷款业务的管理是商业银行风险控制的重中之重。

（二）贷款的分类

商业银行贷款可按以下不同方式进行分类。

1. 按贷款期限分类

（1）短期贷款。是指贷款期限在1年以内（含1年）的贷款，多数用于流动资金贷款，其利率较其他种类贷款为高。

（2）中期贷款。是指贷款期限在1年以上（不含1年）5年以下（含5年）的贷款，多数用于固定资产投资和重大设备改造，其利率比短期贷款为低。

（3）长期贷款。是指贷款期限在5年以上（不含5年）的贷款，主要用于大型工程、重点工程、对外援助等项目的投资，其利率在3种期限的贷款中最低。

2. 按贷款的保障条件分类

（1）信用贷款。是指单凭借款人的信誉，而不需提供任何抵押品的贷款。这种放款可使借款人在不提供任何有价物的情况下取得贷款，获得追加资本。由于信用贷款只凭借款人的信誉，银行对借款人必须熟悉，并充分了解借款人的偿还能力和信誉程度。这种贷款的利率较高，并且附加一定的条件。例如，要求借款人提供企业资产负债表，并说明经营情况和借款用途等，银行可以通过这种放款加强对企业的监督和控制。

（2）担保贷款。是指借款人提供保证、抵押或质押担保的贷款，其中保证贷款是指以第三人承诺当借款人不能偿还贷款时，按约定承担一般的保证责任或连带责任而发放的贷款；抵押贷款是以借款人或第三人的财产作为抵押物而发放的贷款；质押贷款是指以借款人或第三人的财产或权力作为质物担保发放的贷款。

（3）票据贴现。是以贷款人购买借款人未到期的商业票据的方式发放的贷款。票据贴现是指贷款人接受借款人的票据贴现申请，在扣除该票据自贴现之日至期满之日的利息差后，将票据记载的金额作余额交付申请人的一种特殊的信贷活动，如果该票据在期满时不

能兑现，贴现人（贷款方）享有对贴现人和票据上记载的任何其他人进行追索的权利。

3. 按贷款的风险程度分类

按贷款的风险程度，可分为：正常贷款，关注贷款，次级贷款，可疑贷款，损失贷款。

除以上划分方法外，商业银行贷款业务还可根据其他标准进行划分。如按偿还方式不同，可分为活期贷款、定期贷款和透支；按贷款用途或对象不同，可分为工商业贷款、农业贷款、消费者贷款、有价证券经纪人贷款等；按贷款金额大小不同，可分为批发贷款和零售贷款；按利率约定方式不同，可分为固定利率贷款和浮动利率贷款等。

二、贷款的原则

贷款的贷款业务应当遵守下列原则。

（一）合法原则

金融机构经营贷款业务，应当遵守法律、行政法规和中央银行的行政规章。任何不符合国家法律法规和中央银行行政规章的，都必须禁止。

（二）自主经营原则

金融机构有权根据自身信贷资金的营运状况、贷款项目的盈利前景、借款人的资信情况和偿还能力等，依法自主决定贷与不贷、贷多贷少。

（三）效益性、安全性、流动性原则

金融机构发放贷款应在法律允许的范围内，努力追求自身经济效益的最大化，并充分考虑社会效益。金融机构发放贷款应严格审查，加强管理，积极运用法律手段，确保贷款债权的安全，预防和控制贷款风险，避免发生贷款损失。金融机构经营贷款业务，应按照资产负债比例管理的有关规定，控制中长期贷款的比重，加强资产的流动性管理。

（四）平等、自愿、公平、诚信原则

该项原则是金融机构在贷款业务中，处理与借款人及其他有关当事人（如保证人、抵押人、出质人）关系的基本准则。当事人因借贷、担保而发生的法律关系，本质上是平等主体之间的民事法律关系。

（五）公平竞争原则

此项原则是金融机构在开展贷款业务时，处理与同业之间关系的基本准则。应当公平竞争，相互协作，不得从事不正当竞争。在贷款业务上的不正当竞争，主要表现为违反规定擅自提高或降低贷款利率，或者变相提高或降低贷款利率。

三、贷款程序

商业银行对于任何一笔贷款，都必须遵循以下工作程序。

（一）贷款申请

凡符合借款条件的借款人，在银行开立结算账户，与银行建立信贷关系之后，如果出现资金需要，都可以向银行申请贷款。借款人申请贷款必须填写《借款申请书》。《借款申

请书》的基本内容包括：借款人名称、性质、经营范围，申请贷款的种类、期限、金额、方式、用途、用款计划，还本付息计划以及有关的经济技术指标等。

（二）贷款调查

银行在接到借款人的借款申请后，应指派专人进行调查。调查的内容主要有两个方面：一是关于借款申请书内容的调查，主要审查其内容填写是否齐全、数字是否真实、印鉴是否与预留银行印鉴相符、申请贷款的用途是否真实合理等。二是贷款可行性的调查，主要包括：借款人的品行，借款的合法性，借款的安全性，借款的盈利性。

（三）对借款人的信用评估

银行在对借款人的贷款申请进行深入细致的调查研究的基础上，还要利用掌握的资料对借款人进行信用评估，划分信用等级。信用评估可以由贷款银行独立进行，评估结果由银行内部掌握使用，也可以由中国人民银行认可的有资格的专门信用评估机构对借款人进行统一评估，评估结果供各家银行使用。

（四）贷款审批

对经过审查评估符合贷款条件的借款申请，银行应当及时进行审批。银行要按照“分级负责、集体审定、一人审批”的贷款审批制度进行贷款决策，逐笔逐级签署审批意见并办理审批手续。为了保证贷款决策科学化，凡有条件的银行都应当建立贷款审查委员会，进行集体决策。审查该项贷款对整个社会经济发展或地区经济发展是否有利，贷款的利益，借款人的资信能力，合法代理人，放款规模等。

（五）借款合同的签订和担保

借款申请经审查批准后，必须按《经济合同法》和《借款合同条例》，由银行与借款人签订借款合同。对于保证贷款，保证人须向银行出具“不可撤销担保书”或由银行与保证人签订“保证合同”；对于抵押贷款和质押贷款，银行须与借款人签订抵押合同或质押合同。需办理公证或登记的，还应依法办理公证和登记手续。

若银行信贷部门对借款人和贷款项目本身审查合格，则依双方协商内容最终将订立法律文本，以明确各自的权利和义务，该合同书也将是未来有关纠纷和贷款具体执行的法律依据。

（六）贷款发放

借款合同生效后，银行应按合同规定的条款发放贷款。在发放贷款时，借款人应先填好借款借据，经银行经办人员审核无误，并由信贷部门负责人或主管行长签字盖章，送银行会计部门，将贷款足额划入借款人账户，或者是按信贷合同规定分期分批将贷款划入借款人账户。

（七）贷款检查

贷款发放以后，银行要对借款人执行借款合同的情况即借款人的资信状况进行跟踪调查和检查，做好贷款检查工作。

检查的主要内容包括：借款人是否按合同规定的用途使用贷款；借款人资产负债结构的变化情况；借款人还款能力即还款资金来源的落实情况、抵押品足额、信贷档案是否齐

全等，对出现延期偿还和无力清偿状况的，银行要及时采取可行措施，如借款人降低资信的评价预警和利息惩罚等。对违反国家有关法律法规、政策、制度和借款合同规定使用贷款的，检查人员应及时予以制止并提出处理意见。对问题突出、性质严重的，要及时上报主管领导甚至上级银行采取紧急措施，以尽量减少贷款的风险损失。

（八）贷款收回

贷款到期后，借款人应主动及时归还贷款本息，一般可由借款人开出结算凭证归还本息，也可由银行直接从借款人账户中扣收贷款本息。贷款到期，由于客观情况发生变化，借款人经过努力仍不能还清贷款的，短期贷款必须在到期日的10天前、中长期贷款在到期日的1个月前，向银行提出贷款展期申请。如果银行同意展期，应办理展期手续。一般来说，每笔贷款只能展期一次，短期贷款展期不得超过原贷款期限；中长期贷款展期不得超过原贷款期限的一半，且最长不得超过3年。贷款展期后，如展期期限加上原贷款期限达到新的档次利率期限，则按新期限档次利率计息。如果银行不同意展期，或展期以后仍不能到期还款，即列为逾期贷款，银行对其应进行专户管理，并加大催收力度。

知识链接6－1

商业银行的贷款政策

制定贷款政策的重要性在于为银行管理部门和业务部门提供适当的信用标准，使之遵守各项法规，保证贷款决策的一致性，向客户和公众披露银行现行信贷策略的有关信息等，最终控制和调整银行贷款的规模和结构，实现经营目标。

制定适宜的贷款政策，银行需权衡以下因素：①银行的战略目标，以及贷款政策如何有助于实现这些目标。②放款的三大原则，安全性、流动性和盈利性是最基本的因素。③资本状况，资本的规模与存款的关系影响着银行能够承担风险的程度，自有资本占资产总额比例较大的银行，才能承做期限较长、风险较大的放款。④货币政策和财政政策，某一时期的货币政策和财政政策的紧缩与放松，直接影响到银行放款利率的高低，必然对银行的信贷规模起到抑制或促进作用。⑤存款的稳定性，存款是放款的基础，存款量的变化直接影响放款的规模。⑥服务地区的经济条件，稳定的经济环境要比受季节性、周期性波动影响的经济环境更利于银行采取积极和宽松的信贷方针。

根据以上条件，一个商业银行制定的贷款政策应涵盖以下方面。

（1）有关借款和借款人说明。没有完整和准确的信息，就不能作出正确的贷款决策。书面贷款政策应该列出估计借款者及时归还贷款的意愿和能力所需的文件。完整的贷款记录应包括以下项目：借款者个人品格、借款用途等，核心档案还应收藏与借款者的通信、电话会谈记录、现场走访的详细报告和有关借款者的广告与报刊剪辑。为容纳与日俱增的记录卷册和解决有关文件处理问题，许多银行已经或正在转向记录档案电子计算机化。

（2）贷款种类。贷款政策应当包括关于适当与不适当贷款的简要说明，应该拒绝不适当贷款，这些贷款通常带有某些投机因素。商业银行应当对贷款类别进行定期检查，为贷款的分类受经济周期变动影响较大。

(3) 合格的抵押品。贷款政策应规定可充作抵押的各种抵押品及其额度。

(4) 对贷款集中化的限制。稳健的银行经营实践要求贷款政策对贷款种类、行为和地域的集中化方面做出某些限制，以减少整个资金运用的风险。

(5) 信贷额度。正式贷款政策应区分信贷最高限额、指导性限额（或内部掌握限额）、贷款承担额和循环贷款协议之间的关系、需集体磋商的例外情况。具有同等能力的信贷主管人员，面临一系列相同的环境，可能会做出不同的信贷决策。贷款政策文件不可能为处理所有此类问题都订立规则，但它应该包括某些一般性准则。遇到这种情况通常的做法是，同有关部门磋商后才做决定，这些例外的情况包括：对原来没有往来关系客户的贷款；收购、兼并贷款；对新业务的贷款；本区域外贷款；以价格跌落、不适销或不上市的股票作抵押的贷款等。

四、贷款管理的基本制度

贷款的内部控制贯穿于贷款业务发生的整个过程，商业银行通过建立和健全银行内部贷款管理制度，来防范贷款风险的发生。

(一) 信贷管理责任制度

为了强化贷款管理过程中每个岗位、每个部门及每个管理人员的工作责任心，银行在实行审贷分离的基础上，还应按照权责对应原则，建立信贷管理责任制度，使责权利相对应。

信贷管理责任制就是在信贷业务经营、管理、决策过程中建立的责任制度体系。它有利于形成相互制约、责任分明的合理机制，促进信贷管理的科学性，有效防范和化解信贷风险。

信贷管理责任制度具体内容包括：信贷管理责任人制度；信贷管理全程问责制度；离职审计制度。

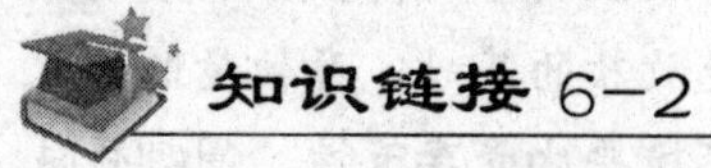

首席风险官与商业银行首席风险官

首席风险官（Chief Risk Officer，CRO），CEO 所代表的职位许多人已经耳熟能详，在发达国家 CRO 已与 CEO 一样有名，十几年来，这个职位随着企业风险管理意识的加强，已逐渐变得热门。全球第一个 CRO 诞生于 1993 年，目前，80%以上的世界性金融机构已设定了 CRO 工作职位。

首席风险官的主要职责是：负责拟定集团风险管理战略、规划，提出风险管理的政策和程序；监督风险管理政策和程序的实施、建立风险管理评价标准和组织；组织落实风险

管理与内控体系建设相关措施，组织对风险总监的考核和风险管理队伍建设；评估集团外部环境，以及企业宏观的风险；就企业环境、战略、运营过程中所存在的风险提出建议，并定期向董事会报告。

在中国企业中，金融业是先行者。在银行业和中央投资公司中，像工行、建行、中行、交行、中投等都设立有 CRO 一职；在保险业，2006 年 11 月 7 日中国保监会发布《关于加强保险资金风险管理的意见》，要求保险资产管理公司要设置独立的风险管理部门，并引入首席风险管理执行官制度，要求设立首席风险管理执行官，定期向董事会报告有关情况，以及时防范和化解重大风险，发现重大风险隐患应及时向保险监管机构报告；在期货行业，2008 年证监会发布《期货公司首席风险官管理规定（试行）》，对期货公司首席风险官的职责进行明确规定，并要求公司确保首席风险官拥有独立的报告渠道和充分的知情权，以保障其正常履职。

商业银行首席风险官的职责作用是什么？

首席风险官是现代企业管理中重要的高级管理人员，是公司重要的战略决策拟定和执行者之一。首席风险官主要是负责组织建立银行整体性风险管理政策和策略，并负责建立涵盖信用风险、市场风险、操作风险等在内的全面风险管理组织架构。参加全行层面的重大决策过程，并直接向行长和风险管理委员会汇报资产质量和风险管理情况。同时，将作为牵头审批人参加信贷项目的审批工作，协助行长或行长授权的副行长组织制订其全行风险管理与内部控制的相关政策、业务流程改进方案和管理制度，确保银行按照风险控制流程进行信贷风险管理，确保银行业务符合有关法律、法规和政策要求，等等。

（二）贷款质量的监测与考核制度

贷款质量的监测与考核是指通过会计账户和指标体系，对银行贷款的质量进行动态监测，并据以考核银行、信贷部门及信贷人员经营管理水平和工作业绩的贷款管理制度。

1. 明确贷款质量分类标准及认定程序和方法

商业银行必须按照中央银行的有关规定，明确划分贷款种类的方法和标准。我国是按照贷款五级分类法进行贷款分类的，在此基础上对不良贷款规定认定程序和方法。

2. 建立信贷风险预警制度

建立信贷风险预警制度是指通过对信贷业务客户的财务因素和非财务因素变动的分析，针对可能引发信贷风险的因素，及时传导风险预警信号，以提前采取有效的预防性措施控制风险的一种制度。该制度是贷后管理的重要组成部分，具体包括对信贷业务客户信贷风险信号的识别、评估、传导、处理和考核等内容。

3. 建立贷款质量监测考核指标体系

贷款质量的监测考核指标可以分为贷款安全性指标、贷款流动性指标和贷款盈利性指标。

4. 建立不良贷款的跟踪管理制度

对于已经被确认为有问题的贷款，银行应对其加以重点跟踪、监测与管理。

（三）审贷分离制度

为保证银行信贷资金的安全，实现资金管理的制度化、科学化和规范化，提高信贷业务审批的透明度，银行需实行审贷分离的信贷管理制度。所谓审贷分离制度是指按照横向制衡和纵向制约的原则，将信贷业务办理过程中调查、审查、审批、经营管理等环节的工作职责进行科学分解，由不同层次和不同部门承担，并规范信贷业务各环节经营管理者的行为，实现信贷部门相互制约的制度。其基本要求是银行在信贷管理上按照审贷分离、部门（岗位）分设、职能分离、各负其责、相互制约的原则，在原有的职能机构的基础上，设立不同层次的相互制衡的岗位或部门，配置相应人员，明确各环节主要责任人。

审贷分离制度的实施，破除了同一部门、同一岗位甚至同一人员审贷合一、单线审批的传统信贷管理模式，这不仅从组织上保证了市场开发和客户拓展的力量，而且实现了审查、审批和贷后管理的专业化和独立化，形成调查、审查部门横向制衡，强化了决策体制制约，有利于防范风险，提高信贷资产质量。

第二节　贷款定价原则

贷款定价是指商业银行根据其经营成本和信贷风险，综合考虑贷款收益，与借款人协商确定贷款价格的过程。我国曾一度对贷款价格实行严格管制，导致商业银行对贷款定价能力十分落后。近年来，随着金融改革的不断深化，商业银行贷款自主定价权也日益扩大，特别是随着利率市场化的推进，制订科学合理的贷款定价策略越来越受到政府和各商业银行的重视。对于我国以贷款业务占绝对大比重的商业银行来说，应在金融完全开放之前提高自身贷款定价能力。

一、贷款定价原则

在国内商业银行的主要盈利产品中，贷款价格（即贷款利率）不但严重影响商业银行的盈利水平，还直接影响商业银行的市场竞争力。综观各商业银行，贷款定价原则主要有下述几个。

（一）利润最大化原则

作为一个经营货币信用业务的特殊企业，利润最大化或企业价值最大化永远是银行经营的最终目标。利润最大化不一定意味着高价格，为达到这个目标，银行需要权衡产品的规模、成本和价格的关系，保证存贷利差，通过定价确保贷款收益足以弥补资金成本和各项费用，最终实现银行利润最大化。

（二）风险防范原则

银行贷款业务中，银行出售的是资金的使用权，利息的实现很大程度上取决于贷款安全，故该原则也称贷款安全原则。银行为保证自己长期生存，需要全面考虑所经营的资产负债面临的各种风险，同时由于银行不能完全拒绝风险，还要兼顾贷款收益能足以弥补贷款的各项成本。因此银行贷款定价就是将在既定收益率下尽可能地将风险水平控制在可接

受的范围内。

（三）扩大市场份额原则

市场份额的不断扩大不仅有利于银行提高营业业绩，也有利于银行进行风险控制。在市场份额的扩张过程中，贷款的价格是影响市场份额的一个重要因素。竞争和利润使得银行致力于在某个特定的细分目标市场中获得、保持和提高市场占有率，在这种目的的驱动下，银行有时会降低其短期内的利润预期，通过降低价格稳定其市场地位。

（四）保持现金流量原则

现金流量是阶段目标，追求良性循环的现金流也是银行追求的目标。当银行准备推出新产品、拓展新市场时，银行希望尽快回收现金，此时银行需要考虑哪些因素和措施能够影响现金流。上述四个贷款定价原则涉及产品的流动性、收益性和安全性，由于“三性”之间互为矛盾的关系，银行也需要在四个贷款定价原则之间实现权衡。

二、贷款价格的构成

一般来说贷款价格包括：贷款利率、贷款承诺费、补偿余额和隐含价格。

（一）贷款利率

贷款利率是贷款价格的主要构成部分。贷款利率按其划分标准的不同，可以有不同的划分方式，较为典型的有：按时间划分可以分为年利率、月利率和日利率；按利率是否可以改变可以分为固定利率和浮动利率等。具体是哪种利率形式可以根据协议来确定，而银行贷款利率的确定一般是建立在综合参考中央银行基准利率、社会平均利润率、银行业平均利润率、资金供求状况等因素的基础上，根据各种参数指标再加以具体调整。

（二）贷款承诺费

贷款承诺费是指银行对其已经承诺贷给客户而客户在承诺期又没有使用的那部分资金所收取的费用。银行收取承诺费的理由是，银行为保持承诺贷款就必须保持一定的流动性强的资产，这样就存在机会成本，也就是说，银行不得不放弃将该笔资金进行其他投资而获得收益的机会，为了补偿其利益损失，就要求借款人给付一定的费用。

（三）补偿余额

补偿余额是指借款人应银行的要求，在银行账户上保留的一定数量的活期存款和低利率的定期存款。由于银行不愿借款人将所得的贷款再存入另外一家存款机构，造成本行的存款流失，从而削弱自己扩大业务活动的基础，通常会将补偿余额作为银行同意贷款的一个条件而写入贷款协议中。另外，补偿余额能给银行带来收益，其实是变相提高了银行贷款的利率。

（四）隐含价格

银行为降低其信贷风险，往往会在协议里对可能影响贷款安全的借款人行为作出各种限制以保障银行利益，如各种禁止事项、融资限额等，这些限制性条款能防止借款人的行为对银行利益造成损失，因而将其纳入价格构成中。

三、决定贷款价格的因素

因为信贷资金是一种特殊的商品，所以决定贷款价格的因素就非常复杂，在贷款定价时，影响商业银行贷款定价的因素包括：

（一）资金成本

资金的平均成本是指为筹集单位资金所花费的利息及费用总额。它一般以现有的资金来源情况为依据，不考虑未来利率、费用的变化，比较适合于衡量、评价银行过去的经营状况。资金的边际成本是指每增加一单位的可投资资金所需要花费的利息、费用额，资金的边际成本因资金来源的种类、性质、期限等不同而不同，每一种资金来源都会有不同的边际成本，但银行不能按某一种资金的边际成本来对贷款定价，而是要计算全部新增资金的加权平均边际成本，否则贷款定价仍会脱离市场实际。

（二）贷款风险度

随着贷款的迅速增长，信用风险也在上升，银行在考虑贷款时应尽最大努力减少信贷风险和呆账损失。银行已建立起以贷款风险度为核心的贷款风险管理系统，并根据贷款风险度确定其价格（即贷款的利率）。但许多贷款的风险程度是很难精确测量的，商业银行的通常做法是经过对客户的财务报表进行分析、测算，在对其经营管理状况及发展前景评估的基础上，结合考虑贷款期限、担保品质量和担保品价格波动程度，对不同资信等级的客户，确定不同的风险费用，或根据历史上同类贷款的拖欠比率对贷款进行分类。此外，许多银行还将国库券的收益率作为贷款定价的主要参考指标，国库券的收益常被用来确定风险性贷款的违约报酬率。

（三）盈利目标

贷款定价合适与否，一个重要的衡量标准，就是看能否在确保贷款安全性的前提下，贷款收益率达到或超过目标利润率。这就要求商业银行在放款时应考虑借款者的经营状况、盈利水平及贷款项目的期望收益率。如果这些因素能够满足贷款银行所期望的收益水平，才能考虑放贷。因此，贷款定价在充分考虑安全因素之后，还要将目标收益率计入贷款价格中。

（四）补偿存款余额要求

补偿余额是指借款人根据银行要求而保持在银行的一定数量的活期存款或低利率定期存款，也可以表现为将违约贷款的一部分留存在放款银行充抵补偿存款余额。补偿存款余额可以变相提高贷款利率，增加银行的收益。银行可以综合考虑贷款利率和补偿余额之间的替代关系来制定贷款价格（贷款利率较高，就可以相对降低补偿存款余额；补偿存款余额较高，就可以适当降低贷款利率）。

（五）银行与客户之间的关系

银行在对特定客户的贷款定价之前，应全面考虑该客户与银行的业务关系，以及客户的信用状况，而不能仅仅就贷款论价格。如果客户与该行有多项业务往来，可以将这些业务看作是一个资产组合，为了实现组合利润的最大化，可以通过高附加值产品的高收益来

弥补贷款产品的低收益，这样不但实现了银行的利润目标，而且让客户感到得到了很大的让渡价值，从而对银行的满意度提高，提高了客户的忠诚度。

（六）市场竞争程度

随着金融市场的日臻完善，金融市场竞争非常激烈，所以银行应及时了解市场竞争者的定价状况。银行往往通过市场调查来获得行业内竞争者的定价信息，其内容应包括行业内不同竞争者对各种信贷产品的不同定价，并需每年更新一次。在贷款定价时，银行应考虑竞争环境的影响，注意将市场竞争因素与盈利两者结合起来考虑，如果定价过高就有可能失去客户。

（七）客户整体利润

银行应将信贷客户作为一种整体关系来考虑，换言之，银行不仅应考虑从某项具体贷款中能赚取多少利润，而且还应考虑银行能从客户与银行的所有业务中赚取多少利润，这也是客户利润分析模型所强调的重点。除上述主要因素外，贷款定价有时还应考虑贷款期限、贷款费用、经济发展状况、银根松紧等因素，银行在贷款定价的实践过程中，应根据自身的特点，有侧重点地考虑贷款定价的有关因素，确定适当的定价策略。

四、贷款定价方法

（一）成本相加定价模式

这是一种传统的定价模式，这种定价模式认为贷款价格是由资金成本加上一定的目标利润形成。公式表示为：

贷款价格＝资金成本＋贷款费用＋风险补偿费＋目标利润

由上面的公式可以看出，该模式将贷款价格分成4个组成部分：①资金成本是指银行筹集可贷资金的成本。②贷款费用（又称非资金性成本）包括对借款人进行信用调查、信用分析所发生的费用，抵押物鉴别、评估费用，贷款资料、文件的工本费，整理保管费用，信贷人员的工资、福利和津贴以及专用器具和设备的折旧费用等。③风险补偿费，即对贷款可能发生的风险作出的必要补偿，包括违约风险补偿费和期限风险补偿费。④目标利润指为了给银行股东提供一定的资本收益率，必须从每笔贷款项目中获得的最低收益水平。这种定价模式属于“成本导向型”。它从银行自身的角度出发，考虑了银行的筹资成本、费用和承担的风险，有利于商业银行补偿成本，确保其目标利润的实现。但是，它忽略了与客户的互动关系及市场竞争形势，容易使定价脱离市场，造成客户流失和市场份额下降。同时由于银行产品是多样化的，信贷业务之中也可能包含着诸多其他服务，对这些服务在成本分配方面存在较大的困难。另外，它还需要充分估计贷款的违约风险、期限风险及其他相关风险，但是，精确地估计风险是十分困难的，因此，这种模式一般适用于居于垄断地位的商业银行或处于贷款市场需求旺盛时期的商业银行。

（二）基准利率加点定价模式

该模式是当前国际银行业广泛采用的一种定价模式。该模式首先选择某种利率作为基准利率，然后根据借款人的资信、借款金额、期限、担保条件，评估客户贷款项目的违约风险程度和贷款的期限风险程度，确定不同的风险溢价，由基准利率加上违约风险溢价点数（或乘以风险溢价乘数），便得出具体贷款项目的实际利率。公式表示为：

贷款利率＝基准利率＋违约风险溢价点数＋期限风险溢价点数

或　　贷款利率＝基准利率×风险溢价乘数

其中，基准利率是银行的资金成本指数，主要有同业拆借利率、国库券利率、大额定期存单利率等。现在商业银行通常以伦敦同业银行拆借利率作为基准利率。违约风险溢价点数主要考虑客户违约风险和期限风险。资金实力雄厚、信誉良好的大公司通常可以在多家银行报出的各种优惠利率的基础上选择其中最优的方案，而一般小公司的处境则比较被动。目前，我国境内外资银行外汇贷款的定价，一般以国际市场同业拆借利率为基础，结合银行成本、贷款风险、客户综合效益和市场竞争等因素，加一定利差的方法。该模式的优点是：它以市场的一般价格水平为出发点，寻求适合本行的贷款价格，因此其制定的价格更贴近市场，反映市场一般价格水平，更具有市场竞争力。其缺点是：在确定风险溢价点数时，难以对风险进行精确计量。故基准利率加点模式不能单独运用。

（三）客户盈利分析模式

前两种定价模式都是针对单一贷款产品的定价方式，仅考虑了成本、风险、竞争以及贷款的利息收入等因素，并未考虑客户因结算、咨询、委托代理及其他附带服务给银行带来的中间业务收入，而这些多方面的关系都是银行在定价时必须面对的。于是客户盈利分析定价模式应运而生。这是一种“客户导向型”模式。该模式认为，银行在为每笔贷款定价时，需考虑客户与银行的整体关系，即应全面考虑客户与银行各种业务往来的成本和收益。公式表示为：

来源于某客户的总收入＝为该客户提供服务发生的成本＋银行的目标利润

由于贷款利息是银行的主要收益来源，上式可变为：

贷款额×贷款利率×贷款期限×(1－营业税及附加率)＋中间业务收入×(1－营业税及附加率)＝为该客户提供服务发生的成本＋银行利润

其中，来源于客户的总收入主要包括贷款的利息净收入、客户存款账户收入、结算手续费收入、其他服务费收入等；为客户提供服务发生的成本主要包括资金成本、贷款费用、客户违约成本、客户存款的利息支出、账户管理成本等；银行的目标利润根据贷款的资本金支持率、客户贷款额、产权资本的目标收益率确定。

第三节　商业银行主要贷款业务

一、信用贷款

信用贷款是指以借款人的信誉发放的贷款，借款人不需要提供担保。其特征就是债务人无须提供抵押品或第三方担保仅凭自己的信誉就能取得贷款，并以借款人信用程度作为还款保证的。

（一）信用贷款的特点

信用贷款是指银行完全凭借款人的信用而发放的贷款。信用贷款是以借款人的信用作为还款保证的，与其他贷款相比，信用贷款具有以下三个特点：

（1）以借款人的信用和未来的现金流量作为还款保证。

（2）风险大，利率高。

（3）手续简便。

（二）信用贷款的操作要点

信用贷款的发放程序和我们前面介绍的贷款程序基本上是一致的，由于借款人无须提供任何保证人或抵押物，因此银行就省去了这一步骤。由于信用贷款是凭借款人的信用来发放的，所以对客户的信用分析有特别重要的意义。通常，银行只对那些与本行有着长期借贷交往历史，而且信誉高、经营好、经济实力强、无不良信用记录、预测其未来现金流量足以偿还贷款本息的客户发放信用贷款。

二、担保贷款

担保贷款是指银行要求借款人根据规定的担保方式提供贷款担保而发放的贷款。目前我国的担保贷款主要有保证贷款、质押贷款和抵押贷款三种。

（一）保证贷款

保证贷款是指保证人与银行约定，当债务人不履行债务时，保证人按照约定履行或承担责任的行为。银行根据《担保法》中的保证方式向借款人发放的贷款称为保证贷款，保证方式包括一般保证和连带责任保证。银行发放保证贷款，贷款保证人就应当按法律规定承担债务的一般保证责任或连带保证责任，当债务人不能履行还款责任时，由保证人负责偿还。在保证贷款中，银行应当注意真正落实保证责任，因此在贷款过程中应严格审核保证人的情况。

1. 保证人的条件

贷款保证人应是具有法人地位并有经济承保能力的经济实体、其他组织和公民。根据我国法律规定，国家机关，以公益为目的的事业单位、社会团体、企业法人的分支机构和职能部门等均不得作为保证人。保证人承担了贷款的保证责任后，应开具《贷款保证意向书》，交借款人转送银行。

2. 银行审核保证人

银行应对保证人的资格和经济承保能力进行审核。审核的主要内容包括：审核保证人是否具有合法的地位；审阅保证人的财务报表和有关文件；审查保证人的承保能力；审查保证人的财产是否已经作为债务抵押或用于对其他借款人的担保，防止因多头担保或相互担保而使担保成为空头担保。

（二）抵押贷款

抵押是指债务人或者第三人不转移抵押财产的占有，而将该财产作为债权的担保，银行以抵押方式作担保而发放的贷款就是抵押贷款。债务人不履行债务时，债权人有权以该财产折价或者以拍卖、变卖该财产的价款优先受偿。当企业向银行提供了抵押物后，银行向其贷款的风险大大降低。

《担保法》规定，下列财产可以抵押：①抵押人所有的房屋和其他地上定着物；②抵押人所有的机器、交通运输工具和其他财产；③抵押人依法有权处分的国有的土地使用权、房屋和其他地上定着物；④抵押人依法有权处分的国有的机器、交通运输工具和其他财产；⑤抵押人依法承包并经发包方同意抵押的荒山、荒沟、荒丘、荒滩等荒地的土地使用权；⑥依法可以抵押的其他财产。

抵押人和抵押权人应当以书面形式订立抵押合同，抵押合同应当包括以下内容：①被担保的主债权种类、数额；②债务人履行债务的期限；③抵押物的名称、数量、质量、状况、所在地、所有权权属或者使用权权属；④抵押担保的范围；⑤当事人认为需要约定的其他事项。

（三）质押贷款

质押是指债务人或者第三人将其动产（或财产权利）移交债权人占有，将该动产（或财产权利）作为债权的担保。债务人不履行债务时，债权人有权以该动产（或财产权利）折价或者以拍卖、变卖该动产（或财产权利）的价款优先受偿。移交的动产或财产权利成为“质物”。当能够向银行提供质物时，中小企业则很容易从银行获取贷款。

《担保法》规定，下列动产或权利可以成为质押贷款的质物：①汇票、支票、本票、债券、存款单、仓单、提单；②依法可以转让的股份、股票；③依法可以转让的商标专用权、专利权、著作权中的财产权；④依法可以质押的其他权利。

三、票据贴现

票据贴现是指商业汇票的持票人将未到期的商业汇票转让于银行，银行按票面金额扣除贴现利息后，将余额付给持票人的一种经济行为。因此，贴现的实质就是银行间接地把款项贷放给持票人，是银行贷款的一种特殊方式，与其他贷款相比有其不同的特点。票据贴现的特点有以下几点。

1. 贷款对象不同

票据贴现是以持票人作为贷款对象的，即以收款人也就是售货企业为贷款对象的。而其他贷款都是以购货企业即付款人为贷款对象的。

2. 还款保证不同

票据贴现是以票据承兑人的信誉作为还款保证的。贴现的票据一般要求经过承兑，而承兑人是票据的每一付款人，因而承兑人的信誉就作为贴现的还款保证。而其他贷款可以以借款人或保证人的信誉、抵押物、质押物等作为还款保证。

3. 贷款的期限不同

票据贴现是以票据的剩余期限为贷款期限，即从贴现日到付款日（票据到期日）的时间为贴现的期限。

4. 收取利息的方式不同

票据贴现采取预收利息的方式；而其他贷款则不然，可以分次收取，也可以一次性付清，有多种方式可供选择。

四、消费信贷

（一）消费信贷的概念与种类

1. 消费信贷的概念

消费信贷也称个人贷款，是指银行以消费者个人为对象，以个人消费为用途而发放的贷款。消费信贷是商业银行在传统贷款业务的基础上，为适应银行业日趋激烈的竞争和满足消费者的需求而发展起来的一项业务。它对于拓展银行的业务领域，扩大银行的利润来源，鼓励和促进消费具有重要意义。

2. 消费信贷的分类

消费信贷可以分别按照贷款用途、偿还方式等进行分类：①按贷款用途划分，消费信贷可以分为住房消费贷款、汽车消费贷款、耐用消费品贷款、旅行贷款、医疗医药贷款等；②按偿还方式划分，消费信贷可以分为分期偿付贷款和一次性偿付贷款；③按提供贷款期限的长短划分，消费信贷可以分为短期消费信贷、中期消费信贷和长期消费信贷；④按金融结构与消费者的借贷关系来分，消费信贷可以分为直接信贷和间接信贷；⑤按提供信贷的机构类型来分，消费信贷（广义上）可以分为商业银行消费信贷，财务公司消费信贷，信用社消费信贷以及当铺、大公司、大商号等其他机构消费信贷。

（二）消费信贷的特点

1. 利率水平高

消费信贷在银行的信贷资产中是获利可观的高利率贷款。在贷款期间，如果市场利率发生变化，可能使银行面临着利率风险。因此，为了减轻潜在的利率风险，银行对消费信贷的定价往往大大高出其融资成本。

2. 规模呈现周期性

个人消费贷款具有较高的经济周期敏感性。在经济扩张时期，消费者对未来的收入预期比较乐观，敢于花钱，消费信贷增长比较快；相反，在经济衰退时期，随着失业率上升，很多家庭对未来的收入预期变得比较悲观，消费贷款就会明显减少。

3. 借款人缺乏利率弹性

借款人对于利率的变化并不敏感，他们十分关心贷款协议中要求的每月还款额，而对于贷款利率有多高或利率发生了多大的变化并不太在意。

第四节　商业银行贷款信用分析

一、信用分析的内容

对借款人进行信用评级要遵循一些基本原则，国内外比较常用的原则有“6C”原则、“5W”原则以及“5P”原则等，它们的内容基本一致。

（一）“6C”信用分析法

对借款人的基本条件分析，一般采用“6C”分析法，即对借款人的品质（Character）、能力（Capacity）、资本（Capital）、担保品（Collateral）、经营状况（Condition）、事业发展的连续性（Continuity）六个方面进行分析。

（二）信用分析内容

1. 借款人品质（Character）

对借款人品质的考察，主要是判断借款人对贷款本息偿还的意愿。如果借款人是个人，则品质主要表现在此人的道德观念、习惯和偏好、经营方式、经营业务、个人交往，以及在社区中的地位和声望等；如果借款人是企业，那么品质就是企业在管理上的完善性、在同行和金融界的地位与声望、经营方针和政策的稳健性等。不论是个人还是企业，履行借款合同的历史记录，在其品质的评价中起着非常重要的作用。

2. 借款人的能力（Capacity）

借款人的能力包含了法律和经济两个方面的内容。从法律方面，借款人的能力是指借款人能否承担借款的法律义务，企业法人的合法性，目前比较严重的就是抽逃注册资本，形成一个空壳公司，当商业银行贷款给合伙企业时，银行必须确认签约的合伙人具有代表合伙企业的权力；在贷款给公司时，商业银行必须确认谁是公司的法定代表人。从经济的角度，借款人的能力是指借款人是否具有按期偿还债务的能力。

3. 借款人的资本（Capital）

资本是指顾客或客户的财务实力和财务状况，表明顾客可能偿还债务的背景，如负债比率、流动比率、速动比率、有形资产净值等财务指标等。

4. 借款人的担保品（Collateral）

担保品是指顾客或客户拒付款项或无力支付款项时能被用做抵押的资产，一旦收不到这些顾客的款项，便以抵押品抵补，这对于首次交易或信用状况有争议的顾客或客户尤为重要。

5. 借款人的经营环境条件（Condition）

经营环境条件是指可能影响顾客或客户付款能力的经济环境，如顾客或客户在困难时期的付款历史、顾客或客户在经济不景气情况下的付款可能。

6. 事业发展的连续性（Continuity）

事业发展的连续性是指借款人能否在日益激烈的竞争环境中生存与发展。市场经济中各个企业此消彼长、优胜劣汰。如果借款人不能在管理、技术、产品、服务等方面推陈出新，就会被其他企业排挤出市场，银行的贷款就难以收回。

对上述各个方面的分析，应当建立在对客户更为详细、具体的信息搜集基础上进行。其中的每一个因素都应当从客户的实际经营管理活动中获得，并加以说明或测量，以便银行对客户的资信状况和信用能力作出较为准确的判断。

二、财务分析

由于信用危机往往是由财务危机引致而使银行和投资者面临巨大的信用风险，及早发现和找出一些预警财务趋向恶化的特征财务指标，无疑可判断借款人或证券发行人的财务状况，从而确定其信用等级，为信贷和投资提供依据。基于这一动机，金融机构通常将信用风险的测度转化为企业财务状况的衡量问题。

财务分析是指对借款人财务报表中的有关数据资料进行确认、比较、研究和分析，掌握借款人的财务状况，分析借款人的偿债能力，预测借款人的未来发展趋势，为贷款风险分类提供依据。财务分析的主要内容有财务报表分析、财务比率分析和财务预警信号分析，根据分析的结果与风险分类进行对接。

比率分析是一种有价值的工具，通过比率分析可以了解借款人财务的稳健性、资产的流动性、资本收益率的高低和偿债能力的大小；可以比较规模不同，但经营特征相似的公司的财务业绩；可以分析财务报表中两个或多个项目之间的关系。对借款人的偿债能力的分析是贷款分类中财务分析的核心，而由于借款人的偿债能力不是孤立的，它和借款人的盈利能力、营运能力、资本结构和现金流量等密切相关。因此贷款风险分类中常用的比率分析指标有：

（一）偿债能力

1. 短期偿债能力

（1）流动比率。流动比率是指企业流动资产与流动负债的比率，计算公式为：

流动比率＝流动资产/流动负债

过高的流动比率说明企业有较多的资金滞留在流动资产上未加以更好地运用，如出现存货超储积压，存在大量应收账款，拥有过分充裕的现金等，资金周转可能减慢从而影响其获利能力。有时尽管企业现金流量出现红字，但是企业可能仍然拥有一个较高的流动比率。

（2）速动比率。速动比率指速动资产同流动负债的比率，它反映企业短期内可变现资产偿还短期内到期债务的能力。速动比率是对流动比率的补充。计算公式为：

速动比率＝速动资产/流动负债

一般认为速动比率应维持在1∶1左右较为理想，它说明1元流动负债有1元的速动资产做保证。如果速动比率大于1，说明企业有足够的能力偿还短期债务，但同时也说明企业拥有过多的不能获利的现款和应收账款；如果速动比率小于1，企业将会依赖出售存货或举借新债偿还到期债务，这就可能造成急需售出存货带来的削价损失或举借新债形成的利息支出。如同流动比率，各企业的速动比率应该根据行业特征和其他因素加以评价。在对速动比率进行分析时，要注重对应收账款变现能力这一因素的分析。

（3）现金比率。现金比率是指企业现金与流动负债的比率，反映企业的即刻变现能力。这里所说的现金是指现金及现金等价物。这项比率可显示企业立即偿还到期债务的能力。其计算公式为：

现金比率=现金/流动负债

这项指标随着现金流量信息在财务分析中受到的关注增加而被日益重视，运用它可以准确地评价企业短期的偿还能力。

2. 长期偿债能力（杠杆比率）

该类指标主要反映债务和资产、净资产关系的比率，它反映企业偿付到期长期债务的能力。

（1）资产负债比率。主要反映债权人提供的资本占全部资本的比例，该指标也被称为举债经营比率。其计算公式为：

资产负债率=负债总额/资产总额×100％

负债比率越大，企业面临的财务风险越大，获取利润的能力也越强。如果企业资金不足，依靠欠债维持，导致资产负债率特别高，偿债风险就应该特别注意了。资产负债率在75％以下，比较合理、稳健；达到85％及以上时，应视为发出预警信号，企业应提起足够的注意。

（2）产权比率。主要反映债权人与股东提供的资本的相对比例，反映企业的资本结构是否合理、稳定，同时也表明债权人投入资本受到股东权益的保障程度。其计算公式为：

产权比率=负债总额/股东权益×100％

一般来说，产权比率高是高风险、高报酬的财务结构，产权比率低，是低风险、低报酬的财务结构。从股东来说，在通货膨胀时期，企业举债，可以将损失和风险转移给债权人；在经济繁荣时期，举债经营可以获得额外的利润；在经济萎缩时期，少借债可以减少利息负担和财务风险。

（3）有形净值债务率。产权比率指标的延伸，更为谨慎、保守地反映在企业清算时债权人投入的资本受到股东权益的保障程度。不考虑无形资产包括商誉、商标、专利权以及非专利技术等的价值，它们不一定能用来还债，为谨慎起见，一律视为不能偿债。其计算公式为：

有形净值债务率=负债总额/(股东权益－无形资产净值)×100％

从长期偿债能力看，较低的比率说明企业有良好的偿债能力，举债规模正常。

（4）利息保障倍数。企业经营业务收益与利息费用的比率，用以衡量企业偿付借款利息的能力，也叫利息保障倍数。只要已获利息倍数足够大，企业就有充足的能力偿付利息。其公式如下：

利息倍数=(利润总额＋财务费用)/财务费用

企业要有足够大的息税前利润，才能保证负担得起资本化利息。该指标越高，说明企业的债务利息压力越小。

（二）盈利能力

盈利能力就是企业赚取利润的能力。不论是投资人还是债务人，都非常关心这个项目。

1. 销售净利率

该指标反映每一元销售收入带来的净利润是多少，表示销售收入的收益水平。其公式

如下：

销售净利率＝净利润/销售收入×100％

企业在增加销售收入的同时，必须要相应获取更多的净利润才能使销售净利率保持不变或有所提高。销售净利率可以分解成为销售毛利率、销售税金率、销售成本率、销售期间费用率等指标进行分析。

2. 销售毛利率

表示每一元销售收入扣除销售成本后，有多少钱可以用于各项期间费用和形成盈利。其公式如下：

销售毛利率＝(销售收入－销售成本)/销售收入×100％

销售毛利率是企业是销售净利率的最初基础，没有足够大的销售毛利率便不能形成盈利。企业可以按期分析销售毛利率，据以对企业销售收入、销售成本的发生及配比情况作出判断。

3. 资产利润率（总资产报酬率）

把企业一定期间的净利润与企业的资产相比较，表明企业资产的综合利用效果。指标越高，表明资产的利用效率越高，说明企业在增加收入和节约资金等方面取得了良好的效果，否则相反。其公式如下：

资产利润率＝净利润/资产总额×100％

资产利润率是一个综合指标。净利的多少与企业的资产的多少、资产的结构、经营管理水平有着密切的关系。影响资产利润率高低的原因有：产品的价格、单位产品成本的高低、产品的产量和销售的数量、资金占用量的大小。可以结合杜邦财务分析体系来分析经营中存在的问题。

4. 净资产收益率（权益报酬率）

净资产收益率反映公司所有者权益的投资报酬率，也叫净值报酬率或权益报酬率，具有很强的综合性。其公式如下：

净资产收益率＝净利润/所有者权益×100％

杜邦分析体系可以将这一指标分解成相联系的多种因素，进一步剖析影响所有者权益报酬的各个方面。如资产周转率、销售利润率、权益乘数。

（三）营运能力

营运能力是指通过资产周转有关的指标，反映出来借款人资产运用效率、管理。它包括：

1. 总资产周转率

该项指标反映总资产的周转速度，周转越快，说明销售能力越强。企业可以采用薄利多销的方法，加速资产周转，带来利润绝对额的增加。其公式如下：

总资产周转率＝销售收入/(期初资产总额＋期末资产总额)/2×100％

总资产周转指标用于衡量企业运用资产赚取利润的能力。经常和反映盈利能力的指标一起使用，全面评价企业的盈利能力。

2. 流动资产周转率

流动资产周转率反映流动资产的周转速度，周转速度越快，会相对节约流动资产，相当于扩大资产的投入，增强企业的盈利能力；而延缓周转速度，需补充流动资产参加周转，形成资产的浪费，降低企业的盈利能力。

流动资产周转率＝销售收入/(期初流动资产＋期末流动资产)/2×100%

流动资产周转率要结合存货、应收账款一并进行分析，和反映盈利能力的指标结合在一起使用，可全面评价企业的盈利能力。

3. 应收账款周转率

周转率指定的分析期间内应收账款转为现金的平均次数，周转天数表示企业从取得应收账款的权利到收回款项、转换为现金所需要的时间。

应收账款周转率＝销售收入/(期初应收账款＋期末应收账款)/2

应收账款周转天数＝360/应收账款周转率

应收账款周转率越高，说明其收回越快。反之，说明营运资金过多呆滞在应收账款上，影响正常资金周转及偿债能力。应收账款周转率越高，说明其收回越快。反之，说明营运资金过多呆滞在应收账款上，影响正常资金周转及偿债能力。

4. 存货周转率

存货的周转率是存货周转速度的主要指标，周转天数企业购入存货、投入生产到销售出去所需要的天数。提高存货周转率，缩短营业周期，可以提高企业的变现能力。

存货周转率＝产品销售成本/(期初存货＋期末存货)/2

存货周转天数＝360/存货周转率

存货周转速度反映存货管理水平，存货周转率越高，存货的占用水平越低，流动性越强，存货转换为现金或应收账款的速度越快。它不仅影响企业的短期偿债能力，也是整个企业管理的重要内容。

三、非财务分析

在贷款风险分类中进行非财务因素分析，是为了更加全面、动态地分析影响贷款的风险程度，是贷款风险分类的重要组成部分，为贷款风险管理提供充分和必要的依据。财务因素分析侧重于定量分析，而非财务因素分析却侧重于定性分析。在对借款人的非财务因素进行分析时，贷款风险分类人员要通过阅读信贷档案和公共信息网络来充分获取有关贷款和借款人的各种信息，在对借款人财务分析的基础上，对复杂多变的因素进行综合分析比较，找出影响贷款偿还关键性的本质因素，从而进一步判断这些因素是否对贷款偿还构成实质性的影响，并对贷款进行风险分类。

(一) 非财务因素分析的主要内容

非财务因素分析即除财务因素分析以外的所有分析，它包括借款人的行业风险、经营风险、管理风险、区域风险、自然及社会因素、借款人还款意愿和银行信贷管理等内容的分析。

1. 行业风险分析

主要分析借款人的行业情况、在行业中的地位以及该企业对行业的依赖性，从行业的基本状况和发展趋势来判断借款人的行业风险。行业风险分析主要涉及以下五个风险要素：

（1）行业成本结构。成本结构是指成本中固定成本与变动成本的比例。对成本结构的分析，可以作出的判断是：低经营杠杆、低固定成本、高变动成本属于低风险；固定成本与变动成本平衡为中风险；固定成本略高于变动成本属中高风险；高经营杠杆、高固定成本、低变动成本为高风险。

（2）行业的成熟期。一个行业一般要经历三个主要的阶段，即新兴、成熟和衰退阶段。行业处于其生命周期的什么阶段，主要判断标准是销售量的年增长率，进入或退出该行业的企业比率可以作为辅助的判断标准。借款人因行业所处成熟期不同，就面临不同的风险和机会。

（3）行业的周期性。行业的风险是与经济周期密切相关的。如果行业是周期性的，则行业的经营能在一定程度上反映经济发展的趋势，随着经济的繁荣而繁荣、萧条而萧条；如果行业是反周期的，行业的经营在萧条时反而会比繁荣时期更好。

（4）行业的依赖性。在分析借款人所在的行业风险时，要确定其他行业对借款人所在行业发展状况的影响程度。如果有严重的依赖性，则不仅要分析借款人所在行业，还必须要分析其所依赖的上下游行业。

（5）产品的替代性。替代产品是那些与某一行业的产品有基本相同功能或能满足相同需求的产品借款人所在行业的产品有无替代产品或潜在替代产品，该行业产品与替代产品之间关系如何，是行业风险分析需要考虑的一个重要因素。

2. 经营风险分析

经营风险分析是对借款人生产经营全过程各个经营环节风险程度的分析。主要包括以下内容。产品特征分析；采购环节分析；生产环节分析；销售环节分析。

3. 管理风险分析

管理风险可以涉及借款人的各个方面，分析十分复杂。一般来说，主要从借款人的治理结构、管理层素质等方面进行分析。

（1）借款人的治理结构。公司治理结构对公司的成长、股东的回报、银行分析还款能力的变化都有十分显著的影响。增资扩股、股权拆分、兼并、联营、并购、重组等组织形式的变化，都影响到法人治理结构的作用发挥，并可能对借款人的现金流量、盈利能力等产生有利或不利的影响。

（2）管理层的素质和稳定性。管理层的素质分析应主要着眼于管理层人员的文化程度、年龄结构、团队精神等。企业主要管理人员的离任、死亡、更换等都会对其持续、正常经营管理产生一定的影响。

（3）关联企业的经营管理。借款人的子母公司、主要供应商、购货商等，因其与借款人在股权、资金、产品等方面有密切的关联性，它们的经营、财务状况的变化将间接影响借款人的还款能力，所以要因其关联程度不同，依照对借款人的分析内容进行相应的分析。

（4）财务管理能力。财务管理是企业管理的重点。一般公司经营状况不佳的一个重要原因是财务管理水平不高，如有的企业财务报表只是对经营成果的静态的，滞后的分析，没有起到预测作用，往往到了现金发生短缺时，管理层才知道资金流动性出现问题。

（5）法律纠纷。借款人经常遇到一些法律纠纷问题，对借款人的还款能力会造成一定影响，有时甚至成为决定贷款偿还的主要因素。如借款人与供应商、消费者、关联企业及职工之间产生纠纷，借款人因违反法律法规或合同约定而受到税务、银行、工商、环保等部门单位的严重处理、处罚等，均会对借款人还款能力产生不利影响。

4. 区域风险分析

企业所处区域对企业的周边经济环境、信用状况等有着深远而又微妙的影响，甚至间接决定企业的生存和发展空间。

5. 自然及社会因素

战争、自然灾害和人口等各种自然和社会因素，可能给借款人带来意外的风险，从而对借款人的还款能力产生不同程度的影响。

6. 还款意愿

在贷款风险分类中，我们除分析影响借款人还款能力的各种因素外，还必须分析借款人的还款意愿这一重要的非财务因素。还款意愿的好坏，还款记录是主要的判断依据。可以从借款人的还款记录，包括对其他银行、供应商等债权人的履约情况进行判断。

7. 银行贷款管理

实践证明，一些贷款不能按时收回，银行对贷款缺乏有效管理与控制也是重要原因之一。因此，在贷款分类中，还要考虑银行贷款管理因素对贷款偿还的影响。银行信贷管理对贷款偿还的影响主要表现在以下方面：①银行违反有关法律法规发放贷款。这类贷款主要包括超业务范围发放的贷款、超授权发放给关系人的贷款、违反国家产业政策发放的贷款、账外发放的贷款等。这类贷款由于在法律上得不到充分保护，贷款的收回具有很高的风险。②违反内部信贷政策和操作规程发放贷款。③缺乏有效的贷款监督，影响贷款的及时足额收回。④对到期贷款催收不力。⑤对抵押、担保等信用支持缺乏有效控制。⑥法律文件缺乏完整性或合法性。⑦单一客户或单笔贷款过于集中。⑧对有问题贷款疏于管理。⑨贷款期限不合理。

（二）主要贷款风险预警信号

1. 行业风险方面

行业风险方面风险预警信号包括：行业整体衰退或属于新兴行业；出现重大的技术变革；政府对行业有严格的限制；经济萧条或出现金融危机；顾客需求发生变化；法律变化等。

2. 经营风险方面

经营风险方面风险预警信号包括：①经营活动发生显著变化，处于停产、半停产或经营停止状态；②业务性质、经营目标或习惯做法改变；③主要经营指标在行业中呈现不利的变动趋势；④兼营不熟悉的业务或在不熟悉的地区开展业务；⑤不能适应市场变化或顾客需求的变化；⑥持有一笔大额订单，如果不能较好的履行合约，可能引起巨额损失；⑦产品较为单一等。

3. 管理风险方面

管理风险方面风险预警信号包括：①借款人组织形式发生变化，如进行租赁、分立、承包、联营、并购、重组等；②管理层对环境和行业中的变化反应较为迟缓；③高级管理层之间出现严重的争论和分歧；④最高管理者独裁，不接受不同意见；⑤管理层品行低下，缺乏修养；⑥高级管理层或董事会成员变动频繁；⑦管理层的核心人物突然死亡、生病或辞职，没有相应的继任者；⑧中层管理层较为薄弱，企业人员更新过快或员工不足等。

4. 银行信贷管理方面

银行信贷管理方面风险预警信号包括：①违反国家法律和法规发放贷款；②对关系人发放的信用贷款，或以优于同类贷款条件向关系人发放的担保贷款；③借款人采取欺诈手段骗取贷款，或套取贷款用于牟取非法收入；④借款人未按照规定用途使用贷款；⑤偿付来源与贷款申请时不一致，如原定用产品出售后归还的流动资金贷款，必须依赖于房产的出售收入归还；⑥违反银行信贷政策和贷款审批程序发放的贷款；⑦借款合同等文件存在法律方面的问题等。

在确定还款可能性时，最重要的是对影响还款可能性的各种因素进行综合分析，即从财务、现金流量、担保分析、非财务因素分析等几个方面总体判断借款人的还款能力和还款的可能性，不能简单地以单个因素分析来确定分类结果。在贷款风险分类中，应始终坚持以评估借款人的还款能力为核心，把借款人的正常业务经营收入作为贷款的主要还款来源，贷款的担保作为次要还款来源，并以此作为判断贷款是正常还是不良的主要标志。

四、现金流量分析

（一）现金流量与现金流量表

现金流量表是反映一定时期内（如月度、季度或年度）企业经营活动、投资活动和筹资活动对其现金及现金等价物所产生影响的财务报表。这份报告显示资产负债表（Balance Sheet）及损益表（Income Statement/Profit and Loss Account）如何影响现金和等同现金，以及根据公司的经营，投资和融资角度作出分析。作为一个分析的工具，现金流量表的主要作用是决定公司短期生存能力，特别是缴付账单的能力。

现金流量表是反映一家公司在一定时期现金流入和现金流出动态状况的报表。其组成内容与资产负债表和损益表相一致。通过现金流量表，可以概括反映经营活动、投资活动和筹资活动对企业现金流入流出的影响，对于评价企业的实现利润、财务状况及财务管理，要比传统的损益表提供更好的基础。

（二）银行信贷业务中现金流量分析的必要性

以权责发生制为基础计量出的利润在反映企业偿债能力方面有其局限性，现金流量更能准确反映企业偿债能力。

从长期来看，利润是企业偿还债务的来源，但是企业现实的偿债能力却取决于其拥有的现金。由于利润的计量基础是权责发生制，以收入和费用是否应当归属本期作为确认标准，而不是以现金是否收付确认收入和费用，导致利润与净现金流量难以保持同步性，利润多不一定现金多，利润少不一定现金少。因此，我们时常会遇到这样的情况：一家盈利的企业可能因不能偿还到期债务而面临清算；而一家亏损企业却能偿还债务并继续维持经营。

因此，分析企业生命周期需结合企业现金流量结构进行。企业处在不同的生命周期其现金流量结构也有不同的特征。通过分析企业现金流量结构，有利于我们判断企业所处的生命周期，从而作出相应的信贷决策，防范信贷风险。

当经营活动现金净流量为负数、投资活动现金净流量为负数、筹资活动现金净流量为正数时，表明该企业处于产品初创期。在这个阶段企业需要投入大量资金，形成生产能力，开拓市场，其资金来源只有靠举债、融资等筹资活动。

当经营活动现金净流量为正数、投资活动现金净流量为负数、筹资活动现金净流量为正数时，可以判断企业处于高速发展期。这时产品迅速占领市场，销售呈现快速上升趋势，表现为经营活动中大量货币资金回笼，同时为了扩大市场份额，企业仍需要大量追加投资，而仅靠经营活动现金流量净额可能无法满足所需投资，必须筹集必要的外部资金作为补充。

当经营活动现金净流量为正数、投资活动现金净流量为正数、筹资活动现金净流量为负数时，表明企业进入产品成熟期。在这个阶段产品销售市场稳定，已进入投资回收期，但很多外部资金需要偿还，以保持企业良好的资信程度。

当经营活动现金净流量为负数、投资活动现金净流量为正数、筹资活动现金净流量为负数时，可以认为企业处于衰退期。这个时期的特征是：市场萎缩，产品销售的市场占有率下降，经营活动现金流入小于流出，同时企业为了应付债务不得不大规模收回投资以弥补现金的不足。

（三）银行信贷业务中如何进行现金流量分析

在对企业生产经营活动全面了解的基础上，银行应当借助分析企业现金流量来判断企业生产经营情况及财务状况，帮助进行信贷决策，有效防范信贷风险。

1. 结构分析

现金流量的结构分析，包括流入结构、流出结构和现金净流量结构分析。其中，流入结构是现金流入各组成项目占现金流入总量的比重，反映企业的现金来源及增加现金的可能途径；流出结构是现金流出各组成项目占现金流出总量的比重，反映企业现金的投向和用途；现金净流量结构是经营活动、投资活动、筹资活动现金净流量占现金净流量总额的比重，反映企业现金余额的分布情况。

2. 偿债能力分析指标

该类指标包括现金比率、负债现金率、流动负债现金率、到期债务偿付率。

3. 利润质量分析指标

该类指标包括：①净利现金率（现金净流量/净利润）；②营业利润现金率（经营活动现金净流量/营业利润），该指标反映了经营活动的现金净流量与营业利润的差异程度，即当期经营活动实现的利润中有多少现金作为保证。

4. 发展能力分析指标

该类指标包括：①营业收入现金率（经营活动现金净流量/营业收入），这一指标反映企业每实现 1 元营业收入能获得多少现金净流量，该指标若大于营业收入净利率，则表明企业经营状况较好，有良好的发展前景。②净现金流量适当比率［经营活动现金净流量/(资本支出＋存货增加额＋现金股利)］，这一指标反映企业从事经营活动所产生的现金能否用于支付各项资本支出、存货净投资及发放现金股利的程度，该指标大于等于 1 表明企业从经营活动中得到的资金足以应付各项资本性支出、存货净投资、现金股利等，不用再对外融资；小于 1 则表明企业来自经营活动的资金不足以供应目前营运规模和支付股利的需要。③总资产现金率（经营现金净流量/资产总额），这一指标是企业经营所得现金占资产总额的比重，实质是以现金流量为基础的资产报酬率，反映企业总资产的运营效率。该指标越高，说明企业的资产运营效率越高。该指标应该与总资产报酬率指标相结合运用，对于总资产报酬率较高的企业，如果该指标较低，说明企业销售收入中的现金流量的成分较低，企业的收益质量不高。

在进行以上四类指标分析时，应通过不同时期及同业（含先进水平和平均水平）相应指标的比较，来判断企业发展趋势及所处行业水平。

第五节　贷款分类程序与方法

一、贷款分类的定义

1998 年 5 月，中国人民银行参照国际惯例，结合中国国情，制定了《贷款分类指导原则》，要求商业银行依据借款人的实际还款能力进行贷款质量的五级分类，即按风险程度将贷款划分为五类：正常、关注、次级、可疑、损失，后三种为不良贷款。从 2004 年起，国有独资商业银行、股份制商业银行取消原来并行的贷款四级分类制度，全面推行五级分类制度。

五级分类是国际金融业对银行贷款质量的公认的标准，这种方法是建立在动态监测的基础上，通过对借款人现金流量、财务实力、抵押品价值等因素的连续监测和分析，判断贷款的实际损失程度。也就是说，五级分类不再依据贷款期限来判断贷款质量，能更准确地反映不良贷款的真实情况，从而提高银行抵御风险的能力。

五级分类的各档次分别定义如下：

(1) 正常贷款。借款人能够履行合同，没有足够理由怀疑贷款本息不能按时足额偿还。

(2) 关注贷款。尽管借款人目前有能力偿还贷款本息，但存在一些可能对偿还产生不利影响的因素。

(3) 次级贷款。借款人的还款能力出现明显问题，完全依靠其正常营业收入无法足额偿还贷款本息，即使执行担保，也可能会造成一定损失。

(4) 可疑贷款。借款人无法足额偿还贷款本息，即使执行担保，也肯定要造成较大损失。

(5) 损失贷款。在采取所有可能的措施或一切必要的法律程序之后，本息仍然无法收回，或只能收回极少部分。

二、贷款风险分类的程序与方法

(一) 贷款分类流程

贷款分类具有很强的实践性，在很大程度上取决于检查人员的经验、知识和判断能力，并且影响贷款的风险的因素千差万别，因此，要将贷款分类的方法公式化，既不可能，也不应该。下图是贷款分类的流程与方法，目的在于提供一个框架，使贷款人员对贷款分类有一个整体的认识。

贷款分类包括：阅读贷款档案、审查贷款的基本情况、确定还款的可能性、确定贷款分类、信贷讨论等。贷款分类流程详见图 6—1。

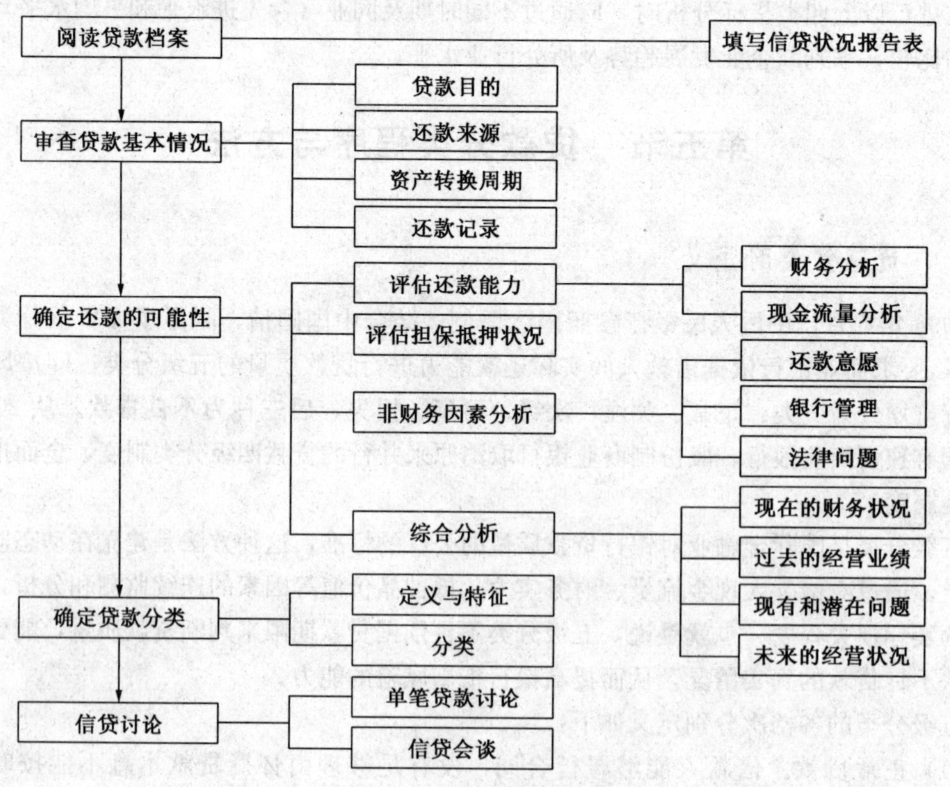

图 6—1 贷款分类流程

（二）贷款分类的主要特征

贷款分类的核心是抓住各类贷款的核心特征，根据其面临的风险予以分类。贷款分类的主要特征详见表6—1。

表6—1　　各类贷款的主要特征

贷款类别	定　义	主要特征
正常	借款人能够履行合同，没有足够理由怀疑贷款本息不能按时足额偿还	1. 借款人有能力履行承诺，还款意愿良好，经营、财务等各方面状况正常，能正常还本付息，农村合作金融机构对借款人最终偿还贷款有充分把握 2. 借款人可能存在某些消极因素，但现金流量充足，不会对贷款本息按约足额偿还产生实质性影响
关注	尽管借款人目前有能力偿还贷款本息，但存在一些可能对偿还产生不利影响的因素	1. 借款人的销售收入、经营利润下降或出现流动性不足的征兆，一些关键财务指标出现异常性的不利变化或低于同行业平均水平 2. 借款人或有负债过大或与上期相比有较大幅度上升 3. 借款人的固定资产贷款项目出现重大的不利于贷款偿还的因素（如基建项目工期延长、预算调增过大） 4. 借款人经营管理存在重大问题或未按约定用途使用贷款 5. 借款人或担保人改制（如分立、兼并、租赁、承包、合资、股份制改造等）对贷款可能产生不利影响 6. 借款人的主要股东、关联企业或子母公司等发生了重大的不利于贷款偿还的变化 7. 借款人的管理层出现重大意见分歧或者法定代表人和主要经营者的品行出现了不利于贷款偿还的变化 8. 借款人在其他金融机构贷款被划为次级类 9. 宏观经济、市场、行业、管理政策等外部因素的变化对借款人的经营产生不利影响，并可能影响借款人的偿债能力 10. 借款人偿还贷款能力较差，但担保人代为偿还能力较强 11. 贷款的抵押物、质押物价值下降，或银行对抵（质）押物失去控制；保证的有效性出现问题，可能影响贷款归还

续 表

贷款类别	定 义	主要特征
次级	借款人的还款能力出现明显问题，完全依靠其正常营业收入无法足额偿还贷款本息，即使执行担保，也可能会造成一定损失	1. 借款人经营亏损，支付困难并且难以获得补充资金来源，经营活动的现金流量为负数 2. 借款人不能偿还其他债权人债务 3. 借款人已不得不通过出售、变卖主要的生产、经营性固定资产来维持生产经营，或者通过拍卖抵押品、履行保证责任等途径筹集还款资金 4. 借款人采用隐瞒事实等不正当手段取得贷款的 5. 借款人内部管理出现问题，对正常经营构成实质损害，妨碍债务的及时足额清偿 6. 为清收贷款本息、保全资产等目的发放的“借新还旧”贷款 7. 可还本付息的重组贷款 8. 信贷档案不齐全，重要法律性文件遗失，并且对还款构成实质性影响 9. 借款人在其他金融机构贷款被划为可疑类
可疑	借款人无法足额偿还贷款本息，即使执行担保，也肯定要造成较大损失	1. 借款人处于停产、半停产状态固定资产贷款项目处于停、缓建状态 2. 借款人实际已资不抵债 3. 借款人进入清算程序 4. 借款人或其法定代表人涉及重大案件，对借款人的正常经营活动造成重大影响 5. 借款人改制后，难以落实农村合作金融机构债务或虽落实债务，但不能正常还本付息 6. 经过多次谈判借款人明显没有还款意愿 7. 已诉诸法律追收贷款 8. 贷款重组后仍然不能正常归还本息 9. 借款人在其他金融机构贷款被划为损失类
损失	在采取所有可能的措施或一切必要的法律程序之后，本息仍然无法收回，或只能收回极少部分	1. 借款人被依法撤销、关闭、解散，并终止法人资格，经确认无法还清的贷款 2. 借款人虽未依法终止法人资格，但生产经营活动已经停止，且借款人已名存实亡，复工无望，经确认无法还清的贷款 3. 生产单位的经营活动虽未停止，但产品毫无市场，企业资不抵债，亏损严重并濒临倒闭，且政府不予救助，经确认无法还清的贷款

三、财务分析与贷款风险分类的对接

（一）财务分析与贷款风险分类的对接

综合借款人财务状况和还款记录与贷款风险分类对接，可以表 6—2 作为参考依据。

表 6—2 贷款风险分类矩阵表

逾期情况 财务状况	30 天以下	31～90 天	91～180 天	181～360 天	361～720 天	720 天以上
优秀	正常	关注	次级	次级	可疑	损失
良好	关注	关注	次级	次级/可疑	可疑/损失	损失
合格	关注/次级	次级	次级/可疑	可疑/损失	损失	损失
不佳	次级/可疑	可疑	可疑/损失	损失	损失	损失
恶化	可疑/损失	损失	损失	损失	损失	损失

财务状况的具体含义如下：①优秀：指借款人经营正常，财务状况稳定，各项财务指标较好。②良好：指借款人财务状况基本稳定，但有一些财务指标不太令人满意。③合格：指借款人的财务指标尚能稳定，但有些财务指标存在明显缺陷。④不佳：指借款人的财务状况很不稳定，部分财务问题已相当严重。⑤恶化：指借款人的财务状况很不稳定，大部分财务指标差。

（二）信用等级与贷款风险分类的对接

企业信用等级评价指标体系较全面地反映了企业的营运能力、偿债能力、赢利能力，涵盖了财务分析的大部分指标，分类人员也可参照借款企业信用等级对贷款进行预分类，见表 6—3。

表 6—3 企业信用等级与贷款风险分类对接表

信用等级	AAA+	AAA	AA+	AA	A+	A	B		C		C 级以下
分数	95 分以上	90～95	80～85	75～80	70～75	70～75	60～70	60～65	55～65	50～55	50 分以下
类别	正常	正常	正常	正常/关注	关注/次级	次级	次级/可疑	可疑	可疑/损失	损失	损失

在利用表 6—3 对贷款进行分类时，要注意结合企业当期财务状况变化情况对信用等级进行及时调整，同时结合非财务因素和各类贷款的基本特征进行综合分析后确定贷款类

别。应注意的是不能用对客户的信用评级和类别划分代替对贷款的风险分类，信用评级只能作为贷款分类的参考因素。

延伸阅读 6-1

我国征信体系的建立与发展

1. 征信体系概述

(1) 征信体系的相关概念。征信是指为信用活动提供的信用信息服务，实践中表现为专业化的机构依法采集、调查、保存、整理、提供企业和个人的信用信息，并对其资信状况进行评价，以此满足从事信用活动的机构在信用交易中对信用信息的需要，解决借贷市场信息不对称的问题。

征信体系指由与征信活动有关的法律规章、组织机构、市场管理、文化建设、宣传教育等共同构成的一个体系。征信体系的主要功能是为借贷市场服务，但同时具有较强的外延性。

(2) 征信体系建设的重要意义。现代市场经济是一种信用经济，商品流转、资金融通都离不开信用。市场经济体系的建立必须以完善的社会信用体系为基础。

征信体系建设是社会信用体系建设的核心环节。其主要作用是通过提供信用信息产品，使金融交易中的授信方或金融产品购买方能够了解信用申请人或产品出售方的资信状况，从而防范信用风险，保持金融稳定；同时，通过准确识别企业、个人身份，保存其信用记录，有助于形成促使企业、个人重视保持良好信用记录的约束力。有没有完善的征信体系，是金融体系是否有坚实的基础和市场经济是否走向成熟的重要标志，可以说，征信体系是现代金融体系运行的基石，是金融稳定的基础，对社会诚信建设具有非常深远意义。

2. 企业和个人信用信息基础数据库建设的基本情况

企业和个人信用信息基础数据库是我国征信体系的基础设施。其基本目标是为每一个有经济活动的企业和个人建立一套信用档案。首先从商业银行入手采集企业和个人的贷款、信用卡交易记录和结算账户开户信息，为商业银行的信贷决策提供查询服务；其次逐步扩大信息采集范围，并在法律法规规定的范围内为社会提供服务。

(1) 企业信用信息基础数据库的建设情况。企业信用信息基础数据库的前身是“银行信贷登记咨询系统”，始建于 1997 年，2002 年初步建成投入运行。该系统采用地市、省市和全国三级数据库体系。主要从商业银行等金融机构采集企业的基本信息、在金融机构的借款、担保等信贷信息，以及企业主要的财务指标，全国各商业银行与该数据库联网查询。

(2) 个人信用信息基础数据库的建设情况。2004 年年初人民银行加快了个人信用信息基础数据库的建设。该数据库主要从商业银行等金融机构采集个人的基本信息、开立结算账户信息、在金融机构的借款、信用卡、担保等信贷信息，并将个人在全国所有商业银行的这些信息汇集到其身份证号下。

个人信用信息基础数据库由人民银行组织各商业银行共同建立。数据库采用全国集中模式，各商业银行每月向数据库报送数据，数据库将数据整合后向商业银行提供实时的查询服务。

3. 构建中国特色征信体系的思考

推动我国征信服务业健康有序地发展，当务之急是要做好以下工作：

(1) 加快制定征信法规。一类是有关征信业管理的法规，另一类是有关信息披露的法规。

(2) 加快征信机构体系建设征信机构体系建设，要适应我国市场经济发展要求。大型征信机构的形成，从世界范围内看，有两种模式：一是由政府部门主导建设的公共征信机构，发挥政府推动作用；二是在市场竞争中逐步形成。

(3) 加强征信市场监管（主要内容一是市场准入；二是征信业务的规范）。

(4) 加快全国企业和个人信用信息基础数据库建设。

(5) 强化征信服务和金融机构的内控机制。

(6) 推进征信行业的标准化建设。征信行业的标准化包括信息标识的标准、信息分类及数据格式的编码标准以及安全保密标准。标准化建设的原则是少而精。

本章小结

1. 银行贷款是商业银行或其他信用机构（即贷款人）按照一定的贷款原则和政策，以还本付息为条件，将一定数量的货币资金使用权转让给资金需求者（借款人）使用的信用活动，也是一种借贷行为。

2. 贷款业务是商业银行最重要的资金运用业务，商业银行贷款按不同分类方式可分为不同的种类。

3. 商业银行经营贷款业务时，要对借款人进行信用分析，信用分析通常借助于“6C”分析法，即分析借款人的品质（Character）、能力（Capacity）、资本（Capital）、担保品（Collateral）、经营环境条件（Condition）、事业发展的连续性（Continuity）。

4. 商业银行的主要贷款业务包括信用贷款、担保贷款、票据贴现、消费信贷等。

5. 根据中国人民银行制定的《贷款风险分类指导原则》，贷款可分为正常贷款、关注贷款、次级贷款、可疑贷款、损失贷款。其中，前两类属于正常或基本正常贷款，而后三类则已出现明显的问题，属于不良贷款。

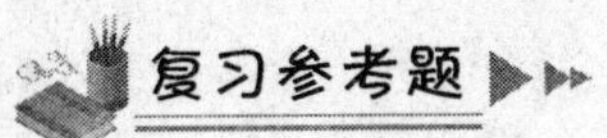

1. 名词解释。

银行贷款　贷款管理责任制度　审贷分离制度　信用贷款　担保贷款　票据贴现　消费信贷　正常贷款　关注贷款　次级贷款　可疑贷款　损失贷款　征信体系

2. 商业银行贷款的种类有哪些？

3. 商业银行贷款的原则是什么？

4. 贷款管理的基本制度有哪些？

5. 信用分析的方法和内容有哪些？

6. 消费信贷主要有哪几种？

7. 如何进行贷款的评级和不良贷款的识别？

第七章　商业银行中间业务

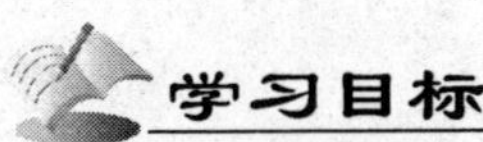

学习目标

商业银行中间业务已经成为其支柱性业务，在为商业银行带来巨大利润的同时，自身也得到了很好的发展。但是伴随其快速的发展，商业银行中间业务风险也越发不容忽视。

1. 知识目标

※熟练掌握巴塞尔协议和我国中间业务的定义、熟悉中间业务相关概念的界定；

※熟练掌握中间业务的分类（中国人民银行《商业银行中间业务管理暂行规定》中的分类）；

※熟练掌握中间业务的特征和其变化趋势；

※掌握中间业务产生发展的原因、作用和风险。

2. 能力目标

※掌握中间业务的主要种类。

案例导入 7—1

表 7—1 是根据我国 10 家上市银行年报，汇总的 2006—2012 年，其中间业务收入在营业收入的占比情况，阅读并思考。

表 7—1　　10 家上市银行 2006—2012 年中间业务收入在营业收入的占比

	2006 年	2007 年	2008 年	2009 年	2010 年	2011 年	2012 年
工商银行	9.00	13.43	14.21	17.82	19.13	21.37	19.10
农业银行	—	—	—	—	15.88	18.20	17.74
中国银行	9.81	15.21	17.50	19.78	19.70	19.70	19.10
建设银行	9.00	14.20	14.30	17.80	20.30	21.80	20.29
交通银行	6.95	11.53	11.53	14.08	13.89	15.40	14.17
招商银行	10.15	15.72	14.00	15.54	15.87	16.25	14.71
民生银行	5.90	9.50	13.60	11.10	15.10	18.30	19.90

续 表

	2006 年	2007 年	2008 年	2009 年	2010 年	2011 年	2012 年
兴业银行	3.20	6.90	10.00	10.11	11.00	14.80	17.06
浦发银行	3.00	4.40	5.19	5.99	8.12	9.89	10.54
华夏银行	3.02	3.16	4.67	6.00	5.90	8.90	10.17

资料来源：根据 10 家上市银行年报汇总。

注：1. 表中数字的单位为%，其含义是中间业务收入在营业收入的占比。

2. 中国农业银行上市时间较晚，故无 2006—2009 年年报。

请思考：

在 10 家主要上市银行的中间业务收入占比中，工、中、建等传统大行，中间业务占比 6 年翻了一番，以民生、兴业等为代表的中小股份制商业银行中间业务占比呈几何式增长，与之相比我们注意到，中国最佳零售银行之一的招商银行，是 10 家中唯一一家该指标未翻番的银行，在激烈的市场竞争中，市场被摊薄是重要原因之一。在学习中可以进一步收集资料，了解相关银行中间业务详细情况，以及各类中间业务，如银行卡类、结算类、代理类、担保类和投资类在中间业务收入中的占比等。

案例导入 7—2

下文是关于中间业务的一个微观案例，也许就发生在我们身边，阅读并思考。

近几年，时常听闻有储户投诉："去到银行，理财经理说是帮我理财，结果发现买的都是保险。""本来准备定期存 5 年，银行理财经理尽力说服我，说如果我投他们的理财产品，利息肯定要比定期的高，结果最后买的又是保险。"这种"存款变保单"的遭遇近几年经常见诸报端。事实上，除了"将保险产品当理财产品卖"，很多银行的保险销售人员利用消费者对银行的信任，以高收益为诱饵，"忽悠"消费者先买产品，但却未告知若提前支取算是提前退保，消费者要承担一定损失。

例如，陈先生去银行存款，银行柜台人员表示，现在市场行情不好，可以考虑有稳定收益的分红险，并向陈先生推荐了当时正在代销的某保险公司××分红险。陈先生表示，"当时销售人员告诉我，总共需要缴费 5 年，每年交 1 万元，缴完后每年有稳定分红，放得越久收益越高。当时小孩才 5 岁，觉得这种每年分红的产品可以当作小孩的教育储蓄金，而且我当时反复向那位业务员确认在交满 5 年后是否就可以自由支取并拿回本金，她每次回答都是非常肯定是可以的。本来满心期待交完 5 年就可以拿回本金了，结果现在才知道，买满 5 年后拿钱竟属于提前退保。"

这就意味着，陈先生在 5 年的缴费期满时想支取全部金额，不仅拿不到自己的本金 5 万元，而且只能拿到保单现金价值 47320 元，累计红利保额现金价值为 804.92 元，最终红利为 289.37 元，三者相加比本金 5 万元还要损失 1585.71 元，与当初销售人员承诺的相差甚远。

对于这样的案例是近年来银保销售过程中非常典型的销售误导行为。有业内人士指出，自从银保新政推出，在银行销售保险产品的主力军自然成为银行的业务人员，银行相关业务人员对于保险产品的专业知识不够，在巨大的销售压力下，拼命向储户推荐预期收益高的产品，不是故意误导就是无知误导。

请思考：

近年来我国商业银行中间业务有了较大的发展，发展过程中也存在不少问题。商业银行应该在开展中间业务，特别是开展较高风险中间业务的过程中，建立风险内控机制，明确其权限范围、规范其操作流程，以实现银行的持续稳健经营。

第一节 商业银行中间业务概述

一、中间业务的定义

（一）巴塞尔协议中间业务定义

巴塞尔委员会将中间业务表述为表外业务。巴塞尔协议委员会将银行业务分为资产业务、负债业务和表外业务（Off Balance Sheet Activities，OBSA）。表外业务是指银行从事的除资产负债业务以外的其他业务。

巴塞尔协议将表外业务分为狭义的表外业务与广义的表外业务。所谓的狭义表外业务是指不涉及资产负债表内金额变动，不在资产负债表反映，但一定条件下会转变为表内资产和负债业务或转变为或有资产、或有负债的业务。狭义表外业务主要包括担保业务、贷款承诺业务、金融衍生业务、投资银行业务等。所谓广义的表外业务包括所有不在资产负债表中反映的一切业务，包括金融服务类表外业务和或有项目类表外业务。或有债权、或有债务类表外业务即狭义的表外业务；金融服务类表外业务是指能为银行带来服务性收入而不会影响银行表内业务质量的业务，主要包括结算业务、代理业务、信托业务、租赁业务、银行卡业务、咨询业务等六大类业务。

（二）我国对中间业务的定义

2001 年 6 月中国人民银行颁布《商业银行中间业务暂行规定》。该规定将中间业务表述为不构成商业银行表内资产、表内负债，形成银行非利息收入的业务。从人民银行对中间业务定义来看，其范围等同于巴塞尔协议所定义的广义表外业务。

中国人民银行从监管考虑，将中间业务划分为适用备案制的中间业务（指不形成或有资产、或有负债的中间业务），适用于审批制的中间业务（包括与证券、保险业务相关的中间业务及形成或有资产、或有负债的中间业务），详见表 7－2。

表 7—2　　审批制、备案制中间业务品种

适用审批制的中间业务品种	适用备案制的中间业务品种
1. 票据承兑	1. 各类汇兑业务
2. 开出信用证	2. 出口托收及进口代收
3. 担保类业务，包括备用信用证业务	3. 代理发行、承销、兑付政府债券
4. 贷款承诺	4. 代收代付业务，包括代发工资
5. 金融衍生业务	5. 委托贷款业务
6. 各类投资基金托管	6. 代理政策性银行、外国政府和国际金融机构贷款业务
7. 各类基金的注册登记、认购、申购和赎回业务	7. 代理资金清算
	8. 代理其他银行银行卡的收单业务，包括代理外卡业务
8. 代理证券业务	9. 各类代理销售业务，包括代售旅行支票业务
9. 代理保险业务	10. 各类见证业务，包括存款证明业务
	11. 信息咨询业务，主要包括资信调查、企业信用等级评估、资产评估业务、金融信息咨询
	12. 企业、个人财务顾问业务
	13. 企业投融资顾问业务，包括融资顾问、国际银团贷款安排
	14. 保管箱业务

资料来源：中国人民银行《商业银行中间业务管理暂行规定》，2001 年 6 月。

（三）中间业务相关概念的界定

出于会计核算的考虑将商业银行中间业务分为狭义的中间业务和广义的中间业务。简单来说，广义的中间业务等同于广义的表外业务，包括狭义的中间业务和狭义的表外业务。

表外业务是指那些未列入资产负债表，但同资产负债表内业务联系密切，并在一定条件作用下会转变为表内资产业务和负债业务的业务活动。商业银行的表外业务可分为三大类：第一类为担保或类似的或有负债业务；第二类为承诺类业务；第三类为金融衍生工具交易业务，主要包括远期、期货、期权及互换等金融衍生工具的交易活动。

从业务内容上看，表外业务主要指银行以中间人的身份提供的一些非资金方面的服务，通过这些服务，既能保证某些交易能够顺利完成以及某些经济活动的顺利进行，同时银行也可以获得一定的手续费收入。实际上，表外业务只是中间业务的一部分，是与信用业务有关的那部分中间业务，表外业务除可为银行创造中间性服务业务收入外，还可直接改善银行表内资产负债业务的质量，降低银行经营管理方面的风险，因而成为商业银行提高经营管理水平、防范各类风险的重要手段和方法。广义的表外业务指所有不在资产负债表中反映的业务，包括金融服务类表外业务和狭义的表外业务。

狭义的表外业务是指发生时不进入商业银行的资产负债表，将来有可能进入银行的资产负债表的业务，属于或有资产或者或有负债。这些业务虽不在资产负债表内反映，但在一定的条件下会转变成资产、负债业务，因此需要在表外反映、核算、控制和管理。

商业银行广义的中间业务等同于广义的表外业务，它可以分为两大类：狭义的中间业务和狭义的表外业务。日常工作中我们所说的中间业务是中国人民银行规定的广义的中间业务，而表外业务又是指从会计准则的角度反映的狭义的表外业务（见表7—3）。

表7—3　　有关中间业务的几个概念

广义的中间业务＝广义的表外业务＝收费业务＝资产负债表以外的业务	
狭义的中间业务	狭义表外业务
永远不进入银行的资产负债表，不属于或有资产或者或有负债	发生时不进入银行的资产负债表，将来有可能进入银行的资产负债表，属于或有资产或者或有负债
办理时银行不承担风险	银行需要承担一定的风险

资料来源：周好文、何自云《商业银行管理》，北京大学出版社2008年出版。

狭义的中间业务和狭义的表外业务之间既有共同点又有区别，极易混淆。

共同点是：两者都不在资产负债表中反映，从这一点来讲狭义的中间业务也属于银行的表外业务。二者的部分业务都不占用银行的自有资金，银行在开展这些业务的过程中，以中间人的身份出现，取得的收入主要是服务费、手续费、管理费等。

区别是：狭义的中间业务永远不进入金融机构的资产负债表，不是或有资产和或有负债，所有这类业务都属于传统业务，风险小；而狭义的表外业务只是在发生时不进入金融企业的资产负债表，而在将来有可能进入银行的资产负债表，影响到其表内资产负债，是银行的或有资产和或有负责，银行在开展这类业务时要承担一定的风险。商业银行在从事狭义中间业务时，仅是以中间人的身份为企业和个人提供诸如转账、代收代付、代客买卖外汇等业务，银行在从事狭义表外业务的时候，不仅以中间人的身份为客户提供各类服务，在提供某些业务时还会参与其中，从而引起银行资产负债表内业务的改变，所以又称狭义的表外业务为或有资产和或有负债业务。

狭义的中间业务与狭义的表外业务有时因为存在交叉的业务内容而使它们的界限很难区分清楚。例如，银行为客户提供票据承兑业务时，不仅要以中间人的身份提供中间性服务，而且还要以自己的信用为客户提供相应的付款担保，如若票据到期客户无法付款，银行就要承担连带付款责任。银行在开展此项业务时，必须首先考虑到诸如此类的问题，会事先调查客户的支付能力或者要求客户提前将款项存入银行，以此来避免可能发生的损失，获得相关的手续费收入。

二、商业银行中间业务分类

商业银行中间业务大体可按以下三种方式进行分类。

（一）根据经营范围和业务性质分类

按商业银行经营范围和业务性质，根据人民银行《商业银行中间业务管理暂行规定》有关问题的规定，我国商业银行中间大致可以分为六类：①结算类中间业务，包括国内外结算，例如汇款、托收、资金清算业务等；②代理类中间业务，包括代理证券业务、代理保险业务、代理政府等机构委托、代收代付等；③担保类中间业务，包括各种担保、备用信用证、承兑等；④承诺类中间业务，包括贷款承诺等；⑤交易类中间业务，例如远期外汇买卖、外汇期货、外汇期权、外汇掉期等；⑥其他中间业务，如投资基金托管业务、信息咨询、财务顾问、保管箱业务等。

表 7—4 为我国商业银行主要中间业务品种。

表 7—4　　我国商业银行主要中间业务品种

业务种类	业务内容
1. 结算类中间业务	国内外结算，例如汇款、托收、资金清算业务等
2. 银行卡类业务	贷记卡业务、借记卡业务等
3. 代理类中间业务	代理证券业务、代理保险业务、代理政府等机构委托、代收代付等
4. 担保类业务	包括各种担保、备用信用证、承兑等
5. 承诺类中间业务	贷款承诺等
6. 交易类中间业务	远期外汇买卖、外汇期货、外汇期权、外汇掉期等
7. 投资基金托管业务	封闭式、开放式证券投资基金托管业务和其他基金托管业务
8. 咨询类中间业务	企业信息咨询、资产管理顾问、财务顾问等
9. 其他中间业务	保管箱业务等

资料来源：根据中国人民银行 2001 年 6 月颁布的《商业银行中间业务暂行规定》汇总整理。

（二）根据收入来源分类

按收入来源来划分是目前国际上最常见的划分中间业务种类的形式。美国银行业根据收入来源，一般将中间业务分为以下类别：信托业务，指信托部门产生的服务收入；投资银行业务，指证券承销、企业并购及重组等中间业务活动而产生的收入；存款账户服务业务，包括账户开销及日常维护而收取的收入等，如开户费、销户费、账单收费等；手续费类收入，包括信用卡收费、抵押贷款再融资服务收费、共同基金和年金的销售、POS 收单收入、自动提款机（ATM）提款收费等；其他手续费类收入，包括数据处理服务费、各种资产出售收益等。

（三）根据交易内涵分类分类

根据交易内涵的不同中间业务可分为三类：信用交易类中间业务、风险型中间业务和收费类中间业务。其中，前两类中间业务都具有一定的风险性。

信用交易类中间业务：是指银行出售信用以获取直接利息收益或通过收取费用获得手

续费收入并从而承担风险的中间业务活动，这类业务是对传统存贷业务在时间上或空间上加以分割或组合而形成的信贷衍生业务，如对外担保业务、承诺业务、授信业务、信托业务等。此类中间业务的特点是以固定收益为常态，只有在信用缺失时才会有所损失。

风险型中间业务：它是银行承担直接风险以换取利益的业务。不经过信用交易的中介，其主要的利益在于套期保值，以直接介入风险交易为代价在总体上降低或抵消风险，如金融期货合约、金融期权、货币利率交换、远期利率协议等。此类中间业务一般与衍生金融产品相关，其特点是损失和收益都是资金活动的产物，收益和损失通常难以预料。

收费类中间业务：包括收取结算手续费、咨询业务、经纪业务、中介代理业务、劳务业务、信用卡业务中的服务性收费业务。它的特点是无风险、无信用交易，主要是通过技术或劳务服务而收取的费用。

三、中间业务的特点

（一）中间业务的一般特点

商业银行发展中间业务一般是在负债业务、资产业务的基础上，利用资金以及信誉、技术、机构网络、信息等方面的优势，以中间人和代理人的身份，不运用或较少运用自己的资财，向客户提供各类金融服务并收取一定费用的经营活动。一般而言，其主要具有以下特点。

1. 不运用或不直接运用自己的资金

在办理中间业务时，商业银行往往以中间人或代理人的身份出现，一般并不运用或不直接运用自己的资金。

2. 不承担或不直接承担经营风险

商业银行在办理中间业务时，由于其中间人或代理人的身份，其往往并不承担因业务本身经营而产生的风险或不直接承担经营风险。

3. 通过收取手续费的方式获得收益

商业银行办理中间业务时其回报通常会以手续费收入的形式体现。在中间业务运作过程中，商业银行由于不是直接作为投资主体，因此，也就无法以投资收益的形式获得收益；同时，由于商业银行在办理中间业务时不是直接作为信用活动的一方，因此也就无法以利差的形式获得收益。作为代理人或中间人，商业银行在中间业务中只能以手续费的形式获得收益，这是中间业务的一个重要特征。

4. 商业银行中间业务产品是一种固化了商业信誉的金融产品，而不仅仅是一种单纯的金融产品

中间业务的开展是以银行的信誉为基础，而金融服务产品的开发又反过来进一步提高了银行的信誉。此外，在研制中间业务品种时，还应考虑是否能被市场接受，得不到社会认可的中间业务不具有生命力。

（二）中间业务特点的变化趋势

近年来，随着商业银行外部监管的放松、电子及信息技术的进步以及商业银行中间业

务内容本身的不断丰富和发展，商业银行中间业务的特点也随之发生了相应的变化，主要体现在以下两方面。

1. 商业银行由不运用银行自身的资金向商业银行垫付资金转化

商业银行在办理部分中间业务时，往往需要垫付一定比例的资金。例如，代理融通业务，其本质虽然是一种委托代理业务，但商业银行在具体办理时却需要垫付一笔资金，而且这种垫资往往具有融资性的特点，体现出信用业务的相关特征。

2. 商业银行由不承担风险向承担风险转化

随着商业银行在中间业务领域的创新，中间业务品种不断增加，部分中间业务产品越来越多体现出一定的风险，如商业银行为客户办理承诺担保业务，如客户到期无法履约，商业银行就须承担付款等相关责任，存在一定的资金风险和信用风险。随着次贷危机的爆发，以 CDO（担保债务凭证）、CDS（信贷违约掉期）为代表的创新金融衍生产品所带来的风险引起了越来越多国家的重视和思考，这种摧毁美国雷曼公司的金融衍产品所引起的金融风暴，使人们认识到现代中间业务已经发生了巨大的变化，在认识中间业务的时候不能只是关注到它所能带给银行的高收益和经验范围领域的拓展，同时也应该注意到它的隐蔽性和可能带来的潜在风险。此外，商业银行在中间业务办理过程中，还存在由接受客户的委托向银行出售信用转化、由不占用或不直接占用客户资金向占用客户资金转化等特点。

第二节　商业银行中间业务的产生与发展

一、中间业务产生和发展原因的理论

（一）“规避监管效应”假说

规避是指对各种规章制度（包括监管政策及相应法规）的限制性措施实施回避。Pennachi（1998）的规避监管税收效应假说指出，受储蓄存款市场激烈竞争以及提取存款准备的影响，商业银行表外业务已成为表内业务直接信用的替代工具。商业银行发展中间业务，能够避免因持有无利息收入的现金准备而导致的利息损失，从而节省融资成本。此外，国外其他学者的研究也认为，监管当局对于商业银行资本充足性的要求及对贷款潜在损失的监管使商业银行的表内业务存在税收方面的劣势，从而促使商业银行表外业务得以快速增长。规避监管效应假说认为，商业银行发展中间业务，能够避免因发展负债业务（如吸收存款业务）而支付利息，避免因持有无利息收入的现金准备而导致的利息损失，从而节省融资成本；能够避免由于发展资产业务（如发放贷款业务）而带来的潜在损失，能够规避由于贷款发放而带来的资本充足性等监管要求。商业银行发展中间业务很大程度上是因为规避由于监管而带来的税收劣势，或者讲，为了获得更多的税收利益，商业银行更倾向于发展不受监管约束的或约束相对较少的中间业务，从而激发了商业银行中间业务的飞速增长。

（二）“风险分担”假说

Benveniste 和 Berger（1987）认为，商业银行中间业务活动与银行的风险管理相关。商业银行通过发展表外信用，在某些情况下可改善商业银行的风险分担机制，降低了商业银行的风险。由于商业银行是经营和管理风险的企业，这一情况也在一定程度上激发了商业银行发展中间业务的积极性。此项假设为商业银行金融衍生类中间业务产生和发展有重要依据。

（三）财富增长理论

财富增长创新理论（该理论的代表人物是格林包姆和海沃德）认为，随着经济的发展，人们的财富快速增长，金融需求日益旺盛，社会公众对保值、增值及避险等新金融工具和金融业务提出了更多的需求，作为供给方的商业银行必须为客户创造比一般储蓄业务收益更多、更方便灵活、更丰富多样的理财产品，以满足客户的需要。因此，财富的增长必将带动商业银行中间业务的发展，这是一个相互促进且不断循环的过程。该理论最大的贡献是从需求角度探讨商业银行的中间业务创新，财富增长创新理论为商业银行信用卡业务、理财类业务等中间业务的创新及发展提供了理论依据。

（四）货币促成理论

货币促成创新理论（代表人物为弗里德曼）认为，金融企业进行以中间业务为代表的金融业务创新活动，主要是由货币方面的因素促成的。自 20 世纪以来，随着经济的全球化，社会资金在全球范围内流动，在国际货币体系中，浮动汇率制度成为主要的汇率制度，加剧了世界性的通货膨胀，为了抵御通货膨胀和各国由于汇率、利率波动造成的冲击，自 20 世纪 70 年代以来，相继出现了与物价指数挂钩的公债、外汇期货及期权、浮动利息票据或债券等对汇率利率和通货膨胀率具有高度敏感性的中间业务产品，以满足人们在不稳定的货币环境里使自身货币或财富保值、增值，取得相对稳定收益的要求。货币促成创新理论指出了商业银行中间业务与货币之间关系，该理论为商业银行衍生类中间业务的发展提供了理论依据。

（五）TRICK 模型

该模型的公式为：

TRICK＋Rational Self Interest＝OBSA＋Securitization

将该模型翻译，可用以下公式表达：

TRICK＋理性自我利益＝表外业务（中间业务）＋证券化

该模型产生于美国西北大学，1987 年 2 月，美国西北大学召开“存款机构资产证券化和中间业务发展与风险”的研讨会，与会学者对中间业务和证券化产生和发展的原因进行了总结，并以模型形式加以表述。该模型表明，中间业务和证券化来自于理性自我利益，同时也是由 TRICK 驱动的，其中，TRICK 中的五个字母分别代表技术（Technology）、管制（Regulation）、利率风险（Interest）、为争取顾客所进行的竞争（Competition for Customers）及资本充足率（Capital Adequacy，德语中 Capital 的首写字母为 K）。OBSA 是 Off Balance Sheet Activities 的缩写。促进商业银行中间业务产生和发展的动因，即有内在的动力，也有外部的压力。内在的动力来自商业银行追求自身利益最大化的要求，包括尽可能取得最大收益、尽可能减少风险损失、尽可能赢得更多的客户等。外部压力来自监管、竞争及市场等各个方面，包括利率汇率、同业竞争等市场风险，也包括金融监管当局存款准备金要求、最低资本要求等。在上述情况下，商业银行为摆脱困境、实现自身的目标，必然会试图通过发展中间业务来取得生存和发展。

规避监管税收效应假说、风险分担假说假说、竞争市场模型、财富增长理论、货币促成理论均从某一个角度，讲明了商业银行中间业务产生与发展的动因，从某个角度而言，均有一定的合理性，但也均存在不全面的问题，不能单独完全解释商业银行中间业务迅猛发展的原因所在。随着时间和情况的变化，上述假说及理论，所假定或依据的条件也发生了一定变化，从而对上述理论或假说更造成了一定的冲击，如20世纪90年代以来西方发达国家纷纷按照加权风险资产比率标准对表外风险项目采用100%的转换系数，中间业务所谓的税收优势不复存在，在这种情况下，规避监管税收效应假说的不足便更显得尤为突出。

比较而言，TRICK模型相对较为全面，该模型中所列举的理性的自我利益、技术、管制、竞争、利率、资本充足率要求等相关动因，将商业银行内外两大方面的因素均进行了描述，有助于人们全面了解商业发展中间业务的理由、现在的轨迹以及将来可能的方向，但由于TRICK模型主要是为西方发达国家的商业银行而设计构架的，其条件假设中还存在一些隐含的环境等相关要素或外部条件，而这些条件并不是任何一个国家所都具备的，因此如果把这些隐含或未示的因素纳入模型，该模型将会更加完善。此外，如再进一步将其他相关理论中的精华部分选择加入，如汇率风险、通胀风险、财富效应等作为重要的因素纳入TRICK模型，该模型将会更加完美，使之可以解答商业银行中间业务产生与发展的绝大部分动因。

二、商业银行发展中间业务的作用

与资产业务、负债业务一起构成银行业三大业务支柱的中间业务已经成为商业银行竞争的焦点领域以及商业银行的效益增长点。中间业务比传统的资产负债业务风险小、收益相对稳定且成本低、可以改善并优化商业银行传统的以存贷收入为主的收入结构，提高商业银行的多元化服务能力和综合服务水平进而提高其综合竞争实力。商业银行中间业务的发达程度以及中间业务收入占比一定程度上反映了商业银行的经营是否稳健、是否具有市场竞争力、银行的产品创新能力和风险内控水平等。大力拓展中间业务有助于我国商业银行在不改变资产负债总额的情况下扩大资金运用，进而降低资金成本，优化负债结构，扩大银行的非利息收入来源并实现非利息收入的持续稳定增长。

（一）中间业务风险小，有利于风险管理

因为中间业务不直接进入商业银行的资产负债表，风险较小，发展中间业务以为商业银行提供有力的风险管理工具。办理中间业务的过程中，商业银行不直接作为债权债务人，即使对于部分中间业务所产生的或有资产和或有负债，其风险也是较小的，发展中间

业务有助于改善商业银行资产负债结构，优化收入结构，提高中间业务收入占比。金融衍生类中间业务的风险相对比较大，因而其带来的中间业务收入也是比较多的，发展该类中间业务可以为商业银行带来许多优势，不仅有助于商业银行提高资产负债的管理能力以及风险防范能力，而且为商业银行的自身风险管理提供了有力的工具和手段。

在商业银行中间业务的发展过程中风险管理理论起到了理论指导和促进作用。①传统的中间业务无风险，其他中间业务也风险较低，要想规避整体风险，最好的办法就是减少和避免从事高风险的传统业务，增加低风险甚至无风险的中间业务，以此来达到降低整体风险的目的。②加大中间业务在商业银行业务中的占比，以增加无风险和低风险业务的权重，减少高风险业务的权重，根据风险分散理论，即可达到降低整体风险的目的，因为风险分散理论认为：整体风险系数为组合中各项业务风险的加权平均数，低风险业务所占比重越大，整体风险系数越小。③在商业银行资产证券化过程中，将风险转嫁给市场主体后，市场主体为了减少或规避风险必然要寻求商业银行的各种咨询或担保服务，这自然而然会推动商业银行开展与资产证券化相关的中间业务。总的来说，中间业务的拓展完全符合风险管理理论的主要思想。

（二）中间业务收入成本低，有助于提高银行收入水平

商业银行在提供中间业务时，不动用或较少运用自有资金，有助于降低经营成本。非利息收入构成中间业务收入的主体，使其不受存贷利率波动影响。中间业务收入遭受客户违约损失的概率和影响是非常小的。由此可见，大力拓展中间业务，提高中间业务收入占比可以为商业银行带来低成本的稳定收入，有利于改变商业银行的收入结构，提高商业银行的收入水平及竞争力。

（三）中间业务优化了商业银行的服务功能

企业和个人对企业理财、个人理财、咨询、外汇买卖、证券买卖等金融服务和金融产品的需求日益增大，要求日益提高。商业银行开展中间业务，除了提供传统的存贷款业务、银行卡以及结算业务外，还能根据企业和个人的需求，提供多方位多层次个性化的金融服务。西方绝大部分商业银行已经能提供包括银行、保险、证券、信托，甚至工商流通领域等方面的中间业务产品。随着西方商业银行混业经营的加速和金融全球化趋势的加强，新技术在中间业务创新中的应用已屡见不鲜，中间业务日益成为各商业银行显示服务功能和综合实力的关键领域。

三、商业银行中间业务风险

中间业务产品往往是不同金融产品的组合和衍生，由于其透明度较差，现有的会计信息很难全面反映中间业务的规模与质量，致使金融监管机构难以了解银行的全部业务范围并评价其经营成果，难以对银行中间业务活动进行有效的监督和管理。再加上许多中间业务的开展没有金融法规的严格限制，尤其是金融衍生工具类中间业务，大多数不需要相应的资本准备金，只要交易双方认可就可达成业务协议，极易刺激业务的扩张，造成巨大风险。

中间业务并不总是可以提高商业银行的经营绩效。中间业务对 ROE 的影响主要取决于被考察的商业银行自身对于发展中间业务种类的偏好。结算和支付业务占比大的商业银行，经营风险相对较小，经营绩效波动性比较低，但也可能由于业务成本的增加导致总收益减少；银行卡、担保类和客户自身对市场走势判断的准确性，这部分产品历来是国外承诺类业务具有信贷风险性特征，又不纳入资产负债表，可以产生杠杆效果扩大收益，但是如果对于风险把控不到位产生的损失也将具有杠杆效应；托管类和咨询类也对于商业银行的操作风险提出了更高的要求，如果银行管理机制不健全、信息传递不准确，可能会导致为客户提供的服务不到位甚至起到相反作用；交易类中间业务可能带来的风险大大超过了其他中间业务，金融衍生产品到底给商业银行带来的是收益还是损失，这取决于银行以及客户自身对市场走势判断的准确性，银行最青睐的部分，创新最积极、创新产品最丰富，但是出现风险最多，监管最复杂，如果对其创新监管不到位，过度创新则会导致严重的后果。

商业银行在中间业务经营过程中必须遵守安全性原则。商业银行应该在开展中间业务，特别是开展较高风险中间业务的过程中，建立风险内控机制，进一步强化风险管理和内部控制的各项措施，明确其权限范围，规范其操作流程，加快风险量化技术的开发应用，从根本上提高风险识别及预警和控制能力，以实现银行的持续稳健经营。

第三节　商业银行主要的中间业务

一、支付结算业务

（一）支付结算的意义与原则

1. 支付结算的意义

结算是经济活动中的货币收付行为。由于结算是随着商品、货币及信用的发展而发展，并借助于货币来实现的，因此又称作“货币结算”。在市场经济条件下，它可以分为现金结算和转账结算。当货币作为支付手段发挥职能作用时，就发生了转账结算和票据流通。因此，现金结算和转账结算是货币结算的两种形式，它既是各部门、各单位日常进行的一项经济活动，也是金融机构的一项主要业务。所以，支付结算是指单位、个人在社会经济活动中使用票据、信用卡和汇兑、委托收款、托收承付、信用证等结算方式进行货币给付及其资金清算的行为。

2. 支付结算的原则

结算实行集中统一和分级管理相结合的管理体制。银行根据经济往来组织结算，准确、及时、安全办理结算，按照有关法律、行政法规和结算办法管理支付结算，以保障支付结算活动的正常进行。单位、个人和银行也应当按照《银行账户管理办法》的规定开立、使用账户，并按票据、结算办法的有关规定进行操作。单位、个人和银行办理支付结算必须遵循下列原则：

(1) 恪守信用，履约付款。恪守信用，履约付款，就是单位间经济往来和资金清算必须建立在信用和合同（协议）的基础上。结算的当事人必须依法承担义务和行使权利，履行付款义务，并按照双方约定的付款金额和付款日期进行支付。

(2) 谁的钱进谁的账，由谁支配。商业银行是资金清算的中介。办理结算时，必须遵循委托人的意愿，保证将所收款项支付给委托人确定的收益人，以保护客户的合法权益，保护客户对其资金的自主支配权，除法律规定者外，银行拒绝为任何单位或个人扣款，也不得随意停止单位、个人存款的正常支付。对在结算中收付双方发生的经济纠纷，应由其自行处理，或者向仲裁机关，人民法院申请调解或裁决。只有做到谁的钱进谁的账，由谁支配，才能既保证支付结算单位的合法权益，同时又维护了银行的信誉。

(3) 银行不垫款。商业银行在办理结算时，要划清银行与客户之间的资金界限。商业银行只负责客户之间的资金转移，而不能在结算中为客户垫付资金，因此，必须坚持“先付后收，收妥抵用”的原则。

（二）我国现行的支付结算

我国结算制度是20世纪50年代初形成的。在这50多年的历程中，随着经济体制的变化，结算制度和办法也几经变革。改革开放以前的结算方式主要有托收承付、汇兑、信用证、支票、付款委托书和同城托收无承付等。1980年试行了异地委托收款和限额结算方式。1988年中国人民银行颁布了新的《银行结算办法》，于1989年4月1日起实行，对银行结算制度进行了较大改革，推行“三票一卡”，即汇票（包括银行汇票、商业汇票）、本票、支票和信用卡结算方式，并保留和改进了原有的汇兑和委托收款结算方式。1995年国家颁布了《中华人民共和国票据法》，把汇票、本票和支票纳入了国家法律的规范。1997年6月中国人民银行颁布了《国内信用证结算办法》并于1997年8月起实施，即恢复了国内信用证结算方式。

1997年9月中国人民银行颁布了《支付结算办法》，并于当年12月起实施。《支付结算办法》的颁布与实施，不仅把过去的“银行结算”改名为“支付结算”，而且以支付工具为主线，以权利责任为核心，以支付结算行为基础，以票据法律制度为依据，进一步确立和规范了“三票、一卡、四方式”的结算方式，对我国经济和金融业的发展必将起到促进作用。

我国目前的支付结算方式共有九种，这就是：银行汇票、商业汇票、银行本票、支票、信用卡、汇兑、委托收款、托收承付和信用证。当然，这些结算办法并不是固定不变的，也不能说都是尽善尽美的，今后，还会根据客观形势的发展、金融体制改革的深化和管理规范化的要求，不断加以改进和完善。银行会计工作人员要随时了解和学习改革后的新的结算办法，不断改进工作，提高结算效率。

（三）支付结算方式种类

1. 票据业务

票据是指由出票人签名于票上，无条件约定自己或委托他人以支付一定金额为目的的特种证券。约定自己为一定金额的支付，如本票；委托他人为一定金额的支付，如汇票及支票。

票据有广义票据和狭义票据之分。广义的票据包括各种有价证券和凭证。狭义的票据是指约定由债务人按期无条件支付一定金额并可流通转让的有价证券。本节介绍的票据是指狭义的票据，包括支票、本票和汇票。

（1）支票业务。支票是出票人签发的，委托办理支票存款业务的银行在见票时无条件支付确定的金额给收款人或持票人的票据。支票分为现金支票、转账支票和普通支票三种。支票上印有“现金”字样的为现金支票，只能用于支取现金。支票上印有“转账”字样的为转账支票，只能用于转账。支票上未印有“现金”或“转账”字样的为普通支票，可用于支取现金，也可用于转账。在普通支票左上角画有两条平行线的为划线支票，划线支票只能用于转账，而不得支取现金。

（2）本票业务。银行本票是银行签发的，承诺自己在见票时无条件支付确定的金额给收款人或持票人的票据。银行本票又分为定额银行本票和不定额银行本票两种。定额银行本票由中央银行发行，委托各商业银行代办签发和兑付；不定额银行本票由经办银行签发和兑付。

（3）汇票业务。汇票是出票人签发的，委托付款人在见票时或在指定日期无条件支付确定的金额给收款人或持票人的票据。汇票按产生的信用条件不同，可分为银行汇票和商业汇票。由银行信用产生的汇票是银行汇票；由商业信用产生的汇票是商业汇票。

2. 银行卡业务

银行卡是指商业银行向个人和单位发行的，凭以向特约单位购物、消费和向银行存取现金，且具有消费信用的特制载体卡片。

银行卡根据其是否可以透支可划分为信用卡和借记卡。银行卡按发行对象不同分为单位卡和个人卡；按币种不同分为人民币卡和外币卡；按信息载体不同分为磁条卡和芯片卡。

3. 汇兑

汇兑是汇款人委托银行将其款项支付给收款人的结算方式。单位和个人的各种款项结算，均可使用汇兑结算方式。汇兑分为信汇和电汇两种，由汇款人选择使用。信汇是汇款人委托银行用邮寄凭证的方式通知汇入行付款的一种结算方式；电汇是汇款人委托银行用拍发电报的方式通知汇入行付款的一种结算方式。

4. 委托收款

委托收款是收款人委托银行向付款人收取款项的结算方式。

5. 托收承付

托收承付是根据购销合同由收款人发货后委托银行向异地付款人收取款项，由付款人向银行承认付款的结算方式。它是过去计划经济下最主要的异地结算方式，但现在的使用范围已大大缩小了。

6. 信用证

信用证是商业上普遍使用的一种结算方式。信用证是一家银行（开证行）依据其客户

（开证申请人）的请求或指示，向另一人（受益人）开立的一种书面约定，根据这一约定，如果受益人满足了信用证中规定的要求，开证行将向受益人支付信用证中约定的金额。因此可以简单地说，信用证是开证行应开证申请人的请求向受益人所做的一种有条件付款保证。国际上常用的信用证，按照不同的划分方法有不同的种类。

二、代理类业务

（一）代理类业务的意义

自20世纪90年代以来，国内银行业的竞争日益激烈，特别是加入世贸组织后，随着外资银行的进入，中外资银行间的竞争日趋白热化，我国商业银行如何在竞争中立于不败之地，除加强自身的管理外，业务创新也十分重要。代理类业务品种也是近几年客户需求较为集中、商业银行推出最多、发展最快的中间业务品种。

代理类中间业务是指商业银行接受客户委托、代为办理客户指定的经济事务、提供金融服务并收取一定费用的业务，包括代理政策性银行业务、代理中国人民银行业务、代理商业银行业务、代收代付业务、代理证券业务、代理保险业务、代理其他银行的银行卡收单业务等。在代理过程中，客户的财产所有权不变，银行则能充分运用自身的信誉、技能、信息等资源优势，代客户形式监督管理权，提供各项金融服务。在代理业务中，银行一般不动用自己资产，不为客户垫款，不参与收益分配只收代理手续费，因而属于风险度较低的中间业务。但是，低风险不等于无风险，尤其代理证券业务（除代理发行、代理兑付和承销政府债券业务外，其他代理证券业务适用审批制）和代理保险业务这两项的中间业务，银行仍要注意代理类中间业务的风险防范。

（二）代理类业务的风险

在代理业务中，银行一般不动用自己资产，不为客户垫款，不参与收益分配只收代理手续费，因而属于风险度较低的中间业务。但是，低风险不等于无风险，代理类业务一般存在操作风险、法律风险，有时还会出现信用风险。

1. 操作风险

操作风险是由于商业银行电脑系统或内部控制系统的不完整而导致损失的可能性。操作风险主要包括两类：第一类是指在日常经营过程中，由于各类自然灾害或意外事故，如火灾、通信线路障碍、计算机系统障碍、高级管理人员人身意外事故、职员工作差错等，从而给整个机构带来损失的可能性；第二类是指由于经营管理上的漏洞，是管理人员在做决策时出现故意的错误或者非故意的错误，从而给整个机构带来损失的可能性。此外在代理证券业务或者代理外汇买卖业务，业务人员没有及时、正确地领会客户的意图，导致交易失败的话，银行非但不能赚取手续费收入，反而会遭到较大损失。

2. 法律风险

中间业务法律风险是指银行在控制中间业务过程中，因不完善或不正确的意见或文件而造成商业银行利益受损所带来的各种风险。

3. 信用风险

信用风险是指订立合约的一方不能遵照合约按时足额履行约定的可能性。此风险来源于两方面：一是由于客户信用不良引起的风险，表现为中间业务对象由于不守信用，导致服务不能按期获得；二是银行自身的信用问题导致的风险，主要表现为银行在提供中间业务时为了达到某种目的过度的承诺，从而引起风险。

三、担保类业务

担保业务是指商业银行接受交易的一方的申请，收取一定的佣金，承诺当申请人不能履约时由银行承担对另一方的全部义务的行为。银行提供担保时虽不直接占用银行的资金，但当申请人（被担保人）不能按时履行其应尽的义务时，银行就必须代其承担付款等责任，也必然要承受违约风险及相关多项风险，因此担保业务是一项风险较大的表外业务。

银行的担保业务主要有备用信用证、商业信用证等。传统的票据承兑业务也属于担保业务。

（一）备用信用证

备用信用证（Stand by Credit Letter，SCL）业务是指信用等级低的企业在筹资时，为摆脱不利的发行条件的限制，可以向商业银行申请开立备用信用证作为担保发行商业票据，当企业无力偿还本息时，则由发证行承担偿还债务的责任。银行发放备用信用证给企业，实质上使发行企业的信用等级借助于银行的信用从较低的水平提高到一个较高的等级，从而能顺利筹集到资金。

备用信用证按能否撤销可分为可撤销的备用信用证和不可撤销的备用信用证。可撤销的备用信用证是指开证行为保护自身利益，当申请人的财务状况发生不利变化时，可以撤销或修改信用证条款。不可撤销的信用证指开证行不能单方面撤销或修改信用证条款，以保障受益人的权益。不可撤销的备用信用证使发行企业在融资活动中处于更为有利的地位，因此它的佣金要比可撤销的备用信用证高一些。

备用信用证的申请人一般是与银行业务关系稳定的客户，银行很少发生议付，使得银行在几乎不占用自有资金的情况下，仅凭自身信誉就可获得可观的佣金收入。

（二）商业信用证

商业信用证（Commercial Credit Letter）业务是指在国际贸易中，进出口双方签订合同后，进口商请求当地银行开立的一种证书，以授权出口商所在地的银行通知出口商，在符合信用证规定的条件下承兑或付款购买出口商所提交的汇票及单据。

银行开展商业信用证业务，在进出口商之间充当了中间人或保证人的角色，以自身的信誉来为进出口商之间的交货、付款作担保，消除了进出口商之间由于缺乏了解所引起的不信任（即进口商唯恐出口商不按约定发货，不愿先付款；出口商担心进口商不付款或少付款，不愿先发货），一面负责收款，一面负责交单，同时还代客户融通了资金，也产生了信用证结算这种当前国际贸易中最重要、使用最广泛的结算方式。

商业银行开展商业信用证业务，不但提高了进口商的资信度，还可以通过信用证条款来控制出口商的交货日期、单据的种类，保证货物的数量和质量，使对方按约发货有了保障。在申请开证时，进口商只需缴纳部分货款作为押金，实际上获得了银行提供的一笔短期融通资金，减少了流动资金占用。对出口商来说，银行作为信用证第一付款人，付款违约的可能性极小，在最大程度上保障了出口收款。

开证行开立商业信用证所提供的是信用保证，不但不会占用其自有资金，而且进口商交纳的抵押金，在降低垫款风险的同时还为银行提供了一定量的流动资金来源；此外，开证行还能获取开证手续费收入。因此，从银行角度看，商业信用证是一种重要的担保业务，是银行获取收益的一条重要途径。

四、承诺类业务

（一）贷款承诺

贷款承诺（Loan Commitment）是指银行与借款客户达成正式法律契约，在契约有效期内，承诺按照双方约定的金额、利率，随时满足客户的要求向其提供信贷服务，并收取一定的佣金，贷款承诺主要以下列几种方式提供给客户。

1. 信用额度

信用额度（Open Line of Credit）是最常见的贷款承诺之一，一般是客户与银行之间达成的可撤销的非正式协议，银行同意在一定时期内以规定的利率及其他条件向客户提供不超过额度范围的贷款。

2. 备用信用额度

备用信用额度（Stand by Line of Credit）是客户和银行之间达成的不可撤销的正式协议，协议详细规定了银行提供信贷便利的额度、时间、利率及贷款的清算等。在备用信用额度下，客户可在协议期限内多次提取贷款，一次提取贷款并不失去对剩余承诺在剩余有效期内的使用权力，只要历次贷款的总和不超过信用额度即可。然而，一旦借款人开始偿还贷款，已偿还了的部分便不能被再次提用。备用信用额度的期限一般不超过1年。

3. 循环信用额度

循环信用额度（Revolving Line of Credit）也是银行和客户之间达成的不可撤销的正式协议，协议条款明确列明了最高贷款额、协议期限、贷款利率等，客户在协议期限内可多次使用贷款，且已偿还的贷款仍可反复使用，只是客户在某一时点使用的贷款额不超过信用额度总额即可。循环信用额度属于一种中期贷款承诺，期限一般为3～5年。

（二）票据发行便利

票据发行便利（Note-issuance Facilities，NIFS）是指借款人根据事先与商业银行签订的一系列协议，在一定的期限内（通常为5～7年）以自己的名义周转性发行短期票据来进行融资，商业银行则要依照协议负责承购借款人未能按期售出的全部剩余票据，或承担提供备用信贷。票据发行便利是商业银行做出的具体有法律约束力的中期周转性票据发行融资的承诺，为票据发行人（借款人）提供了转期的机会，保障其获得资金的连续性，使其能以较低的短期融资成本取得中长期的资金融通效果。

在票据发行便利中，银行借款者所发行的票据通常是短期存款证，非银行借款者发行的票据通常采取本票的形式。发行的票据是可循环的，大部分期限为3个月或6个月，有时票据期限可长达1年，短至1星期甚至几天。票据的面额很大，销售主要面向机构投资者而非个人投资者。

票据发行便利依据有无包销可分为两类：有包销的票据发生便利和无包销的票据发生便利。

(1) 循环包销便利（Revolving Underwriting Facilities）。它是最早的票据发行便利形式，即在借款人的某一期短期票据推销不出去的情况下，负责包销的商业银行有责任承包销售未如期售出部分的票据，自行提供给借款人同等金额的所需资金。

(2) 可转让循环包销便利（Transferable Revolving Underwriting Facilities）。这是指包销银行在协议有效期内，经借款人同意或根据所签协议的条款，随时可将其包销承诺的所有权利和义务转让给另一家机构，来增加商业银行经营的灵活性和流动性。

(3) 多元票据发行包销便利（Multiple Component Facilities）。这种票据发行便利方式允许借款人以更多的更灵活的方式提取资金，它集中了短期预支条款、摆动信贷、银行承兑票据等提款方式于一身，使借款人无论在选择提取资金的期限上，还是在选择提取何种货币方面都获得了更大的灵活性。

(4) 无包销的票据发行便利是于1984年下半年开始出现的一种NIFS形式。近年来所安排的票据发行便利中，更多的是部分或全部没有包销承诺的。顾名思义，无包销的票据发行便利就是没有“包销不能售出的票据”承诺的NIFS。无包销的NIFS一般采用总承诺的形式，通常安排银行为借款人出售票据。

五、金融衍生工具业务

(一) 远期利率协议

远期利率协议（Forward Rate Agreement，FRA）是一种建立在交易双方对未来一段时间利率走势的预测存在差异的基础上的远期合约。合约的买卖双方先商定未来一定时间段的协议利率，并同时指定一种参照利率，到将来清算日按规定的期限和本金数额，由一方向另一方支付协议利率和清算日参照利率之间差额利息的贴现金额。

远期利率协议主要有以下几种。

1. 普通远期利率协议

普通远期利率协议（Plain Vanilla FRA）即在协议中，交易双方仅达成涉及一种货币的一项远期利率合同，它是其他各类远期利率协议的基础。

2. 对敲的远期利率协议

对敲的远期利率协议（FRA Strip）是指交易者同时买入或卖出一系列远期利率合同的组合，一个合同的到期日与另一个合同的起息日一致，但各个合同的协议利率不相同。这种远期利率协议可以固定每一次短期债务转期时的远期利率，进而提前确定整个相对较

长时期的利率，是一种连续性的套期保值工具。

3. 合成的外汇远期利率协议

合成的外汇远期利率协议（Synthetic FRA in a Foreign Currency）即交易者同时达成协议远期期限相一致的远期利率协议和远期外汇交易，通过远期外汇交易固定买入卖出外汇的汇率，通过远期利率协议固定远期利率，进而使相应外汇的利率得以固定。

4. 远期利差协议

远期利差协议（Forward Spread Agreement，FSA）是交易双方用来固定两种货币利率之间的差异的远期协议。当交易者财务结构中的资产和负债由不同货币所构成时，隐含着负债货币利率上升的同时，资产货币利率可能下降的风险。因此，交易双方可通过远期利差协议来避免风险。利差协议的买方可减少利差扩大所带来的损失，利差协议的卖方可避免利差缩小所带来的风险。

远期利率协议交易灵活性很大，交易币种有美元、英镑、欧元和日元；期限从 3 个月、6 个月、9 个月一直到 2 年甚至更长，非整数期限还可通过交易双方协商而定。交易金额一般在 2000 万～5000 万美元之间，更大的交易金额也能产生，为交易者提供了方便。远期利率协议采取名义本金、差额利息支付、贴现结算方式，无须支付保证金就可成交，缩减了交易者的风险管理费用。

（二）互换

互换（Swap）是指经济主体为免受利率、汇率波动造成的风险损失，根据预先制订的规则，在一段时期内，将自己所持有的一系列可能遭受风险的款项掉换给交易对方以防范风险的活动。

商业银行经常进行的互换交易种类主要有：

1. 利率互换

利率互换（Interest Swap）是指交易双方在一笔象征性本金数额的基础上互相交换具有不同特点的一系列利息款项，在利率互换中，本金只是象征性地起计息作用，交易双方定期支付利息的净差额，它是交易量最大的一类互换。依据互换对象的不同可分为：①息票利率互换（Coupon Swap），即固定利率与浮动利款的互换；②基础利率互换（Basis Swap）即以一种参考利率为基础的浮动利率与以另一种参考利率为基础的浮动利率的互换；③交叉货币利率互换（Cross-currency Interest Rate Swap），即一种货币的固定利率与另一种货币浮动利率的互换。

2. 货币互换

货币互换（Currency Swap）是指交易双方先按约定汇率在期初交换不同货币的本金，然后根据约定按即期汇期交换利息，待到期时再按原来的汇率换回原来货币的本金。货币互换实际上也是利率互换，是不同货币之间的利率互换。

互换实际上是借助不同筹资者的比较优势来进行套利。由于各筹资者的规模、盈利能力、信用等级不尽相同，而且不同筹资场所对不同筹资者资信的评价也不一致，结果不仅使不同的筹资者在同一筹资场所的筹资成本存有差异，而且使同一筹资者在不同的筹资场所的筹资成本也有很大差异。通过互换，可将这种差异所能产生的好处分配给交易有关各方，使参与交易的各方都能获取不同程度的利益。

（三）金融期货与金融期权

期货合约是指由交易双方订立的，约定在未来某日期约定的价格交割一定数量某种商品的标准化合约。金融期货（Financial Futures）交易是指交易双方在集中的市场上以公开竞价的方式所进行的以各种金融工具或金融商品（如外汇、债券、存款证、股票指数等）作为标的物的期货合约的交易。

商业银行开展的金融期货交易主要有以下几种。

1. 货币期货（Currency Futures）

货币期货是指交易双方在集中的市场上以公开竞价的方式所进行的外汇期货合约的交易。外汇期货合约是指由交易双方订立的，约定在未来某一日期按成交时所确定的汇率交割一定数量某种外汇的标准化合约。

2. 利率期货（Interest Rate Futures）

利率期货是指交易双方在集中的市场上以公开竞价方式所进行的利率期货合约的交易。利率期货合约是指交易双方订立的，约定在未来某一日期按成交时确定的利率交割一定数量的某种债务凭证的标准化合约。

3. 股票指数期货（Stock Index Futures）

股票价格指数期货，是指以股票市场的价格指数作为标的物的标准化期货合约的交易。

金融期货交易最大的特点之一就是期货合约到期后，买卖双方极少进行实物交割，而是在期货合约到期前，通过反向交易，将原来所持的买方（多头）或卖方（空头）期货头寸加以冲销。商业银行参与金融期货交易，可利用期货交易的套期保值机制，防范经营活动中可能遭受的利率、汇率、股价变动风险，达到对现有资产的保值的目的。

期权又称选择权，是指合约的买方有权利在未来某一特定日期或一段时间内以一定的价格向对方购买或出售一定数量特定的标的物。期权的买方为了获得这项权利，须向卖方支付一定的期权费。期权的买方既可以行使这一权利，也可以放弃这一权利；期权的买方行使权利时，期权的卖方只能履行义务。金融期权（Financial Options）交易是以金融商品或金融期货合约作为标的物的期权交易方式。

根据金融期权合同和期权交易的行为，金融期权交易可分买入看涨期权，卖出看涨期权，买入看跌期权和卖出看跌期权。

本章小结

1. 巴塞尔委员会将中间业务表述为表外业务，表外业务是指银行从事的除资产负债业务以外的其他业务。巴塞尔协议将表外业务分为狭义的表外业务与广义的表外业务，狭义的表外业务主要包括担保业务、贷款承诺业务、金融衍生业务、投资银行业务等。广义

的表外业务主要包括结算业务、代理业务、信托业务、租赁业务、银行卡业务、咨询业务等五大类业务。

2. 2001 年 6 月中国人民银行颁布《商业银行中间业务暂行规定》。该规定将中间业务表述为不构成商业银行表内资产、表内负债，形成银行非利息收入的业务。从人民银行对中间业务定义来看，其范围等同于巴塞尔协议所定义的广义表外业务。

3. 中间业务的一般特点包括：不运用或不直接运用自己的资金；不承担或不直接承担经营风险；通过收取手续费的方式获得收益；商业银行中间业务产品是一种固化了商业信誉的金融产品，而不仅仅是一种单纯的金融产品。中间业务特点的变化趋势包括：商业银行由不运用银行自身的资金向商业银行垫付资金转化；商业银行由不承担风险向承担风险转化。

4. 中间业务产生和发展原因的理论包括："规避监管效应"假说、"风险分担"假说、财富增长理论、货币促成理论、TRICK 模型。

5. 中间业务产品往往是不同金融产品的组合和衍生，由于其透明度较差，现有的会计信息很难全面反映中间业务的规模与质量，致使金融监管机构难以了解银行的全部业务范围并评价其经营成果，难以对银行中间业务活动进行有效的监督和管理。再加上许多中间业务的开展没有金融法规的严格限制，尤其是金融衍生工具类中间业务，大多数不需要相应的资本准备金，只要交易双方认可就可达成业务协议，极易刺激业务的扩张，造成巨大风险。

6. 商业银行主要的中间业务包括：支付结算业务、代理类业务、担保类业务、承诺类业务、金融衍生工具业务（远期利率协议、互换、金融期货与金融期权）。

复习参考题

1. 名词解释。

中间业务　表外业务　支票　本票　商业汇票　银行汇票　汇兑　委托收款　银行卡　信用证　代理收款　信托　租赁　贷款承诺　担保　备用信用证　远期利率协议　互换　金融期货交易

2. 试述中间业务的特征。

3. 试述表外业务的特征。

4. 试述中间业务与表外业务的异同。

5. 简述支付结算的原则。

6. 请你思考和设计一款金融表外业务。

第八章　商业银行国际业务

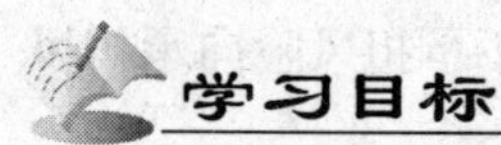

国际业务是商业银行重要的利润增长点。面对复杂的国际经济环境，如何加强业务创新、强化风险控制，在国际业务上取得更大发展，已成为商业银行的迫切需求。

1. 知识目标

※掌握国际结算的基本方式，熟练掌握汇款、托收、信用证和国际保理的业务流程；

※掌握国际银行信贷和银团信贷的特点、类型与作用；

※掌握外汇市场的含义、类型与外汇市场的参与主体；

※掌握传统外汇交易的原理及操作；

※理解外汇期货合约的要素，掌握期权交易的概念、特征；

※了解外汇市场创新业务（主要包括利率和货币的互换）。

2. 能力目标

※了解我国外汇管理基本情况，熟悉结售汇管理的基本情况；

※熟练掌握期货交易所外汇期货行情表的解读，保持对国际期货市场的敏感；

※了解路透交易系统和新华08等交易系统基本情况和交易原理（该目标的完成可以请金融专家指导或观摩交易过程，免费的模拟交易平台是初学者学习外汇交易的最好方法）。

典型的外汇交易对话

国际间外汇交易已形成了一个全球24小时连续进行的网络，在这一无形的外汇交易市场中，路透社外汇信息服务及交易系统是现今世界上应用最广泛的外汇交易系统，因此路透社外汇交易系统的报价方式也是外汇交易最常用的报价方式。报价形式：USD/JPY（1美元兑日元）78.455/60（路透社汇率的标价通常为5位有效数字），从银行或者报价人的角度说，斜线左边是买入价，右边是卖出价，斜线右边两位数字是卖出价的最后两位数字。

下面是我们设计的一段典型的交易对话：A、B两个交易者，A是询价者，B是报价者。

A：Spot USD/JPY pls?（请问即期美元兑日元报价?）

B：MP 79.455/60.（等一等，79.455/60。）

A：Buy USD2.（买进200万美元。）

B：OK，done. I sell USD2 Mine JPY at 79.460 value 30/7/2012.（好的，成交啦，卖给你200万美元买进日元，汇率是79.460，起息日2012年7月30日。）

JPY pls to ABC BK Tokyo，A/C No. 12345.（我们的日元请付至东京ABC银行，账号是12345。）

A：USD to XYZ BK New York A/C 654321. Tks for the deal. BIBI.（我们的美元请付至纽约XYZ银行，账号654321，多谢你的交易，再见。）

请思考：

1. 外汇交易的含义；
2. 外汇交易报价方式如何理解；
3. 即期外汇交易如何询价、报价、成交确认和交割。

第一节　国际结算

国际结算是指由国际间交往而发生的、以货币表示的债权债务的清偿行为。秉承务实性及与国际惯例接轨的原则，根据国际结算规则、惯例及实务操作的最新发展，本节主要介绍贸易结算的基本原理及其操作。

一、国际结算的产生与发展

（一）国际结算的含义

国际结算是指国际间由于政治、经济、文化、外交和军事等方面的交往或联系而发生的以货币表示债权债务的清偿行为或资金转移行为。分为贸易结算和非贸易结算，其中，贸易结算是通过两国银行办理的由贸易引起的债权债务的清偿，是商业银行的一项基础业务，类属中间业务，主要包括汇款、托收、信用证、保函、国际保理和福费廷等业务；非贸易结算主要包括非贸易汇款、旅行支票、非贸易票据的买入与托收、信用卡和外币兑换等。

国际结算与国内结算的区别主要表现在：货币的活动范围不同，国内结算在一国范围内，国际结算是跨国进行的；使用的货币不同，国内结算使用同一种货币，国际结算则使用不同的货币，而且必须是可自由兑换的货币；遵循的法律不同，国内结算遵循同一法律，国际结算遵循国际惯例或根据当事双方事先协定的仲裁法。

（二）国际结算的产生与发展

1. 现金结算到非现金结算

国际结算的具体形式随着整个社会政治、经济以及科学技术的发展而发展，形成各种为世界各国都能接受的结算工具和方式。在前资本主义社会，当货币作为一般等价物的形式出现后，最初的国际结算形式是现金结算。从15世纪末叶起，在重商主义思想的影响下，各国都很重视发展出口贸易，由于在交易中现金的携带既不方便，又不安全，于是促使国际结算从现金结算方式逐步转变为非现金的票据结算方式。

2. 银行等金融机构介入非现金结算

近代银行的产生和发展，使国际结算从商人间的直接结算逐渐转变为通过银行中介的间接结算，银行成为沟通国际结算的渠道。由于银行信用较商业信用有更多的优越性，因而银行发展成为国际间债权债务的清算中心。结算方式也从以商业信用为基础的跟单托收方式，发展为更多地依靠以银行信用为基础的跟单信用证方式。

3. 由票据发展到票据单据化结算

随着国际贸易的发展，国际贸易中单据的“证券化”，使得商品买卖可以通过单据买卖来实现，卖方提交单据代表提交了货物，买方付款赎取单据代表取得了货物。这种变化使得远隔重洋的商人可以不必见面，而以邮件、电报等通信手段即可完成交易。国际间商品买卖的结算从“凭货付款”转变为“凭单付款”。国际结算单据化为凭票据结算奠定了基础，使国际结算成为一个相对独立的经济环节，至此，国际结算进入一个比较完善的阶段。

4. 结算手段将发生质的变化

随着现代通信手段和电子计算机技术的飞跃发展，最新的科技成果逐步运用在国际结算上。到20世纪70年代中期，国际结算已经广泛采用了综合电子技术，使国际结算工作电子化和网络化。随着国际贸易的各个环节向电子化方向发展，传统的国际结算方式也将发生一场深刻的革命。电子数据交换（EDI）将最终替代纸质单据成为国际结算的主要形式。

环球同业银行金融电信协会

环球同业银行金融电信协会（Society for Worldwide Interbank Financial Telecommunication，SWIFT），是一个国际银行间非盈利性的国际合作组织，总部设在比利时的布鲁塞尔，为国际金融业务提供快捷、准确、优良的服务。SWIFT运营着世界级的金融电文网络，银行和其他金融机构通过它与同业交换电文（message）来完成金融交易。除此之外，SWIFT还向金融机构销售软件和服务，其中大部分的用户都在使用SWIFT网络。

SWIFT组织成立于1973年5月，其全球计算机数据通信网在荷兰和美国设有运行中

心，在各会员国设有地区处理站。到2007年6月为止，SWIFT的服务已经遍及207个国家，接入的金融机构超过8100家。

会员银行在使用“环球银行间金融电讯网络”汇付时使用各银行的代码（BIC）。SWIFT电文根据银行的实际业务运作分为十大类，其中第一类格式代码为MT1xx，用于客户汇款与支票业务，如MT199通常用于电汇业务；第七类格式代码为MT7xx，用于跟单信用证，如开立跟单信用证的格式代码为MT700/MT701，MT710是通知由第三家银行开立的跟单信用证报文格式。

SWIFT CODE（SWIFT代码）：SWIFT地址是一个8或11位的字符串，是一个银行在国际上的识别号码。SWIFT Code是由该协会提出并被国际标准化组织（ISO）通过的银行识别代码，每个银行（包括每个分行、支行）都有一个代码，是由银行名称的英文缩写和总行所在地的英文缩写（也有用数字加字母表示某城市的）以及该分行所在地的代码（字母、数字或混合）组成。在国际上，银行的SWIFT Code都是统一的格式，例如：BKCHCNBJ110，1～4位为一家银行的统一代码（中国银行为BKCH），5～6位代表国家代码（中国为CN），7～8位代表城市代码（北京为BJ），110代表北京市分行。其中总行的SWIFT Code没有所在地代码，位数为8位（如中国银行总行BKCHCNBJ），其余都为11位。

SWIFT组织自投入运行以来，以其高效、可靠、低廉和完善的服务，在促进世界贸易的发展，加速全球范围内的货币流通和国际金融结算，促进国际金融业务的现代化和规范化方面发挥了积极的作用。我国主要银行已成为环球银行金融通信协会的会员。

二、国际结算中的票据

票据概念与票据的法律体系如下：

1. 票据的概念

票据（Bills）有广义和狭义概念之分，广义票据是指所有商业上作为权利凭证（Document of Title）的单据。狭义票据是指依据票据法签发和流通的，以无条件支付一定金额为目的的有价证券，包括汇票、本票和支票，其中，在国际贸易结算中使用最为广泛，票据行为表现最完全的，作用发挥最充分的是汇票。

2. 票据的法律体系

（1）英美法系。英国票据法，1882年颁布实施，总结历来的习惯法及判例编成，其特点是适用性较强。强调票据的流通作用，强调票据的信用功能、支付功能，保护银行、正当持票人的利益。

（2）大陆法系。法国票据法历史悠久，它认为票据是代替现金输送的工具；认为票据关系与基础关系不能截然分离；强调资金关系。德国票据法注重票据的信用功能与流通功能，其主要特点是：强调票据关系与基础关系相分离，使票据成为不要因的证券；采取严格的形式主义，具体规定票据的各项形式要件，凡不符合法定形式要求者，即不产生票据的效力。

日内瓦票据的统一法。1930 年，法国、德国、瑞士、意大利、日本、拉美国家等二十多个国家在日内瓦召开国际票据法统一会议，签订了《日内瓦统一汇票本票法公约》；次年，又签订了《日内瓦统一支票法公约》。日内瓦公约的签订，逐步消除了大陆法系各国在票据法上的分歧。但由于英美等国拒绝参加日内瓦公约，使日内瓦公约签订国形成与英美法系并存的两大法系。

三、国际结算的基本方式

（一）汇款

汇款（Remittance）是指进口人按约定的条件和时间将货款通过银行付给出口人的支付方式。在国际贸易结算中，它是一种最简便的方式，只是利用国际银行间相互划拨款项的便利，并不涉及银行的信用、买卖双方能否履行合同，完全取决于彼此的信用。因此它纯属商业信用。汇款所使用的票据的传递方向与资金的流向是一致的，所以属于顺汇法。

汇款业务的当事人有：汇款人：汇出资金的人，一般是进口商；收款人：收到款项的人，也叫受益人，一般是出口商；汇出行：办理汇出款的银行；汇入行：汇出行委托支付汇款的银行，一般是收款人的账户银行。

汇款的种类有：电汇（Telegraphic Transfer，T/T）；信汇（Mail Transfer，M/T）；票汇（Demand Draft，D/D）。

（二）托收

1. 托收的概念

托收是出口商（债权人）为向国外进口商（债务人）收取货款，开具汇票委托出口地银行通过其在进口地银行的联行或代理行向进口商收款的结算方式。其基本做法是出口方先行发货，然后备妥包括运输单据（通常是海运提单）在内的货运单据并开出汇票，把全套跟单汇票交出口地银行（托收行），委托其通过进口地的分行或代收行向进口方收取货款。

2. 托收的特点

托收属于商业信用，银行办理托收业务时，既没有检查货运单据正确与否或是否完整的义务也没有承担付款人必须付款的责任。托收虽然是通过银行办理，但银行只是作为出口人的受托人行事，并没有承担付款的责任，进口人不付款与银行无关。

托收对出口人的风险较大，跟单托收方式是出口人先发货，后收取货款，因此对出口人来说风险较大。进口人付款靠的是他的商业信誉，如果进口人破产倒闭，丧失付款能力，或进口人借故拒不付款，或进口人事先没有领到进口许可证等，出口人不但无法按时收回货款，还可能造成货款两空的损失。尽管如此，在当今国际市场出口竞争日益激烈的情况下，出口人为了推销商品占领市场，有时也不得不采用托收方式。

托收对进口人比较有利，可以免去开证的手续以及预付押金，还有可以预借货物的便利。当然托收对进口人也不是没有一点风险。如进口人付款后才取得货运单据，领取货

物，如果发现货物与合同规定不符，也会因此而蒙受损失，但总的来说，托收对进口人比较有利。

3. 托收的种类及流程

托收按是否附带货运单据分为光票托收和跟单两种。前者是指出口商仅开具汇票而不附带货运单据的托收，后者是指在卖方（出口商）所开具汇票以外，附有货运单据的托收。跟单托收又可进一步分为承兑交单（D/A）和付款交单（D/P）。

（1）付款交单。包括即期付款交单：指代收行必须在进口商付清货款后，才可将商业单据，通过银行向进口方提示，进口方审核汇票和单据无误；远期付款交单：出口人开具远期汇票托收，根据远期汇票的特点，进口人要先行承兑，俟汇票到期日才能付清货款领取货运单据。

（2）承兑交单（Documents against acceptance，D/A）。指在使用远期汇票收款时，当代收行或提示行向进口人提示汇票和单据，若单据合格进口人对汇票加以承兑时，银行即凭进口人的承兑向进口人交付单据。这种托收方式只适用于远期汇票的托收，与付款交单相比，承兑人交单为进口人提供了资金融通上的方便，但出口人的风险增加了。

（三）信用证

1. 信用证的概念和特性

信用证（Letter of Credit，L/C），是指由银行（开证行）依照申请人的要求和指示或自己主动为第三方开立的载有一定金额的，在一定的期限内凭符合规定的单据向第三者（受益人）或其指定方进行付款的书面文件。即信用证是一种银行开立的有条件的承诺付款的书面文件。信用证是国际贸易中最主要、最常用的支付方式。

信用证方式的特点有以下三点：

（1）开证银行负首要付款责任（primary liabilities for payment）。信用证是一种银行信用，它是银行的一种担保文件，开证银行对支付有首要付款的责任。

（2）信用证是一项自足文件（self-sufficient instrument）。信用证不依附于买卖合同，银行在审单时强调的是信用证与基础贸易相分离的书面形式上的认证。

（3）信用证方式是纯单据业务（pure documentary transaction）。信用证是凭单付款，不以货物为准。只要单据相符，开证行就应无条件付款。

2. 信用证的流程

一笔信用证业务从贸易合约开始到结束大约要经历 12 个环节，其流程见图 8－1。

图 8－1 中，各环节的具体内容如下：

（1）进出口双方经过磋商，签订贸易合同，并约定以信用证方式进行结算。

（2）进口商向所在地银行递交开证申请书，约定信用证内容，并支付押金或提供保证人。

（3）开证行接受开证申请书后，根据申请开立信用证，正本寄给通知行，指示其转递或通知出口方。

（4）由通知行转递信用证或通知出口方信用证已到。通知行在开证行要求或授权下对

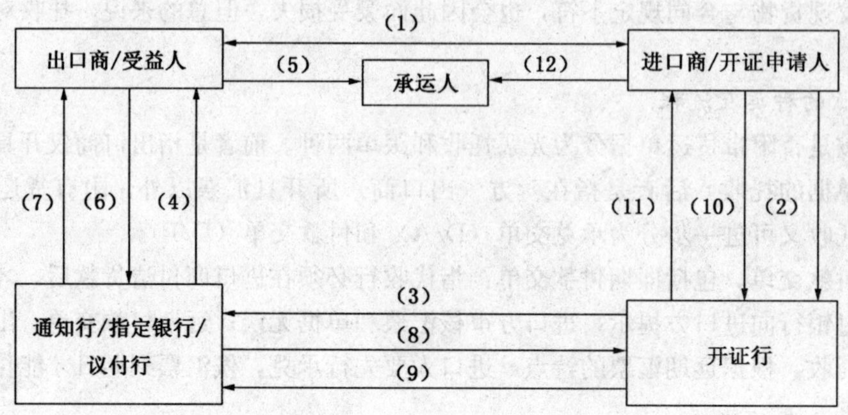

图 8—1 信用证结算业务流程

信用证加以保兑。

(5) 出口方认真核对信用证是否与合同相符，如果不符，可要求进口商通过开证行进行修改；待信用证无误后，出口商根据信用证备货、装运、开立汇票并缮制各类单据，船运公司将装船的提单交予出口商。

(6) 出口商将单据和信用证在信用证有效期内交予议付行。

(7) 议付行审查单据符合信用证条款后接受单据并付款，若单证不符，可以拒付。

(8) 议付行将单据寄送开证行或指定的付款行，向其索偿。

(9) 开证行收到单据后，应核对单据是否符合信用证，如正确无误，即应偿付议付行代垫款项，同时通知开证申请人备款赎单。

(10) 进口方付款赎单，如发现不符，可拒付款项并退单。进口方发现单证不符，也可拒绝赎单。

(11) 开证行将单据交予进口商。

(12) 进口商凭单据提货。

3. 信用证的种类

信用证的种类包括：不可撤销信用证和可撤销信用证；保兑信用证与不保兑信用证；根据付款时间不同，可以分为即期信用证、远期信用证、议付信用证。此外还包括：可转让信用证和不可转让信用证；循环信用证；对开信用证；对背信用证；预支信用证；备用信用证等。

信用证的风险

1. 进口商不依合同开证

最常见的是：进口商不按期开证或不开证（如在市场变化和外汇、进口管制严格的情形下）；进口商在信用证中增添一些对其有利的附加条款（如单方面提高保险险别、金额、变换目的港、更改包装等），以达到企图变更合同的目的；进口商在信用证中作出许多限制性的规定等。

2. 进口商故设障碍

进口商往往利用信用证“严格一致”的原则，蓄意在信用证中增添一些难以履行的条件，或设置一些陷阱。如规定不确定，有字误以及条款内容相互矛盾的信用证。

信用证上存在字误，如受益人名称、地址、装运船、有效期限等打错字，不要以为是小瑕疵，它们将直接影响要求提示的单据，有可能成为开证行拒付的理由。

3. 进口商伪造信用证

伪造信用证，或窃取其他银行已印好的空白格式信用证，或与已倒闭或濒临破产的银行的职员恶意串通开出信用证等寄给出口商，若未察觉，出口商将导致货款两空。

4. 进口商要求不易获得的单据的信用证

某特定人签字的单据，或注明货物配船部位，或装在船舱内的货柜提单，或明确要求FOB可CFR条件下凭保险公司回执申请议付，这些对作为受益人的卖方来说根本无法履行或非卖方所能控制。

5. 信用证的要求与有关国家的法律规定不统一

实践中，卖方不可疏忽大意的是虽然信用证表面规定有利于己方的条件，但有关国家或地方的法律以及有关出单部门的规定，不允许信用证上的规定得以实现，因此，应预防在先，了解在先，适当时应据理力争，删除有关条款，不应受别国法律的约束。

6. 涂改信用证诈骗

进口商将过期失效的信用证刻意涂改，变更原证的金额，装船期和受益人名称，并直接邮寄或面交受益人，以骗取出口货物，或诱使出口方向其开立信用证，骗取银行融资。

7. 伪造保兑信用证诈骗

所谓“伪造信用证诈骗”，是指进口商在提供假信用证的基础上，为获得出口方的信任，蓄意伪造国际大银行的保兑函，以达到骗取卖方大宗出口货物的目的。

8. 规定必须另行指示通知才能生效的信用证

如果信用证规定须进一步才能装船、装船日期另行通知、进口许可证须核准、货物样品经检验认可等，都可能造成因不通知而不了了之，致使卖方备货后，由于货价的上涨或下跌而受损失。

9. 规定要求的内容已非信用证交易实质

规定必须在货物运至目的地后，货物经检验合格后或经外汇管理当局核准后才付款；或规定以进口商承兑汇票为付款条件，如买方不承兑，开证行就不负责任，这些已非信用证交易，对出口商也没有保障可言。

（四）国际保理

1. 国际保理概述

国际保理（International Factoring）是国际保付代理的简称，是一种界于托收和信用证之间的、兼具商业和银行双重信用功能的货款收付方式。近代保理业务则是由美国的近代商务代理活动发展演变而来的。这些商务代理活动涵盖了了解市场行情、代办手续、代理销售等多种服务，保理服务也从过去的主要代售货物转而开始从事专业为客户了解资信并保证货款回收。

迄今为止，国际商业界和金融界对国际保理的定义尚未统一。一般的理解是在国际货物买卖进出口商、进出口保理商相互间存在着的一种契约关系。根据该契约，由进出口保理商为出口商提供在国际货物买卖业务中的进口商信用风险担保、货款收付、融资等综合性金融服务。这种国际货物买卖货款收付方式，既能消除托收货款收付方式对出口商不可避免的、固有的商业风险，又可避免信用证货款收付方式对进出口商所要求的过分繁杂的程序和手续；同时还具有为进出口商融资的特点。

2. 国际保理的服务项目

从国际保理的概念可以看出，单一服务并没有什么特殊的地方，但将一揽子服务项目综合起来由一个窗口提供，则是保理的特色所在，也是保理之所以越来越得到贸易人士青睐的原因之一。

国际保理提供的服务项目主要包括以下几个方面：

（1）进口商的资信调查及信用评估。对大多数出口商来说，要建立四通八达、渠道畅通的情报网来收集信息，以便制定相应的经营策略，是力所不及的。但保理商可利用国际保理商联合会广泛的网络和官方民间的咨询机构，也可利用其母银行的分支机构和代理网络，通过各种渠道，收集有关进口商的背景、实力、潜在的发展机会，以及对客户资信有直接影响的外汇管制、外贸体制、金融政策、国家政局变化的最新动态资料，这样可以将坏账风险降至最低。

（2）债款回收。几乎所有的贸易公司在向海外客户收取债款时，都会遇到同一难题，即如何在不损害彼此良好关系的情况下收回欠款。这些问题，在保理业务中可得到妥善解决。保理公司有一批训练有素的专业收账专家和法律顾问，拥有一套完整有效的追债程序，知道何时用何种方式向何人收债，处理起来得心应手。可见，使用保理业务既节省了出口商的营运资金，又免除了其对收款而存在的忧虑。

（3）销售分户账管理。销售分户账是出口商与债务人（进口商）交易的记录。在保理业务中，出口商可将其管理权授予保理公司，从而可集中力量进行生产、经营管理和销

售，并减少了相应的财务管理人员和办公设备，从而缩小了办公占用面积。保理公司可利用其完备的账户管理制度和先进的办公设备，利用电脑自动进行诸如记账、催收、清算、计息收费、打印等工作，向出口商提供各种统计报表和往来账户对账单。由于保理商负责收取货款、寄送账单和查询催收工作，供应商还可节省大量的邮电费和电话费等管理费用。

（4）信用风险担保。保理的一个十分重要的功能，也是为出口商所特别看重的一点，就是保理商对已核准的应收账款提供100%的坏账风险担保。通常在保理协议生效前，出口商要填写信用额度申请表，如实填报进口商概况、出口产品、预计出口总额、价格条件、付款条件等，请求为自己的客户核定一个信用销售额度。保理公司以书面通知核准的应收账款，叫已核准应收账款，对此保理公司提供100%的坏账担保。

（5）贸易融资。保理公司应客户要求，可在信用额度内预付发票金额一定比例的货款，这样就基本解决了在途和信用销售的资金占用问题。以上所述的各项服务项目，出口商可根据本公司和具体业务的实际情况，要求提供全部和部分服务，因此，保理具有相当的灵活性。

3. 国际保理的操作流程

国际保理业务的种类多样，其操作方式也有所不同，但是归结起来，牵涉到的当事人有：出口商，或称供货商；进口商，或称债务人；出口保理商；进口保理商。一笔普通的国际保理业务流程见图8－2。

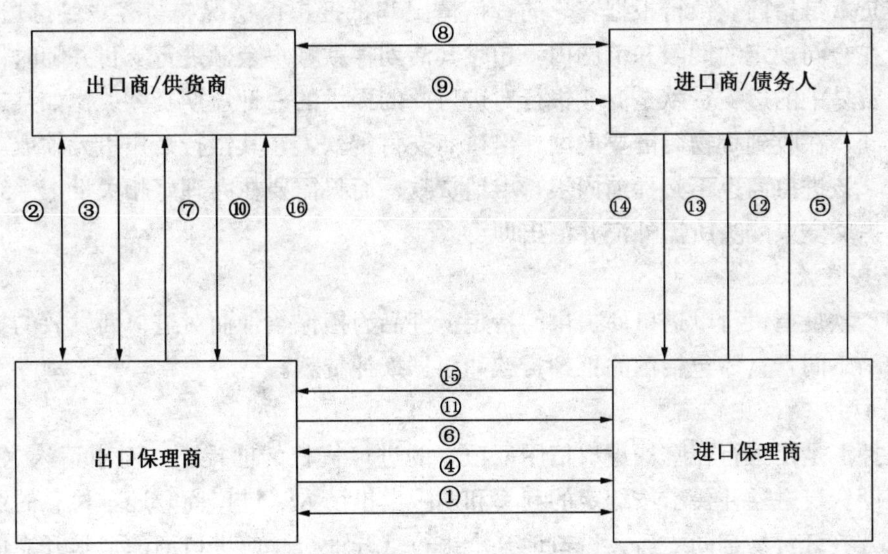

图8－2 国际保理业务流程

图8－2中各环节的具体内容如下：①已参加国际保理联合会的进、出口保理商签订保理代理合约；②出口商与出口保理商订立出口保理业务协议；③申请债务人（进口商）信用额度；④传递信用额度申请表；⑤对进口商进行信用评估；⑥通知核准信用额度或拒

绝；⑦通知核准信用额度；⑧签订贸易合同；⑨履约交货将提单发票等单据直接寄给进口商；⑩发票副本及应收账款转移通知书；⑪发票副本及应收账款转移通知书转为 EDI 信息发出；⑫传达发票副本信息，注视到期日以前的进口商的销售动态；⑬到期索取应收账款；⑭付款；⑮用 EDI 发送汇款信息；⑯结汇将以融资款项扣还预付本息。

第二节　国际贸易融资与出口信贷

国际贸易融资是指围绕国际贸易结算的各个环节所发生的资金和信用的融通活动，具体是指外汇银行对进出口商提供的与进出口贸易结算有关的一切融资活动。

一、国际贸易短期融资

国际贸易短期融资是指在国际贸易过程中给予进出口商的期限在 1 年以下的资金融通。国际贸易短期融资具有融资期限短、融资方式多样、融资与国际贸易结算结合、贷方对债权的可控性较强、贷款附有限制性条件等特点。

国际贸易短期融资包括装运出口前对出口方的资金融通，装运出口后对出口方的资金融通，货物进口前对进口方的资金融通及货物进口后对进口方的资金融通。具体包括：

（一）商业银行对进口商的短期融资

1. 透支贷款

透支贷款是指商业银行根据客户的资信情况和抵押担保情况，与客户签订透支合同，允许客户在合同规定的期限和范围内，超过其活期存款账户余额进行支付并随时偿还的贷款。国际贸易中的透支贷款是商业银行对进口商的提供的一种短期贷款。比如某进口商根据贸易合同，在收到货物后需要向国外出口商支付货款，在其银行账户里无款或款项不足的情况下，该进口商也不必提前向银行申请贷款，而只需要在办理好相关批汇手续后，在汇款当日提交支票购买所需外汇并汇出即可。

2. 抵押贷款

抵押贷款是指银行以进口商提供的特定抵押品为担保条件而对进口商发放的贷款。根据抵押物的不同，具体包括商品抵押贷款和票据抵押贷款。

3. 进口押汇

进口押汇是指银行在掌握进口信用证项下的进口货权的前提下，对申请人（进口商）提供的短期资金融通并要求按约定的利率和期限由申请人（进口商）还本付息的业务。在进出口双方签订贸易合同之后，进口地某个银行（开证行）应进口商的请求开立信用证并将其寄送给出口商，出口商见到信用证后，将货物发送给进口商。进口商凭单提货获得经营收入后，将押汇本息归还开证行。

（二）商业银行对出口商的短期信贷

1. 出口押汇

出口押汇是指出口地银行应出口商的申请，在未收妥有关款项的情况下，对即期或远

期出口单据有追索权地向受益人支付对价，受让有关单据权利，向出口商融通资金的一种短期贸易融资方式。具体做法是出口商根据买卖合同的规定向进口商发货后，取得各种单据，同时向进口商开立汇票。由于进口商不能立即支付汇票票款，出口商为尽快收回货款，将汇票和单据持往出口地某个银行，请求该银行对汇票进行贴现。如果该银行审查后同意贴现，就从汇票票款中扣除贴现利息后，将剩余部分款项支付给出口商。

2. 打包放款

打包放款是指出口地银行在出口商备货过程中因出口商资金不足而向出口商发放的具有特定用途的短期贷款，这种贷款因以前主要用于包装货物而被称为打包放款。银行在发放打包贷款时必须以出口商提交的信用证作为抵押，它是银行对出口商的一种短期资金融通方式，也是商业银行的一种出口贷款业务。

3. 凭信托收据贷款

凭信托收据贷款是指出口商向国内供应商采购出口商品，供应商发货后，委托银行向出口商收取货款。出口商如果无力支付货款，可凭信托收据向银行申请贷款，用这笔贷款向供应商付款。这种贷款业务中，贷款银行承担较大风险，因此这种贷款的发放对象仅限于资信及实力可靠，而且同贷款银行的业务往来关系密切的出口商。

二、国际贸易中长期融资——出口信贷

出口信贷是指一国政府为了支持和鼓励该国大型机械设备、工程项目等的出口，鼓励金融机构向本国出口商或外国的进口商提供的与商品进出口有关的优惠利率贷款。为了促进本国商品的出口，增强本国的国际竞争能力，出口国的银行或非银行金融机构向本国出口商或外国的进口商提供利率较低的贷款，以满足本国出口商资金周转的需要，或者促使国外进口商有能力向本该国出口商支付货款。

出口信贷有两种基本形式，即卖方信贷和买方信贷。

（一）卖方信贷

是指为了促进本国大型机器设备和成套设备的出口，出口商所在国银行向本国出口商提供的中长期贷款，以便于出口商以延期付款方式或赊销方式向国外销售商品。出口商获得了卖方信贷后，自己能够周转开来，就可以允许进口商以延期付款方式支付进口货款。因此，卖方信贷实际上是出口商从出口商所在国银行取得中、长期贷款后，再向进口商提供的一种商业信用。不过，出口商一般会将贷款利息、管理费用、保险费用等资金成本费用计入出口货价中，将贷款成本转移给进口商。因此，以延期付款方式进口商品所支付的货价一般要高于用现汇方式支付货价的3%～4%，有时甚至能达到8%～10%，加重了进口商的成本。

（二）买方信贷

是指为了促进本国大型设备和成套设备的出口，在出口国政府的支持下，出口商所在国的银行向进口商或进口商所在国的银行提供的中长期贷款。通过买方信贷，进口商获得了资金融通，有能力向出口商购买技术和设备，并支付有关费用。买方信贷中一般由出口

国的信用保险机构提供信贷保险。

买方信贷主要有两种形式：一种是出口商所在国银行直接贷款给进口商，由进口商所在国银行出具担保。贷款金额一般不超过贸易合同金额的80%～85%，贷款期限根据实际情况确定，一般不超过10年。贷款利率参照“经济合作与发展组织”（OECD）确定的利率水平而定。此种情况下，进口商用获得的贷款用现汇付款方式向出口方支付货款，并按协议分期偿还出口商所在国的银行贷款。另一种是出口商所在国银行将贷款发放给进口商所在国银行，再由进口商所在国银行转贷给进口商。

知识链接 8-3

中国进出口银行

中国进出口银行成立于1994年，是直属国务院领导的、政府全资拥有的国家银行，其国际信用评级与国家主权评级一致。中国进出口银行总部设在北京。截至2011年年末，在国内设有21家营业性分支机构；在境外设有东南非代表处、巴黎代表处和圣彼得堡代表处；与境内外1250多家银行的总分支机构建立了代理行关系。

中国进出口银行的主要职责是为扩大我国机电产品、成套设备和高新技术产品进出口，推动有比较优势的企业开展对外承包工程和境外投资，促进对外关系发展和国际经贸合作，提供金融服务。

中国进出口银行是我国对外经贸支持体系的重要力量和金融体系的重要组成部分，是我国机电产品、成套设备和高新技术产品出口及对外承包工程及各类境外投资的政策性融资主渠道、外国政府贷款的主要转贷行和中国政府援外优惠贷款的承贷行。中国进出口银行自1995年开始承接外国政府贷款转贷工作，在我国利用外国政府贷款安排的项目和借入的资金中，进出口银行负责转贷的项目和金额均超过60%，一直是我国外国政府贷款最大的转贷银行。

中国进出口银行的主要业务范围包括：办理出口信贷（包括出口卖方信贷和出口买方信贷）；办理对外承包工程和境外投资类贷款；办理中国政府对外优惠贷款；提供对外担保；转贷外国政府和金融机构提供的贷款；办理本行贷款项下的国际国内结算业务和企业存款业务；在境内外资本市场、货币市场筹集资金；办理国际银行间的贷款，组织或参加国际、国内银团贷款；从事人民币同业拆借和债券回购；从事自营外汇资金交易和经批准的代客外汇资金交易；办理与本行业务相关的资信调查、咨询、评估和见证业务；经批准或受委托的其他业务。

资料来源：中国进出口银行，http：//www.eximbank.gov.cn。

（三）福费廷业务

福费廷也称包买票据，指在延期付款的大型设备贸易中，出口商把经一流银行担保或

进口商承兑的、期限在半年以上到5～6年的远期汇票，无追索权的出售给出口商所在地的银行或大金融公司（即包买商），从而提前取得现款并免除一切风险的资金融通方式。从1965年开始在西欧国家推行福费廷业务，它是金融机构办理的一种没有追索权的贴现业务。

福费廷业务是一项与出口贸易密切相关的新型贸易融资方式，是通过于银行或其他金融机构无追索权地从出口商那里买断应收账款，实现出口商提前获得货款的一种资金融通方式。与其他贸易融资方式相比，福费廷业务使出口商实现了融资目的，又不构成出口商的债务，无须承担偿还责任。此外，通过办理票据包买，出口商将远期债权变成了即时可用资金，有助于改善其财务状况和清偿能力。还应该看到通过福费廷业务，出口商可以不用再承担远期收款可能带来的汇率、利率、信用以及国家等方面的风险。

第三节　国际银行与银团信贷

一、国际银行信贷

（一）国际银行信贷的含义和种类

国际银行信贷是指一国商业银行在国际金融市场上向另一国借款人按照商业条件发放贷款的活动。一国的政府、企业、金融机构、其他经济主体因为各种原因会形成对国外资金的需求，这些需求可以通过在国际金融市场上向国际性商业银行进行借款来满足。

按贷款期限长短不同，国际银行信贷可分为短期信贷、中期信贷和长期信贷三种。

1. 短期信贷

短期信贷通常指借贷期限在1年以内的贷款。借贷期限最短为1天，即日贷，还包括期限为7天、1个月、2个月、3个月、6个月、1年等几种。整体来看，短期信贷的期限一般为1～7天和1～3个月，少部分为6个月或1年。

短期信贷按借贷对象的不同又可以分为银行与银行之间的信贷和银行对非银行客户（公司企业、政府机构等）之间的信贷，其中银行之间的信贷称为银行同业拆借。银行同业拆借呈现出明显的短期、大额以及信用交易等特征。银行同业拆借期限主要集中在1天到6个月，超过6个月的比较少。而且交易额较大，典型的银行同业之间的交易额为每笔1000万美元左右。此外，银行同业拆借主要依靠银行间的信用，属于信用贷款，无须签订借贷合同，可通过电话、电传等方式成交，事后以书面形式确认即可。银行对非银行客户的交易很少。

2. 中期信贷

中期信贷是指借贷期限在1年以上，5年以内的贷款。这种贷款需要借贷双方之间签订贷款合同。考虑到中期信贷期限较长、金额较大，有时贷款银行要求借款人所在国的政府提供担保。中期贷款的利率要高于短期贷款的利率，一般要在市场利率的基础上再加上一定的附加率。

3. 长期信贷

长期信贷是指借贷期限在5年以上的贷款，这种贷款通常由数家银行组成银团共同贷放给某一借款人。银团贷款的当事人，一方面是借款人（如银行、政府、公司、企业等）；另一方面是参与银团的各家银行（包括牵头行、代理行、参加行等）。

从国际银行筹措中长期资金，借款人除支付利息外，还要支付各种费用。费用的多少因信贷资金的状况、信贷金额和信贷期限的不同而不同。

（二）国际银行贷款的条件

1. 借贷货币

国际银行信贷中，选择哪种货币作为借贷货币直接影响着借贷双方，尤其是借款人的经济利益。从实际情况来看，借贷货币可选用借款国货币，也可选用贷款国货币或第三国货币，总之，借贷货币必须是可自由兑换货币。借贷货币主要根据借款人的需要，贷款人对货币的供给以及各种货币的利率高低、汇率风险大小等，由借贷双方共同商议确定。

2. 利率

国际银行信贷的利率可以采用固定利率形式，也可以采用浮动利率形式。目前普遍采用的是浮动利率，每3个月或6个月调整一次，每个计息期内所使用的浮动利率由伦敦银行同业拆借利率（LIBOR）与加息率组成。伦敦银行同业拆借利率随国际金融市场资金供求状况的变化而上下浮动。加息率则是依据贷款期限的长短、贷款货币风险的大小、借贷资金的多少以及借款者资信水平的高低等综合情况所附加的利率。

3. 借贷期限

借贷期限是指从贷款合同生效起到还清全部本息为止的整个时期。中长期信贷因为期限较长，其借贷期限由三部分组成：①提款期。即提用贷款的期限，提款期内，借款人可以一次提取贷款资金也可分次提取贷款资金，可以按照规定的额度提款也可以不受限制任意提款，一般提款期满未提取的贷款余额会自动注销。当然有宽限期的除外。②宽限期。即借款人只提用贷款，按时足额支付利息，但无须还本的时期。③还款期，即偿还期，如果有宽限期，宽限期结束后就开始还款，如果没有宽限期，则在提款期结束后开始还款一般每半年还一次。

4. 费用

借款人为获得国际银行贷款，除了承担利息负担以外，还要负担一些与借款有关的费用，主要包括管理费、代理费、杂费、承担费等。管理费是借款人支付给贷款银行为其筹措贷款资金的报酬，一般为贷款总额的0.5%～1.0%。代理费是借款人支付给牵头银行用来支付银行间相互联系所需的电报、电传、办公等费用。杂费指牵头银行与借款人之间联系、谈判，直到贷款合同签订之前所发生的其他一些费用，如差旅费、律师费等。承担费是指贷款合同签订后借款人对未提用的贷款余额向贷款银行所支付带有补偿性的费用。

5. 贷款偿还

国际银行信贷的偿还方式有三种：

(1) 到期一次还款。适用于贷款金额不大，期限较短的中短期贷款。

(2) 分次等额还款。适用于贷款金额较大、期限较长的贷款，宽限期后开始还本，每半年还等额本息一次。宽限期内则只付息不还本。

(3) 逐年分次等额还款。它和第二种方式的不同仅在于没有宽限期，对借款人来说，此三种方式中，以第一种方式最为有利，因为实际贷款期限和名义期限相一致，资金占用的时间长，而以第三种方式最为不利。

二、国际银团贷款

(一) 国际银团贷款的含义

国际银团贷款也称辛迪加贷款（Syndicated Loan），是指多家商业银行组成一个集团，由一家或几家银行牵头，联合向一个或多个借款人提供的长期巨额贷款业务。国际银团贷款中要由一家或数家银行牵头，多家银行参与组成一个银行集团，这多家贷款按照相同的贷款条件、以不同的分工，共同向一个或多个借款人提供贷款，并且签署同一贷款协议，按商定的期限和条件提供融资。自20世纪70年代以来，银团贷款已成为国际信贷市场中最典型、最具代表性的贷款方式。在一些发达国家，银团贷款的占比达到20%左右。

(二) 国际银团的构成

发放银团贷款的银行集团由若干家建行构成，由于各个参加贷款的银行承担的贷款份额不相同，因而在银团中拥有的地位和分工也不尽相同。

1. 牵头银行

牵头银行是银团的组织者，一般由借款人选择实力强、信誉高的大银行来担任。牵头银行的职责是为借款人物色贷款银行，组成贷款银行集团；代表银团与借款人商定贷款协议；协助借款人编制资料备忘录；聘请律师起草贷款协议和有关法律文件；负责贷款的广告宣传等。在较大的银团中，如果一家牵头行不能胜任，还需要设立副牵头银行协助其工作。

2. 代理银行

代理银行是接受银团委托，进行贷款管理的银行。代理银行可由牵头银行担任，也可由银团指定一家成员银行担任。代理银行全权代表银团在贷款协议上签字，按照贷款协议的条款负责贷款的发放和回收，并负责全部贷款的管理工作。代理银行还负责沟通银团内各成员银行之间的信息，代表银团与借款人进行谈判，出面处理违约事件，协调银团与借款人之间的关系等。

3. 参加银行

参加银行指其他参加银团，并按比例认购贷款份额，提供贷款资金的银行。参加银行一般都是与牵头银行有过良好合作关系的银行，牵头银行或代理银行出面邀请。参加银行数量的不定，可多可少，由牵头银行根据贷款的具体需要进行确定。

(三) 国际银团贷款的方式

国际银团贷款按照组织方式的不同分为直接银团贷款和间接银团贷款两种方式。

直接银团贷款是指由组成银团的各个贷款银行直接向外国借款人贷款。各家贷款银行提供贷款和借款人的还本付息活动都由代理银行统一进行管理，即代理银行接受各贷款银行的委托向借款人发放、收回和统一管理贷款。在直接银行贷款模式下，参与贷款的各家银行分别和借款人直接签订贷款协议，该贷款协议直接约束借款人和各家贷款银行，但各家贷款银行之间的贷款义务不存在连带关系。

间接银团贷款是指牵头银行向外国借款人贷款，然后该银行再把贷款分别转售给其他参加贷款银行，全部的贷款管理、放款及收款统一由牵头银行负责。在间接银团贷款模式下，先由牵头银行和借款人签订一份总的贷款协议，并由牵头银行承担提供全部贷款的义务，然后牵头银行把贷款权以一定的方式分别转让给银团的其他参与银行，并且这种转让无需征得借款人的同意，参与银行与借款人之间一般不存在直接的债权债务关系，某些情况下借款人甚至不知道参与银行的存在。但间接银团贷款方式中，参与贷款的银行要承担牵头银行的信用风险。

第四节　外汇交易

外汇交易具有非常强的实务性，本节以实际技能为目标，深入浅出，简明扼要。当然，要想真正了解、掌握外汇交易，走向市场是最好的方法，对于学生而言，免费的模拟交易平台是初学者学习交易最好的方法。

一、外汇市场

当今世界经济越来越呈现出一体化的发展趋势，国际间的贸易活动、国际间的借贷活动和国际间的投资活动日益加强，规模也越来越大，政府为稳定货币，调节国际收支而进行的宏观经济调控活动越来越频繁。这些行为的顺利进行都离不开外汇市场的正常运转。

（一）外汇市场的含义

外汇市场（Foreign Exchange Market）是指各国中央银行、外汇银行、外汇经纪人和一般客户进行外汇买卖的场所或网络。借助于外汇市场，能够实现资金的跨国流动和购买力的国际间转移，能更好地避免多种交易风险。外汇市场是国际金融市场重要组成部分，在主要国际金融中心都有外汇市场的存在，最大的外汇市场在伦敦和纽约。

（二）外汇市场的类型

外汇市场的类型包括：①按照有无固定场所，外汇市场可分为有形市场与无形市场；②按照交易主体的不同，外汇市场可分为外汇批发市场和外汇零售市场；③按照交易方式的不同，外汇市场可分为即期外汇市场、远期外汇市场、外汇期货市场和外汇期权市场。

二、即期外汇交易与远期外汇交易

（一）即期外汇交易

1. 即期外汇交易的含义

即期外汇交易（Spot Exchange Transaction），又称现汇交易，是指买卖双方达成成交意向后，约定于成交当日或成交后的两个营业日以内办理交割手续的外汇交易。即期外汇交易是外汇市场上最常见、最普遍的交易方式。

2. 即期外汇交易的方式

交割日又叫起息日，是指买卖外汇的双方互相进行货币交付的日期，必须是收款地和付款地都在营业的日期，因为交割行为是货币的同时双向支付，只有双方所在外汇市场都在营业，才能实现资金的同时交付。根据交割日的不同，即期外汇交易有以下三种不同的方式：当日交割（Value Today），指外汇买卖双方在成交的当天立即办理交割；次日交割（Value Tomorrow），也叫翌日交割，指外汇买卖双方在成交后的第一个营业日办理交割；标准日交割（Value Spot），指外汇买卖双方在成交后的第二个营业日办理交割，如果成交后的第一、第二日不是营业日，则必须顺延至下一个营业日才能办理交割。

3. 即期外汇交易的操作

完成一笔完整的外汇交易通常需要经过以下几个步骤：

（1）自报家门。外汇交易者必须首先向拟交易的外汇银行说明自己的单位名称，以便让报价银行了解交易对手。

（2）询价。外汇交易者向特定的外汇银行询问某种货币的买入价或卖出价，交易金额及起息日。

（3）报价。报价银行在接到对方的询价电话或电传后，会同时报出某种货币的买入价和卖出价，但为了简便，外汇交易员一般只报汇率的最后两位数。汇率的基本单位为一个点，即 0.0001 货币单位，因此汇率的标价通常为 5 位有效数字，保留到小数点后面 4 位（日元等个别货币，一个点为 0.01 货币单位）。但汇率日常波动很少到达百分之一，因此报价只报汇率的最后两位数字。比如 USD1＝CHF1.2453/1.2462，银行只报出 53/62，经常参与外汇交易的主体一般都能够明白。

（4）成交。在报价银行报出某种外汇的买卖价格后，如果询价银行愿意以此价格进行交易，则询价银行会告知报价行愿意买或卖的货币和金额，再由报价银行进行承诺。

（5）证实。交易双方成交后，应该对交易货币、交易金额、汇率、交割日期、收付账户等内容进行确认，以确保上述交易内容准确无误。

（6）交割。指外汇交易的双方在规定的时间，按照约定的价格和金额将卖出的货币划入对方指定的账户中。

（二）远期外汇交易

1. 远期外汇交易的含义

远期外汇交易（Forward Exchange Transaction）又称期汇交易，是指外汇买卖双方成交后并不立即办理交割，而是约定在将来的某个日期按合约规定的币种、数量和汇率进行交割的外汇交易方式。远期外汇交易在整个外汇市场中所占的比重越来越大，已成为非常重要的外汇交易方式。最常见的远期外汇交易交割期限一般有 1 个月、2 个月、3 个月、6 个月和 12 个月，其中 3 个月最为普遍，甚至还存在交割期超过一年的超远期交易。

2. 远期汇率的报价

远期外汇交易中所使用的汇率就是远期汇率，远期汇率的报价方式分为两种：直接报价法和远期差价报价法。直接报价法，又称完整报价法、全额报价法，是指外汇银行直接报出某种外汇的远期汇率。习惯采用直接报价法的是瑞士和东京的外汇市场。远期差价报价法，又称掉期率报价法，是指外汇银行在标示某种外汇的远期价格时，不标出远期汇率的实际数额，而标出远期汇率与即期汇率的差价，即掉期率。掉期率报价法更多的应用在外汇银行之间的外汇买卖中。

远期差价也叫远期汇水，指的是远期汇率与即期汇率之间的差价。当某货币的远期汇率高于即期汇率时，远期差价叫做升水；当某货币的远期汇率低于即期汇率时，远期差价叫做贴水；当某货币的远期汇率等于即期汇率时，远期差价叫做平价，意味着该货币既没有升值也没有贬值。

3. 远期汇率的计算

包括远期汇率的计算、远期汇水的计算和远期汇率升（贴）水率的计算。

在远期差价报价法下，远期汇率的计算需通过具体的标价方法及点数的特征来计算。此种标价法中，远期汇率和即期汇率之间的差价即远期差价是用点数来表示的。不同标价法下，远期汇率的计算方法也不相同。

直接标价法下：远期汇率＝即期汇率＋升水（－贴水）

间接标价法下：远期汇率＝即期汇率－升水（＋贴水）

无论直接标价还是间接标价法下，如果远期差价前边小后边大，表示单位货币的远期汇率升水，计算远期汇率时应该使用即期汇率加上远期差价；如果远期差价前边大后边小，表示单位货币的远期汇率贴水，计算远期汇率时应该使用即期汇率减去远期差价。

远期外汇交易中，远期汇率受到多种因素的影响不断进行波动，形成升水或贴水。远期汇率升水或贴水的大小，短期内主要取决于两种货币利率差异的大小和期限的长短。在其他条件不变的情况下，高利率货币远期汇率贴水，低利率货币远期汇率升水。

远期汇率升（贴）水幅度的计算公式为：

升水（贴水）＝即期汇率×两国货币利率差×交割月数/12

远期汇率升（贴）水的大小表明了各种货币远期汇价上涨或下跌的幅度，是绝对值，而远期汇率升（贴）水率则是表明各种货币远期汇价上涨或下跌比例的指标，是相对数。远期汇率升（贴）水率的计算公式如下：

远期汇率升（贴）水年率＝升（贴）水÷即期汇率÷月数×12

（三）掉期外汇交易

1. 掉期交易的含义

掉期交易（Foreign Exchange Swap Transaction），是指外汇交易者在外汇市场上买进（或卖出）某种外汇的同时，卖出（或买进）金额相同、交割期限不同的同一外汇的交易活动。简言之，就是用A货币兑换成B货币，并在未来某一特定时间，再以B货币换回A货币的交易。因此，一笔掉期交易可以看成是把两笔金额相同、起息日不同、方向相反的外汇交易结合起来进行的交易。掉期交易的目的是轧平各种货币因到期日不同所造成的资金缺口，对于某一货币而言，买入与卖出的金额相等，并没有改变外汇的净头寸，但可以规避因为汇率变动导致借款成本增加或投资收益减少的风险。

2. 掉期交易的类型

掉期外汇交易按照交割日期的不同可划分为三种类型：

（1）即期对即期的掉期交易。指在买进或卖出一笔现货的同时，卖出或买进相同金额该种货币的另一笔即期交易，但两笔即期交易交割日不同。这种交易的常见形式如下：做一笔成交日当日交割的买入（或卖出）交易，同时做一笔第一个营业日交割的卖出（或买入）的交易；做一笔成交日后的第一个营业日交割的买人（或卖出）交易，同时做一笔第二个营业日交割的卖出（或买入）的交易。

（2）即期对远期的掉期交易。指在买进或卖出一笔现汇的同时，卖出或买进相同金额该种货币的期汇。即期对远期的掉期交易是掉期外汇交易中最常见的一种形式。包括买入即期外汇的同时卖出远期外汇，卖出即期外汇的同时买入远期外汇。

（3）远期对远期的掉期交易。指在买进或卖出一笔远期外汇的同时，卖出或买进相同金额该种货币的另一笔远期外汇，两笔远期外汇的交割期不同。远期对远期的掉期交易主要包括两种：一种是买短卖长，即买进较短交割期的远期外汇，同时卖出较长交割期的远期外汇；另一种是买长卖短，即买进期限较长的远期外汇，而卖出期限较短的远期外汇。

（四）套汇交易

1. 套汇交易的含义

套汇交易（Arbitrage Transaction）是指套汇者利用同一货币在不同外汇市场或不同交割期上出现的汇率差异，进行贱买贵卖，从中套取差价收益的一种外汇交易。

2. 套汇交易的类型

套汇交易包括时间套汇和地点套汇。

利用同一种货币在不同交割期上的汇率差异进行的套汇，称为时间套汇。利用同一货币在同一时刻不同市场上的汇率差异，在汇率低的市场上买进，同时在汇率高的市场上卖出，赚取不同市场汇差收益的外汇交易称为地点套汇，套汇交易一般指地点套汇。地点套汇可以分为两种情况：两角套汇和三角套汇。两角套汇，也叫直接套汇，是指套汇者利用两个不同的外汇市场上某种货币之间的汇率差异，在一个外汇市场上以低价买入一种货币，同时在另一个外汇市场以高价卖出该种货币，低买高卖以赚取汇率差额利润的一种套汇方式。三角套汇，又称间接套汇，是指利用三个或三个以上外汇市场上汇率的差异，同时在这些市场贱买贵卖，以赚取汇率差的一种套汇方式。

由于不同的外汇市场上，同种货币的汇率有时可能出现较大的差异，这就为异地套汇提供了可能。但套汇活动开始后，由于套汇者在汇率低的外汇市场上大量购买该货币，使得该货币的需求会大大增加，从而使这种货币汇率上升；而在汇率高的外汇市场上，大量抛售该货币，使这种货币的供给会大大增加，从而促使其汇率下降。因此，由于存在套汇活动，各个外汇市场上的汇率差异会很快消失。

（五）套利交易

1. 套利交易的含义

套利交易（Interest Arbitrage）是指套利者利用不同国家或地区的短期利率之间的差异，将资金从利率较低的国家或地区调往利率较高的国家或地区进行投放，以赚取利差收益的一种外汇交易。因为不同国家同一时期的利率的高低是不相同的，有的国家利率较高，有的国家利率较低。资本具有逐利性的本质，在资本可以自由流动的情况下，资本就会越出国界，从低利率的国家流到高利率的国家去赚取利息差。

2. 套利交易的类型

按照是否还要做反方向交易轧平头寸，套利交易分为不抛补套利和抛补套利两种形式。

（1）不抛补套利（Uncovered Interest Arbitrage）。不抛补套利是指套利者利用两个不同国家间金融市场短期利率的差异，将资金从低利率国家调往高利率国家，投资到期再将资金调回以赚取利差收益的一种外汇交易。不抛补套利中，套利者将利率较低的货币兑换成利率较高的货币在高利率国家进行投资时，没有同时在远期市场上卖出所投资的货币，无法规避投资到期时，所投资货币汇率下跌的风险。

（2）抛补套利（Covered Interest Arbitrage）。抛补套利，是指为了防止资金在投资期间因汇率发生波动而给投资者造成风险，套利者将掉期交易与套利交易相结合，在进行套利活动的同时进行掉期抛补，以防范汇率风险。具体为：套利者在即期外汇市场上将低利率货币兑换成高利率货币进行投资的同时，在远期外汇市场上卖出高利率货币的本息和，从而在套利活动的开始就将套利的风险进行了规避。

第五节　国际金融衍生产品及其业务

衍生金融市场，是在基础金融市场上派生出来的、以衍生金融工具为交易对象的市场。而衍生金融工具，顾名思义，它是与原生金融工具相对应的一个概念，是在原生金融工具基础上派生出来的衍生品，其价值依赖于基础性资产价值的变动。衍生金融工具的种类主要包括：期货、期权、互换和远期合约等衍生品。近 20 年来，国际金融市场最显著、最重要的特征之一就是衍生金融产品的迅速发展。

一、外汇期货

（一）外汇期货概述

1. 外汇期货的产生与发展

20 世纪 70 年代，布雷顿森林体系确定的固定汇率制瓦解，西方主要工业化国家货币纷纷采取浮动汇率制，而浮动汇率制的实施使得外汇风险大大增加。在此背景下，美国芝加哥商业交易所于 1972 年 5 月正式成立国际货币市场分部，成功推出了包括英镑、加拿大元、德国马克、日元等七种外汇期货合约交易，从而揭开了期货市场创新发展的序幕。

外汇期货的主要市场在美国，其中又基本上集中在芝加哥商业交易所的国际货币市场(International Monetary Market，IMM)、中美洲商品交易所（MCE）和费城期货交易所(PBOT)。此外，外汇期货的主要交易所还有：伦敦国际金融期货交易所（LIFFE)、新加坡国际货币交易所（SIMEX)、东京国际金融期货交易所（TIFFE)、法国国际期货交易所（MATIF）等，每个交易所基本都有本国货币与其他主要货币交易的期货合约。

2. 外汇期货概念

外汇期货（Foreign Exchange Futures）是交易双方约定在未来某一时间，依据现在约定的比例，以一种货币交换另一种货币的标准化合约的交易，它是金融期货中最早出现的品种。随着国际贸易的发展和世界经济一体化进程的加快，外汇期货交易一直保持着旺盛的发展势头。它不仅为广大投资者和金融机构等经济主体提供了有效的套期保的工具，而且也为套利者和投机者提供了新的获利手段。期货交易的产生在很大程度上促进了现货交易的发展：首先，期货交易为现货交易和远期交易提供了保险，有利于现货交易和远期交易的扩大；其次，期货价格为现货价格提供了一个基准价格，引导着现货市场价格的波动趋势；最后，期货市场的国际化功能，也促进了现货市场的国际化发展。

（二）外汇期货合约

外汇期货合约（Foreign Futures Contracts）是一种交易所制定的标准化的法律契约。它是指在交易所达成的、标准化的、受法律约束并规定在将来某一特定地点和时间交收某一特定外汇的合约。该合约规定交易双方各自支付一定的保证金和佣金，并按照交易币种、数量、交割月份与地点等买卖一定数量的外汇，即期货合约的币种、数量、质量、等级、交货时间、交货地点等条款都是既定的，是标准化的，唯一的变量是价格。下表以 IMM 的外汇期货交易为例，对外汇期货合约的规格作一些具体说明，从合约规格的基本内容可以看出，外汇期货合约的标准化的性质和外汇期货合约交易的严格的规则。

表 8—1　　外汇期货合约要素（以美国芝加哥商业交易所 IMM 为例）

合约类型	英镑	加拿大元	澳元	欧元	日元	瑞士法郎
交易代码	BP	CD	AD	EC	JY	SF
交易单位	6.25 万英镑	10 万加拿大元	10 万澳元	12.5 万欧元	1250 万日元	12.5 万瑞士法郎

续 表

合约类型	英镑	加拿大元	澳元	欧元	日元	瑞士法郎
最小变动价位	0.0001	0.0001	0.0001	0.0001	0.000001	0.0001
最小变动值	$ 6.25	$ 10	$ 10	$ 12.5	$ 12.5	$ 12.5
每日价格波动限制	400 点	100 点	100 点	150 点	150 点	150 点
合约月份	3月、6月、9月、12月					
交易时间	芝加哥时间上午 7：20—下午 2：00，到期合约在最后交易日于上午 9：16 收盘。在假日或假日前，市场将提早收盘，具体细节可与交易所联系					
最后交易日	交割日前第 2 个营业日的上午 9：16					
交割日期	合约月份的第三个星期三					
交割地点	清算所指定的货币发行国银行					

资料来源：http：//www.cmegroup.com/。

（三）外汇期货交易的套期保值

1. 外汇期货交易的套期保值原理

外汇期货交易的套期保值，是指交易者将外汇期货交易与外汇现货交易结合起来，在期货市场买进（或卖出）与现货市场数量相当、但交易方向相反的外汇期货合约，以期在未来某一时期通过卖出（或买进）外汇期货合约而补偿和冲抵因现货市场汇价变动所带来的损失的一种策略。外汇期货交易套期保值的目的就是最大限度地减少汇价波动风险所带来的损失，这种风险转移机制使得外汇期货合约成为控制交易成本和保护实际利润不可缺少的一部分。

2. 外汇期货交易的套期保值策略

外汇期货套期保值有多头套期保值、空头套期保值和交叉套期保值三种做法。

（1）多头套期保值。多头套期保值又称买入套期保值，是指套期保值者首先买进外汇期货合约，即买多，持有多头头寸，来保护他在外汇现货市场的空头头寸，以避免汇价上涨所带来的风险。如果买进外汇期货合约后，汇价下跌，虽然外汇期货交易受到损失，但相应的外汇现货交易却可以获得盈利，如果卖出外汇期货后，汇价上涨，外汇现货交易虽然发生亏损，但外汇期货交易却可获得盈利，从而对冲了外汇现货交易的亏损。

（2）空头套期保值。空头套期保值又称卖出套期保值，是指套期保值者，首先卖出外汇期货合约，即卖空，持有空头头寸，来保护其在现货市场的多头头寸，以避免汇率下跌所带来的损失。如果买进外汇现货后，汇价下跌，虽然外汇现货交易会受到损失，但相应的外汇期货合约可获得盈利。要是买进外汇现货后，汇价上涨，外汇期货合约发生亏损，但外汇现货交易却可以获得盈利。这就使得套期保值者可以利用外汇期货市场的价格锁定外汇现货市场价格的变化，从而将外汇市场的汇价风险转移给外汇期货交易的投机者

身上。

(3) 交叉套期保值。交叉套期保值是指相关的两种外汇（外币）期货合约为一种外汇现货保值，这种交叉套期保值，一般应用于在某些情况下，虽然存在外汇风险，但没有合适的外汇期货合约可供交易者直接用来进行套期保值。也就是说，当要为某种外汇现货标的物进行保值时，没有相对应的同一品种的外汇期货合约的情况下，就可以用两种相关的外汇期货合约为外汇现货标的物进行交叉套期保值，从而避免或减少由于汇率的变动所带来的损失。

(四) 外汇期货交易的套利

外汇期货交易的套利是指套利者利用暂时存在的不合理的价格关系，通过买进和卖出相同或相关的期货合约而赚取价差的交易策略。这里所说的不合理的价格关系大体上有三种情况：①同一市场，同种外汇期货合约在不同交割月份之间的不合理价格关系；②同种外汇期货合约在不同市场之间的不合理价格关系；③同一市场、同一交割月份的不同外汇期货合约之间的不合理价格关系。这些不合理的价格关系，一般只存在于一个较短的时间之中，通过套利者的套利活动会得到矫正。

套利也是一种投机，但与单纯的投机者不同，套利者是利用外汇期货市场本身出现的机会，在不同时间、不同空间、不同币种之间寻求价差（相对价格的差异）获利的一种投机行为。

外汇期货交易中的套利有跨月份套利、跨市场套利、跨币种套利这样三种做法。

(五) 外汇期货交易的投机

1. 外汇期货交易的投机原理

外汇期货交易的投机，是指交易者没有实际的外汇需求，也没有外币债权、债务需要保值，而是根据其对外汇行情的预测，低价时买入，高价时卖出，单纯期望从外汇期货合约价格的变动中获取利润的一种期货交易策略。

2. 外汇期货交易的投机策略

外汇期货交易的投机有多头投机和空头投机之分：

(1) 外汇期货的多头投机。外汇期货的多头投机，是指投机者预测外汇期货价格将要上涨，因而买进外汇期货合约，待价格上涨后卖出平仓获利。

(2) 期货的空头投机。外汇期货的空头投机，是指投机者预测外汇期货的价格将要下跌，因而卖出外汇期货，待价格下跌后买入平仓获利。空头投机与多头投机的盈亏特征正好相反。当投机者处于空头投资的地位后，如果外汇期货市场的价格下跌，投机者将获利，外汇期货市场的价格下跌得越多，投机者获利就越多。反之，要是外汇期货市场的价格上涨，则投机者将遭受损失。

二、外汇期权交易

(一) 外汇期权交易的含义

外汇期权交易（Foreign Exchange Option），是指期权的买方在支付了一定的期权费之后，获得了一种选择权，有权在约定的时间按照约定的价格向期权的卖方买入或卖出约定数量某种外汇的一种交易方式。期权就是一种选择权，因此期权交易的买卖双方实际交易的是一种未来行使的权利。期权买方支付期权费获得未来按照约定的数量和价格买进或卖出期权合约的权利，卖方收取权利金后需要承担按照约定的价格卖出或买入期权合约的义务。期权买方对获得的选择权，可以行使权利或转让权利，也可以弃权。

外汇期权交易是20世纪80年代出现的一种金融创新，目前，美国费城股票交易所和芝加哥期权交易所是世界上具有代表性的外汇期权市场，经营的外汇期权种类包括英镑、欧元、加拿大元等。

期权费是指期权的买方为了获得选择权而支付给期权卖方的一笔费用，也叫权利金，保险费。期权费是期权买方的一笔固定成本，不管未来是否执行期权合约，期权的买方都无权要求对方返还期权费。

（二）外汇期权的种类

1. 按期权合约赋予期权购买者的权利不同，期权可分为看涨期权和看跌期权

（1）看涨期权（Call Option）是指外汇期权的买方在预测某种货币的汇率将要上涨时，购买有权按照事先约定的协议价格买入一定数量该种货币的权利。如果将来的外汇汇率果真上升，并且高于期权合约中的协议价格时，期权买方就会按照协议价格买进一定数量的外汇以获利；反之，如果将来的外汇汇率低于期权合约的协议价格，期权的买方就会选择放弃买权，不履约，达到锁定损失的目的。

（2）看跌期权（Put Option）是指外汇期权的买方在预测某种货币的汇率将要下跌时，购买有权按事先约定的协议价格向期权的卖方卖出一定数量该种货币的权利。如果将来的外汇汇率果真下跌，并且低于期权合约中的协议价格时，期权的买方就可以按照协议价格卖出一定数量的外汇实现盈利；反之，如果将来的外汇汇率高于合同的协议汇率，期权买方可选择放弃卖权，不履行合约。

2. 按行权时间的不同，期权可分为欧式期权和美式期权

（1）欧式期权（European Option）指期权买方只能在到期日当天才能决定是否行使其权利的外汇期权。

（2）美式期权（American Option）指期权买方在到期日前任何一个营业日都有权决定是否行使权利的外汇期权。

由于美式期权的灵活性更强，更有利于期权的买方选择何时行使权力，因而美式期权的期权费比欧式期权贵一些。

3. 按交易场所的不同，期权可分为场内期权和场外期

（1）场内期权又称为交易所期权，是指在有组织的交易所内进行交易的期权，它们都是标准化的，到期日、交割地点、交割代理人、协定价格、保证金制度、交易时间以及执行期权的规定都是由交易所来确定的。交易参与者只需同意交易中的合约的价格和数量。

（2）场外期权是指在交易所之外的柜台市场交易的期权，不像场内交易期权那样标准化，它可以适合个别客户的需要，还可以通过协商，根据客户的需要对期权合约进行制

定。世界上著名的场外期权市场是以伦敦和纽约为中心的银行同业外汇期权市场。

（三）外汇期权的特点

（1）不论是履行外汇交易的合约还是放弃履行外汇交易的合约，外汇期权买方支付的期权交易费都不能收回。

（2）期权的费率不固定。

（3）外汇期权交易的买卖双方权利和义务是不对等的，即期权的买方拥有选择的权利，期权的卖方承担被选择的权利，不得拒绝接受。

（4）外汇期权交易的买卖双方的收益和风险是不对称的，对期权的买方而言，其成本是固定的，而收益是无限的；对期权的卖方而言，其最大收益是期权费，损失是无限的。

三、互换交易

（一）互换交易的概念和特点

互换交易指对相同货币的债务和不同货币的债务通过金融中介进行互换的一种行为。互换交易是继20世纪70年代初出现金融期货后，又一典型的金融市场创新业务。目前互换交易已经从量向质的方面发展，形成了互换同业交易市场。在这个市场上，互换交易的一方当事人提出一定的互换条件，另一方就能立即以相应的条件承接下来，有关当事人利用他们之间存在着的信用等级和筹资机会的差异，发挥各自的相对优势，在共同商定的条件下相互交换不同货币或不同利率的债务，以避免未来利率或汇率变动的风险，并降低筹资成本。因此，从某个角度来说，互换市场是最佳筹资市场。互换交易不但为金融市场增添了新的保值工具，也为金融市场的运作开辟了新境地。20世纪80年代以后，由于利率和汇率的大幅波动，以利率互换和货币互换为基本内容的互换得到了迅速发展，并成为国际金融市场的一个重要业务内容。

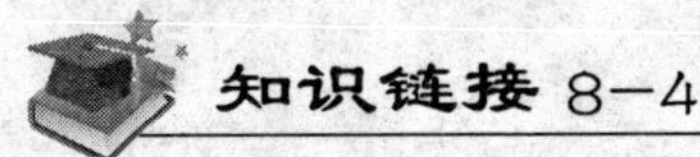

知识链接 8-4

金融衍生品市场的风险

根据巴塞尔银行监管委员会1994年发布的研究，与金融衍生品交易相关的风险可分为企业特定风险（Firm-specific Risk）和系统性风险（Systemic Risk）。

与金融衍生品交易相关的企业特定风险主要有五种：第一，市场风险，即衍生品价格对衍生品的使用者发生不利影响的风险，也就是衍生品的价格发生逆向变动而带来的价值风险。第二，信用风险，即交易对手无力履行合约义务的风险。第三，流动性风险，其包括两方面的内容，一是市场流动的风险，即市场业务量不足，无法获得市场价格，使得交易者无法平仓；二是资金流动风险，即用户流动资金不足，出现合约到期无法履行支付义务或无法按合约要求追加保证金。第四，操作风险，即由于技术问题（如计算机故障）、报告及控制系统缺陷以及价格变动反映不及时等引致损失的风险。第五，法律风险，指合约内容在法律上有缺陷或无法履行的风险，法律风险在金融衍生品交易中经常出现。

与金融衍生品交易相关的系统性风险是由涉及整个金融活动的经济、政治和社会因素造成的，它指的是金融体系抵御市场动荡的脆弱性，尤其是金融衍生品在本质上是跨越国界的，系统性风险将更多地呈现出全球化特征。金融衍生品市场的发展之所以增大了金融体系的系统风险，主要是因为它具有极大的渗透性。

（二）互换业务的种类

1. 利率互换

利率互换是指两笔货币相同、债务额相同（本金相同）、期限相同的资金，作固定利率与浮动利率的调换。这个调换是双方的，如甲方固定利率换取乙方的浮动利率，乙方则以浮动利率换取甲方的固定利率，故称互换。互换的目的在于降低资金成本和利率风险。利率互换与货币互换都是于 1982 年开拓的，是适用于银行信贷和债券筹资的一种自己融通新技术，也是一种新型的避免风险的金融技巧，目前已在国际上被广泛采用。

2. 货币互换

货币互换是指两笔金额相同、期限相同、计算利率方法（通常每种货币都以固定利率计算）相同，但货币不同的债务资金之间的调换。简单来说，利率互换是相同货币债务间的调换，而货币互换则是不同货币债务间的调换。货币互换双方互换的是货币，它们之间各自的债权债务关系并没有改变。初次互换的汇率以协定的即期汇率计算。两者互换货币之间存在利差，则按利率平价原理，由货币利率较低方向货币利率较高定期补贴。

货币互换的目的在于降低筹资成本及防止汇率变动风险造成的损失。货币互换的条件与利率互换一样，包括存在品质差异与相反的筹资意愿，此外，还包括对汇率风险的防范。

本章小结

1. 国际结算是指国际间由于政治、经济、文化、外交和军事等方面的交往或联系而发生的以货币表示债权债务的清偿行为或资金转移行为。分为有形贸易和无形贸易类。近些年以来，随着国际贸易的迅猛发展，国际结算方式无论是在金额、数量、支付方式还是在支付速度上都发生了翻天覆地的变化。

2. 国际结算中的票据有广义和狭义之分，本课程所讲的票据是指狭义的票据。票据的法律体系包括：英美法系；大陆法系；票据的统一法。

3. 信用证是指开证银行应申请人的要求并按其指示向第三方开立的载有一定金额的，在一定的期限内凭符合规定的单据付款的书面保证文件。信用证是国际贸易中最主要、最常用的支付方式。信用证方式有三个特点：信用证是一项自足文件；信用证方式是纯单据业务；信用证是凭单付款，不以货物为准；开证银行负首要付款责任。信用证对于不同特点的贸易方式，有不同种类。

4. 国际保理是一种界于托收和信用证之间的、兼具商业和银行双重信用功能的货款收付方式。国际保理的服务项目包括：进口商的资信调查及信用评估；债款回收；销售分户账管理；信用风险担保；贸易融资。

5. 国际银行信贷是指一国商业银行在国际金融市场上向另一国借款人按照商业条件发放贷款的活动。国际银行信贷不限定资金用途，贷款金额大，借款人可选用各种货币，借贷期限短，贷款方式灵活，手续简便，但是贷款成本较高。国际银团贷款也称辛迪加贷款是指多家商业银行组成一个集团，由一家或几家银行牵头，联合向一个或多个借款人提供的长期巨额贷款业务。

6. 国际贸易短期融资具有融资期限短、融资方式多样、融资与国际贸易结算结合、贷方对债权的可控性较强、贷款附有限制性条件等特点。出口信贷有两种基本形式，即卖方信贷和买方信贷。

7. 外汇市场指各国中央银行、外汇银行、外汇经纪人和一般客户进行外汇买卖的场所或网络，它是金融市场的重要组成部分。按照交易方式的不同，外汇市场可分为即期外汇市场、远期外汇市场、外汇期货市场和外汇期权市场。外汇交易主要包括：远期外汇交易又称期汇交易、掉期交易、套汇（包括两角和三角套汇）和套利交易。

8. 衍生金融市场，顾名思义，它是与原生金融工具相对应的一个概念，是基础金融市场派生出来的，是以衍生金融工具为交易对象的市场。衍生品种类主要包括期货、期权、互换、远期合约等衍生品。近 20 年来，国际金融市场最显著、最重要的特征之一就是衍生品的迅速发展。

复习参考题

1. 名词解释。

国际结算　贸易结算　非贸易结算　国际信贷　国际银行信贷　国际银团贷款　卖方信贷　买方信贷　出口押汇　打包放款　福费廷　即期外汇交易　远期外汇交易　掉期外汇交易　抛补套利　不抛补套利　套汇交易

2. 试述国际保理业务的主要程序。

3. 试述信用证结算方式的特点、主要程序。

4. 国际银行贷款应该具备哪些条件？

5. 简述短期贸易融资的主要形式。

6. 外汇期货是在国际金融创新的过程中，在传统的外汇交易的基础上产生的金融衍生产品，是种新型外汇交易形式，如何理解它与外汇远期交易的区别？

7. 如何理解以 IMM 的外汇合约为代表的外汇合约的基本要素？

第九章　网络银行

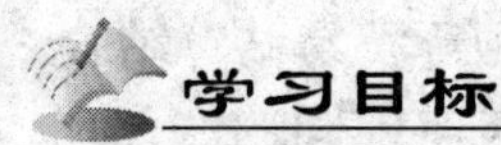

学习目标

依托于信息技术发展起来的网络银行，正以其成本低、全天候、无时空限制等优势，为全球范围的客户提供方便、快捷、多样化的金融服务。然而，迅速发展的背后，却有着很严重的安全隐忧，这些风险既来源于网络的虚拟性，也源于网络银行内部特殊的操作流程和外部监管环境的不成熟。本章紧跟网络银行发展脉搏，系统介绍其含义特征、产生发展、风险表现和风险管理，为读者提供一个学习、理解网络银行新的切入点。

1. 知识目标

※掌握网络银行的含义与特征；

※掌握网络银行的特征与业务种类；

※了解网络银行产生、发展与现状；

※掌握网络银行风险分类与风险管理。

2. 能力目标

※在学习中充分利用模拟商业银行实验室、各主要商业银行网站的业务演示或自己切身发生的网络银行业务，体会网络银行的业务的加密、数字签名和认证机制等做法，熟悉其流程并能熟练操作。

案例导入9－1

下文是国内某商业银行企业网上银行简介，阅读并思考。

××银行企业网上银行简介

业务简述：企业网上银行是指通过互联网或专线网络，为企业客户提供账户查询、转账结算、在线支付等金融服务的渠道，根据功能、介质和服务对象的不同可分为普及版、标准版和中小企业版。基本功能包括账户管理、网上汇款、在线支付等功能；特定功能包括贵宾室、网上支付结算代理、网上收款、网上信用证、网上票据和账户高级管理等业务功能。

适用对象：开立账户、信誉良好的企业客户，包括企业、行政事业单位、社会团体等均可开通企业网上银行。

特色优势："3A"（Anytime、Anywhere、Anyhow）式的服务、优质的管理。

开办条件：客户需开立账户并提供开户行要求的其他材料。

开通流程

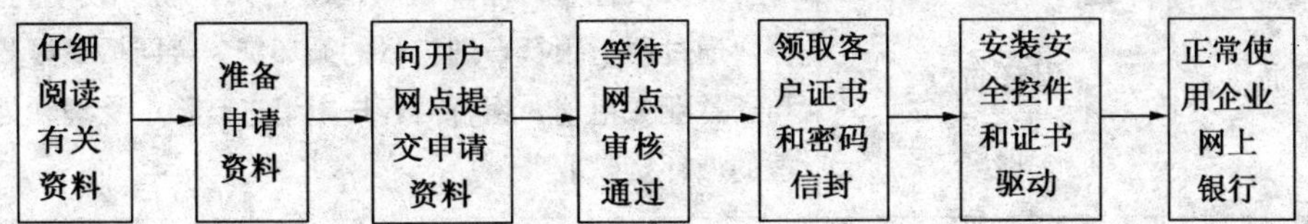

（1）阅读有关资料：《电子银行章程》、《电子银行企业客户服务协议》等。

（2）申请材料：《网上银行企业客户注册申请表》、《企业或集团外常用账户信息表》、《企业贷款账户信息表》、《客户证书信息表》和《分支机构信息表》。

操作指南

普及版：登录：进入网站主页—选择企业网上银行登录—选择企业网上银行普及版登录—输入卡号、密码和验证码—点击登录进入；使用：如在使用过程遇到问题，您可点击"热点解答"和"更多帮助"；退出：在使用完毕后，请您点击安全退出，以确保账户安全。

证书版：登录：进入银行网站主页—选择企业网上银行登录—插入企业网上银行证书—选择企业网上银行登录—选择证书—输入证书密码—点击确定进入；使用：如在使用过程遇到问题，您可点击"热点解答"和"更多帮助"；退出：在使用完毕后，请您点击安全退出，拔出客户证书以确保账户安全。

产品链接（略）

注意事项（略）

风险提示：请妥善保管客户证书及密码，证书及密码丢失有可能造成账户信息泄露和资金被盗的风险。

名词解释：基本功能；特定功能；集团客户；一般客户；贵宾室；电子银行客户授权书。

网络融资业务简介

表9—1是国内某银行网络融资业务简介，进入该行企业网上银行，点击网络融资，出现申请融资、正在申请的融资、我的融资、查询明细栏目。以下是"正在申请融资"栏下的业务。

表 9—1　　银行网络融资业务简介

产品名称	业务品种	产品简介	操作
网贷通	循环贷款	与客户一次性签订循环贷款借款合同，在有效期内，客户通过网上银行自助进行的循环贷款合同项下提款和还款业务申请，银行对客户申请进行集中受理和处理的循环贷款业务	申请
易融通 网商融资	网商贷款	易融通即为解决网商融资难题，针对广大网商的资金需求特征，开发的一系列网络平台融资产品的总称。网商贷款是银行为在第三方电子商务平台上经营的网商提供的在线申贷、自助提款和自助还款等服务功能的短期贷款业务产品	申请
易融通 商贸群融资	商贸群融资	易融通商贸群融资即银行为解决专业市场中中小商户的融资难题，针对广大商户的资金需求特征，开发的一系列基于专业市场商户融资产品的总称	
网上商品交易市场融资	电子仓单卖方融资		申请
	电子仓单买方融资		申请
定期存单质押贷款		以借款人或者第三人的定期存单作为质物发放的贷款	申请
国债质押贷款		以借款人或者第三人的记账式国债作为质物发放的贷款	申请
付汇理财通 （进口贸易融资＋远期购汇＋定期存款）		申请人有贸易项下即期付汇需求时，以人民币定期存单质押，发放一笔外币融资进行对外付汇，同时叙作远期售汇交易，融资到期时，申请人用质押在人民币定期存单本息进行远期售汇交割，作为外币融资业务的还款保障及来源	申请
国内保函		企业客户可在网上进行对 41 种内保函的申请、查询和管理	申请
国内信用证融		客户可利用持有的信用证办理融资业务，包括国内信用证项下打包贷款、卖方融资及买方融资	申请

请思考：

网络银行离我们并不遥远，或许我们在日常生活中就经常运用，你是否运用过网络银行办理业务？你是否利用过自助银行、移动银行、银行 IC 卡以及客户呼叫服务中心等网络银行服务？那么你本身就是一个现实或潜在的网络银行客户。在本章学习中，充分利用模拟商业银行实验室、各主要商业银行网站的业务演示或自己切身发生的网络银行业务，熟悉其流程并能熟练操作。

第一节　网络银行定义与特征

一、网络银行的定义

（一）网络银行定义的界定

对网络银行定义的界定无论是理论上还是实践中都没有完全统一的定论，有的组织认为网络银行是一种公司，比如香港金管局发布的《虚拟银行认可》指出："虚拟银行主要通过互联网或其他电子传送渠道提供银行服务的公司"；有的认为网络银行是一些系统，比如美国货币监理署（Office of the Comptroller of the Currency，OCC）在1999年公布的《网络银行检查手册》中提出："网络银行是指一些系统，利用这些系统，银行客户通过个人电脑或其他的智能化装置进入银行账户，获得一般银行产品和服务信息"；还有的认为网络银行是银行的一种，比如巴塞尔银行监管委员会在2003年发布的《跨境电子银行业务的管理和监督》将网络银行定义为："通过电子渠道（Electronic Channels）提供小额的零售产品或服务以及提供大额电子支付和其他批发银行业务。"还有的学者认为网络银行是金融机构，即网络银行是利用数字通信技术，以因特网作为平台和渠道，在线为公众提供服务的金融机构或虚拟网站。

从上述定义可以看出，目前对于网络银行的法律定义还没有一个明确的定论，但都从主体、方式及范围等角度进行了界定。事实上，对网络银行的定义已经有许多共通之处，诸如都认为网络银行是通过"网络"方式向银行客户提供产品或服务。

综合而言，网络银行的定义应该包括三个要素：首先，网络银行需要借助能够联网的电子通信系统，包括公用网络、银行内部计算机网络、电话或其他电子通信手段；其次，客户需要拥有个人电脑、通信终端（包括普通电话、移动电话、掌上电脑等）或其他智能设备；而最终的目的是银行为客户提供金融产品与金融服务。

（二）网络银行模式

根据银行是否设置物理分支机构或分支机构多少，提供网络银行服务的机构可分为三类：纯互联网银行、以互联网为主的银行、"水泥加鼠标"型银行。其中纯互联网银行一般只设立一个办公地址，无分支机构，所有业务均通过网上进行；以互联网为主的银行主要通过互联网提供服务，但拥有少量分支机构，以及不被视为机构的物理设施，如自助柜员机等；"水泥加鼠标"型银行，指现有的传统银行将互联网作为新的服务渠道，建立交易型网站，提供网络银行业务服务。对于中国网络银行而言，应该坚持"水泥加鼠标"的发展方向，采用网络银行和传统银行相结合的发展模式。通过传统银行已有的基础支持网络银行业务加快发展，同时，借助网络银行的快速发展全方位改造、变革我国传统商业银行，使我国银行业能利用互联网机会均等、公平的信息平台，迅速缩小与国际先进银行的差距，最终实现与国际标准接轨。

（三）网络银行操作流程

构架网络银行系统是银行提供网上服务的前提，银行不仅要将现有的传统业务向互联网迁移，而且要有用来保障网上金融业务顺利开展的完善的安全机制。从客户方面，为了能够享受网络银行服务，个人或企业必须选择相应的网络银行服务提供商，并登记注册，从而获得进行网络银行业务操作的凭证，包括个人 ID、密码信封等，然后按照规定的操作步骤（网络银行用户的操作都是基于 Web 浏览器，通过互联网进行的），验证并开始使用自己的网络银行账户，享受各种金融服务。

业务操作流程：

客户浏览器发出 HTTP（超文本传送协议，Hypertext Transport Protocol，HTTP）交易请求→HTTP 的交易信息经过安全通道发往网络银行的 Web 服务器→Web 服务器的应用程序（Web App）接收客户传来的 HTTP 交易信息→Web App 处理交易信息，包括验证客户权限、交易数据的格式转换、数据运算等→Web App 生成后台业务数据信息，提交业务主机进行处理→处理结果返回到 Web App→Web App 根据返回的数据动态生成交易结果的 HTML 主页→交易结果的动态 HTML 主页返回到客户的浏览器。

二、网络银行的特征

网络银行在继承传统银行基本功能和特征的同时，受网络环境影响和电子商务推动，其自身还具有了新的特点和属性。

（一）“3A”服务

网络银行最突出的优势，就是可以借助网络优势和网络技术，在任何时间、任何地点、以任何方式为客户提供金融服务，最大限度地扩大了客户范围和业务范围。

Anytime——任何时间，即不限时服务，突破了传统银行上下班时间制约，全天候运行。

Anywhere——任何地点，突破空间限制，加快了金融市场全球化的步伐。

Anyhow——任何方式，即服务方式多样化，客户通过网络银行可以享受查询、转账等多种服务。

（二）突出标准化和程序化

网络银行侧重于劳动密集型、较耗费银行人力的简单常规业务操作，如账务信息查询、转账、挂失、代收代付等，而对于知识密集型、风险较大的复杂业务，如企业并购等，具有一定局限性，存在技术性的难度，需要双方反复深入沟通，银行和客户也往往不会通过网上进行操作。

（三）速度和效益双赢

网络银行借助于互联网，降低了业务处理时间，大大提高了效率，节约了银行和客户两方的成本。此外，对银行而言，网络银行客户往往是能够熟练使用互联网的高端客户，受过良好教育，其收入也高于社会平均水平，可为银行带来较高的综合收益。

（四）安全问题日益突出

网络银行作为建立在互联网开放式网络环境下的虚拟银行，虽然十分注重自身的安全性建设，但道高一尺，魔高一丈，很容易受到网络入侵者或网络病毒的攻击，从而给自身和客户带来风险。目前，如何保障交易的稳定性和安全性是网络银行需要高度重视的问题。

（五）助力全能型银行建设

电子商务的特征使其能够融合银行、证券、保险等各行业经营的金融市场，减少各类金融企业对同一客户的重复劳动，拓宽银行创新金融产品的空间，如网上理财、网上支付、网上投资、网上保险、国际结算、证券经纪等。

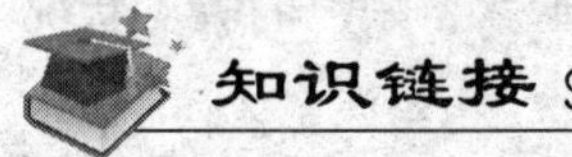

与网络银行相关的重要概念界定

在界定网络银行的定义时，必须明确其与相关术语的区别，主要包括以下几个术语：

第一，电子银行与网络银行。电子银行与网络银行相比，其业务涉及的范围更加广，电子银行提供的产品和服务远远大于网络银行。电子银行泛指银行利用电子化网络通信技术从电子化渠道提供的银行业产品和服务，提供产品和服务的方式包括商业 POS 终端机、ATM 自动柜员机、电话自动应答服务系统、个人计算机和智能卡等。

第二，网上银行与网络银行。网上银行与网络银行虽一字之差，但含义却并不完全一致，广义的网上银行包含两层含义，一个是机构概念，指通过信息网络等电子渠道开办银行业务的银行机构，在此意义上的网上银行是一种金融主体；另一个是业务概念，指银行通过互联网提供金融产品和服务。狭义上的网上银行则是指第二层次的概念，即客户利用信息网络技术进行存贷、账户管理及电子支付等。通常意义上提及的网络银行业务更接近于第二层次的概念，即信息网络技术与银行业务相结合的过程。发达国家的信息网络技术非常发达，互联网的普及率也非常高，存在纯网络银行，因此，对网上银行和网络银行的理解上没有太大的区别。在国内，由于我国信息化程度不高，银行业发展水平同发达国家有一定的差距，理论上的网络银行与实践中的网络银行概念并不一致，我国没有纯网络银行，所说的网络银行是传统银行利用互联网开展部分银行业务而已，即通常含义上的网上银行。

第三，虚拟银行与网络银行。虚拟银行与网络银行也不尽相同，虚拟银行即纯粹的网络银行，是指完全通过互联网开展业务的银行，虚拟银行最大的特点就在于它没有实体柜台，不需要通过建立营业网点来提供银行产品和服务。我国目前还没有纯粹的虚拟银行，在世界范围内主要集中在信息网络技术较为发达的国家，但虚拟银行所具有的独特优势将使其成为未来银行业发展的动力。

第二节 网络银行业务

网络银行一般包括三个要素：互联网或其他电子通信网络；基于电子通信网络的金融服务的提供者；基于电子通信网络的金融服务的消费者。网络银行提供的金融服务主要有网上支付、企业会计账务管理、个人财务管理、网上证券交易、委托投资、信息咨询等。

一、网络银行的服务对象

（一）企业网络银行

将主机与企业的终端装置以通信网络联系起来，为企业提供各种金融服务。服务的内容主要有：

（1）查询。金融机构应企业的要求提供关于企业的存款余额、汇款、账户的收支状况等交易信息。

（2）即时发生的资金转移。对事先登录的账户做即时发生的汇款、转账。

（3）数据信息的整批传送。将企业薪资汇款、转账、缴税等数据整批传送给金融机构。

（4）临时指定汇款。对事先没有登录的账户，临时输入必要的项目进行汇款。

（5）资金的集中与管理。将企业各营业网点的资金，一起汇人总公司的账户内，或者是从总公司将必要的资金汇到各营业网点的账户内。

（6）提供信息咨询。为企业提供国内外最新经济动态、商品及金融市场行情、投资咨询等服务。

（二）家庭（个人）网络银行

对家庭服务的内容和企业有一些相同。包括资金的转移、查询、汇款、咨询、买卖外汇和股票等项目。家庭能够利用的终端设备主要有个人电脑、电话、掌上电脑、电视机等。跟企业相比，网络银行服务在家庭的普及率还很低。不过，随着个人电脑的进一步普及，掌上电脑等个人通信工具以及使用互联网的家庭和个人的增加，网络银行的家庭客户会越来越多。

二、网络银行服务的手段

主要包括网上银行、自助银行、移动银行、银行 IC 卡以及客户呼叫服务中心等。

（一）网上银行

网上银行是指银行通过专线、专用软件与家庭（个人）或企业的电脑终端相连接，为企业和个人提供多种银行服务，其特点是终端是固定的。不同于手机银行和掌上电脑银行等移动终端的网络银行。在广泛地利用互联网络之前，网上银行只能为客户提供一些比较简单的服务项目，如转账、结算、内部资金调拨、个人理财服务以及经济咨询等。在进入利用互联网发展的阶段之后，企业和家庭可以通过自身的电脑终端直接进人银行的主页接受各种服务，如账户查询、内部转账、财务管理、对账以及外汇交易、缴纳各种费用等。

（二）自助银行

自助银行是由银行配置各种与银行网络相连的电子设备如 ATM、自动存款机、多媒体查询机等，供客户自由使用，自行完成各种金融交易的服务方式。自助银行也是网络银行的一个重要的组成部分。一方面，作为方便客户存取的一种手段，同时也成为网络银行的资金循环中不可缺少的一个补充环节；另一方面，将自助设备与银行网络连接，也为客户提供了进入网上业务的重要通道。

（三）手机银行

手机银行是指以电子网络为支持，以移动电话为接口设备，以 IC 卡为安全控制工具，为客户提供安全、方便和快捷的服务，因此，也有人将手机银行称为移动银行。手机银行主要分为三种形式：①在电信商提供给手机用户的 STK 智能卡上，加上银行的增值服务项目，即由手机、GSM 短信息中心以及银行系统组成。手机与短信息中心通过 GSM 网络连接，而短信息中心再与银行之间通过网络连接。这样就实现了手机与银行的联系，用户就可以通过操作来完成业务。②无线应用协议（WAP），使手机直接与互联网相连，实现网络银行上的各种服务。③通过双卡手机，使用银行 IC 卡上网，完成各种交易。

（四）银行 IC 卡

网络银行发展的初期，银行卡业务与网络银行业务是分离的，即使银行卡通过网络来操作，其提供服务的项目是极其有限的。而网络银行卡业务的基本网络框架依存于整个网络银行，包括网上银行卡支付体系、业务应用以及特约商户应用三个部分。包含有四个关联对象：发卡银行、特约商户、认证中心以及客户。通过 IC 卡上网来完成各种交易，主要是一些小额的零星的交易。另外，相对于其他的网络银行业务，利用 IC 卡进行网上交易要安全一些。

（五）客户呼叫服务中心

客户呼叫服务中心的早期形式是银行设立的人工客户服务热线，目的是接受客户的投诉以及为客户提供业务方面的咨询，互联网以及其他电子通信网络形成之后，许多银行便借助通信网络将人工客户服务热线建成客户呼叫服务中心。客户可以通过网络终端的屏幕在网上与银行客户呼叫服务中心对话、开户、委托交易以及进行业务咨询。呼叫服务中心根据不同的客户对象提供相应的服务，如中国香港的东亚银行其客户呼叫服务中心设有公司业务专号、个人业务专号、外汇交易业务专号、内部员工服务专号等，由不同的业务代表回答客户的不同问题。

我国网络银行业务

当前国内各家银行开办的网上银行业务大同小异，主要包括个人网上银行业务、企业网上银行业务、电话银行、手机银行、短信银行和自助终端。图 9—1 是国内某银行开办的个人和企业网上银行的业务，读者可以举一反三，浏览其他银行的网上银行页面，了解我国当前各家银行开办的网络银行业务。

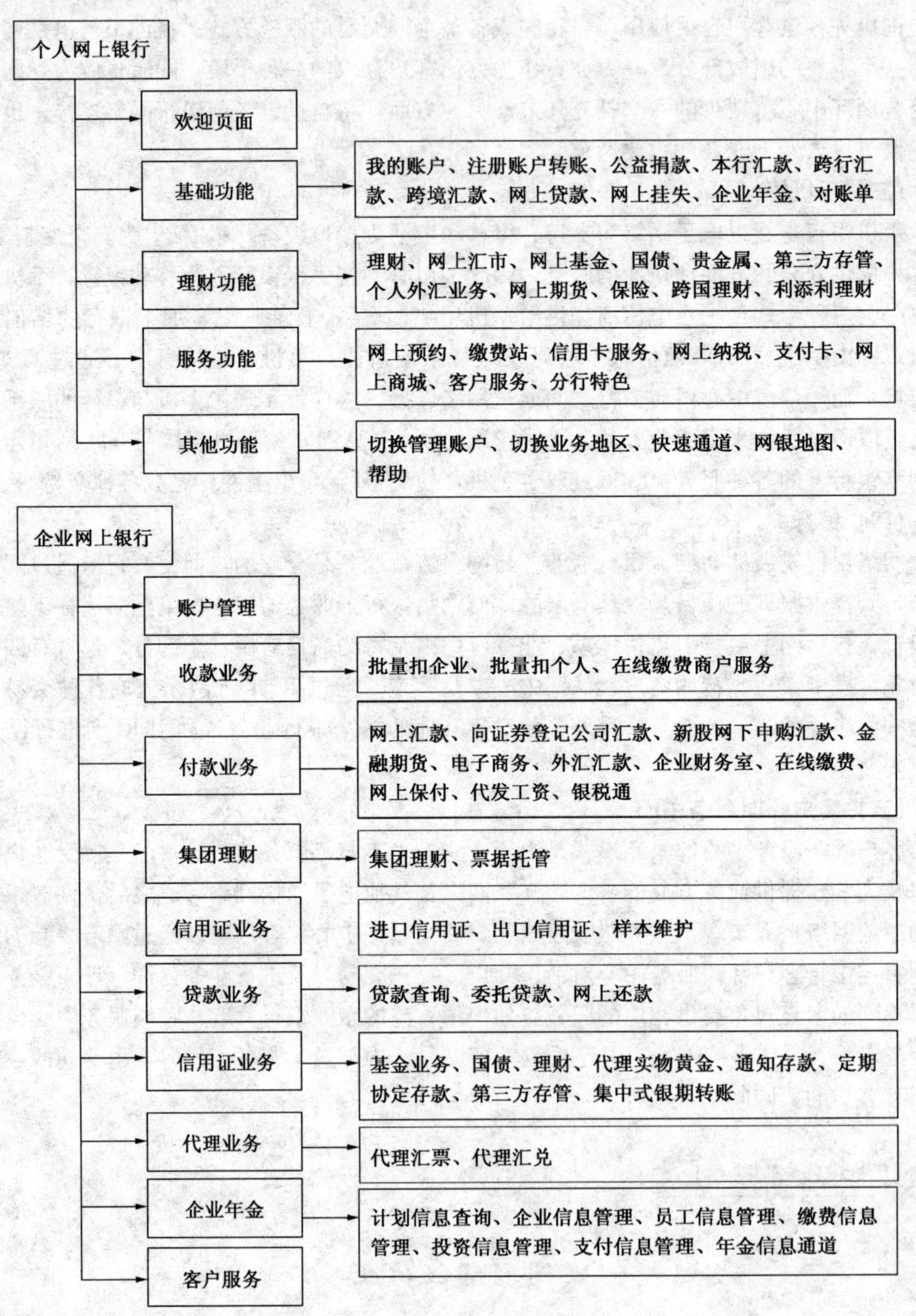

图9—1　国内网络银行业务简介

资料来源：国内某银行网页。

第三节　网络银行的发展历程

一、网络银行产生和发展

网络银行是科技创新与金融创新相结合的产物，促使网络银行产生的动力既有信息网络技术快速发展的推动，也有银行业日益激烈的竞争迫使银行不断进行创新的压力。此外，电子商务的发展也为网络银行产生和发展奠定了良好的基础。电子商务是资金流、信息流和物流的电子化过程，在此过程中，提供高效、快捷、安全的电子支付服务则是网络银行区别于传统银行的重要优势。因此，可以说网络银行的产生和发展是适应未来电子商务发展的必然结果。

1. 计算机技术的发展和互联网的普及是网络银行产生的支撑力

科技创新为网络银行产生提供了技术支持，1946 年在美国诞生了世界上第一台电子计算机，最初只是应用于银行记账、清算等简单银行业务，此后逐渐用于金融市场的变化分析。20 世纪 60 年代开始的计算机联机管理阶段、计算机技术的提高和应用日益扩大，发达国家的商业银行之间的存款、贷款、汇兑等业务实现联机管理。进入 90 年代，计算机技术飞速发展和国际互联网普及率日益提高，进一步为网络银行的产生打下坚实的基础。因特网的普及是网络银行产生的重要支撑，因特网的五个基本特征——低成本、实时性、多媒体、互动双向性、全球化——正以各种方式改变着金融事业的存在方式。可见，计算机技术和国际互联网的发展及应用使得网络银行的产生成为现实。

网络银行的安全保障依赖于信息网络技术的成熟，涉及网络银行的网络技术主要有安全技术和计算机技术两方面。目前，网上交易较为成熟的安全技术有两个，即安全电子交易（Secure Electronic Transaction，SET）协议和安全套接层（Secure Socket Layer，SSL）协议，这两个协议是当前网络银行发展的安全保障。SET 协议是针对在互联网上进行信用卡交易而提出的国际协议，主要目的是保证支付信息的机密、支付过程的完整、客户及持卡人的合法身份。SSL 协议则是一种安全通信协议，采用公开密匙和私有密匙两种方法为信用卡和个人信息提供较强的保护。

信息网络技术的不断成熟为网络银行的产生和发展提供了有利条件，极大地提高了用户使用网络银行的信心和安全感。可以说，网络银行产业每前进一步都离不开信息网络技术的支持。网络银行号称“3A 银行”，即消费者可以在任何时间、任何地点、任何方式使用网络银行产品和服务。网络银行能够得此美誉当然是因为网络银行自身的特殊性，包括网络化、虚拟化、高效性和开放性等这些传统银行不具有的优势，也是信息网络技术所带来的变革。

2. 银行业的激烈竞争是网络银行产生的主动力

20 世纪 90 年代，随着经济全球化、金融一体化和国际化趋势日益加强，银行与企业、个人、其他金融组织之间的业务往来激增，传统的人工操作不仅成本高、效率低，而且容易产生失误。在激烈的竞争中银行为提高自身竞争力，不断进行金融创新，而日渐成熟的信息网络技术为网络银行的产生奠定了基石，网络银行既是建立在传统银行的基础上，又是一种依托于网络的新型组织，是现代银行业的重要组成部分。网络银行之所以能够产生并发展迅猛，还应归功于其自身的优势，比如网络银行极大地降低了交易成本，网络银行操作简单、快捷又不受时空限制，能够给用户提供更高质量的服务，有助于银行树立良好的形象等。延伸到世界各个角落的国际互联网打破了一国边界的地理束缚，使网络银行消费者能够比较容易获取境外银行提供的产品和服务，从而促使银行竞争的全球化、国际化。因此，为了适应日趋激烈的市场竞争需要，网络银行应运而生。

3. 金融创新是网络银行产生的巨大推动力

所谓金融创新（Financial Innovation），是指金融监管当局或金融机构为追求宏观效益或微观利益而在金融领域内实行的各种金融要素和条件的新组合。创新关系到银行的生存和发展，关系到银行竞争力的提升，也关系到银行业对风险的防范和危机的承受能力。在 20 世纪七八十年代，世界金融业兴起了各种各样的创新性活动，全球兴起了金融创新的浪潮。进入 90 年代，经济全球化和金融一体化趋势日益明显，金融创新已经随着各国市场的逐步开放渗入银行领域，网络银行正是在这种背景下产生的，令人眼花缭乱的金融创新不断涌现，金融对一国经济发展的贡献越来越大，甚至大有超越实体经济之势，特别是在西方发达国家，比如美国、英国等国的金融创新层出不穷，如果金融企业希望最大限度提高服务，激励老用户，吸引新顾客，就必须使服务方式极具吸引力。但是 2008 年美国金融危机也让人们见识到过度的、缺乏监管的金融创新带来的负面影响。网络银行是一个发展着的新事物，适度的金融创新可以极大地推动经济金融的发展，反之，过度的缺乏监管的网络银行将会带来不可估量的金融风险，阻碍经济金融发展。

我国的金融创新是在经济体制、金融体制改革不断深入，金融市场逐步开放的基础上产生的。在我国经济融入世界经济体系的过程中，银行要保持旺盛的生命力及提高自身竞争力，就必须坚持金融创新，不断开发新的金融产品和服务。毕竟，网络金融时代，是以金融自由化、网络化、全球化为特征的，其大大改变了银行业赖以生存的环境。在不断地探索过程中，信息网络技术被用于银行的金融创新，推动了网络银行的产生。网络银行是银行发展的一个重要方向，网络银行监管法律制度则是银行监管制度的重要组成部分。现行的银行监管法律制度无法充分实现网络银行监管部分想要的“利益”，换言之，没能达到网络银行监管部门希望实现的监管目标，这就为网络银行监管制度创新提供了土壤。

二、网络银行的发展历程

（一）国外网络银行的发展历程

毋庸置疑，美国是全球网络银行发展水平最高的国家，高度发达的信息网络技术和互联网普及率极大地促进美国网络银行产业的发展。美国是网络银行的诞生地，1995 年 10 月在美国亚特兰大诞生的安全第一网络银行（Security First Network Bank，SFNB）是世界上第一家网络银行，也是第一家纯网络银行，即将所有银行业务都通过互联网提供给客户，它的诞生标志着网络银行正在成为银行业发展不可逆转的趋势。受其影响，发达国家和地区的商业银行纷纷建立自己的网络银行。据艾瑞市场咨询（是一家专注于网络媒体、电子商务、网络游戏、无线增值等新经济领域，深入研究和了解消费者行为，并为网络行业及传统行业客户提供市场调查研究和战略咨询服务的专业市场调研机构。）发布的2010年美国网络银行交易情况的调查发现，近年来，大量美国用户在处理银行日常交易时选择网上银行渠道，而不再选择传统的柜台交易。2010年选择通过网上银行进行转账业务、查询账户结余、购买银行研究产品的用户比例分别从2005年的34%、44%、46%急剧增加到67%、76%、77%。此外，随着信息技术和互联网技术的发展，银行借助网络不断推出更多金融增值产品，这也吸引了越来越多的用户选择网络银行的产品和服务。欧洲国家的网络银行虽然起步晚于美国，但发展迅速。数据显示，在2009年2月，欧洲网上银行用户覆盖率最高的国家为荷兰，其有超过一半的网民（52.9%）使用了网上银行，法国网上银行用户覆盖率达到49.9%，英国网上银行用户覆盖率为46.1%。由此可见，在发达国家网络银行的发展越来越快，网络银行的发展水平很大程度上与该国的金融业发达程度相一致。

（二）我国网络银行的发展历程

1. 我国网络银行的萌芽阶段

这是我国网络银行产生的初期阶段，在此阶段，网络银行处于开发和探索之中，主要是通过研究和借鉴国外网络银行发展的经验来推动网络银行发展。1996年，中国银行率先投入网上银行的开发和建设。1997年，招商银行建立了招商银行网站，为网络银行发展打下坚实的基础。

2. 我国网络银行的起步阶段

1998年4月，招商银行在深圳地区推出网上银行服务，并于1999年推出“一网通”，标志着我国网络银行发展正式启动。1999年8月，中国银行提供网上银行服务，主要包括提供信息和账户查询、代收代付等服务。随后中国工商银行、中国农业银行、中国建设银行也开通了网上银行，截至2002年年底，国有银行已全部开通了网上银行。仅仅用了四年时间，我国网络银行经过起步阶段的探索，初步形成了规模较大、服务较完善的网上银行业务体系。2000年6月29日，服务于网络银行的中国金融认证中心（China Financial Certification Authority，CFCA）正式成立，其作为权威、公正的第三方安全认证机构，为网络银行安全提供技术支持。

3. 我国网络银行的发展阶段

近年来，我国网络银行的发展逐年加快，在我国经济金融日益融入世界经济金融体系的背景下，网络银行发展全球化、国际化是必然的趋势。2002年8月28日，香港东亚银行正式启动电子网络银行服务中国版，成为第一家获准进入中国内地网络银行产业的外资银行，拉开了我国网络银行区域化和国际化的帷幕。根据中国加入世界贸易组织（World Trade Organization，WTO）的承诺，从2006年12月11日起，我国银行业向在中国注册的外资法人银行全面开放人民币业务，所有银行实施完全统一的监管标准。由于国内银行拥有的营业网点的规模和数量远远大于外资银行，缺少实体网点的外资银行要想在中国内地银行业的竞争中占一席之地，通过开通网上银行将是一个有效途径。在此阶段，国内各大银行都加强了网上银行品牌建设，比如中国工商银行2003年推出的“金融@家”个人网上银行、2005年中国交通银行推出“金融快线”品牌等。随着信息网络技术的提高，越来越多传统银行业务被搬上网络的平台，网络银行提供的产品和服务进一步完善。

4. 我国网络银行的成熟阶段

根据中国互联网络信息中心（CNNIC）2011年7月在北京发布的《第28次中国互联网络发展状况统计报告》数据显示，截至2011年6月底，中国网民规模达到4.85亿人，互联网普及率达到36.2%。商务交易类应用的用户规模在经历2009—2010年的快速增长之后，迎来一段较为平缓的发展期，大部分的商务交易类应用使用率都在增加。其中，网上银行用户规模达到了1.5亿人，网上银行使用率达到了31.0%。在手机上网应用中，手机网上银行使用率也达到了7.1%。目前我国的网络银行业务基本上都是把传统银行业务搬上互联网这个平台，网络银行本身的产品和服务创新能力不足，同质化现象突出，银行之间的竞争无序等都表明我国网络银行未来还有很大的发展空间。经过十几年的建设和发展，我国网络银行逐渐进入成熟阶段，网上银行业务进入平稳发展阶段，特别是随着网络银行相关法律法规进一步健全，网络银行监管法律体系初步建立，都极大地促进网络银行的发展并为之提供保障。相应地，网络银行处于不断发展的过程中，仍需要继续研究网络银行发展中面临的法律问题，并提供制度性的保障。

归纳起来讲，改革开放以来，我国经济保持着稳定快速的发展，这为网络银行的发展提供了良好的宏观经济环境，金融市场的进一步开放和银行竞争力的提升为网络银行提供了快速发展机会。我国网络银行的发展具有以下几方面的特点：首先，我国还没有纯网络银行。我国一般意义上说的网络银行是指银行通过互联网、手机等电子渠道提供网上银行业务，银行主营业务和竞争都仍然是传统的实体方式。目前中国内地还没有纯网络银行，但纯网络银行是未来银行业发展的一个方向，国外纯网络银行发展很快，未来一旦参与中国内地银行业竞争将会给我国银行发展带来巨大压力。对于这方面的监管可以借鉴我国香港地区的《虚拟银行认可》指引的规定。其次，网络银行用户增长迅速。根据中国互联网络信息中心发布的数据显示，截至2010年12月底，我国网上银行用户规模为13948万人，网上银行使用率为30.5%，到2011年6月底网上银行用户规模达到了15035万人，网上银行使用率达到了31%，半年增长率达到了7.8%。对我国这样一个人口基数大的国家而言，上述数据已经表明我国网络银行发展之迅猛。再次，网络银行竞争日趋激烈。目前国内许多银行都开展了网上银行业务，而随着我国银行业的进一步国际化，开放网络银行自由竞争将是必然的趋势。面对实力雄厚的外资银行，中国内地的银行必须进一步提升竞争力，随之而来的是必须加快提高我国网络银行监管水平，特别是针对跨境经营风险的防范，构建完善的网络银行监管法律制度将是实现有效监管的最佳途径。最后，网上银行产品和服务种类迅速增多。目前，网上银行业务逐渐扩大，提供的服务包括账务管理、转

账汇款、缴费支付、投资理财、贷款融资、资金管理、信贷业务等，并且网络银行系统不断改善，新的网上银行产品和服务不断涌现。

第四节　网络银行风险与管理

一、网络银行风险定义

网络银行风险是指网络银行在经营中由于各种不确定因素的存在而招致经济损失的可能。与传统银行相比，虽然网络银行依靠不同的服务方式和途径，但其仍然是传统银行的延伸，需要依靠吸收存款、发放代理、办理结算业务以及提供各种金融产品而盈利。因此，网络银行在经营过程中必然面临传统银行的各种风险，不仅如此，网络银行是传统银行的发展创新，是虚拟化的网络化的运作模式，这些特点决定了网络银行需要面临其他各种风险。因此，网络银行除了面临传统银行经营过程中存在的流动性风险、市场风险和利率风险等之外，还由于特殊性面临着其他各类风险，与传统银行相比，网络银行的风险更呈现出复杂性和多样性。

二、网络银行风险分类

网上银行作为开放的网络与金融业务的结合，除了具有传统的银行金融风险以外，还面临各种各样其他的风险问题。

（一）技术风险

网络银行所面临的首要风险是技术风险。20 世纪 90 年代以来，信息技术已经逐渐渗透融汇到银行业的各个领域，成为银行提高工作效率、增强市场竞争力的重要手段。然而，信息技术就像一把双刃剑，从目前情况看，技术问题已经成为制约网络银行发展的关键因素，较之其他类型风险，技术风险发生的可能性也更高。任何网络银行都必须选择一种技术解决方案来支撑其网上业务的开展。银行选择与哪家信息技术公司合作，采用哪种解决方案就显得至关重要。因为技术解决方案选择上的失误，很有可能导致其技术落后、设备过时，造成难以弥补的商业机会损失。

网络银行的技术风险包括技术外生性风险、信息存放安全性风险、信息传递安全性风险以及网络安全性风险。网络银行技术外生性风险是指银行对技术性风险的控制和管理能力，在很大程度上取决于其计算机安全技术的先进程度以及所选择的开发商、供应商、咨询或评估公司的水平。网络银行技术外生性风险来源于技术外包风险、技术选择风险和技术更新风险。信息存放安全性风险是指信息系统的外围环境硬件安全，这些风险直接涉及网络银行信息存放的安全。系统软硬件环境的设置缺陷和隐含漏洞都有可能导致严重的数据灾难，给网络银行造成严重的后果。信息传递的安全性风险是指重要数据在传输过程中被窃取、干扰或者破坏导致网络银行客户资料的泄密，进而威胁用户资金安全的风险。网络阻塞也是网络银行信息传递风险的一种。数据传输过慢，无法有效完成交易而影响客户的信任，在一定程度上影响了网络银行的客户量，影响银行的竞争力。

同时，由于信息技术高度知识化、专业化的特点，以及银行降低运营成本的考虑，网络银行业务外包不仅规模在扩大，而且复杂程度也提高了，业务外包还可能被分包给其他服务供应商或在国外进行，某些电子银行职能领域越来越集中依赖于少数几家专业的第三方公司和服务供应商。这种做法适应了网络银行的发展需求，但同样也可能导致风险日益集中，因此需要引起每家银行以及整个银行业的注意。比如，技术提供者的解决方案无法满足网络银行的需求、信息技术公司由于自身原因无法继续服务等。

网络安全性风险是指网络银行风险控制的计算机软硬件，不能完全防范网络恶意攻击而遭受损失的可能。这种风险主要来自于系统停机、网络外部数字攻击以及计算机病毒破坏等因素。

（二）网络安全风险

1. 系统自身运行风险

硬件设备故障、损坏等不确定因素导致系统停机，如自然灾害导致设备损坏、引起故障和数据破坏等。网络银行使用的各种软件系统同样会带来风险：Windows、Unix 等操作系统都存在着程度不同的漏洞；各种数据库软件、防火墙软件也都有或多或少的隐患。

2. 系统外风险

这类风险主要由人为因素造成，是目前网络银行最常见也是破坏性最大的风险。主要表现形式：①犯罪分子制作假冒的网络银行网站，窃取客户银行卡卡号、密码等信息，从而实施犯罪；②黑客利用网络直接危害网络银行系统的安全，窃取商业机密和客户资料，甚至转移银行资金；③计算机病毒感染机器和网络系统，毁坏银行信息数据，给网络银行带来致命威胁。

（三）操作风险

操作风险涉及网络银行账户的授权使用、网络银行的风险防范系统、网络银行与其他银行和客户间的信息交流、真假电子货币的识别等。如没有经过明确授权使用账户可能导致客户形成直接经济损失，因此，目前网络银行对进入银行账户的授权管理变得日益复杂起来。网络银行安全系统的缺陷有可能会让客户误以为网络银行实施了欺诈行为。

银行员工对业务的漫不经心，也有可能给网络银行带来严重的操作风险，从而危及网络银行的总体安全。此外，和传统商业银行业务相同，客户的疏忽也是操作风险的另外一个来源。网络银行可能会因为客户欠缺安全操作知识而面临相当高的风险。比如，网络银行用户在网吧等非安全场所登录使用个人网银，很容易被他人窃取账号和密码，从而使用户自身和银行都蒙受损失。另外，如果银行员工或客户不能够充分掌握网络银行逐步更新的软件技术，一旦发生误操作也会带来风险。

（四）法律风险

网络银行面临的法律风险，主要是由于没有任何法律规定，或者现有法律不明确带来的风险。

1. 身份确认问题

网络银行交易都面临客户身份确认问题。对银行而言，身份确认要解决交易合同是否确定是真实客户签订的。它包括：银行和客户之间用什么方法确认彼此身份？在这些方法失败时，谁承担失败带来的损失，以及人们是否可以对上述问题进行约定？对这些问题，我国现有法律尚无明确规定。

2. 举证责任和证据形式问题

在诉讼中，对于网络银行与客户之间的交易纠纷，法院会将主要的举证责任加在银行一方。这是因为，传统银行业务模式中，交易双方通过打印在存折、客户填制的纸质单据等来证明业务内容，这些证据除银行留存外，大部分都有交客户收持的正本或回执。但在网络银行交易中，交易数据都储存在银行的服务器中，客户手中不掌握任何交易数据的备份。数据只储存于银行，交易过程记录完全由银行制作掌握，银行在交易中处于绝对优势地位，因而举证责任往往要由银行承担。如果网络银行在业务操作方案设计时，对业务流程的记录不能满足法院的要求，银行就可能被迫承担全部的确认风险。这就对网络银行数据管理提出了更为严格的要求，一旦管理上有疏漏，就有可能被法院判定有管理上的过错。因此，在网络银行纠纷中银行应注意保全相关证据资料。另外，在证据的外在形式上，根据民事诉讼法及最高法院的司法解释，非原件的书证、物证不能单独作为定案证据。由于网络银行交易数据记录完全由银行自行制作，在严格的意义上，这些记录应被归入本人陈述一类。这在很大程度上影响了网络银行所提供证据的证明力。

3. 损失承担问题

网络银行业务中的损失是由多方面原因造成的，包括：银行的过错、客户的过错、第三方的过错以及不可抗力造成的损失，对于各种损失责任如何认定，损失如何赔偿，关系到银行、客户等关系人的利益以及网络银行业务的发展。

（五）信誉风险

信誉风险指负面的公众观点对银行收益和资本所产生的现实和长远的影响。这种风险影响着银行建立新客户关系或服务渠道，以及继续为现有客户服务的能力，会使网络银行面临诉讼、金融损失或客户流失的局面。网络银行的信誉风险有以下几层含义：

（1）网络银行提供的虚拟金融服务产品不能满足公众所预期的水平，且在社会上产生广泛的不良反应从而形成了网络银行的信誉风险。如采用与其他机构相同或相似的系统或产品，当一家网络银行在提供电子货币或其他虚拟金融服务上失败时，客户会怀疑自己所依赖的网络银行也出现同样的问题，导致客户流失，尽管其自身所在的网络银行事实上不存在任何业务问题。

（2）重大的系统缺陷将妨碍客户访问其资金信息或账户信息，而网络银行却不能即使解决这些问题，客户容易对网络银行的服务信誉产生怀疑，从而使网络银行承受信誉的损害。这种有害信息被传播后，还可能引起挤兑的风险。

（3）如果网络银行的系统存在重大的安全缺陷，当病毒与黑客对计算机系统进行攻击时，可能造成数据破坏，会影响社会公众对网络银行的信心；而不恰当的应急计划和业务恢复计划，以致影响到网络银行维持或恢复运行的能力及在系统失效后为客户提供服务的能力。

(4) 如果网络银行夸大其实际功能，却不能准确提供适当的服务，不能满足客户的需求，就会有欺诈嫌疑，逐渐损害网络银行与客户之间的关系及其服务渠道。

由此可见，负面的信誉会影响网络银行建立新型客户关系，对其总体运行产生长远的不良影响，降低其服务能力。对于开展网络银行业务的传统银行来说，一旦其网络银行业务出现信誉危机，其他传统业务势必会受到影响；而一家国际化银行的信誉风险问题，也会导致整个网络银行服务市场的危机。

(六) 其他风险

除上述特有风险外，网络银行也具有传统银行运行中存在的风险。主要有市场风险、流动性风险、信用风险、利率风险及汇率风险。

1. 市场风险

市场风险指市场价格变动导致网络银行资产负债表各项头寸不一样而蒙受损失的风险，这种风险多来自于在资本和期货市场上进行买卖、交易和补入头寸等行为；如果网络银行在金融产品定位、设计和营销中，不能根据市场需求及时调整，导致市场营销上的失败，也会造成市场风险；另外，国际市场主要商品的价格变动，及主要国际结算货币发行国的经济状况等因素，均有可能造成网络银行的市场风险。

2. 流动性风险

流动性风险是指网络银行在其所作承诺到期时，不能无损失变现而对银行收益或资本造成的风险。流动性风险是网络银行经常面临的风险，一旦网络银行没有足够的资金满足客户兑现电子货币或结算要求时，就会面临这类风险。这类风险多发生在电子货币的发行人身上，发行人将出售电子货币的资金进行投资，当客户要求赎回电子货币时，投资的资产可能无法迅速变现，使其遭受流动性风险。更为严重的是，网络银行往往会因流动性风险陷入信誉风险中，而信誉风险又会加剧流动性风险，形成恶性循环。

3. 信用风险

信用风险是指由于债务人未能按照与银行所签的合同条款履约或按约定行事而带来的风险。网络银行采用与传统银行不同的方式拓展金融业务，突破了地域及时间的限制。网络银行的贷款业务不仅在传统渠道中且能够在非传统渠道中扩展授信范围，而后通过远程操作确定信贷申请人的放款价值。但由此带来的身份的差别确认、抵押品核实、担保协议的完整程度、违约责任的追究等问题使得网络银行无法获取数据或数据成本过高，导致信用风险。例如，由于缺乏足够丰富的客户资信评价数据，网络银行可能导致其信贷资源集中于域外客户或某一单一行业。虽然可以通过远程通信技术对借款者的信用等级进行评估，但借款者网络登记所在地的信用评估系统可能并不健全，从而增加了网络银行的信用风险。

4. 利率风险

利率风险指网络银行因利率变动而蒙受损失的可能性。由于金融产品会产生不可预期的利率变化，提供电子货币的网络银行也会不可避免地面临资产贬值的风险。另外，网络银行面对着大量追求优惠利率条件的客户，因此更需要维持恰当的资产负债比例，根据利率变动方向和幅度对市场做出快速反应。否则，利率风险可能导致其承受比传统银行更大的损失。

5. 汇率风险

汇率风险指网络银行因汇率变动而蒙受损失的风险。为了用户业务的全天候、无时空限制的特点，使其更容易参与跨国交易和国际金融业务，所以当汇率发生不利变化时，可能造成其资产负债项目出现亏损，对网络银行的收益形成负面影响，从而面临更大的汇率风险。

三、网络银行风险管理

对应网络银行风险的种类，可以从银行操作、金融监管和国家管理三个角度，加强网络银行风险管理。

（一）银行操作层面的风险管理

网络银行风险产生的主要原因在于信息技术的不断更新，因此网络银行想要有效规避风险首先必须从技术方面入手，目前主要有加密、数字签名、访问控制、数据完整性、鉴别交换、通信业务填充、路由控制和公证八种信息安全实现机制。

1. 加密

加密是一种最基本的安全机制，是在网络环境中抵御被动攻击行之有效的安全机制，也是数字签名机制和鉴别机制等其他机制的基础，许多安全机制都是建立在加密机制的基础上的。

目前采用的加密方法有私钥加密算法和公钥加密算法两种，后者由于当前的计算机技术很难破解而成为主流技术。公钥加密算法是指把加密与解密分开，用一对密钥实现，公钥是完全公开的，而另一个是私钥，必须是保密的。这对密钥规定了一对变换，其中任一个密钥都是另一个密钥的逆变换，但难以从其中一个推导出另一个密钥。由于公钥加密体制中加密和解密使用不同的密钥，因此公钥加密也叫非对称加密。这种方法的典型代表是RSA密码算法，它是基于数论的公开密钥体制，加密密钥公开，私钥由加密者秘密保存。RSA是建立在分解大整数的困难性基础上，是一种分组密码。RSA运算中，大数因子的分解是指数级的难度，因此依靠目前的计算机技术很难破译，保证了较高的安全性。

2. 数字签名

数字签名是手写签名的电子替代物，提供了与手写签名相同或更多的功能。它是通过使用单向散列函数，对要传送的报文进行处理而产生的信息摘要，使用发报方的私钥进行加密后所产生的一个字母数字串。在网络银行中，一个安全有效的数字签名方案必须实现：收报方能证实发报方的身份；发报方事后不能否认发送的报文；收报方或非法者不能伪造、篡改报文，即必须保证信息的完整性。从上可知，数字签名技术作为计算机数据安全的一项重要安全机制，主要用来实现抗抵赖性和数据完整性服务，从而保证通信双方的利益，因此这项技术的应用在网络安全通信中至关重要。

3. 认证机制

数字证书也叫电子证书，是经证书授权认证中心数字签名的包含公钥及其拥有者信息的基于计算机的文件，通常包含签名者的身份和公钥、证书有效期、CA（Certificate Authority）的数字签名等信息。数字证书是由数字证书认证中心统一发行，在互联网通信中标识通信各方身份信息的一系列数据，其作用类似于日常生活中的身份证，人们依靠它可以在网上识别对方的身份。认证中心（CA）是主要负责产生、分配并管理所有参与网上支付的实体所需要的数字证书。依靠数字证书技术，可以实现网上支付和结算服务信息传输的机密性、数据交换的完整性、发送信息的不可否认性安全服务。

中国金融认证中心（CFCA）

中国金融认证中心（China Financial Certification Authority，CFCA），是由中国人民银行牵头，联合中国工商银行、中国农业银行、中国银行、中国建设银行、交通银行、中信银行、光大银行、招商银行、华夏银行、广东发展银行、深圳发展银行、民生银行、兴业银行、浦发银行等 14 家全国性商业银行共同建立的国家级权威金融认证机构，是国内唯一全面支持商务安全支付业务的第三方网上专业信任服务机构。第三方证书认证独立于交易双方的任何一方，这是它区别于个别银行自己颁发的数字证书的地方，第三方证书能有效保障网上交易双方身份的真实性、交易的私密性和不可否认性。

中国金融认证中心专门负责为电子商务的各种认证需求提供数字证书服务，为参与网上交易的各方提供信息安全保障。同时，参与制订网上安全交易的有关规则，确立相应技术规范和运作规范。

中国金融认证中心认证系统采用基于 PKI（公钥基础设施）技术的双密钥机制，通过了国家信息安全产品测评认证中心的安全评测。CFCA 认证系统提供证书申请、审核、生成、颁发、存储、查询、废止等全程自动服务。它提供多种用途证书和信息安全服务，具有覆盖全国的认证服务体系，支持金融领域及其他各界用户的应用需求。

CFCA 的突出特点是金融特色。证书申请者必须具备合格的金融资信和支付能力。此外，CFCA 证书实现了不同银行之间、银行与客户之间信任关系的连接与传递，为解决网上安全支付提供了有力支持。用户只需持一张 CFCA 证书，即可在多个银行的网银系统中进行身份鉴别，这就在很大程度上促进了网络银行业务的蓬勃发展。CFCA 证书分为：企业高级证书、企业普通证书、个人高级证书、个人普通证书、Web Server 证书、Direct Server 证书。

资料来源：张成虎．网络金融［M］．北京：科学出版社，2005。

（二）金融监管层面的风险管理对策

除了银行操作层面这一内部调整手段外，还需要借助金融监管当局制定的风险监管体系，来进一步完善对网络银行的风险管理。应遵照金融监管当局的监管原则，设计出合理的监管体系框架，并完善市场准入、退出等各种机制。

1. 建立多层次的监管制度框架

应该包括网络银行的监管框架由管理条例、指引公告、实施细则和风险警示四部分组成。

2. 建立灵活的市场准入机制

市场准入机制的建立要体现交易安全的维护和对公平竞争及效率的追求。

3. 建立网络交易的公平规则

它主要包括：①签字与认证的规则，肯定电子签字的合法性，这要求明确安全签字的构成要件、确立有效的识别机制、建立权威的认证机构来履行认证职责，明确规定当事人对有关签字的风险的责任；②保存交易证据的规则，由于数据电文的真实性直接影响导其证据效力，法律有必要强制要求当事人来加以维护；③关于分担责任的规则，客户与网络银行之间如何分担责任的规则对于电子结算的社会信誉的建立是非常必要的；④关于保护个人信息的规则。

4. 建立严格规范的信息披露制度

由于网络银行在网上交易中处于主导地位，掌握了全部交易的详细记录，客户处于一个明显的信息不对称的被动地位，有效的网络信息市场的信息披露制度可以促使投资者和存款人对其运作状况进行充分的了解，因此，同传统银行的信息披露相比，对网络银行的信息披露要求应当更加严格，特别要强调其信息披露的公开性。

5. 建立完善的市场退出机制

这就要求对网络银行的退出设计非常慎重，要求网络银行参加保险计划，制订可靠的信息备份方案，以市场兼并作为主要的退出措施。

6. 确立非现场的监管方式

网络银行的虚拟化使银行业务活动失去了时间和地域的限制，交易对象变得难以明确，交易时间和速度加快，现场检查的难度将会加大，非现场检查将愈加显示出其重要作用；同时，非现场监管具有覆盖面宽、连续性强的特点，通过非现场监管有利于信息的收集并对银行潜在问题提出预测、预警。为此，金融监管当局要逐步从现场稽核监管为主，逐渐转到以非现场稽核监管为主，拓宽非现场稽核的检查面，缩短检查周期，并建立科学的监控指标体系。

7. 加强国际间网络银行的监管合作

网络的全球化引致了网络银行业务及其相关法律问题的国际化。仅靠国内立法的机制是不够的，这就要求各国金融监管部门积极地同国际组织或有关国家的金融监管当局交流信息与协调监管措施，深入地了解网络银行的发展状况，不断深化网络银行监管的国际合作。

（三）国家层面的风险管理对策

加强网络银行的风险管理不仅需要银行内部的自我完善和外部监管的安全保障，还需要国家出台相应的措施建立起完整详细的社会信用体系，为网络银行及其客户的交易提供可靠的依据，还需要国家级的立法、执法机关制定严谨有效的法律法规，为网络银行的健康发展提供强有力的保护与支持。

1. 建立社会信用体系

互联网具有充分开放、管理松散和不设防护等特点。网上交易、支付的双方互不见面，交易的真实性不容易考察和验证，对社会信用的要求很高。这就需要建立如：个人信用体系、信用评级机构等机制。

2. 健全相关法律法规

形成确保法律及管制措施施行的执法机构，加快电子商务立法进程，健全相关的网络银行法律和管制措施。

本章小结

1. 网络银行的定义应该包括三个要素：首先，网络银行需要借助能够联网的电子通信系统，包括公用网络、银行内部计算机网络、电话或其他电子通信手段；其次，客户需要拥有个人电脑、通信终端（包括普通电话、移动电话、掌上电脑等）或其他智能设备；而最终的目的是银行为客户提供金融产品与金融服务。

2. 根据银行是否设置物理分支机构或分支机构多少，提供网络银行服务的机构可分为三类：纯互联网银行、以互联网为主的银行、“水泥加鼠标”型银行。网络银行业务操作流程：客户浏览器发出 HTTP 交易请求→HTTP 的交易信息经过安全通道发往网络银行的 Web 服务器→Web 服务器的应用程序（Web App）接收客户传来的 HTTP 交易信息→Web App 处理交易信息，包括验证客户权限、交易数据的格式转换、数据运算等→Web App 生成后台业务数据信息，提交业务主机进行处理→处理结果返回到 Web App→Web App 根据返回的数据动态生成交易结果的 HTM 主页→交易结果的动态 HTML 主页返回到客户的浏览器。

3. 网络银行在继承传统银行基本功能和特征的同时，受网络环境影响和电子商务推动，其自身还具有了新的特点和属性。“3A”服务；突出标准化和程序化；速度和效益双赢；安全问题日益突出；助力全能型银行建设。

4. 网络银行一般包括三个要素：互联网或其他电子通信网络；基于电子通信网络的金融服务的提供者；基于电子通信网络的金融服务的消费者。网络银行提供的金融服务主要有网上支付、企业会计账务管理、个人财务管理、网上证券交易、委托投资、信息咨询等。

5. 网络银行是科技创新与金融创新相结合的产物，计算机技术的发展和互联网的普及是网络银行产生的支撑力；银行业的激烈竞争是网络银行产生的主动力；金融创新是网络银行产生的巨大推动力。

6. 网络银行风险是指网络银行在经营中由于各种不确定因素的存在而招致经济损失的可能。网上银行作为开放的网络与金融业务的结合，除了具有传统的银行金融风险以外，还面临各种各样其他的风险问题。包括：技术风险；网络安全风险；操作风险；法律风险；信誉风险和其他风险等。

7. 对应网络银行风险的类，可以从银行操作、金融监管和国家管理三个角度，加强网络银行风险管理。

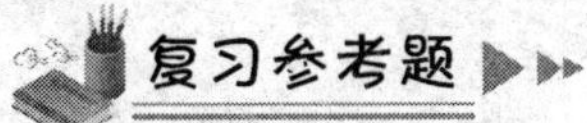

1. 名词解释。

网络银行　网上银行　“水泥加鼠标”型银行　网络银行“3A”服务　电子银行　虚拟银行　中国金融认证中心　网络银行加密　数字签名　数字认证机制

2. 简要回答网络银行的含义与特征。

3. 简要回答商业银行风险的成因、风险的分类。

4. 了解网络银行的产生原因和发展现状。

5. 网络银行的风险类型有哪些？针对这些风险，应该采取哪些相应措施？

6. 在学习中充分利用模拟商业银行实验室、各主要商业银行网站的业务演示或自己切身发生的网络银行业务，体会网络银行的业务的加密、数字签名和认证机制等，熟悉其流程并能熟练操作。

第十章 商业银行风险管理

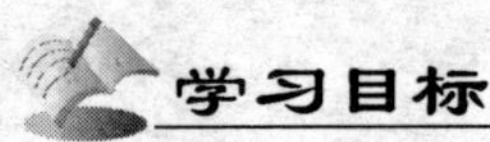

风险管理水平是现代商业银行核心竞争力的重要组成部分。随着金融体系的不断完善和发展，银行的经营范围和业务规模也在不断扩大，这使得银行面对更多和更复杂的风险，银行对于风险的管理也越发迫切。巴塞尔银行监管委员会多年来在此方面作出了重要贡献，日益为各国所重视，成为金融危机后加强银行风险管理的改革方案，也是学习商业银行风险管理的切入点。

1. 知识目标

※掌握商业银行风险、风险管理的含义与特征；

※掌握商业银行风险的成因与风险的分类；

※掌握商业银行风险管理的原则和主要内容；

※掌握商业银行信用、市场和操作风险管理。

2. 能力目标

※2010 年 9 月，巴塞尔银行监管委员会管理层会议通过了国际商业银行资本监管改革新规，即《巴塞尔协议Ⅲ》，作为金融危机后加强银行风险管理的改革方案。围绕巴塞尔委员会全面风险管理理念，全面理解风险分类和管理方法。

巴林银行倒闭事件

1. 事件起因

1763 年，巴林银行在伦敦创建，它是世界首家“商业银行”，由于经营灵活变通、富于创新，巴林银行很快就在国际金融领域获得了巨大的成功。里森于 1989 年 7 月正式到巴林银行工作，1992 年派他到新加坡分行成立期货与期权部门，并出任总经理。

1992 年夏天，伦敦总部要求里森另设立一个“错误账户”，记录较小的错误，并自行在新加坡处理，以免麻烦伦敦的工作，这样账号为“88888”的“错误账户”便诞生了。几周之后，伦敦总部又打来电话，要求新加坡分行按老规矩行事。“88888”错误账户刚刚建立就被搁置不用了，但它却成为一个真正的“错误账户”存于电脑之中。“88888”这个

被人忽略的账户，提供了里森日后制造假账的机会，如果当时取消这一账户，则巴林银行的历史可能会重写了。

2. 事件过程

1992 年 7 月，里森手下一名交易员犯了一个错误：当客户要求买进 20 份日经指数期货合约时，此交易员误为卖出 20 份，这个错误在里森当天晚上进行清算时被发现。欲纠正此项错误，须买回 40 份合约，其损失为 2 万英镑，里森决定利用错误账户“88888”，承接了 40 份日经指数期货空头合约，以掩盖这个失误。然而，数天之后，由于日经指数上升 200 点，此空头部位的损失便由 2 万英镑增为 6 万英镑了（注：里森当时年薪还不到 5 万英镑）。此时里森更不敢将此失误向上呈报。到 1994 年，里森对各种积累的损失金额已经麻木了，88888 号账户的损失，到 7 月已达 5000 万英镑。

从制度上看，巴林最根本的问题在于交易与清算角色的混淆。作为一名交易员，里森本来应有工作是代巴林客户买卖衍生性商品，并替巴林从事套利这两种工作，基本上是没有太大的风险。一般银行对于其交易员持有一定额度的风险部位的许可，但这种许可额度通常定得相当有限。而通过清算部门每天的结算工作，银行对其交易员和风险部位的情况也可予以有效了解并掌握。但不幸的是，里森却一人身兼交易与清算二职。

3. 最后崩溃

到 1995 年 1 月，此时里森已需每天要求伦敦汇入 1000 万英镑，以支付其追加保证金。最令人难以置信的，便是巴林银行在 1994 年年底发现资产负债表上显示 5000 万英镑的差额后，仍然没有警惕到其内部控管的松散及疏忽。

为挽回损失，里森购买更庞大数量的日经指数期货合约，希望日经指数会上涨到理想的价格范围，并卖空日本政府债券。2 月 10 日，里森创新加坡期货交易所交易史上创纪录的数量。交易数量越大，损失越大。追加保证金所需的资金是无法隐藏的，里森以各种借口继续转账。这种松散的程度，实在令人难以置信。

1995 年 2 月 23 日，在巴林期货的最后一日，里森对影响市场走向的努力彻底失败。日经股价暴跌，而里森的日经期货多头风险部位已达 6 万余合约；日本政府债券在价格一路上扬之际，而其空头风险部位亦已达 26000 合约。里森为巴林银行所带来的损失，终于达到了 86000 万英镑的高点，造成了世界上最老牌的巴林银行终结的命运。

新加坡在 1995 年 10 月公布的有关巴林银行破产的报告，报告结论中的一段：“巴林集团如果在 1995 年 2 月之前能够及时采取行动，那么他们还有可能避免崩溃。截至 1995 年 1 月底，即使已发生重大损失，这些损失毕竟也只是最终损失的 1/4。如果说巴林的管理阶层直到破产之前仍然对‘88888’账户的事一无所知，我们只能说他们一直在逃避事实。”

资料来源：和讯网 http：//www. hexun. com/、新华网 http：//www. xinhuanet. com/、中国金融期货交易所 http：//www. cffex. com. cn/、《经济参考报》相关内容汇总、改写。

请思考：

上述案例中与2008年法国兴业银行交易丑闻，虽相隔十几年但非常相似，既反映出随着银行的经营范围和业务规模也在不断扩大、金融创新不断涌现，银行面对更多和更复杂的风险，也反映出银行内控机制在风险防控中的重要作用。

1. 为什么近20年来，国际金融领域发生多起造成巨额损失的违规交易案件；

2. 参阅巴塞尔银行监管委员会金融衍生品交易相关风险分类，思考衍生金融市场风险与传统市场风险的不同特征。

第一节　商业银行风险管理概述

一、商业银行风险及风险管理的含义

（一）商业银行风险的定义

风险是一个常用而宽泛的词汇，频繁出现在经济、政治、社会等领域。风险的定义主要有以下三种：风险是未来结果的不确定性（或称变化）；风险是损失的可能性；风险是未来结果（如投资的收益率）对期望的偏离，即波动性。

对于商业银行风险目前理论界把其定义为：商业银行在经营过程中，由于事前无法预料的不确定因素的影响，使商业银行的实际收益与预期收益产生背离，从而导致银行蒙受经济损失或获取额外收益的机会和可能性。具体内涵包括：

（1）风险不同于损失。它有可能指损失的程度，也有可能指获取超额收益的程度。也就是说，经济学中的风险不同于保险业务中的风险。保险业务中的风险总是损失的代称，所以它有时也称危险。而经济学中的风险总是指一种动态行为，指对经济主体的双重影响方式，即蒙受损失和获取收益的可能性。银行风险与其收益是成正比的，风险越高，银行蒙受损失的可能性越大，但其获取超额收益的可能性也随之增加。从而表现出银行经营结果或状况的不稳定、不明确，由此影响到银行的信誉以及经营安全。

（2）风险是一种机制，不是单纯的经济现象。风险的客观性和不确定性，可以促使经济运行过程中经济系统形成一种自我约束、自我调节、自我平衡和自我发展的规则，并在此基础上相应调整经济运行中的各种利益关系，以寻求资源的有效配置。也就是说，风险并不是一种单纯的静态反映即损失或收益大小。换言之，由于银行风险具有损失和收益双重机制的作用，可以寻求金融发展和运行效率的最优组合，通过深化金融改革以促进经济发展。

（3）银行风险不仅指资产的风险也包括负债的风险，还有资产负债表外风险；不仅包括信用风险，还包括市场风险和操作风险。这也就是说，风险作用于银行经营活动的全过程，不只是存在于某一个方面。

（4）银行信用风险所研究的损失是从不确定性角度而言的，仅指损失的可能性，并非

现实性，至于这种可能性在多大程度上转化现实性，则取决于现实生活中多种因素的制约。因此，现实的损失一般不属于银行风险研究的问题，或者说，属于次要方面。最主要的是研究潜在损失，从而有效地控制风险、管理风险。

（5）银行风险隐含地指出了如何进行银行管理和经营变革，以降低风险负效应，发挥正效应作用，提高金融效率。因此，风险与经济主体的行为目标、决策方式和经济环境相联系，并不单纯是银行自身的问题。

（6）商业银行风险的承担者涉及面广，是与其经营活动有关的所有经济实体，包括企业、居民、商业银行、非银行金融机构以及政府等。

（7）商业银行风险有些是可以计量的，有些是不可以计量的。量化风险是管理风险的基础，因而对于可以计量的风险进行量化分析有利于商业银行风险的控制与管理。

（二）商业银行风险管理的定义和性质

一般来说，风险管理是银行针对经营中所面临的各种风险而制定的一系列政策和采取的措施的总和，具体是指商业银行在经营管理的过程中，通过对风险的分析、预测、衡量并采取有效的对策来预防、回避、排除或者转移经营中的风险，从而以最低的成本将风险可能导致的损失减少到最低限度，保证经营资本的安全，实现经营目标。

商业银行风险管理是银行经营管理的核心，是银行风险控制的更高阶段，一个完整的的风险管理过程包括对风险的识别、衡量、报告和控制四个方面，是全程的、全员的、动态的风险控制，是建立在丰富的业务数据、科学的管理模型以及高素质的专家队伍基础上的风险控制。无论是从外延还是从内涵看，风险控制都只是风险管理的一个组成部分和初级阶段，风险管理则是动态的、全程的、计量的、立体的风险控制。可见，商业银行的风险是可控的，是可以通过一些风险管理措施来防范、化解、控制或者规避风险。而风险管理的最终目的在于降低损失，确保银行的安全运行。风险管理不仅要通过研究风险发生的规律，计算风险给银行造成的损失，选择降低损失的方案，而且还要不断地修改完善风险控制方案，不断地评价风险管理的效果，以确保风险管理水平持续提高。但归根结底，风险管理的最终目的还是控制风险，降低损失，这是风险管理的本质。根据风险管理的最终目的我们可以看出，风险管理的核心在于选择最优的风险管理方案，将银行的风险降到最低。

二、金融风险的分类

因所站的角度不同，金融风险也相应地存在多种分类方法。目前主要有以下几种分类方法：

（一）按金融风险发生的领域及影响程度，可分为：个体风险、行业风险和金融业风险

（1）个体风险，也叫微观金融风险，指个别金融机构在运营过程中发生资产或收入损失的可能性。

（2）行业风险，也叫中观金融风险，指金融业内部某一特定行业存在或面临的风险，例如商业银行的风险、证券市场的风险、期货业的风险等，都属于行业风险。

(3) 金融业风险，又叫宏观金融风险，指整个金融业存在或面临的系统风险。亦即那些有可能发生的危及整个金融体系安全、危机国民经济安全运行，乃至危机社会稳定及国家安全的金融突发事件，包括存款挤提风潮、银行或非银行机构倒闭事件、汇率的急剧变动、股市的暴涨暴跌以及恶性的通货膨胀等，简而言之，就是发生金融危机的可能性。

(二) 按金融行业，可分为：商业银行的风险、证券市场的风险、信托业风险、保险业风险

商业银行的风险，主要包括信贷风险和资产负债风险，证券市场的风险，主要包括股票市场的风险和债券市场的风险，此外还包括信托业风险、保险业风险和期货业风险。

(三) 按金融风险之间的关系组成，可分为：系统性风险和非系统性风险两类

(1) 系统性风险指市场的全局性风险，它包括：利率风险，是指由于经济形势和金融市场上资金供求关系发生变化，而导致市场利率发生变动，它反过来又会影响经济主体的活动和金融市场上的资金供求状况，从而可能给经济主体带来损失的风险。汇率风险，指经济主体在持有或拥有外汇的经济活动中，因为汇率的变动而蒙受损失的可能性。货币风险，指因通货膨胀、物价上涨引起货币贬值而带来的风险。政策风险，指由于国家政策变化而造成损失的可能性。

(2) 非系统性金融风险指的是金融产品来源企业所独有的个体性风险，它主要有以下几类。

信用风险，就是指借款人到期不能或不愿履行还贷付息协议致使银行遭受损失的可能性。有信用存在，就会有这种风险。目前我国金融风险突出的表现在信用风险上。信用风险具体表现在两方面：一方面是银行对社会公众存在着信用危机，即不能应付挤提的风险；另一方面是企业对银行存在信用危机，即借款人不能按期偿还借款本息的风险。

流动性风险，是指银行没有足够的现金清偿债务和保证客户提取存款，使银行信誉遭受损失而形成的风险。流动性风险的危害极大，严重时会置商业银行于死地。

市场风险，是指由于市场的利率和汇率的波动而引起的利差减少、证券跌价、外汇买卖亏损等风险。它包括利率风险、汇率风险和其他投资风险。

清算风险，是指借款人在清算过程中由于种种因素无法在到期日归还本金和利息的风险。例如，无法在归还日提交有效单据的风险；或单据已转交，对方却不支付款项的风险；或银行在无法确认可收入相应款项时付款的风险；或外国借款人由于外汇管制而无法归还借款的风险。清算风险与信用风险是有区别的。信用风险是借款人违约形成的；而清算风险是外部条件影响形成的，如受当地国家政策影响而造成到期不支付的风险。

经营风险，指由于市场或金融机构的基本营业机制可能失灵或被打乱，使经济主体遭受损失的风险。

国家风险和规则风险，国家风险又称主权风险、政治风险，是指东道国（即投资所在国）国内政治环境或东道国与其他国家的政治关系发生改变而给外国企业或投资者带来经济损失的可能性。规则风险是指因规则发生变化所造成的损失。

巴塞尔委员会的风险分类标准

国际上比较流行的，同时也被大多数商业银行所认可的商业银行风险分类，是按照巴塞尔委员会的分类标准：将商业银行的风险分为战略风险（strategy risk）、市场风险（market risk）、信用风险（credit risk）、流动性风险（liquidity risk）、操作风险（operational risk）、法律风险（legal risk）、利率风险（interest rate risk）、国家和转移风险（country and transfer risk）、声誉风险（reputation risk）。

（1）战略风险，是商业银行的一种经营决策风险，是指商业银行对于本行发展战略选择受各种因素影响而导致经营战略成功与否的不确定性。银行的经营战略是银行经营发展的总体目标，反映了银行在对本行资源优势总体竞争地位。市场走势的综合评价，是对本行战略目标模式的总体规划。战略解决的是方向问题，如果方向不正确，锐利有效的工具和方法只能加速自身的损害。对于战略风险管理而言，面临的基本问题，是在风险选择方面是充当风险规避者还是充当风险承担者；在风险偏好方面，是充当主动的风险偏好者，还是风险中立者，抑或风险厌恶者；在经营模式上是采取规模经营模式，还是选择以价值创造为目标的经营模式，这些都是重要的战略问题。战略失误是根本性失误，因此，商业银行的风险管理首先是战略管理，战略风险控制是商业银行风险控制的首要内容。

（2）市场风险，是指金融市场价格因子，如利率、汇率、股票、价格水平等的不利波动而导致的金融资产损失的可能性。市场风险管理是识别、计量、监测和控制场风险的全过程。

（3）信用风险，又称违约风险，主要是指金融机构的交易对方违约或不能履行其和约而导致损失的可能性。信用风险也包括由于债务人信用评级的降低导致其债务市场价值下降（对持有人而言则是其债权市场价值下降）而引起损失的可能性。此时，信用风险和市场风险在一定范围内重合。

（4）流动性风险，是指银行无法以合理的成本迅速增加或变现资产获得足够资金的可能性。金融机构的流动性风险主要有两种形式，一是非现金资产的流动性风险，二是资金的流动性风险。

（5）操作风险，是指由于不健全或失效的内部控制过程，人员和系统或是外部事件而导致的损失风险。

三、商业银行风险的特征

特殊的负债经营模式及其在现代经济体系中的核心地位，使得银行业风险与普通工商企业风险相比具有明显的特殊性。

（一）银行风险的客观性

银行是信用产品的经营者，信用产品的一个重要特征是它包含着时间间隔，这个时间间隔是风险存在，即主观预期与客观结果产生偏差的客观基础。预期是对与当前决策相关的不确定的经济变量所作的主观预测，从过程上看，预期是建立在信息基础上的一种计算活动；从结果上看，预期不一定指对某个经济变量的唯一的预测值，也可以表现为对该变量未来值的某个完全的概率分布的预测。因此，预期本质上是对信息的处理规则，其准确性一方面取决于相关信息的充分性、准确性、及时性，另一方面取决于处理信息的有效性。不同的信息处理规则对信息的取舍不同，计算的方法不同及对预期自身的调整方式不同，因此，预期表现出多样性和复杂性的特点，而经济生活的实际情况只能是唯一的，两者之间的偏差就不可避免了。因此，银行风险根植于其业务经营活动中，只要银行存续，它就必须面对并且管理各种风险，银行风险是不以主观意志为转移的客观存在。

（二）银行风险的隐蔽性

银行与其各类外部主体之间就银行风险存在着明显的信息不对称，也即银行风险具有较强的隐蔽性。银行风险之所以有隐蔽性，主要原因是：首先，银行风险可以被信用循环所掩饰。其次，银行具有信用货币创造的功能，从而使本来属于即期银行风险的后果，可能被通货膨胀、借新还旧等形式所掩盖。最后，银行垄断、政策干预或政府担保也会加强信息不对称，隐藏银行风险的真实情况。银行风险的隐蔽性意味着，如果不建立改善信息不对称状况的机制，将会诱使银行的风险积累与强化，一旦风险失控则会引发危机，对实体经济造成巨大的破坏。

（三）银行风险的扩散性

以微观银行风险作为分析对象，银行风险的扩散性是指单个银行风险具有向其他银行以及非银行部门进行传播的特点。实体经济中的各类经营主体在其生产经营过程中也同样面临风险，但当它们遭受风险引发的经营波动甚至破产倒闭时，受其影响或拖累的一般都限于它们有限的客户与关联企业，影响的程度也不会太大。但银行风险与此相区别的重要一点便是扩散性，即银行出现显著的负面经营波动或者破产，将同时意味着一个很大范围内的主体的很大程度的损失。银行风险的扩散性来源于银行在现代经济运行中具备的特殊性和关键性的职能。商业银行是高负债经营的特殊企业，它是现代经济体系中的信用中介与支付中介，同时发挥着货币创造与提供金融服务的功能，几乎每个经济主体都是某种或某几种银行产品与服务的需求者，银行以中介身份提供产品的同时，也最终在这些主体间编织起了复杂的债权债务关系。因此，银行所面临的风险不仅是其自身资本面临的风险，更是全部债权人和股东面临的风险，银行的损失也同时成为众多主体的损失。而当一家银行的风险最终败露，会引起社会公众普遍的心理恐慌，有可能使单个银行的风险扩展为行业风险甚至宏观风险。在经济金融全球化发展的背景下，一国银行业危机还会通过本国银行及金融行业的其他机构与国际金融市场的联系传播至其他国家。

（四）银行风险的破坏性

银行风险的破坏性是指银行风险可能造成的损失远远超过其他来自实体经济主体的风

险。如果将风险定义为不确定性以及由此导致的损失，那么虽然任何风险都具有破坏性，但银行风险所导致的损失却会远远超过其他经济主体风险造成的损失。银行风险的巨大破坏性来源于其扩散性，来自银行在现代经济运行中的关键性地位，银行风险损失通过其复杂的传导链会波及社会再生产的所有环节，最终积累出一个巨大的社会经济损失总额。

（五）银行风险的可控性

虽然商业银行的风险是不可避免的，但却具有可控性。从表象上看，银行风险的爆发虽然往往由偶然事件所引起，但事实上风险的产生与发展仍遵循一定的规律，这就为风险的防范与控制提供了充分的依据。风险的控制可以依靠技术与制度，根据银行风险的产生原因和特点，我们可以识别出造成银行风险的各种因素，同时使用概率统计和现代化信息技术，建立控制风险的预警体系。同时，通过制度的建立、健全与创新形成银行稳健经营的内外约束与有效监管，是银行风险得以有效控制的重要途径。

知识链接 10-2

商业银行风险管理的理论的演进

商业银行风险管理的发展既离不开商业银行业自身的发展历程，也离不开风险管理技术的进步，以及金融监管机构实施共同监管平台的规范要求。随着银行业的不断创新，风险管理理论和技术的迅速发展，以及相关监管措施的进一步完善，特别是《巴塞尔新资本协议》对风险管理的监管标准和风险计量模型的一系列要求，商业银行风险管理的理论发生了本质变化。纵观国际金融体系的变迁和金融实践的发展过程，商业银行的风险管理理论的发展大体经历了四个阶段：

1. 资产风险管理模式阶段

20 世纪 60 年代以前，商业银行的风险管理主要偏重于资产业务的风险管理，强调保持商业银行资产的流动性。主要针对信贷业务的风险管理，这主要是由于当时商业银行的经营风险大多来自资产业务，商业银行如果出现大额的信贷损失往往会导致资金周转困难甚至停业倒闭。因此，在商业银行发展早期的很长一段时间内，商业银行都非常重视对资产业务的管理，致力于在资产上协调盈利性、安全性和流动性，普遍倾向于逃避风险，风险准入标准趋同。

随着早期商业银行面临的经济环境的变化和银行业务的发展，资产风险管理理论也经历了不同的发展阶段，从真实票据论、资产转移理论、超货币供给理论到资本结构理论。

2. 负债风险管理模式阶段

20 世纪 60 年代，西方各国经济发展进入了高速增长的繁荣时期，社会对商业银行的资金需求极为旺盛，为了扩大资金来源，满足商业银行流动性需求，西方商业银行变被动负债为积极性的主动负债，负债规模的扩大也加大了商业银行经营的风险。在这种背景下，商业银行风险管理的重点转向负债风险管理。负债管理理论的广泛应用，导致了银行界的一场革命：一方面是商业银行扩大了业务规模，增加了贷款的投放；而另一方面，负债规模的扩大，使商业银行的经营环境更加充满不确定因素，也加大银行的经营风险。负债风险管理理论先后经历了银行券理论、存款理论、购买理论和销售理论等阶段。在该时期，现代金融理论的发展也为风险管理提供了有力的支持。

3. 资产负债风险管理模式阶段

20 世纪 70 年代，随着布雷顿森林体系的瓦解，固定汇率制度向浮动汇率制度的转变导致汇率变动不断加大。始于 1973 年的石油危机，导致西方国家通货膨胀加剧，利率的波动也开始变得更为剧烈，利率和汇率的双重影响使得商业银行的资产和负债价值的波动更为显著。此时，单一的资产风险管理模式显得稳健有余而进取不足，单一的负债风险管理模式进取有余而稳健不足，两者均不能保证商业银行安全性、流动性和盈利性的均衡。正是在这种情况下，资产负债风险管理理论应运而生，重点强调对资产业务、负债业务风险的协调管理，通过匹配资产负债期限结构、经营目标互相代替和资产分散，实现总量平衡和风险控制。

4. 全面风险管理模式阶段

20 世纪 80 年代之后，随着银行业竞争加剧，存贷利差变窄，金融衍生工具广泛使用，商业银行开始意识到可以从事更多的风险中介业务，非利息收入所占的比重因此迅速增加。在捕捉更多业务机会的同时，金融自由化、全球化浪潮和金融创新的迅猛发展，使商业银行面临的风险日益呈现多样化、复杂化、全球化的趋势，原有的风险管理模式难以适应商业银行风险管理新形势的要求。在这种情况下，商业银行风险管理理念和技术有了新的提升，对金融风险的认识更加深入，金融衍生产品、金融工程学等一系列专业技术逐渐应用于商业银行的风险管理。

巴塞尔委员会于 2004 年公布了《巴塞尔新资本协议》。《巴塞尔新资本协议》沿袭 1988 年《巴塞尔资本协议》提出的一系列监管原则，继续以资本充足率为核心，以信用风险控制为重点，着手从单一的资本充足约束，转向突出强调商业银行的最低资本金要求、监管部门的监督检查和市场纪律约束三个方面的共同约束，并提出了规范的风险评估技术。例如：通过相关标准模型和内部模型对信用风险、市场风险进行计量；提倡应用 VAR（Value at Risk）方法计量市场风险等。《巴塞尔新资本协议》的推出，标志着现代商业银行风险管理出现了一个显著变化，就是由以前单纯的信贷风险管理模式转向信用风险、市场风险、操作风险并举，信贷资产与非信贷资产并举，组织流程再造与技术手段创新并举的全面风险管理模式。全面风险管理模式体现了面向全球的风险管理体系、全面的风险管理范围、全程的风险管理过程、全新的风险管理方法以及全员的风险管理文化等先进的风险管理理念和方法。

COSO《全面风险管理框架》（Enterprise Risk Management-integrated Frame-work）于 2001 年开始起草，2004 年 9 月由 COSO 定稿颁布。“全面风险管理是一个动态过程。这个过程受董事会、管理层和其他人员的影响。这个过程从企业战略制定一直贯穿到企业的各项活动中，用于识别那些可能影响企业的潜在事件，以将风险控制在企业的风险偏好

之内，合理地确保企业取得既定的目标。”全面风险管理体系有三个维度，第一维是企业的目标，第二维是全面风险管理要素，第三维是企业的各个层级。其中，企业的目标包括战略目标、经营目标、报告目标和合规目标；全面风险管理要素包括八个方面：内部环境、目标设定、事件识别、风险评估、风险反映、控制活动、信息和交流、监控；企业的层级包括整个企业范围、职能部门范围、业务线范围、子公司范围。可以认为，全面风险管理是国际先进商业银行风险管理发展的新趋势，也是《巴塞尔新资本协议》所蕴含的风险管理理念。

第二节　商业银行风险管理原则与内容

一、商业银行风险管理原则与主要策略

（一）商业银行风险管理的原则

（1）最小值最大化原则。如果银行是风险回避者，银行可能会考虑各种策略在不同情况下的最小收益，再选择使这种最小收益最大的一个策略。

（2）最大值最大化原则。与上面的原则相反，偏好风险的银行可能会选择收益最大的策略。

（3）贝叶斯—拉普拉斯原则。这种原则假定每种情况发生的概率相同，计算各种策略收益的期望值，找出期望值最大的收益。

（4）赫威茨准则。在这种原则下，银行根据自己的风险偏好为每一种情况确定一个权值，计算每种策略的期望收益，找出期望值最大的策略。

（5）最大后悔度最小化原则。在采取了一种策略后，在实际情况出现时，这种策略可能不是最优的，这种策略的收益和在实际情况出现时最优的策略所带来的收益之间的差额就是银行的最大后悔度，银行就是要找出最大后悔度最小的策略。

（二）商业银行风险管理的主要策略

1. 风险分散

风险分散是指通过多样化的投资来分散和降低风险的方法。风险分散的方法对商业银行信用风险管理具有重要意义。根据多样化投资分散风险的原理，商业银行的信贷业务应是全面的，不应集中于同一业务、同一性质甚至同一国家的借款人。商业银行可以通过贷款出售或与其他商业银行组成银团贷款的方式，使自己的授信对象多样化，从而分散和降低风险。多样化投资分散风险的风险管理策略经过长期的实践证明是行之有效的，但其前提条件是要有足够多的相互独立的投资形式。同时，需要认识到，风险分散策略是有成本的，其成本主要是分散投资过程中的交易费用，但与所承担的潜在风险损失相比，这种成本支出显然是非常有意义的。

2. 风险对冲

风险对冲是指通过投资或购买与标的资产（Underlying Asset）收益波动负相关的某种资产或衍生产品，来冲销标的资产潜在的风险损失的一种风险管理策略。风险对冲是管理利率风险、汇率风险、股票风险和商品风险非常有效的办法。由于近年来信用衍生产品的不断创新和发展，风险对冲也被广泛用来管理信用风险。风险对冲可以管理系统性风险和非系统性风险，还可以根据投资者的风险承受能力和偏好，通过对冲比率的调节将风险降低到预期水平。利用风险对冲策略管理风险的关键问题在于对冲比率的确定，这一比率直接关系到风险管理的效果和成本。

商业银行的风险对冲可以分为自我对冲和市场对冲两种情况。所谓自我对冲是指商业银行利用资产负债表或某些具有收益负相关性质的业务组合本身所具有的对冲特性进行风险对冲。市场对冲是指对于无法通过资产负债表和相关业务调整进行自我对冲的风险（又称残余风险），通过衍生产品市场进行对冲。

3. 风险转移

风险转移是指通过购买某种金融产品或采取其他合法的经济措施将风险转移给其他经济主体的一种风险管理办法。风险转移可分为保险转移和非保险转移。保险转移是指为商业银行投保，以缴纳保险费为代价，将风险转移给承保人。当被保险人发生风险损失时，承保人按照保险合同的约定责任给予被保险人经济补偿。出口信贷保险是金融风险保险中较有代表性的品种。在金融风险管理中，以市场风险为代表的投机性风险一般得不到保险，但金融市场创造了类似于保险单的期权合约，使得投资者可以采取风险转移策略来管理利率、汇率和资产价格波动的风险。同样，担保和备用信用证等也为投资者管理信用风险提供了类似期权合约的工具，将风险合法转移给第三方。例如，商业银行在发放贷款时，通常会要求借款人提供第三方信用担保作为还款保证，若借款人在贷款到期时不能偿还全部贷款本息，则由担保人代为清偿。

4. 风险规避

风险规避是指商业银行拒绝或退出某一业务或市场，以避免承担该业务或市场具有的风险。简单地说就是：不做业务，不承担风险。在现代商业银行风险管理实践中，风险规避主要通过经济资本配置来实现。首先将商业银行全部业务面临的风险进行量化，然后依据董事会所确定的风险战略和风险偏好确定经济资本分配，最终表现为信用限额和交易限额等各种业务限额。

风险规避策略的实施成本主要在于风险分析和经济资本配置方面的支出。此外，没有风险就没有收益，规避风险的同时自然也失去了在这一业务领域获得收益的机会和可能。风险规避策略的局限性在于它是一种消极的风险管理策略，不宜成为商业银行发展的主导风险管理策略。

5. 风险补偿

风险补偿主要是指事前（损失发生以前）对风险承担的价格补偿。对于那些无法通过风险分散、对冲或转移进行管理，而且又无法规避、不得不承担的风险，投资者可以采取

在交易价格上附加风险溢价，即通过提高风险回报的方式，获得承担风险的价格补偿。例如，商业银行在贷款定价中，对于那些信用等级较高，而且与商业银行保持长期合作关系的优质客户，可以给予优惠利率；而对于信用等级低于一定级别的客户，商业银行可以在基准贷款利率的基础上进行上浮。

二、商业银行风险管理的内容

商业银行风险管理的内容包括风险识别、风险计量、风险监测和风险控制。

（一）风险识别

适时、准确地识别风险是风险管理的最基本要求，但却对商业银行的风险管理水平提出了严峻的挑战。商业银行业务的日益多样化以及相关风险的复杂性，极大地增加了风险识别的难度，延误或错误判断，都将直接导致风险管理信息流动和决策的失效，甚至造成更为严重的风险损失。风险识别包括感知风险和分析风险两个环节：感知风险是通过系统化的方法发现商业银行所面临的风险种类、性质；分析风险是深入理解各种风险内在的风险因素。

大部分市场风险因素，例如利率、汇率的变动、变化率，很容易通过信息系统的自动分析被发现和捕捉；而有些宏观经济因素，如名义、实际GDP、失业率、消费者信心指数等，同样会对某些金融产品的价格以及多数信贷业务产生直接或间接的影响，但这种相关性很难被捕捉或准确量化。因此，识别风险必须采用科学的方法，避免简单化与主观臆断。制作风险清单是商业银行识别风险的最基本、最常用的方法。它是指采用类似于备忘录的形式，将商业银行所面临的风险逐一列举，并联系经营活动对这些风险进行深入理解和分析。

此外，常用的风险识别方法还有：

（1）专家调查列举法。将可能面临的风险逐一列出，并根据不同的标准进行分类，例如直接或间接、财务或非财务、政治性或经济性风险因素等。

（2）资产财务状况分析法。风险管理人员通过实际调查研究以及对商业银行的资产负债表、损益表、财产目录等财务资料进行分析，从而发现潜在的风险。

（3）情景分析法。通过有关的数据、曲线、图表等模拟商业银行未来发展的可能状态，目的在于识别潜在的风险因素、预测风险范围及结果，并选择最佳的风险管理方案。

（4）分解分析法。将复杂的风险分解为多个相对简单的风险因素，从中识别可能造成严重风险损失的因素。例如，可以将汇率风险分解为汇率变化率、利率变化率、收益率期间结构等影响因素，然后对每一种影响因素作进一步分析。

（5）失误树分析方法。通过图解法来识别和分析风险损失发生前存在的各种不恰当行为，由此判断和总结哪些失误最可能导致风险损失。可以肯定的是，风险因素考虑得越充分，风险识别也会越加全面和深入。但随着风险因素的增加，风险管理的复杂程度和难度呈几何倍数增长，所产生的边际收益呈递减趋势。因此商业银行必须针对实际需求，平衡风险管理的成本和收益。

（二）风险计量

风险计量、量化是全面风险管理、资本监管和经济资本配置得以有效实施的基础。国际先进银行为加强内部风险管理和提高市场竞争力不断开发出针对不同风险种类的量化方法，例如针对信用风险的 Risk Metrics、Credit Metrics、KMV 等模型，针对市场风险的 VAR 模型，针对操作风险的高级计量法等，已经成为现代金融风险管理的重要标志。《巴塞尔新资本协议》也通过降低监管资本要求，鼓励商业银行采用高级风险量化技术。

准确的风险计量结果是建立在卓越的风险模型基础上的，而开发一系列准确的、能够在未来一定时间限度内满足商业银行风险管理需要的数量模型，任务相当艰巨。开发风险管理模型的难度不在于所应用的数学和统计知识有多么深奥，重要的是模型开发所采用的数据源是否具有高度的真实性、准确性和充足性，目的是确保最终开发的模型可以真实反映商业银行的风险状况。例如，前台业务人员可以通过模拟运算，了解即将交易的金融业务所承受的风险规模以及该笔业务将对商业银行整体风险的影响；而后台管理人员可以全面掌握从单一产品、产品线到地区，直至商业银行整体的风险规模，并做好必要的风险防范。

商业银行应当根据不同的业务性质、规模和复杂程度，对不同类别的风险选择适当的计量方法，基于合理的假设前提和参数，计量承担的所有风险。商业银行应当尽可能准确计算可以量化的风险和评估难以量化的风险，同时，充分认识到不同风险计量方法的优势和局限性，采用压力测试等其他分析手段进行补充。商业银行在追求和采用高级风险量化方法时，应当意识到，高级量化技术通常伴随着计量方法的复杂化，进而形成新的风险（例如模型风险等）。因此，在利用高级风险量化方法进行风险管理决策以及核算监管资本的数量时，商业银行应当具备相应的知识技术条件，并且通过监管机构的审核。

（三）风险监测

风险监测包含两个层面的具体内容：

（1）监测各种可量化的关键风险指标（Key Risk Indicators）以及不可量化的风险因素的变化和发展趋势，确保风险在进一步恶化之前提交相关部门，以便其密切关注并采取恰当的控制措施。

（2）报告商业银行所有风险的定性、定量评估结果，并随时关注所采取的风险管理控制措施的实施质量、效果。风险监测和报告过程看似简单，但实际上，满足不同风险层级和不同职能部门对于风险状况的多样化需求是一项极为艰巨的任务。例如，高级管理层所需要的是高度概括的整体风险报告；前台交易人员期待的是非常具体的头寸报告；风险管理委员会则通常要求风险管理部门提供最佳避险报告，以协助制定风险管理策略。因此，建立功能强大、动态、交互式的风险监测和报告系统，对于提高商业银行风险管理效率和质量具有非常重要的作用，也直接体现了商业银行的风险管理水平、研究开发能力。

（四）风险控制

风险控制是对经过识别和计量的风险采取分散、对冲、转移、规避和补偿等措施，进行有效管理和控制的过程。风险管理、控制措施应当实现以下目标：①风险管理战略和策

略符合经营目标的要求；②所采取的具体措施符合风险管理战略和策略的要求，并在成本、收益基础上保持有效性；③通过对风险诱因的分析，发现管理中存在的问题，以完善风险管理程序。

参照国际最佳实践，在日常风险管理操作中，具体的风险管理、控制措施可以采取从基层业务单位到业务领域风险管理委员会，最终到达董事会和高级管理层的三级管理方式。

（1）基层业务部门应当配备风险管理专业人员，有时也被称为风险管理经理，负责基层风险信息的收集、整理和不同部门信息系统之间的传递，识别和降低业务部门潜在的风险因素；

（2）每个业务领域设置风险管理委员会，负责所属业务部门的日常风险管理，并对常规风险状况作出判断，决定采取何种风险控制措施；

（3）作为定期汇报或在遭遇特殊风险因素的情况下，业务领域风险委员会向董事会和高级管理层（通常为风险总监 CRO）汇报。董事会下设的最高风险管理委员会（5～7人），作为金融风险管理的最高决策单位，决定采取何种有效措施控制商业银行的整体或重大风险。

知识链接 10-3

金融衍生品市场的风险

根据巴塞尔银行监管委员会 1994 年发布的研究，与金融衍生品交易相关的风险可分为企业特定风险（Firm-specific Risk）和系统性风险（Systemic Risk）。

与金融衍生品交易相关的企业特定风险主要有五种：第一，市场风险，即衍生品价格对衍生品的使用者发生不利影响的风险，也就是衍生品的价格发生逆向变动而带来的价值风险。第二，信用风险，即交易对手无力履行合约义务的风险。第三，流动性风险，其包括两方面的内容，一是市场流动的风险，即市场业务量不足，无法获得市场价格，使得交易者无法平仓；二是资金流动风险，即用户流动资金不足，出现合约到期无法履行支付义务或无法按合约要求追加保证金。第四，操作风险，即由于技术问题（如计算机故障）、报告及控制系统缺陷以及价格变动反映不及时等引致损失的风险。第五，法律风险，指合约内容在法律上有缺陷或无法履行的风险，法律风险在金融衍生品交易中经常出现。

与金融衍生品交易相关的系统性风险是由涉及整个金融活动的经济、政治和社会因素造成的，它指的是金融体系抵御市场动荡的脆弱性，尤其是金融衍生品在本质上是跨越国界的，系统性风险将更多地呈现出全球化特征。金融衍生品市场的发展之所以增大了金融体系的系统风险，主要是因为它具有极大的渗透性。

第三节　信用、市场和操作风险管理

一、信用风险管理

在现代商业银行中，信用风险依然是影响银行资本金充足水平的支配性的风险类别。全球最著名的管理咨询公司——麦肯锡公司通过研究表明，以银行实际的风险资本配置为参考，信用风险占银行总体风险的 60%（一些新兴市场国家中银行的信用风险值甚至高达其总风险的 80%～90%），而市场风险和操作风险则仅各占 20%。

（一）信用风险的识别

信用风险是指在金融交易中交易对手违约或信用品质潜在变化而导致发生损失的可能性。关于信用风险的概念，有许多不同的观点。

（1）传统观点认为，它是指交易对象无力履约的风险，也即债务人未能如期偿还其债务造成违约，而给经济主体经营带来的风险。从狭义来讲，信用风险通常是指信贷风险。

（2）现代的信用风险概念从组合投资的角度出发，信用资产组合不仅因为交易对手（包括贷款借款人、债券发行人等）的直接违约而发生损失，而且交易对手履约可能性的变动也会给组合带来风险。一方面，一些影响交易对手信用状况的事件发生，如信用等级降低、盈利能力下降，造成所发行的债券跌价，从而给银行带来风险；另一方面，在信用基础上发展起来的交易市场，使贷款等流动性差的资产价值能得到更恰当和及时地反映，如在西方的信用衍生品市场上，信用产品的市场价格是随着借款人的还款能力的变化而不断变动的。这样借款人信用状况的变动也会随时影响银行资产的价值，而不仅仅在违约发生时出现。正是从这两个方面来看，现代意义上的信用风险不仅包括违约风险，还包括由于交易对手（债务人）信用状况和履约能力上的变化导致债权人资产价值发生变动遭受损失的风险。与传统的信用风险定义相比，这种对信用风险的解释更切合信用风险的本质。

（二）信用风险计量

1. 专家制度

专家制度是一种最古老的信用风险分析方法，它是商业银行在长期的信贷活动中所形成的一种有效的信用风险分析和管理制度。这种方法的最大特征就是银行信贷的决策权是由该机构那些经过长期训练、具有丰富经验的贷款人员所掌握的，他们作出是否贷款的决定。因此，在信贷决策过程中，信贷人员的专业知识、主观判断及某些关键要素的权重均为最重要的决定因素，如“5C”分析方法就是一种专家制度法。通过“5C”分析，即品德与声望（Character）、资格与能力（Capacity）、资金实力（Capital or Cash）、担保（Collateral）、经营条件和商业周期（Cycle and Condition），对企业信用进行分析。

2. 信用评分方法——Z 评分模型和 θ 评分模型

在信用风险评估中，如何选择财务指标构筑多变量的信用风险预测法，解决关键的破产指标确定、指标权重确定等问题尤为重要。美国纽约大学斯特商学院教授爱德华·阿尔

特曼（Edward I. Airman）在 1968 年提出了著名的 Z 评分模型（Z-score Model）。1977 年他又对该模型进行了修正和扩展，建立了第二代模型——θ 模型（θ Credit Risk Model）。其基本思路是事先确认某些决定违约概率的关键因素，然后将它们加以联合考虑或加权计算得出一个数量化的分数。Z 评分模型一经推出，便引起各界的关注，许多金融机构纷纷采用它来预测信用风险，并取得一定的成效。目前它已经成为西方国家信用风险度量的重要模型之一。

3. 信用度量制模型

信用度量制是由 J. P. 摩根在 1997 年与其他合作者在已有的“风险度量制”方法的基础上，创立的一种专门用于对非交易性金融资产，如贷款和私募债券的价值和风险进行度量的模型。Credit Metrics 方法的基础是在一个既定的期限内（通常是 1 年），估计一项贷款或者债券资产组合未来价值变动的分布。资产组合价值的变化与信用等级转移、降级、升级、债务人信用质量及违约事件有关。信用度量制方法要解决的问题是：“如果下一个年度是一个坏年头的话，我们的贷款及贷款组合的价值将会损失多少?”Credit Metrics 方法主要应用于对债券和贷款的处理。由于贷款是不能公开进行交易的，所以我们既无法观察到贷款的市值，也不能获得贷款市值的变动率。但是人们仍然可以通过掌握借款企业的一些资料来解决这个问题。这些资料包括：借款人的信用等级资料；在下一年度里该信用级别水平转换为其他信用级别的概率；违约贷款的支付率。一旦人们获得了这些资料，便可以最终利用受险价值方法对单笔贷款或贷款组合的受险价值量进行度量。

4. 信用风险量化模型

信用风险量化模型（Credit Risk）由瑞士信贷银行金融产品部开发。其基本思想来源于保险业，即保险的损失源自：①被保事件的发生频率；②事件发生后损失的价值。将这种理念用于贷款，即形成贷款违约及违约严重性的联合分布，它运用了一种实用的科学框架来推导债务、贷款组合的损失分布。Credit Risk 模型假定任何时期的违约企业数量的概率分布服从泊松分布。在这个假设下，模型认为：每笔贷款违约的概率是随机事件；各贷款之间的相关性为零，即各贷款违约的概率是相互独立的。该模型适合于由小笔贷款组成的贷款组合。

5. 信用监控模型

信用监控模型即 KMV 模型。它是美国 KMV 公司利用期权定价理论，以 EDF（预期违约频率）为核心手段创立的违约预测模型。该模型用来对上市公司和上市银行的信用风险（特别是违约状况）进行预测。KMV 的信用监测模型使用了两个关系：①企业股权市值与企业资产市值之间的结构性关系；②企业资产市值波动程度和企业股权市值变动程度之间的关系。通过这两个关系模型，便可以求出企业资产市值及其波动程度。一旦所有涉及的变量值被算出，信用监测模型便可以测算出借款企业的 EDF。

6. 信用风险的组合模型

信用风险组合管理模型对促进银行进行资产分散化从而降低信用风险具有重要意义。其中较广泛使用的是两种简单测度贷款组合信用风险的模型，即信用等级转移分析和集中度限制。①信用风险转移分析：该方法运用的前提是由外部的评级机构（例如，标准普尔和穆迪等）或者银行内部对各行业、各部门的企业进行信用评级。贷款组合的管理者跟踪分析这些贷款企业的信用质量变化情况，根据历史数据建立起该贷款组合中贷款企业的信用等级转移矩阵。一旦某部门信用等级下降的速度超过了标准，银行就会减少对该部门的贷款。②贷款集中度限制：即金融机构在管理一个贷款组合的时候，往往还需要对贷款组合中的单个借款人设立最大贷款规模或者最大贷款比例限制，以控制其在贷款组合中的风险集中程度。

（三）信用风险的控制方法

1. 贷款定价策略

贷款定价就是确定贷款的合同利率，在利率市场化的条件下，利率的大小和种类是各种客观经济变量综合作用的结果。我国银行正处于市场化进程中，一个健全有效的市场融资机制，其核心是要以价格机制为基础分配金融资源。因此，彻底改变银行单一的贷款定价模式，使收益与风险相匹配，是银行经营体制改革的必经之路。

2. 资产分散化策略

投资的多样化和分散化原则，是风险管理中的重要策略，也是投资者普遍运用的投资理念。它可以有效地防范或降低多种金融风险。对于银行来说，信贷资产分散化是降低银行信用风险的一个重要策略，当今的许多信贷专家确信最有效的信贷管理就是合理地安排贷款组合。

3. 贷款证券化

贷款证券化在20世纪80年代中期以后迅速发展起来，成为金融资产证券化最主要的推动力量。贷款证券化是运用各种结构化交易技术，将贷款组合组成贷款池，并对贷款池未来预期现金流进行分割，转换为资本市场可交易的、具有不同风险、收益特征的证券。

规范的资产证券化是指发起人将同质的、缺乏流动性，但可产生稳定现金流的资产（如贷款、租赁、应收账款等）形成一个资产池，通过一个特殊目的载体，由其通过一定的结构安排和信用增级分离与重组资产的收益和风险，并转化成以资产产生的现金流担保的证券发售给投资者。

贷款证券化是将银行资产负债表内信贷资产出售给投资者的一种结构性交易。这种批发性金融中介过程将已有的金融产品的未来现金流重新安排，通过出售贷款产生的现金流支付投资者到期债务，用新的证券代表对原有贷款的收益索取权，贷款证券化发行的“结构化票据”成为银行贷款再融资方式，投资者持有票据获得相应收益索取权，并承担贷款信用风险。

4. 风险资本比率约束机制

风险资本比率是国际上公认的用于度量银行信用风险和稳健程度的指标。它与银行经营管理、银行信贷风险、金融危机都有密切联系。因此，提出以风险资本比率为依据，控制银行信贷资产的扩张规模，控制银行资产组合风险，将风险资本比率作为银行信用风险控制体系的重要组成部分。巴塞尔委员会在新框架中将银行承受的风险分为三类，即信用

风险（主要指由银行账面信贷资产引发的风险）、市场风险、其他风险（包括操作风险、流动性风险、法律风险和名誉风险等）。巴塞尔委员会的有关研究成果表明，银行的资本支出即资本储备，要与银行所承受的风险保持高度的正相关性。

5. 信用风险监管资本计量的内部评级体系

信用风险是商业银行面临的最重要的风险，允许商业银行采用内部评级法计量信用风险资本，是《巴塞尔新资本协议》最重要的制度创新。

商业银行内部评级体系是指用于信用风险评估、风险等级确定和信用风险参数量化的各种方法、过程、控制措施和IT系统的总称。内部评级体系应能够有效识别信用风险，并能准确量化风险。内部评级体系包括以下基本要素：内部评级体系的治理结构，保证内部评级结果的客观性和可靠性；内部评级技术标准，确保有效识别债务人和债项风险；内部评级的流程，保证内部评级的独立性和公正性；风险参数的量化，将债务人和债项的风险特征转化为违约概率、违约损失率等风险参数；IT和数据管理系统，收集和处理内部评级相关信息，为风险评估和风险参数量化提供支持。

6. 信用风险缓释技术

信用风险缓释技术是指通过采取抵押、担保或信用衍生工具以及净扣协议中冲销头寸的办法等转移或降低信用风险的方法和技术。抵押品作为债务人违约时的偿还债务来源，可以有效地消除或降低债务人违约时银行的损失，从而消除或降低信用风险，担保和信用衍生品则可以将信用风险转嫁给担保提供方和信用衍生产品交易对手，净扣协议允许银行将对同一债务人的债权和债务对冲，这也有效地降低了信用风险头寸暴露。新资本协议第二次咨询意见稿将信用风险缓释工具分成：抵押（Collateral）、表内对冲（On-balance Sheet Netting）、担保和信用衍生工具（Guarantees and Credit Derivatives）三大类。

二、市场风险管理

20世纪七八十年代以来，随着各国利率管制的逐步取消和利率市场化的推进，以及布雷顿森林体系在20世纪70年代初的崩溃，利率、汇率的波动明显加剧。外汇管制的解除和资本国际流动规模的日益扩大不仅加大了汇率波动的幅度，也加大了各国证券市场价格的波动性；金融自由化和银行混业经营使得银行除从事传统的存贷业务外，证券交易业务也迅速发展，因而面临更多、更复杂的市场风险；市场球化和业务国际化使得银行拥有越来越多的外币资产和负债，因而越来越多地暴露在汇率风险之中；衍生金融工具市场迅速发展，银行开始大量介入这一市场，大规模的交易头寸，尤其是投机性交易使得银行面临的市场风险被具有杠杆性质的衍生品交易成倍放大。

（一）市场风险的识别

市场风险是指因市场价格（利率、汇率、股票价格和商品价格）的不利变动而使银行表内和表外业务发生损失的风险。市场风险存在于银行的交易和非交易业务中。

市场风险可以分为利率风险、汇率风险（包括黄金）、股票价格风险和商品价格风险，分别是指由于利率、汇率、股票价格和商品价格的不利变动所带来的风险。

利率风险按照来源的不同，可以分为重新定价风险、收益率曲线风险、基准风险和期权性风险与银行面临的其他风险相比，市场风险具有以下几个特点：

（1）复杂性。一方面，市场风险存在于银行表内外各项业务中，覆盖面广；另一方面，由于市场风险是由外部市场因素的变化引起的，而外部市场因素又是多种多样的，且这些因素发生作用的形态是不一样的，有时是单一作用的结果，有时是混合、交叉作用的结果。

（2）隐蔽性。市场风险不是直观的、显性的，需要对受险资产、负债或头寸充分分析后，并综合考虑其相关因素后才能识别和计量的。

（3）易变性。市场风险不是一成不变的，而是根据外部市场因素变化而实时变化的。

（二）市场风险的计量

1. 搭积木法

搭积木法的具体操作思路是：先分别计算利率风险、股价风险、汇率风险等每一个风险因子对应的特定风险和一般市场风险，然后通过简单加总计算整体风险。

2. 内部模型法

采用了市场风险的 VAR 的方法。VAR（Value at Risk），按字面解释就是“按风险估价”或说“风险价值”，通常 VAR 被定义为：在正常的市场条件和给定的置信水平下，某一投资组合在给定的持有期间内可能发生的最大损失。

VAR 是一种用规范的统计技术来综合衡量风险的方法，它适用于衡量利率风险、汇率风险、股票价格风险以及商品价格风险和衍生金融工具在内的各种市场风险，使得银行用一个具体的指标数值就可以概括地反映整个风险状况；通过调节置信水平，可以得到不同置信水平上的 VAR 值，使管理者更清楚地了解到金融机构在不同可能程度上的风险状况。

（三）市场风险的缓释

市场风险的缓释通常是利用金融衍生工具，通过风险对冲的方式，合法的交易和业务手段将汇率、利率和资产价格等市场风险全部或部分转移给他人，如期货交易，通过金融套期保值将价格波动的风险转嫁给愿意承担风险的人；期权交易，买方不必履行到期交割的责任，可以根据当时的市场趋势决定是否履行使用期权合约。管理者可以根据市场的变化，利用金融衍生工具选择完全锁住风险或只消除不利波动而保留有利波动的风险管理策略，便于市场风险的动态管理。

三、操作风险的管理

（一）操作风险的识别

英国银行家协会（BBA）采用直接方式将操作风险定义为“由于内部程序、人员、系统的不完善或失误，或外部事件造成直接或间接损失的风险”之后，这个定义便得到了广泛的认可和应用，从 2001 年巴塞尔委员会发布关于操作风险的咨询报告直到新资本协议中，也沿用了这个定义。

1. 操作风险分类

目前常见的操作风险分类方法将其划分为以下七种事件类型：①内部欺诈，故意欺骗、盗用财产或违反规则、法律、公司政策的行为；②外部欺诈，第三方故意欺骗、盗用财产或违反法律的行为；③雇员活动和工作场所安全，由个人伤害赔偿金支付或差别及歧视事件引起的违反雇员、健康或安全相关法律或协议的行为；④客户、产品和业务活动，无意或由于疏忽没能履行对特定客户的专业职责，或者由于产品的性质或设计产生类似结果；⑤实物资产的损坏，自然灾害或其他事件造成的实物资产损失或损坏；⑥业务中断和系统错误，业务的意外中断或系统出现错误；⑦行政、交付和过程管理，由于与交易对方的关系而产生的交易过程错误或过程管理不善，与操作风险紧密相关的一个概念是操作风险损失，操作风险损失是指与操作风险事件相联系，并且按照通用会计准则被反映在银行财务报表上的财务冲击，这里所说的财务冲击包括所有与某一操作风险事件相联系的成本支出，但不包括机会成本、损失的收入和为避免后续操作风险损失实施措施的相关成本。

2. 操作风险特点

操作风险较之其他风险存在明显的特点：①与市场风险和信用风险不同的是，操作风险中的风险因素是那在于银行的业务操作中，而且单个的操作风险因素与操作损失之间不存在清晰的、可以定量界定的数量关系，因此业务部门应对操作风险的管理负第一位责任；②在业务规模越大、交易量越大、结构变化越迅速的业务领域，面临的操作风险越大；③由于通常可以监测和识别的操作风险因素与所导致的损失规模、频率之间不存在直接关系，因而风险管理部门难以确定哪些因素对于操作风险最为重要；④从覆盖范围看，操作风险管理覆盖了银行经验管理的所有方面的不同风险，操作风险既包括发生频率高，但造成损失相对低的日常业务流程处理的小错误，也包括那些发生频率低，但可能导致损失相对高的自然灾害、大规模舞弊等，因此，试图用一种方法来覆盖操作风险的所有领域几乎是不可能的。

（二）操作风险的度量

操作风险度量是操作风险管理流程的核心环节。操作风险度量的目的是为了给管理层决策提供一种工具，确定机构能承受的操作风险的最大损失。不同国家和不同规模的银行对操作风险度量模型选择有较大不同。操作风险度量是一个复杂的过程，需要使用标准框架，依赖量化管理技术来定期进行评估，包括：发生特定操作风险的可能性、操作风险损失可能给业务目标带来的影响。《巴塞尔新资本协议》提出了操作风险监管资本的度量方法包括：基本指标法、标准法和高级计量法。鉴于目前我国商业银行的具体情况，中国银监会于2008年10月颁布《商业银行操作风险监管资本计量指引》，规定我国商业银行操作风险监管资本的度量方法，即标准法、替代标准法、高级计量法。各商业银行可根据自身特点选择适宜的方法。

1. 标准法

标准法将资本金的计量建立在总收入的基础上。它根据不同业务线（总收入中的业务单元）的相对风险，来确定相应的百分比。银监会目前提议了9种业务线：公司金融、交易和销售、零售银行、商业银行、支付和清算、代理服务、资产管理、零售经纪、其他业务条线。银行被要求将自身的经营活动和相关收入与该结构相匹配。

2. 替代标准法

除零售银行和商业银行业务线的总收入用前三年贷款余额的算术平均数与3.5%的乘积替代外，替代标准法的其他业务线归类原则、对应系数和计算方法与标准法相同。

3. 高级计量法

高级计量法是商业银行通过内部操作风险计量系统计算监管资本的方法。高级法采用一系列可靠方法来测量那些容易出错，且用单一方法无法界定的操作风险。其目的是为银行提供评估自身操作风险的框架，并能够得到监管层的认可。该框架为银行和监管层提供了满足高级计量法要求的一系列规则。关于高级计量法，常见的有四种具体方法有：内部度量法、损失分布法、打分卡法和极值理论法。高级计量法的方法论基于内部数据建模，利用外部数据进行情景分析，考虑了低频高危的尾部风险特征，并把业务经营环境和内部控制质量等定性因素纳入模型中考虑。实证研究显示，高级计量法的风险敏感程度较高，风险管理和风险计量结合得较紧密，同时也赋予了商业银行在计量资本上很高的自由度和灵活性，已成为活跃大型国际银行的主要计量方法。

虽然我国大型商业银行在操作风险损失数据积累和定量技术方面才刚起步，但国内已有部分大型银行表达了逐步向高级计量法迁移的意愿。因此，《操作风险资本指引》参考《巴塞尔新资本协议》的要求和国际先进做法，规定了高级计量法实施的前提条件和计量原则，并要求商业银行在实施标准法过程中，同步做好操作风险损失数据的收集和统计分析工作，以兼顾现实性和前瞻性。当然，高级计量法仍处于不断演进的过程之中，需要监管部门和各商业银行以更加审慎、科学的态度跟踪研究该领域内的最新进展，循序渐进地提升操作风险计量的风险敏感性。

（三）操作风险的转移与缓释措施

对于操作风险来说，准确衡量并不是根本的目的，除了建立相应的资本金配置的要求之外，积极采取相应的操作风险的转移和缓释措施也是一个关键性的举措。

1. 经济资本配置技术

现阶段，最有效的方法是采取经济资本配置的控制技术。对于操作风险的部分非预期损失应通过拨备经济资本弥补。所以要开发相应的工具和方法，将操作风险测度结果转换为经济资本金额，使其成为业务部门在风险/收益基础上管理操作风险的依据。日益严峻的操作风险要求银行为其分配更合理的资本。目前，适合我国商业银行的操作风险经济资本配置方法是巴塞尔银行委员会规定的基本指标法。

2. 操作风险的缓释

操作风险缓释技术是指商业银行根据操作风险识别度量的结果，结合银行发展战略、业务规模与复杂性，通过采取业务外包、保险等一系列缓释方法，对操作风险进行转移、分散、规避，降低操作风险带来的损失。商业银行通过制定相关政策、程序和流程缓释操作风险；通过全面、高效地使用风险缓释工具降低风险，针对不同类型操作风险事件采取

外包、购买保险等不同的操作风险缓释技术。但是，巴塞尔银行委员会提醒银行应意识到购买保险只是以第三者风险取代了操作风险，按照《巴塞尔新资本协议》的规定，只有当商业银行采取高级计量法计算操作风险资本时，才允许采用保险缓释的影响，除了这个标准外，还要符合相关标准。所以，银行通过保险代替资本和内部控制的程度是有限的。中国银监会规定，商业银行可以将保险理赔收入作为操作风险的缓释因素，保险的缓释最高不超过操作风险监管资本要求的20％。

本章小结

1. 商业银行风险目前把其定义为：商业银行在经营过程中，由于事前无法预料的不确定因素的影响，使商业银行的实际收益与预期收益产生背离，从而导致银行蒙受经济损失或获取额外收益的机会和可能性。风险管理是银行针对经营中所面临的各种风险而制定的一系列政策和采取的措施的总和，具体是指商业银行在经营管理的过程中，通过对风险的分析、预测、衡量并采取有效的对策来预防、回避、排除或者转移经营中的风险，从而以最低的成本将风险可能导致的损失减少到最低限度，保证经营资本的安全，实现经营目标。

2. 国际上比较流行的，同时也被大多数商业银行所认可的商业银行风险分类，是按照巴塞尔委员会的分类标准：将商业银行的风险分为战略风险、市场风险、信用风险、流动性风险、操作风险、法律风险、利率风险、国家和转移风险、声誉风险九大类。

3. 商业银行风险的特征包括：银行风险的客观性；银行风险的隐蔽性；银行风险的扩散性；银行风险的破坏性；银行风险的可控性。

4. 商业银行风险管理的原则包括最小值最大化原则；最大值最大化原则；贝叶斯—拉普拉斯原则；赫威茨准则；最大后悔度最小化原则。商业银行风险管理的主要策略包括风险分散；风险对冲；风险转移；风险规避；风险补偿。商业银行风险管理的内容包括风险识别、风险计量、风险监测和风险控制。

5. 在现代商业银行中，信用风险依然是影响银行资本金充足水平的支配性的风险类别。信用风险可分为交易风险、内在风险和集中度风险三个层次。信用风险评估包括计量标准法、基础内部评级法、高级内部评级法。信用风险缓释技术是指通过采取抵押、担保或信用衍生工具以及净扣协议中冲销头寸的办法等转移或降低信用风险的方法和技术。

6. 市场风险是指因市场价格（利率、汇率、股票价格和商品价格）的不利变动而使银行表内和表外业务发生损失的风险。市场风险存在于银行的交易和非交易业务中。市场风险可以分为利率风险、汇率风险（包括黄金）、股票价格风险和商品价格风险，分别是指由于利率、汇率、股票价格和商品价格的不利变动所带来的风险。市场风险的计量搭积木法、内部模型法，采用了市场风险的VAR的方法。市场风险的缓释通常是利用金融衍生工具，通过风险对冲的方式，合法的交易和业务手段将汇率、利率和资产价格等市场风险全部或部分转移给他人，如期货交易、期权交易。

7. 英国银行家协会（BBA）采用直接方式将操作风险定义为“由于内部程序、人员、系统的不完善或失误，或外部事件造成直接或间接损失的风险”之后，这个定义便得到了广泛的认可和应用，操作风险计量方法包括监管类基础指标法、标准法、内部计量法及市场方法类的损失分布法。

复习参考题

1. 名词解释。

商业银行风险　商业银行风险管理　战略风险　市场风险　信用风险　流动性风险　操作风险　法律风险　利率风险　国家和转移风险　声誉风险　贝叶斯—拉普拉斯原则　赫威茨准则

2. 简要回答商业银行风险及风险管理的含义。

3. 简要回答巴塞尔委员会的风险分类标准。

4. 特殊的负债经营模式及其在现代经济体系中的核心地位，使得银行业风险与普通工商企业风险相比具有明显的特殊性，其具体表现在哪些方面？

5. 试述商业银行风险管理原则与内容。

6. 试述商业银行信用风险如何识别、计量和转移。

7. 试述商业银行市场风险如何识别、计量和缓释。

8. 试述商业银行操作风险如何识别、测量和缓释。

第十一章　商业银行内部控制及机构管理

学习目标

商业银行内部控制及机构管理是商业银行管理的重要内容，商业银行内部控制的完善程度是商业银行管理水平的标志。商业银行内部稽核对内部控制进行评估。

1. 知识目标

※掌握商业银行内部控制的构成及职能；

※了解商业银行内部控制的内容和基本要求；

※熟悉商业银行内部稽核内容、原则与控制要素；

※了解商业银行内部稽核的基本流程及其评价。

2. 能力目标

※通过对商业银行内部控制及商业银行机构管理相关知识学习，对商业银行内部稽核内容、原则、控制要素等基本知识和流程、评价进一步了解，对商业银行机构管理等内容有初步认识。

案例导入 11－1

法国兴业银行丑闻再现　交易员豪赌输掉 71 亿美元

下面案例是《经济参考报》2008 年 1 月 28 日报道的汇总和提炼，阅读并思考问题。

担任世界衍生交易市场领导角色的法国兴业银行，24 日曝出该行历史上最大违规操作丑闻。一名交易员在未经授权情况下大量购买欧洲股指期货，最终给银行造成 49 亿欧元（约合 71.4 亿美元）损失。这是世界银行业迄今因员工违规操作而蒙受的单笔最大金额损失，这名 30 多岁的法国交易员也足以使 10 多年前一个人“搞垮”英国巴林银行的违规交易员尼克·里森相形见绌。

1. 豪赌股指期货

法国兴业银行在 24 日举行的新闻发布会上说，交易员科维尔从 2007 年上半年便开始在上级不知情的情况下从事违规交易，交易类型为衍生品市场中最基本的股指期货。根据银行管理层的说法，截至 2007 年年底，科维尔预期市场会下跌，因此一直大手笔做空市场；从 2008 年开始，科维尔突然反手做多，豪赌市场会出现上涨。然而，欧洲市场 2008

年年初以来的大跌使账户反而出现巨额亏损。

2. 行业领袖蒙羞

法国兴业银行最受业界推崇的还属它的金融投资业务，其盈利能力在同行业中属于佼佼者。尤其在风险较高的金融衍生品市场中，兴业银行凭借严格的风险控制管理能力长时间占据业界头把交椅。即使是2007年夏天的金融市场动荡期，行业杂志仍然给予它最高评级，法国兴业银行相继获得世界权威风险管理杂志《风险》的“证券衍生品年度最佳银行”、《银行家》的“资产负债管理年度金融机构”以及《国际金融评论》的“欧元债券年度最佳银行”。然而，突然摆在眼前的71亿美元损失却让以风险控制管理扬名的兴业银行上下以及业界震惊不已。这几乎“抹去”了该行在业绩稳定期的全年利润。

3. 敲响安全警钟

这起违规操作丑闻不仅让兴业银行蒙羞，而且让整个银行界震惊。20年来，国际金融领域已发生多起造成巨额损失的违规交易案件，但不断提高的金融安全措施仍然没有阻止银行业界佼佼者发生这起迄今最大损失金额的违规交易。按照惯例，银行的证券或者期货交易员进行交易时都受到使用资金额度的限制，一旦超过限制，交易系统会提示你只能在这一数额内实行交易。上述案例中与十几年的巴林银行非常相似，这层安全网显然已被攻破。法国兴业银行报告称，自2006年以来，法国兴业银行的几个监管部门和内部控制部门曾先后接收到了有关科维尔交易风险的警报达75次之多，例如，他的虚假交易报告中甚至出现了星期六发生的没有交易对手的、没有经纪商的所谓交易。令人遗憾的是，监管人员接到了风险警示以后并不警觉，一般最多只是用电话询问一下，科维尔往往用电脑出错、马上更正之类的话就搪塞过去了。法国兴业银行的内部监管、内部控制及内部稽核部门有8个之多，科维尔虚假交易报告并不难识别，而且早就破绽百出，但负责风险控制的管理人员过于轻信当事人的所谓解释，对衍生金融工具交易潜在的巨大风险缺乏必要的警觉，这是法国兴业银行科维尔巨额亏损案最主要的教训。

科维尔将会以一种不光彩的形式永留史册：因为他的豪赌，欧洲多数市场遭遇2001年“9·11”恐怖袭击以来最大单日跌幅。仅英国、德国和法国三国股市，就有相当于希腊和匈牙利两国国内生产总值（GDP）总和的市值瞬间蒸发。

资料来源：《经济参考报》2008年1月28日的报道汇总，有删节。

请思考：

1. 为什么近20年来，国际金融领域发生多起造成巨额损失的违规交易案件？

2. 参阅巴塞尔银行监管委员会金融衍生品交易相关风险分类，思考衍生金融市场风险与传统市场风险的不同特征。

3. 为什么银行其内部控制部门在多次风险警示信号面前失去了应有的警觉？

4. 从这两家银行巨额亏损和倒闭案中我们可以总结出哪些经验教训？

第一节　商业银行内部控制

一、商业银行内部控制概述

（一）商业银行内部控制的定义

（1）内部控制是20世纪中叶随着现代经济的发展而建立起来的一个重要管理方法。美国权威机构COSO委员会对内部控制的定义是：内部控制是一种为合理保证实现经营的效果和效率、财务报告的可靠性及符合法律和规章制度三大目标的程序。

1998年1月巴塞尔委员会颁布的适合一切表内外业务的《内部控制系统评估框架（征求意见稿）》，提出了新的内控定义，其中进一步强调董事会和高级管理层对内控的影响，描述了一个健全的内部控制系统及其基本构成要素，提出了供监管当局评价银行内部控制系统的若干原则。

依据中国银监会2007年公布的《商业银行内部控制指引》界定，内部控制是商业银行为实现经营目标通过制定和实施一系列制度、程序和方法，对风险进行事前防范、事中控制、事后监督和纠正的动态过程和机制。

（2）商业银行内部控制是银行的一种自律行为，是银行为完成既定的工作目标和防范风险，对内部各职能部门及其工作人员从事的业务活动进行风险控制、制度管理和制约的方法、措施、程序的总称。而内部控制机制是商业银行内部控制体系是商业银行为实现经营管理目标，通过制定并实施系统化的政策、程序和方案，对风险进行有效识别、评估、控制、监测和改进的动态过程和机制。

（二）商业银行内部控制的构成要素

根据巴塞尔委员会的规定，商业银行内部控制的具体内容包括五个方面：控制环境（Control Environment），包括管理组织结构、管理理念、人事政策和员工素质、外部环境等；风险评估（Risk Assessment），包括对风险点进行选择、识别、分析和评估的全过程；控制活动（Control Activities），是确保管理方针得以实现的一系列制度程序和措施；信息和沟通（Information and Communication），包括内外部、上下层和各部门间的信息的获取和交流，以便采取必要的控制活动，及时解决存在的问题；监督与审查（Monitoring），是为保证内部控制的有效性、充分性、可行性而对内部控制制度进行的持续性的评价和单项制度的分别评价。

我国的《商业银行内部控制指引》和《商业银行内部控制评价试行办法》也遵照巴塞尔委员会的精神，规定我国商业银行内部控制包括内部控制环境、风险识别与评估、内部控制措施、监督评价与纠正机制、信息交流与反馈五方面要素。

1. 内部控制环境

内部控制环境包括：①商业银行公司治理。商业银行应建立以股东大会、董事会、监事会、高级管理层等为主体的公司治理组织架构，保证各机构规范运作，分权制衡。②董事会、监事会和高级管理层责任。③内部控制政策。商业银行应在各项业务和管理活动中制定明确的内部控制政策，规定内部控制的原则和基本要求，并为制定和评审内部控制目标提供指导。④内部控制目标。商业银行应在相关职能和层次上建立并保持内部控制目标。内部控制目标应符合内部控制政策，并体现对持续改进的要求。⑤组织结构。商业银行应建立分工合理、职责明确、报告关系清晰的组织结构，明确所有与风险和内部控制有关的部门、岗位、人员的职责和权限，并形成文件予以传达。⑥企业文化。商业银行应培育健康的企业文化，对企业文化的内涵及其策划、渗透、评估与改进做出明确的规定。⑦人力资源。商业银行应完善人力资源政策和程序，确保与风险和内部控制有关人员具备相应的能力和意识。

2. 风险识别与评估

风险识别与评估包括：①经营管理活动风险识别与评估，商业银行应建立和保持书面程序，以持续对各类风险进行有效的识别与评估；②法律法规、监管要求和其他要求的风险识别，商业银行应建立并保持识别和获取适用法律法规、监管要求和其他要求的程序，作为风险识别与评估、制订控制目标和控制方案的依据；③内部控制方案。商业银行应制定内部控制方案，以控制已识别的不可接受风险。

3. 内部控制措施

内部控制措施包括：①运行控制，商业银行应确定需要采取控制措施的业务和管理活动，依据所策划的控制措施或已有的控制程序对这些活动加以控制。具体的控制措施有高层检查、行为控制、实物控制、风险暴露限制的审查、审批与授权、验证与核实、不兼容岗位的适当分离。②计算机系统环境下的控制，商业银行应考虑计算机系统环境下的业务运行特征，建立信息安全管理体系，对硬件（操作系统和应用程序、数据和操作环境，以及设计、采购、安全和使用实施控制，确保信息的完整性、安全性和可用性。③应急准备与处置。商业银行应建立并保持预案和程序，以识别可能发生的意外事件或紧急情况（包括计算机系统）。意外事件和紧急情况发生时，应及时做出应急处置，以预防或减少可能造成的损失，确保业务持续开展。

4. 监督评价与纠正机制

监督评价与纠正机制包括：①商业银行应建立并保持书面程序，通过适宜的监测活动，对内部控制绩效进行持续监测。监测内容包括：内部控制目标实现程度，法律、法规及监管要求的遵循程度，事故、险情和其他不良的内部控制绩效的历史情况。②违规、险情、事故处置和纠正及预防措施。商业银行应建立并保持书面程序，对违规、险情、事故的发现、报告、处置和纠正及预防措施做出规定。③内部控制体系评价。商业银行应建立并保持书面程序，对内部控制体系实施评价，确保内部控制体系的充分性、合规性、有效性和适宜性。④董事会应采取措施保证定期对内部控制状况进行评审，确保体系得到持续、有效的改进。⑤持续改进。商业银行应利用内部控制政策、内部控制目标、评价结果、绩效监测和数据分析、纠正和预防措施以及管理评审等，持续提高内部控制体系的有效性。

5. 信息交流与反馈

信息交流与反馈包括：①商业银行应建立并保持信息交流与沟通的程序，明确对财务、管理、业务、重大事件和市场信息等相关信息识别、收集、处理、交流、沟通、反馈、披露的渠道和方式。②商业银行应识别其内部和外部的风险相关方，考虑他们的要求和目标，建立与这些相关方进行信息交流的机制。③商业银行应建立并保持必要的内部控制体系文件。应建立并保持书面程序以规定内部控制相关活动中所涉及记录的标识、生成、储存、保护、检索、保存期限和处置。记录应保持清晰、易于识别和检索，以提供符合要求和内部控制体系有效运行的证据，并可追溯到相关的活动。

（三）商业银行内部控制的职能

商业银行内部控制的职能是由商业银行内部控制的性质所决定的，是其性质的具体体现。具体有以下几个方面的职能。

（1）防范风险职能。内部控制防范风险职能是它最主要的职能。即通过秩序牵制、制度制约，可以防范和化解风险，使商业银行稳健经营。

（2）查错防弊职能。在科学化的业务操作流程中，每一个环节都互相牵制，任何一个环节出现问题，均可通过后者的规范操作，被及时觉察并随时提出，防止差错漫延，酿成不良后果。

（3）协调运行职能。内部控制通过一系列的制度规范操作，合理授权，落实责任，使商业银行有序经营，并保持各职能部门之间的有机配合。

（4）保证高效职能。这是内部控制的衍生职能。在发挥前面几个职能的基础上，可以使商业银行安全、稳健、高效运行。这是因为，若各职能部门都能按科学规范化的业务操作流程操作，每一个环节均不出现差错，就不会出现损失，也就达到了“三性”原则。

二、商业银行内部控制的内容

商业银行内部控制的内容包括商业银行内部组织结构的控制、资金交易风险的控制、衍生工具交易的控制、信贷资金风险的控制、会计系统的控制、授权授信的控制、计算机业务系统的控制等。

（一）组织结构的控制

商业银行组织结构的控制要按照决策系统、执行系统、监督反馈系统互相制衡的原则来设置。

（1）商业银行要制订明确、成文的决策程序，全部经营管理决策要按照规定程序并保留可核实的记录，防止个人独断专行、超越或违反决策程序。

（2）商业银行的各级经营管理机构要严格执行上级的决策，并在各自职责和权限范围内办理业务、行使职权。

（3）商业银行要建立有效的内部监督系统，建立各项业务风险评价、内部控制的检查评价机制和对内部违规违章行为的处罚机制，及时发现问题，堵塞漏洞，有效防止内部的侵吞、挪用和外部的盗窃、诈骗。

（二）资金交易风险控制

商业银行对资金交易（包括本币、外币拆借，下同）、证券交易和衍生金融产品交易，要建立完善的内部监督和风险防范制度。

（1）资金交易必须遵从管理层制定的操作规程，资金的交易额、交易策略、交易品种、市场范围严格按授权办理。

（2）建立资金交易、证券交易、衍生工具交易业务的会计和统计记录制度，以及头寸核查和交易损益的核算制度。

（3）建立用于测量和监控风险头寸以及分析潜在亏损、风险大小并对其进行控制和管理的系统，包括风险定量分析方法、信用、市场、法律、操作风险管理等。

（4）按照中国人民银行制定的有关资产负债比例管理办法的规定，按月、按季对各项监控、监测指标进行自我监测和考核，对达不到指标要求的分支机构要制定适当的处罚措施。

（三）信贷资金风险控制

商业银行要围绕防止和降低信贷风险、提高信贷资产质量和优化信贷资产结构，建立有效的内部控制制度。

（1）对各类贷款的发放和使用必须实行严格控制，并符合国家的法律、行政法规和监管部门发布的行政规章的规定。商业银行应遵循贷款的“效益性、安全性和流动性”原则，建立管理与操作人员行为控制的信贷管理制度。

（2）建立以风险评估和控制为核心的信贷风险管理制度。对贷款必须遵循“贷前调查、贷时审查、贷后检查”的原则。

（3）建立以贷款立项、调查、贷款审核认定、贷款决策、贷款检查监督为内容的信贷资产管理责任制，做到明确责任、逐级负责。任何人不得超越职权或违反程序发放贷款。

（4）建立监测信贷风险的预警系统、监测借款企业经营风险的预警系统，以及监测信贷风险的考核指标体系。

（四）会计控制系统

商业银行要建立严密的会计控制系统。会计记录、账务处理和经营成果核算要完全独立，会计部门只接受其主管的领导；会计主管不得参与具体经营业务的经办。

（1）会计制度制定的唯一依据只能是国家颁布的会计准则和财务通则。会计制度必须明确规定有效会计凭证的要素。会计人员进行账务记录必须是经严格审定的有效会计凭证，除此以外，会计人员不得接受任何指令。会计人员进行的任何账务记录如果没有有效的会计凭证，其主管人员和会计人员应受到严厉的处罚。

（2）会计记录必须能够确定业务活动发生的时间，并在适当的会计期间得以反映。通过电子数据处理系统录入会计数据时，必须保证只有在识别特殊密码状态下才能进入该系统。修改会计记录必须履行必要的手续，得到适当的授权，并详细记录在案。在电子数据处理系统中修改会计记录，处理系统要能够自动识别授权密码并自动记录在案。

（3）会计控制系统的建立应遵循以下基本原则：

①规范化原则。会计账务处理须按照会计制度的要求，建立并执行规范化的操作程序。

②授权分责原则。对会计账务处理实行分级授权。会计人员不得超越权限范围处理会计账务和增、删、改会计账务事项或参数；上级授权处理的事项须履行必要的手续；建立并执行财务收支审批制度。会计账务处理必须实行岗位分工，明确岗位职责，严禁一人兼岗或独自操作全过程。会计岗位实行定期或不定期轮换。

③监督制约原则。对会计账务处理的有效依据如业务用章、密押、空白凭证实行专人分管；资金与实物分别核算与管理，会计部门对重要空白凭证和有价单证要进行表外登记，应有独立于会计部门之外的部门管理现金、有价证券及其他实物形态的资产。对会计账务处理的全过程要实行监督，即事前监督——受理业务时，临柜人员对业务的合法性、真实性、手续的完整性及数据的准确性进行审核；事中监督——对会计处理的凭证、账表内容和数据均须复核，重大事项须由会计主管复核；事后监督——对已经处理过的会计账务实行再核对，重点监督重要业务的处理。会计部门须设置相应岗位，配备必需人员，落实监督事项。

④账务核对原则。对会计账务，须坚持“六个核对相符”，即账账、账据、账款、账实、账表及内外账务核对相符；根据制度要求，对不同账务采取每日核对或定期核对的办法。要建立和完善外部对账制度，定期按户对账。

⑤安全谨慎原则。会计部门须妥善保管密押、重要空白凭证和业务用章，防止遗失或被盗；妥善保管会计档案，严格会计资料的调阅手续，防止会计数据的散失和流弊。会计人员调离须办理交接手续。

（五）授权授信控制

商业银行要建立合理的授权分责制度，要按照业务工作程序和投权，健全、完善各种审批手续。

（1）按照各自经营活动的性质和功能，建立以局部风险控制为内涵的内部授权、授信管理制度。对各分支机构授权、授信要定期检查，确保授权、授信范围适当，有据可查，所授权限和信用额度不得超越和突破。

（2）针对部门的工作性质和人员的岗位职责，赋予相应的工作任务和职责权限。

（3）各种授权都要以书面形式确认，逐级下达。

（4）辖属分支机构、各职能部门及各级管理操作人员，要在各自岗位上按所授予的权限开展工作，并对职责范围内工作负责。

（5）凡对外开办的每一笔业务都要按业务授权进行审核批准，对特别授权的业务要经过特别批准。

（六）计算机业务系统控制

商业银行要建立科学的金融计算机系统风险控制制度。要对计算机系统的项目立项、设计、开发、测试、运行和维护整个过程实施严格管理，明确业务主管部门和稽核监督部门的职责，严格划分软件设计、业务操作和技术维护诸方面的责任。

（1）系统的业务需求由主管业务部门提出，应符合金融法律、法规的规定，明确防范风险控制的要求，并经过稽核监督等部门的确认。

（2）系统的设计开发由科技部门负责，应该符合国家和金融行业软件工程标准的要求，编写完整的技术资料；在实现金融业务电子化时，应设置保密系统和相应的控制机制，并保证计算机系统的可稽核性。

（3）系统投入运行前，必须经过业务、科技、稽核等部门的试验运行，提供必备的测试资料。正式投入运行应经过业务、科技和稽核部门的联合验收，由商业银行法人（或法人代表）批准。

（4）系统投入运行后，应按照操作管理制度进行经常性和定期性相结合的稽核检查，完善业务数据保管等安全措施，进行故障排除、灾难恢复的演习，确保系统可靠、稳定、安全地运行。

（5）采用商品软件应经过金融电子化设计人员和稽核监督部门的测试确认，购买计算机系统设备合同中应明确厂商承担的责任，租用公共网络时应确定经营机构承担的责任。

（6）严禁系统设计、软件开发等技术人员介入实际的业务操作。用户使用的密码口令要定期更换，不得向他人泄露。对系统的数据资料必须建立备份，异地存放。系统应具备严密的数据存取控制措施，数据录入应依照合法、完整的业务凭证照实输入，数据的修改要经过适当的批准。

三、商业银行内部控制的目标

（一）商业银行内部控制的目标

商业银行内部控制的目标，即商业银行在实施内部控制时应达到的目的。具体内容如下：

（1）确保国家法律法规和银行业监督管理机构规章的贯彻执行法律，是强化内部控制的外部环境，是强迫执行的规范和法则，是实施内部控制的保障。反过来，健全的内部控制实施之后，商业银行的管理与经营者素质也会普遍提高，法律意识增强，才能够确保国家法律法规和银行监管规章的贯彻执行。

（2）确保将各种风险控制在规定的范围之内。风险源于事物运动过程中的各种不确定性因素。现代市场经济是一种风险经济，由于资源配置、产权交易及流动、人的经济行为及经济的环境，都可能给经济主体带来损失或获利的机会。银行作为社会经济活动的主体之一，同样面临着各种不确定性因素，因而在银行业务经营过程中也存在着各种风险。当然，通过完善的内部控制，是可以将各种风险控制在规定的范围之内的。

（3）确保自身发展战略和经营目标的全面实施。健全有效的内部控制，能够起到防范和化解风险的作用，并保证银行程序化、效率化地运行，最终实现效益的最大化。

（4）有利于查错防弊，堵塞漏洞，消除隐患，保证业务稳健运行。科学合理的业务运行程序以及完善的约束机制，能够达到查错防弊、堵塞漏洞、消除隐患、保证业务稳健运行的目的。因为任何环节出现问题，都会在下一个环节的规范操作中被及时发现，并得到

纠正。

（二）巴塞尔银行监管委员商业银行内部控制的目标

巴塞尔银行监管委员会把商业银行内部控制的目标分解为操作性目标、信息性目标和合规性目标。操作性目标不只针对经营活动，而且包括其他各种活动，强调各种活动的效果和效率。信息性目标包括管理信息，明确要求实现财务和管理信息的可靠性、完整性和及时性。合规性目标即遵从性目标，要求商业银行遵从现行法律和规章制度。

（三）我国商业银行内部控制的具体目标

我国《商业银行内部控制指引》规定，商业银行内部控制的具体目标是：

（1）保证国家法律法规、金融监管规章和商业银行内部规章制度的贯彻执行；

（2）保证自身发展战略和经营目标的全面实施和充分实现；

（3）保证风险管理体系的有效性；

（4）保证业务记录、财务信息及其他管理信息的及时、完整和真实。

商业银行应在相关职能和层次上建立并保持内部控制目标。内部控制目标应符合内部控制政策，并体现对持续改进的要求。在建立和评审内部控制目标时，应考虑法律法规、监管要求和其他要求，以及技术、财务、经营和风险相关方等因素，尤其应考虑监管部门的内部控制指标要求。内部控制目标应可测量。有条件时，目标应用指标予以量化。

四、商业银行内部控制的原则

（一）内部控制建设应遵循原则

（1）有效性原则。各种内部控制制度，包括最高决策层所制定的业务规章和发布的指令，必须符合国家和监管部门的规章，必须具有高度的权威性，必须真正落到实处，成为所有员工严格遵守的行动指南；执行内控制度不存在任何例外，任何人（包括董事长、总经理）不得拥有超越制度或违反规章的权力。

（2）审慎性原则。内部控制的核心是有效防范各种风险，任何制度的建立都要以防范风险，审慎经营为出发点。

（3）全面性原则。内部控制必须渗透到商业银行的各种业务过程和各个操作环节，覆盖所有的部门和岗位，不能留有任何死角。

（4）及时性原则。新设立的商业银行或新开办的业务种类，必须树立“内控优先”的思想，建章立制在先，设立机构或开办业务在后。

（5）独立性原则。内部控制的检查、评价部门必须独立于内部控制的建立和执行部门，直接的操作人员和直接的控制人员必须适当分开，并向不同的管理人员报告工作；在存在管理人员职责交叉的情况下，要为负责控制的人员提供可以直接向最高管理层报告的渠道。

（二）我国商业银行内部控制应遵循的基本原则

（1）全面性。银行的内部控制不应只是针对某一方面进行的，而应当渗透到商业银行的各项业务过程和各个操作环节，覆盖所有的部门、岗位和人员。不能留有死角和空白，要做到无所不控。

（2）审慎性。内部控制应当以防范风险、审慎经营为出发点，商业银行的经营管理，尤其是设立新的机构或开办新的业务，都应当体现“内控优先”的要求。

（3）有效性。内部控制应当具有高度的权威性，真正落到实处，任何人不得拥有不受内部控制约束的权力；内部控制存在的问题应当得到及时反馈和纠正。

（4）独立性。内部控制的检查、评价部门应当独立于内部控制的建立和执行部门，并有直接向董事会和高级管理层报告的渠道。

五、内部控制评价的评分制

目前，我国实行商业银行内部控制制度的评分制，即对内部控制的过程和结果分别设置一定的标准分值，并根据评价得分确定被评价机构的内部控制等级。内部控制过程评价的标准分为500分，其中：内部控制环境100分，风险识别与评估100分，内部控制措施100分，信息交流与反馈100分，监督评价与纠正100分。上述五部分评价得分加总除以5，得到过程评价的实际得分。根据过程评价和结果评价综合确定内部控制体系的总分。其中，过程评价的权重为70%，结果评价的权重为30%，两项得分加总得出综合评价总分。根据综合评价总分确定被评价机构的内部控制体系评价等级，应按评分标准对被评价机构内部控制项目逐项计算得分，确定评价等级。定级标准如下：

一级：综合评分90分以上（含90分）。指被评价机构有健全的内部控制体系，在各个环节均能有效执行内部控制措施，能对所有风险进行有效识别和控制，无任何风险控制盲点，控制措施适宜，经营效果显著。

二级：综合评分80～89分。指被评价机构内部控制体系比较健全，在各个环节能够较好执行内部控制措施，能对主要风险进行识别和控制，控制措施基本适宜，经营效果较好。

三级：综合评分70～79分。指被评价机构内部控制体系一般，虽建立了大部分内部控制，但缺乏系统性和连续性，在内部控制措施执行方面缺乏一贯的合规性，存在少量重大风险，经营效果一般。

四级：综合评分60～69分。被评价机构内部控制体系较差，内部控制体系不健全或重要的内部控制措施没有贯彻执行或无效，管理方面存在重大问题，业务经营安全性差。

五级：综合评分60分以下（不含60分）。被评价机构内部控制体系极差，内部控制体系存在严重缺失或内部控制措施明显无效，存在明显的管理漏洞，经营业务失控，存在重大金融风险隐患。

第二节　商业银行内部稽核

一、商业银行内部稽核定义与职责

（一）商业银行内部稽核的基本内涵

稽核是审计在银行中的传统称谓，内部稽核是相对于外部稽核而言的，商业银行的内部稽核是指商业银行对自身的稽核检查，是商业银行内部为该银行服务的、对控制系统和经营质量进行独立评估的一项功能。它客观地检查、评估和报告内部控制是否足够，以确保银行的资源得到有效、适当、经济和高效的使用。商业银行内部稽核包括银行所有的经营活动，即技术、商业、财务、安全、会计和管理六个方面。

商业银行内部稽核的目的是维护资产的完整，促进资源的有效使用。与目的相对应，稽核的基本职责有两个：检查核证资产的完整性；评估内部控制的效验性、效率性和效益性（简称“三效性”）。检查核证资产是否完整是对以往内部控制系统是否有效的验证，评估内部控制的“三效性”则是对内部控制系统未来表现的预测。内部稽核在一个组织内部建立的一个独立的、客观的评价和咨询职能，其目的是改善一个组织的运作以及协助该组织的领导和成员有效地履行他们的职责。

内部稽核包括起草稽核计划、检查和衡量获得的信息、评估管理控制的效率和效果、评估资产和风险传达结果，针对检查出的问题向管理层进一步提出问题和建议。

常见的内部稽核类型有财务稽核、合规稽核、经营稽核、管理稽核、某业务稽核几种类型。内部稽核不应该把重点放在某一个类型的稽核，而是根据稽核的目标去选择最合适的类型。

（二）内部稽核的作用

商业银行作为一种经营货币的特殊企业，改进并完善内部稽核制度尤为重要。首先，通过内部稽核，商业银行可以发现业务操作过程中的某些错误或作弊行为，起到堵错纠弊的作用，这是内部稽核的主要作用。其次，在对内部控制系统的“三效性”进行评估时，稽核人员能够发现内部控制系统的某些不足，从而督促有关方面采取有效措施加以改善，促进管理水平的提高。最后，周期性的稽核检查会起到强大的威慑作用，可以有效地减少错漏和舞弊的发生。

（三）内部稽核的职责

2006 年 7 月 1 日实施的《银行业金融机构内部审计指引》（银监发〔2006〕51 号）要求：

（1）银行业金融机构应以制度形式明确董事会、审计委员会、首席审计官和内部审计部门及人员职责。

（2）董事会对内部审计的适当性和有效性承担最终责任，负责批准内部审计章程、中长期审计规划和年度工作计划等，为独立、客观开展内部审计工作提供必要保障，并对审计工作情况进行考核监督。

(3) 审计委员会对董事会负责，根据董事会授权组织指导内部审计工作。审计委员会应定期召开会议，并可视需要邀请高级管理层人员列席。

(4) 首席审计官负责组织实施内部审计章程、中长期审计规划和年度工作计划，做好协调工作，及时向董事会和高级管理层主要负责人报告审计工作情况，并对内部审计的整体质量负责。

(5) 内部审计部门应对董事会和审计委员会负责，制定内部审计程序，评价风险状况和管理情况，落实年度审计工作计划，开展后续审计，监督整改情况，对审计项目质量负责，做好档案管理。

(6) 内部审计事项主要包括：经营管理合规性，内部控制的健全和有效，风险状况、信息系统监控，会计记录和财务报告的准确性、机构运营绩效和管理人员履职情况。

二、银行内部稽核内容、原则与控制要素

(一) 银行内部稽核内容

中国银监会银监发〔2006〕51 号《银行业金融机构内部审计指引》规定内部审计事项主要包括：

(1) 经营管理的合规性及合规部门工作情况；

(2) 内部控制的健全性和有效性；

(3) 风险状况及风险识别、计量、监控程序的适用性和有效性；

(4) 信息系统规划设计、开发运行和管理维护的情况；

(5) 会计记录和财务报告的准确性和可靠性；

(6) 与风险相关的资本评估系统情况；

(7) 机构运营绩效和管理人员履职情况等。

(二) 商业银行内部稽核机构设置应遵循的原则

(1) 统一领导、分级管理的原则。商业银行的总行（部）与所属部门应分别建立独立的内部稽核机构，如总行（部）内设稽核部，下属单位设稽核处。没有条件的单位，可设专职稽核员，业务上直接受单位内部稽核机构的领导和指导，形成本单位内部的稽核组织体系。

(2) 直接管理的原则。内部稽核部门要“实行对一级法人负责”，受其法人的直接领导。

(3) 相对独立的原则。尽管内部稽核机构设置在金融机构内部，但作为一个特殊的职能部门，它的工作性质决定了其地位具有一定的独立性，不受商业银行内部其他部门的干扰、制约和束缚。确切地说，内部稽核机构应比其他部门更超脱，更具有相对的独立性。有了独立性，内部稽核机构才能作出稽核工作所必需的公正的、无偏见的判断。

(4) 实行双重领导的原则。商业银行的内部稽核工作，应实行双重领导，以本金融机构法人领导为主，同时向上一级稽核部门负责并报告内部稽核工作。商业银行各级内部稽

核部门还要接受相应监管机构的业务指导。

第（1）（2）和（4）条原则是否得到坚持，都较易判断出来，而第（3）条原则不仅十分重要，而且不易简单判定，需要从以下具体行为来判断：是否直接向该金融机构的董事会或董事会的稽核委员会报告并对其负责；内部稽核部门的负责人是否直接与金融机构的董事会沟通交流，就管理层关心的问题通气；内部稽核部门的负责人及主要工作人员的任免是否经该金融机构董事会认可；内部稽核部门开展工作所面临的任何制约是否都能受到该金融机构管理层的重视并得到合理的解决；正确合理的内部稽核结论是否能以管理层的名义贯彻落实，与其他部门的争议是否由管理层采取措施解决。

（三）内部稽核控制要素

（1）内部稽核的人员素质。商业银行稽核人员的配备在数量上和质量上都要适应完成任务的需要，包括：①内部稽核人员的职业道德。②内部稽核人员的业务知识，由于商业银行内部稽核领域比较宽广，评价内部稽核人员的业务条件是否合格，不仅要看其是否掌握信贷、结算、财务管理、会计、统计、经济活动分析等方面知识、稽核技能，还要看其是否掌握经济数学和电子计算机等方面知识，熟悉本银行的业务，又具备综合协调能力、文字表达能力和口头表达能力。③内部稽核人员的后续教育，稽核人员上岗培训的内容应包括：新颁布的金融法规、金融政策，金融业务知识；内部稽核基础知识、技术方法；内部稽核案例的教育学习；其他新兴业务稽核。

（2）内部稽核的制度建设。商业银行内部稽核工作应有一套科学的、具体化、固定化、程序化的规章制度，从而将内部稽核工作自始至终都纳入科学、正规和统一的轨道。对内部稽核制度建设的评价应包括管理制度化、标准制度化（内部稽核的质量标准、业务技术标准、岗位素质标准）等两方面。

（3）内部稽核的计划管理。金融机构是否存在较合理的计划明确内部稽核目标，确定稽核范围及重点，制订长期计划（长期计划不仅可以对单一的内部稽核类型作出安排，还可以合理地调配不同类型的专项内部稽核）及年度计划，执行计划及协调计划，拟定汇总工作报告。

（4）内部稽核的质量控制。质量控制是内部稽核管理体系中的重要一环。金融机构内部稽核工作的价值在很大程度上取决于稽核结果的质量。客观、可靠、及时和专业性的内部稽核工作成果能够为管理层和其他有关部门提供大量有用的信息，并建立和保持它们对内部稽核部门的信任。质量控制制度包括分级质量监督制度、内部检查制度和外部检查制度。

三、商业银行内部稽核的基本流程

（一）稽核流程

稽核流程是指稽核人员完成一项稽核工作的全部过程，一个完整的稽核流程通常分为：

1. 稽核计划

稽核计划包括综合风险分析，目的在于从众多的业务品种中找出风险最大的作为本次稽核的对象；业务流程检查，即在选定稽核对象后了解所选定的对象的业务操作流程和相应的风险控制设置；个别风险分析，指稽核人员依据业务流程图，针对所有风险点评估内部控制是否有效、足够和合适。个别风险分析是稽核计划阶段最重要的环节，它决定了检查的重点和方法，直接影响到稽核检查的质量；制定稽核程序，经过个别风险分析后，稽核人员根据有关查账的目的和要求，制定核查的具体步骤和采用的技术方法，并估算出所需的人员配备和查账时间。

2. 现场检查

现场检查是获取各个风险点内部控制可靠性证据的阶段。获取证据的方法可以分为遵从性测试和实质性测试两种，遵从性测试是指对业务操作人员执行有关规章制度的情况进行检查，其目的是了解有关内部控制是否真正发挥了作用，实质性测试是指对有关业务或财务数据、信息的真实性进行检查。实质性测试包括分析性测试（通过分析某一信息与其他有关信息之间可能存在的合理关系来验证其真实性）和细节性测试（为获取有关交易事项或账户余额的证据而进行的验证）。细节性测试又包括交易事项测试和账户余额测试。现场检查的最后工作环节是将检查中发现的问题与被稽核单位的有关人员进行交流，这实际上也是对稽核发现的问题进行最后一次核证。

3. 稽核报告

稽核报告阶段是对稽核发现的问题进行评估并形成稽核意见和建议的过程，其最终结果是稽核报告。稽核报告应在稽核结束后尽快发出，以免影响稽核的时效性。

4. 稽核跟进

稽核跟进阶段是为了检查稽核建议是否得到有效落实，并评估该建议实施的效果，保证稽核建议能够成为内部控制的具体措施，确保稽核能够发挥真正的作用。稽核跟进可以多次跟进，直到稽核人员认为没有必要再次跟进为止。

（二）对内部稽核评价的程序

内部稽核的具体操作是指商业银行内部稽核部门有计划、有秩序、有目的地对被稽核单位进行审查的工作程序、具体步骤和工作方法。对具体操作进行评价主要看其是否遵循一定的程序、具备必需的内容、达到预期的效果。

1. 检查评价稽核方案的可行性

是否有一个内容完备、条理清晰的稽核方案，会影响到稽核任务的顺利开展。这就要求方案的内容应该包括以下几点：确定内部稽核的目标和工作范围，即明确具体的内部稽核工作所要达到的效果、内部稽核工作所涉及的业务领域及其时间和空间上的界限、内部稽核人员在稽核中收集、分析、解释和记录信息的程序；介绍被稽核部门的基本情况及相关信息，即介绍被稽核部门的职工人数、主要负责人、岗位说明、其自身制定的有关岗位责任说明书、操作规程、近期变更详情等；分析所稽核的业务的风险和控制手段，找出拟稽核的重要问题；稽核活动的预算情况，所需工作人员的人数、知识、技能及专业经验以

及是否对工作人员进行适当的培训以弥补不足；整个稽核过程中的交流方式，包括方法、时间和负责联系的人员；内部稽核报告的报告程序及后续工作环节。

2. 检查评价稽核方法的有效性

稽核过程中的检查分析是否正确、是否充分。检查分析是内部稽核工作程序的重中之重，它直接影响到内部稽核工作质量的高低。为此应做到：以相关金融法规为检查依据，做到实事求是，依法稽核；全面了解被稽核单位的情况；根据内部稽核项目的具体情况及稽核的要求、目的，确定稽核方式是全面审查还是部分审查；运用各种稽核技术方法进行稽核；对审查出来的问题，采用各种方式进行核查，去伪存真。

3. 检查评价稽核取证的可靠性

内部稽核人员在内部稽核工作实施过程中，为了评价被稽核单位经济活动以及撰写内部稽核报告，必然要搜集一些证据，内部稽核取证质量的高低与数量多少，往往影响内部稽核结论的可靠程度。内部稽核人员在取证过程中，必须掌握以下几条原则：①有用性原则，能用来证实所要稽核的事项或稽核结论；②可靠性原则，证据应经检验证明是真实的并可以依赖的；③相关性原则，证据必须与稽核事项的目标、任务有关；④充分性原则，证据应是具有足够的数量及足够的说服力的，能全面、系统地证明内部稽核事项。取证者应通晓国家有关经济法律、法规、规定以及政策；拥有金融、会计、稽核、财经、税收、统计及经济法等专业基础知识和相关知识；有丰富的工作实践经验和较强的主观判断力；实事求是，不带个人感情色彩；对证据“大胆设疑，周密论证”认真的分析与确认。

4. 检查评价稽核工作底稿的完备性

在工作底稿中，可采用多种方式表述内部稽核事项，如文字描述、数字表达、符号表达及图表描述等。在具体工作中，可以在一种内部稽核工作底稿上，灵活多样地选择各种表达形式，其原则是简单易懂，一目了然。要用经营活动和内部稽核工作常用的图表、符号等，按照内部稽核工作的专门方式来表示；内部稽核工作底稿要简洁地反映与内部稽核事项密切相关的内容，说明内部稽核对象的客观情况。

5. 检查评价内部稽核报告的合规性

在撰写内部稽核报告时，要求做到以下几点：抓住重点，言之有物；提出的问题，证据确凿、充分；提出的意见，明确简洁；报告措辞适当，实事求是；是非分明，客观公正。而内部稽核报告的内容应包括：稽核依据；被稽核单位概况；稽核简单情况；对被稽核单位财务状况以及经营状况的分析评价；稽核出来的主要问题及其性质、金额、数量；稽核中所应用的法律法规依据；内部稽核人员的意见；附上的稽核证据。内部稽核报告的结构一般应包括引言、概况、稽核出来的问题、分析评价、处理意见及建议、附件等。

6. 检查评价内部稽核结论的有效性

听取被稽核部门对稽核报告的意见；收集新的稽核证据；对正确的意见要采纳并及时修改稽核报告；如有分歧意见，要向内部稽核部门负责人及分管领导反映。

7. 检查评价内部稽核的档案管理工作

商业银行对内部稽核档案的保存期限应该加以明确的规定。一般内部稽核项目的当期文件的保存期为2～5年，当文件中包括一些引起争议的问题或一些未解决的问题时，其保存期要进一步延长。对于无用的文件要由专人负责销毁，销毁文件时应该按照一定的批准程序。商业银行的稽核档案应加以妥善保管，未经许可，不得私自调阅或复印内部稽核档案，借阅内部稽核档案要办理手续，不能长期借用内部稽核档案。对于包括敏感资料或信息的内部稽核档案，应该采取更为严格的保管措施，以避免泄密。存储在磁性中介中的内部稽核档案要采取更为谨慎的保管措施。

8. 检查评价内部稽核的连续性

适当开展后续稽核，以督促被稽核单位整改，是内部稽核连续性的具体要求。后续稽核包括两方面内容：一是被稽核部门对内部稽核决定不服，要求复议；二是内部稽核后一个时期，走访被稽核部门，考查其是否落实了内部稽核决定，督促其纠正问题，提高管理水平。后续稽核应有针对性地对一些问题进行核实或复查。

四、内部控制与内部稽核的关系

商业银行内部控制与内部稽核两者的关系，可以用一句话来归纳：内部控制主要是管理部门的工作，稽核部门对内部控制负有再监督的责任。

内部控制不仅仅是稽核部门的事情，它主要是经营管理部门的工作。商业银行内部控制是商业银行合理保证其各项目标实现的过程。它涉及工作目标的确立，风险的识别、评估，针对风险研究制定控制措施，并对所采取的控制活动进行监督和评审等。这些控制业务首先表现为各级经营管理部门的基本职责。从内部控制的各项要素出发，营造良好的控制环境、风险评估、风险控制、信息交流沟通等大都是银行经营管理层的职责。过去国内很多人认为内部控制只是稽核部门的事的观点是错误的。

稽核部门对内部控制负有再监督的责任。稽核部门的独立性和应有的权威性，加上其组织系统的垂直性，赋予了该部门对内部控制行使再监督和再评价的特殊重要的职能。稽核部门能够在严密的计划和组织下，在董事会的授权范围内，独立地、有选择地对内部控制的各个方面行使其检查职能，将检查结果直接反映到高级管理层、行长、董事长乃至董事会，并有权督促稽核建议的落实。

第三节　商业银行机构管理

一、商业银行的设立

（一）设立商业银行的基本条件

世界各国的银行法都对设立商业银行的条件作出了明确规定，不具备这些条件，国家不予批准设立。但由于各国经济发展水平不同，社会制度各异，设立商业银行所必须具备的条件也不同。

（1）按照《中华人民共和国商业银行法》的规定，在我国设立商业银行时应当具备如

下条件：①有符合《中华人民共和国商业银行法》和《中华人民共和国公司法》规定的章程；②有符合《中华人民共和国商业银行法》规定的注册资本最低限额；③有具备任职专业知识和业务工作经验的董事、高级管理人员；④有健全的组织机构和管理制度；⑤有符合要求的营业场所、安全防范措施和与业务有关的其他设施。

(2) 设立商业银行，还应当符合其他审慎性条件：①设立全国性商业银行的注册资本最低限额为 10 亿元人民币；②设立城市商业银行的注册资本最低限额为 1 亿元人民币；③设立农村商业银行的注册资本最低限额为 5 千万元人民币。注册资本应当是实缴资本。国务院银行业监督管理机构根据审慎监管的原则，可以调整注册资本最低限额，但不得少于前款所规定的限额。

(二) 商业银行设立程序

《中华人民共和国商业银行法》规定，设立商业银行的程序包括以下重要环节：

(1) 申请筹建。设立商业银行，申请人应当向银行业监督管理机构提出申请，并提交下列文件、资料：①设立商业银行的申请书，申请书应当载明拟设立银行的名称、所在地、注册资本、业务范围等；②可行性研究报告；③国务院银行业监督管理机构规定提交的其他文件、资料。

(2) 申请开业。设立商业银行的申请经审查合格的，申请人应当填写正式申请表，并提交下列文件、资料：①章程草案；②拟任职的董事、高级管理人员的资格证明；③法定验资机构出具的验资证明；④股东名册及其出资额、股份；⑤持有注册资本 5%以上的股东的资信证明和有关资料；⑥经营方针和计划；⑦营业场所、安全防范措施和与业务有关的其他设施的有关资料；⑧国务院银行业监督管理机构规定的其他文件、资料。

(3) 审查批准。国务院银行业监督管理机构审查设立商业银行的申请时，既要审查将要设立的商业银行是否符合《中华人民共和国商业银行法》所规定的设立条件，还应当考虑经济发展的需要和银行业竞争的状况。

(4) 领取许可证、营业执照。经批准设立的商业银行，由国务院银行业监督管理机构颁发经营许可证，并凭该许可证到工商行政管理部门办理登记，领取营业执照。商业银行应当依照法律、行政法规的规定使用经营许可证。禁止伪造、变造、转让、出租、出借经营许可证。

(5) 公告。《中华人民共和国商业银行法》第 23 条规定："经批准设立的商业银行及其分支机构，由国务院银行业监督管理机构予以公告。"《中华人民共和国商业银行法》还规定，商业银行自取得营业执照之日起无正当理由超过 6 个月未开业的，或者开业后自行停业连续 6 个月以上的，由国务院银行业监督管理机构吊销其经营许可证，并予以公告。

二、商业银行分支机构的管理

(一) 商业银行分支机构设置的管理

商业银行分支机构布局，就是商业银行的分支行等基层营业机构的空间分布问题。银行开展各项业务活动，一般都通过建立一定数量的分支机构来具体经营。银行分支机构如何适应经济发展的客观需要科学设置、合理分布，其分支机构分布的地区、地点、数量，分支机构的业务范围、重点等如何把握都是商业银行机构管理的重要内容。

商业银行在分支机构的设置管理过程中，既要注意不要过分强调近期效益而忽视那些具有战略意义地区的网点规划和设置，又要反对完全不顾短期或长远效益的盲目数量扩张型分支机构设置，具体有以下几个方面。

1. 根据经济区划设立分支机构

商业银行的经营活动是为商品生产和流通服务的，因此，分支机构应根据商品生产和流通的不同特点来设置。在幅员辽阔、经济发展不平衡的国家，各地区之间在人员素质、技术、交通、通信、资源等各种经济条件方面存在着很大差别，导致各地区经济发展水平、发展重点和优势不同，这种自然形成的经济区划通常与行政区划不一致。如果简单地按行政区划来设立分支机构，就有可能使分支机构变成地方行政机构的附属物，其自主权和独立性会大大削弱。根据商业银行自身的性质和市场经济的发展规律，商业银行分支机构设置应根据经济区划而不应按照行政区划，以适应各区域经济发展的客观需要。

2. 要考虑当前经济效益

商业银行经营的重要目的是盈利，设立分支机构，自然不能离开这一经营目标。商业银行选择在某一地方设立网点、设立网点量、网点业务经营范围和重点，要看网点建设的成本以及网点运转后能否带来相应的利润。商业银行选择那些储源丰富、经济发达、银行竞争尚不激烈，或者竞争较激烈但仍有利可图的地方设立网点，就是从当前经济效益角度考虑问题的。

3. 要符合长远规划

商业银行从自身发展的长远战略考虑，在一些具有战略意义的地区重点布置网点，这种地区可以是经济发达地区，也可以是列入了国家、地区重点发展计划但目前经济尚不发达的地区，或者是具有特殊资源、具有开发潜力的地区。在这类地区设立网点，可能目前效益不理想，但从银行自身长远发展来看，从经济社会发展前景来看，具有战略意义。即使近期效益不好，也应从战略的角度加强网点的规划、设置，以收到长远的更大利益。

4. 要有利于对新型市场的开拓

在经济特区或经济开发区，由于经济自由度大、发展速度快，银行业务交叉范围广，有一些税收等方面的优惠措施，为银行发展提供了一个相对良好的环境，使银行的经营具有一些其他地区所不具备的有利条件。银行在这类地区设立机构网点，或争取多设立一些网点，既可以取得良好的近期和长期经济效益，又可以透过这种窗口扩大业务面，及时准确地了解国内外最新信息，享受税收优惠等。

（二）商业银行对分支机构的业务管理

1. 适当集中，合理分权，妥善处理总行与分支行间的关系

实行分支行制的商业银行，根据其总行职责的不同，可以分为总管理处与总行制两种形式。如何正确处理总行与分支行、上级分支行与下级分支行之间关系的问题，就是银行管理中十分重要的集权与分权的问题。总行是整个银行的总指挥，在一级法人情况下，总

行作为全行唯一法人代表，对外承担所有法律责任和经营风险。为了发挥一家商业银行的总体优势，总行必须在总目标的确定、分支行之间的总体协调、有关全局发展的新业务开拓、重要规章制度的制定、分支行主要负责人的任免等方面实行集中决策、全局协调，以避免各自为政、重复劳动所带来的内耗和混乱。适当集中管理又要注意不能过多集权，以致影响到分支行的正常经营。给分支行以必要的经营管理自主权，分支行对其区内、辖内分支行也面临同样的问题。一家银行的活力，要靠各个基层分支行的灵活经营和自主发展，为了保证基层行有足够的活力，就必须给予这些基层行必要的权力。

2. 正确评价分支机构的经营业绩

这是商业银行对分支机构业务管理的重要内容。一般来说，由于各个分支机构的业务侧重点不同，很难用统一的标准来评价，因而对分支机构的业绩评价存在一定的困难。但在实际工作中，应当尽可能地对分支机构的业绩给予一个合理的评价，并以此作为对分支机构的奖惩依据，以控制和指导分支行的工作。商业银行一般是通过建立多项业绩评价指标来对分支机构的工作进行评价和管理的。但由于银行发展目标的不同，不同指标给予分支机构的要求和信号不同，指标体系应有所侧重，如强调市场发展则应用市场占有率指标等。评价分支机构的主要指标经过风险调整的盈利能力、市场地位、新产品开发和推广能力、领导能力和员工业绩等。

3. 根据考核结果对分支机构进行妥善处理

一般来讲，一个分支机构是否具有存在价值主要取决于它的盈利能力。在考虑盈利能力时，不仅要看到它目前的盈利水平，尤其重要的是看它的潜在的盈利能力。衡量潜在盈利能力可以用下列指标：平均账户余额；开户数目与闭户账户的差额；现实的盈利能力与预计盈利的对比等。可以根据以上指标对分支机构的发展前景进行估计，并采取合理的措施进行管理，具体方式有撤、卖、并、降格、搬迁、改建、升格等。

（三）商业银行分支机构的电子化及管理

商业银行的经营一直注重为客户提供方便的服务，在目前的高科技时代，客户追求时间上的方便甚于地理上的方便，银行则需加强运用高科技来发展多样化的新服务渠道，包括自动柜员机、电话银行、家庭银行、企业银行和互联网银行服务等。客户通过自动柜员机可以进行查询、转账、提取现金等服务外，还可支付公用服务账单、缴还按揭贷款、买卖股票和基金，客户也可通过电话银行申请并可迅速得到贷款服务，通过视像系统或触控式屏幕得到产品推广与介绍、快速计算、财务分析、财务顾问和投资组合分析等高层次的服务。电子化大大提高了银行的经营效率。

商业银行的电子化也是商业银行分支机构的扩展和延伸，是商业银行机构在电子化基础上的延伸，并且使银行服务超越了时间和空间的限制。如电话银行和自动柜员机都是银行网络的延伸，目前这种趋势在不断加强，呈现一种传统分行网络收缩，而电子化机构却有不断扩大和延伸的趋势。

商业银行机构在电子化基础上超越时间和空间的延伸，给银行的机构管理提出了一个全新的课题，银行必须采取有效措施加强对自动柜员机和销售点终端机等的管理。

三、商业银行的合并、分立与破产

(一) 商业银行的合并与分立

(1) 商业银行的合并是指两个或两个以上的银行，依照有关法律、法规的规定，通过订立合并协议组成一个银行的法律行为。商业银行的分立是指商业银行依照法定的程序，将银行分为两个或者两个以上银行的法律行为。

(2)《中华人民共和国商业银行法》规定，商业银行的分立、合并，适用《中华人民共和国公司法》的规定。商业银行的合并、分立，应当经国务院银行业监督管理机构审查批准。

《中华人民共和国商业银行法》除对商业银行的变更、合并、分立作了明确规定外，还特别规定："任何单位和个人购买商业银行股份总额5%以上的，应当事先经国务院银行业监督管理机构批准。"未经批准，购买商业银行股份达5%以上的，属违法行为，所购买的股份不受法律保护。

(二) 商业银行的破产

商业银行因不能支付到期债务，可以由法院依法宣告其破产，商业银行因破产而终止全部业务。根据西方国家的有关法律，商业银行破产管理一般有以下程序。

(1) 破产申请。应有银行股东或债权人提出申请。主管机关批准后，法院宣布银行破产。一般在法院宣布破产前，要经一国的中央银行或金融管理当局批准。如德国银行法规定，信用机构一旦发生不能支付或负债过度，其业务领导人必须立即就此向联邦监督局报告。信用机构宣布破产时，需经联邦监督局批准。

(2) 清算。清算事务要由清算人来处理，清算人可以由法院指定，也可按银行章程规定由股东大会董事会选任，或者由主管机关推荐。清算的具体内容包括：终止银行的全部业务；清查银行的债权、债务和财产，编出银行资产负债表及财产目录，据此制定清算计划；清偿债权债务，依法分配银行剩余财产。在西方国家，清算人一般由著名的会计师事务所担任。

(3) 和解或整顿。在法院受理破产的一定期限内，有关方面可以提出申请和解协议。如达成和解协议，经法院认可后发出公告，中止破产程序。被整顿银行能够执行和解协议的，法院应当终结破产程序并予以公告。

(4) 财产分配。清算之后，股东只承担偿清股票发行时的股本金的责任，银行则负责以全部财产偿还债务。对债务偿还的顺序是：清算费用；银行欠员工工资；劳动保险费用；税款；清偿债权；分配剩余财产。

根据《中华人民共和国商业银行法》的规定，商业银行不能支付到期债务的，经国务院银行业监督管理机构同意，由人民法院依法宣告其破产。破产程序除适用《中华人民共和国商业银行法》外，还适用《中华人民共和国企业破产法》和《中华人民共和国民事诉讼法》的规定。总的来说，我国商业银行破产的处理方式与国际通行的惯例基本相同。

本章小结

1. 商业银行内部控制是银行的一种自律行为，银行必须自觉地、积极地建立并执行内部控制；内部控制的目的是为了保证各项工作目标的实现，更重要的是要进行风险事前防范，要针对风险的发生来设计内部控制；内部控制的核心内容为部门与部门、人与人之间的制约机制；内部控制的表现形式为方法、措施、程序和制度等，因此不能单纯地理解为规章制度。

2. 内部稽核是指在一个组织内部建立的一个独立的、客观的评价和咨询职能，其目的是改善一个组织的运作以及协助该组织的领导和成员有效地履行他们的职责。商业银行内部稽核是防范银行风险的一线防控屏障。

3. 商业银行内部稽核是相对于外部稽核而言的，是由商业银行内部专设的稽核部门和稽核人员，依据国家的法规，按照一定的程序和方法，独立地对本机构的财务收支、业务经营活动、内部控制及经济效益进行的监督检查。内部稽核是商业银行内部控制过程中的一个重要环节，它一般在下列方面为机构提供监督服务：评估管理控制的效率和效果、评估资产和风险、针对检查出的问题向管理层提出改进意见。内部稽核作为一个监督评价内部控制是否有效的职能部门，其目标的实现在很大程度上取决于内部稽核部门和内部稽核人员的独立性。

4. 2006 年发布的《巴塞尔新资本协议Ⅲ》将操作风险定义为由于不完善或失灵的内部程序、人员和系统，或外部事件导致损失的风险。

5. 商业银行机构管理是商业银行管理的重要内容，机构安全与否对商业银行能否稳健经营发挥着很重要的作用，也是商业银行经营的基础和立信的保证。机构的准入是指商业银行应该具备进入市场的条件和资格，其审批权在国务院银行业监督管理机构。机构退出是指按市场化程序所实行的破产、清算等行为。

复习参考题

1. 简述商业银行内部控制。
2. 试剖析银行内部控制机制的三个层面。
3. 商业银行内部控制的原则是什么？
4. 商业银行内部控制和外部监管有什么关系？
5. 简述商业银行内部稽核。
6. 试述商业银行内部控制的程序。
7. 如何进行商业银行的内部控制评价？
8. 简述商业银行机构管理的内容。
9. 如何完善商业银行机构的市场准入和退出机制？

10. 从一个案例以内控视角看银行信用风险和操作风险防范。

11. 联系近期发生的系列案例，谈谈你对我国银行内部控制机制的建设和有效运作的建议。

12. 讨论我国国有控股商业银行应如何完善法人治理结构和内部控制机制？

第十二章　商业银行绩效评估

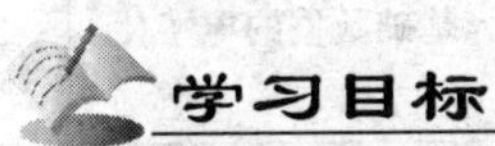

商业银行绩效评估，就是在商业银行具体业务和会计核算方法的基础上，运用现代企业绩效考核原理与方法，对商业银行经营效益和效率的进行全面评价测度，它不仅是银行日常运营的基础，更是商业银行实现科学管理的必备条件。

1. 知识目标

※掌握商业银行绩效评估的意义、出发点与内容；

※掌握商业银行绩效评估体系的类型；

※掌握成本与费用的概念及分类；

※熟悉商业银行绩效评估指标体系。

2. 能力目标

※熟练掌握商业银行绩效评估方法中的比率分析法和杜邦分析法；

※掌握经济增加值法（EVA)、平衡计分卡法与经济资本方法。

案例导入 12－1

经营业务及资产负债结构的独特性决定了适用于一般企业的经营绩效评价方法，并不适用于商业银行。图 12－1 是国内某商业银行省一级分行绩效指标体系的构成，阅读并思考。

该行根据银行的组织架构将全行的绩效指标体系分成三个层次：组织绩效、部门绩效和员工绩效，从而将全行的战略目标层层分解到各级组织，再将各级组织的整体绩效指标分解落实到各部门和各岗位。

请思考：

1. 如图该银行绩效评价体系不同与一般企业，为什么说适用于一般企业的经营绩效评价方法，并不适用于商业银行？

2. 该银行绩效指标的设计思路如何，为什么根据银行的组织架构将全行的绩效指标体系分成三个层次？为什么将全行的战略目标层层分解到各级组织，再分解落实到各部门和各岗位？

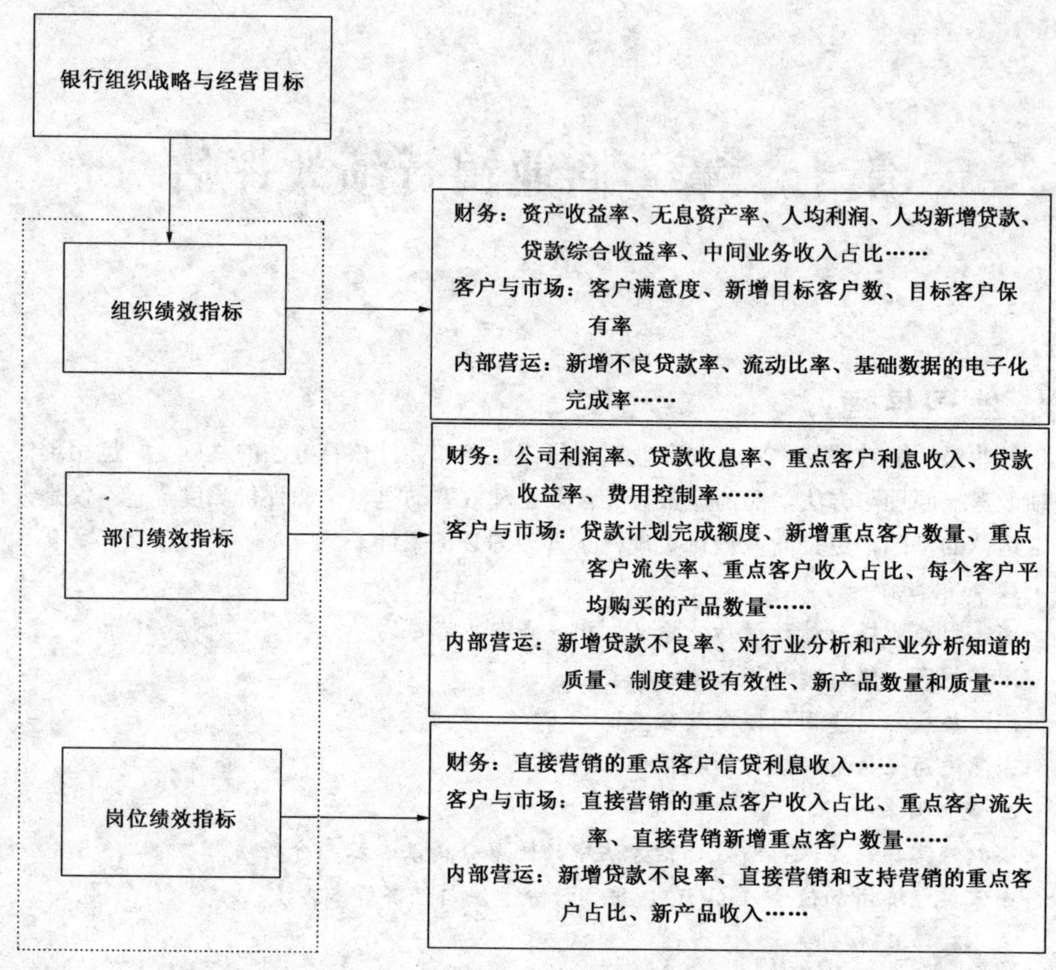

图 12—1　某商业银行国内省分行绩效指标体系

第一节　商业银行绩效评价概述

一、商业银行绩效评价含义与作用

（一）商业银行绩效评价含义

1. 绩效评价含义

绩效是指一定经营期间的企业经营效益和经营业绩，企业经营效益水平主要表现在盈利能力、资产运营水平、偿债能力和后续发展能力等方面，经营者业绩主要通过经营者在经营管理企业的过程中对企业经营、成长、发展所取得的成果和所做出的贡献来体现。

绩效评价是指运用数理统计和运筹学方法，采用特定的指标体系，依照统一的评价标准，按照一定的程序，通过定量定性对比分析，对企业一定经营期间的经营效益和经营者

业绩，做出客观、公正和准确的综合评判。绩效评价是评价理论方法在经济领域的具体应用，它是在会计学和财务管理的基础上，运用计量经济学原理和现代分析技术而建立起来的剖析企业经营过程，真实反映企业现实状况，预测未来发展前景的一门科学。

绩效评价系统主要由以下几个基本要素构成：评价主体；评价客体；评价指标；评价标准。绩效评价的程序依次包括确立评价目标、设计评价指标、获取评价信息、选择评价标准、形成评价结论和指明努力方向六个阶段。

2. 商业银行的绩效评价含义

商业银行的绩效评价是指运用数理统计和运筹学原理，采用特定的指标体系，对照统一的标准，遵循一定的程序对商业银行的绩效做出公正、客观和准确全面的考核和评价。它是商业银行进行自我管理和改进经营绩效的依据，是商业银行决策者进行科学决策的前提和基础。绩效评价的核心是比较所费和所得，力求用尽可能小的成本取得尽可能大的收入。

商业银行的绩效评价体系是对商业银行行为行动的效能进行科学测量和评定的程序、方式、方法的总称。一般来说，商业银行的绩效评价体系具有以下特点：①它是一个科学的指标体系，商业银行的监管层或经营者从财务数据中获取原始资料，经过比较分析，形成一系列的指标体系以供评价；②运用数理分析、财务分析等现代科学的分析方法，将原始资料变为简洁有用的信息；③绩效评价体系具有突出的目的性，即帮助商业银行规避风险，调整经营管理，达到实现银行价值最大化的目标。

（二）商业银行绩效评价的作用

1. 发现和处置风险

在各种风险管理的办法中，绩效评价体系为商业银行提供了很好的早期预警的模式。早期预警模式的目标是发现可能会陷入财务困境的银行。如果该模式在发现银行的问题上做得很好，那么它们对银行、投资者和监管者是极有价值的。显然，一个有问题的银行将被投资者和存款人所回避。一个好的预警模式还能让监管者更有效率地进行检查，并使他们更迅速地发现和解决问题，从而降低银行监督的总成本。

在银行绩效评价体系的各种显著变量中，可用来预警银行破产的有净值的变化、资产风险的衡量和银行股票价格的较大的下跌。其他对发现问题银行有帮助的财务比率有资产收益率、贷款/资产、资本/资产、净占用费用/净收入、呆滞贷款/未清偿贷款总额、冲销总额/净营业收入减去贷款损失准备。例如：低资产收益率和高的冲销率显示的破产可能性比高的资产收益率和低冲销率要大。问题银行这些比率中的多数是处于不利的水平，而不仅仅是其中的任何一个。所以在对商业银行的绩效进行评价的过程中，无形中会产生一种早期预警的作用，从而使银行的经营管理者能够及时发现和处理问题。

2. 创造公平的金融环境

在商业银行披露的信息中，其业绩情况是金融监管当局、投资者最为关注的方面。对于一国金融监管当局而言，对商业银行进行绩效评价，目的是为了及时发现风险，防范和化解金融风险，维护金融稳定。

而对于投资者而言，商业银行经营的好坏直接关系到他们的投资效益。在商业银行业绩良好的时候，它可能吸引更多的投资者购买它的股票，而在业绩下滑的时候，投资者则可能退出对商业银行的投资。因此，对商业银行的绩效进行正确、有效的评价，关系到金融环境的稳定和公众信心的安定。各国的监管当局都对本国的商业银行的信息披露做出了相关的规定，即披露的主要信息应包括：商业银行财务会计报告、风险管理状况、公司治理信息、年度重大事项等。这样，就为投资者和银行创造了一个公平的金融环境，从而使他们能够做出准确的投资和经营决策。

3. 发挥资源配置指示器作用

商业银行绩效评价的目的是为了引导商业银行的经营行为，调动员工的积极性，提高经营效益。实现这些目标，需要有相应的中间目标，这就是优化资源配置。理想的商业银行的经营管理过程，就是根据不平衡发展的原理，整合优化资源配置的过程，是实现资源增值的过程。商业银行绩效评价体系统一了资产负债、资本金、科技投入、人力资源以及经营费用等各方面分配的原则和依据，对商业银行内部各部门、各分行的资源配置加以规范，强调各项改革的相互配套以及各项管理的内在联动，确保各项资源与效益、效率同方向、同幅度的配置。此外，股东也可根据商业银行的业绩评价，做出正确的投资决策。所以，商业银行的绩效评价对金融资源的配置发挥了杠杆和指示器的作用。

4. 提供监管依据

银行监管者对商业银行实施监管的目的与商业银行经营目标从根本上说是基本一致的，但从局部或某一时限上也是有冲突的。商业银行侧重的是股东利益最大化，而监管者侧重的是防范风险，并以此促进经济的增长。商业银行绩效评价体系的分析因素：盈利性指标、风险性指标、发展能力指标和效率性指标都是银行监管的必要依据。银行监管机构借助于商业银行绩效评价的各种指标及其变化趋势，结合现场检查，判断单一银行或整个银行体系的运行状况和风险状况，从而采取措施，防范风险。

二、商业银行绩效评价的要素

商业银行的绩效评价必须综合多方面的因素进行，商业银行绩效评价体系大体上可由以下几个要素组成：

（一）评价主体

商业银行绩效评价主体就是由谁来评价的问题。绩效评价主体是评价行为的组织者和发动者，一般是资本所有者、资本所有者的代表或资本所有者授权的监管人。此外，银行经营业绩的好坏不但与出资者的利益紧密相关，而且也会影响到经营者、债权人、职工和当地政府的利益。因此，就国有商业银行而言，绩效评价的主体可以分为：政府、社会和银行本身三类等。

（二）评价客体

评价客体是指评价活动实施的对象，也就是对什么进行评价的问题。评价客体的选择根据评价主体来确定，不同的评价主体选择的评价对象不同，评价客体也会有所不同。对

于政府评价和社会评价而言，银行的评价客体有两个：一是银行，二是银行经营者；对于银行本身而言，银行的评价客体是银行和员工。

（三）评价指标

评价指标是指对评价客体的某些方面进行评价，以指标形式体现的能反映评价对象特征的因素，反映商业银行经营好坏的评价指标有财务方面的，如投资报酬率，成本利润率，每股收益等。也有非财务方面的，如售后服务水平、创新速度和能力等。评价指标是国有商业银行经营业绩好坏的基础和客观依据，如果没有能够反映银行经营业绩方面的指标，业绩也就无从展示，对商业银行进行评价也无法进行。如何准确把反映银行经营状况的因素准确体现在各项具体目标上，是商业银行绩效业绩评价体系设计的重要问题。

（四）评价标准

评价标准是对评价客体进行分析评判的标准。评价标准是得出绩效评价结论的前提，是评价指标的量化标准与定性指标的参考标准，是绩效评价的参考对象，目前常见的绩效评价标准有；年度预算标准、资本运算标准、历史水平标准、竞争对手标准等。为了发挥绩效评价系统的功能，在实际工作中应综合运用各种不同的标准。具体的评价标准应该与客体紧密联系。一般来讲，评价客体为经营管理者时，采用年度预算标准较为恰当，而评价客体为商业银行时，通常采用历史水平标准和竞争对手标准。

（五）评价方法

评价方法是商业银行绩效评价的具体手段，科学完善的评价方法是得出客观、公正和准确结论的必要条件。有了评价指标和评价标准，还需要采用一定的评价方法来对评价指标和评价标准进行实际运用，以取得公正的评价结果。如果没有科学、合理的评价方法，评价指标和评价标准就成了孤立的评价要素，从而也就失去了存在的意义。

第二节　商业银行绩效评估指标体系

一、确定评价指标的原则

评价体系并不是简单的方法和工具，而是具有突出的目的性的。完善的评价体系必须对银行进行全面的考核评估，并且以此为基础确定评价指标的目标值。具体的评价指标应包括现有的管理信息、财务信息、客户信息和员工信息及政府监管信息。全面的考核才能使评价体系能够恰当地对当期的经营业绩和以后的发展趋势进行良好的评估，使评价体系具有一定的稳定性和发展性，各期评价结果也具有相当的可比性。

具体来说，商业银行经营绩效水平及管理水平的高低归根到底应体现在银行是否能可持续发展。

（1）应注重银行的全面发展。由于规模发展并不一定能带来质量和效益的相应提升，所以商业银行的经营绩效水平不仅反映在资本、资产的规模上，更体现为规模、质量和效益的有机统一。

（2）要注重银行的均衡、协调的发展。因此要求银行不仅要拥有较强的综合实力，而且在各项绩效能力上应当保持一定的均衡性。

（3）必须注重银行的可持续发展。与某一个时点的高指标相比，具有较强的潜在实力和成长性才是银行发展的更高层次。因此强调全面、协调、可持续发展是构建商业银行财务综合评价体系的总体思路。

二、商业银行财务绩效评价指标体系的框架

商业银行的财务绩效水平的高低主要表现为盈利性、安全性、流动性三个方面，进一步通过考虑银行市场占有能力和持续发展能力的重要性，因此结合上述指标选取原则，参考相关文献资料，最终将商业银行的财务绩效评价指标分为盈利性指标、安全性指标、流动性指标以及发展能力指标四大类。以下对这四大类指标进行进一步细分并做简要说明。

（一）盈利能力分析

商业银行的盈利能力是指商业银行获取利润的能力，是商业银行保持和增强其自身竞争力及可持续发展能力的一个决定性因素。商业银行的盈利能力越强，银行的价值越大，从而给予股东的回报越高。一般来说，商业银行的盈利能力由短期盈利能力和潜在的盈利能力两部分构成。短期盈利能力反映商业银行短期盈利的绝对水平，即盈利的现状。对于商业银行来说，短期盈利仅反映的是各种资产协调、整体运转的结果，因此以资产运用为基础的盈利能力分析，则主要从短期盈利能力和潜在盈利能力两个方面来评价商业银行的盈利能力。商业银行盈利能力的分析包括如下几个商业银行盈利能力评价指标：

（1）资产收益率。资产收益率表示银行全部资产的回报水平，全面反映其获利能力和投入产出情况。商业银行绩效评价体系研究是体现银行整体获利能力的重要指标。该指标越高，表明该银行投入产出的水平越好，资金营运越有效。计算公式为：

资产收益率＝息税前利润/总资产

（2）平均资本利润率。平均资本利润率又称股东权益收益率指银行一定时期内的净利润与平均股东权益的比率。它充分体现了投资者投入银行营运资金获取净收益的能力，是评价银行资本经营效益的核心指标。计算公式为：

平均资本利润率＝净利润/平均股东权益×100％

（3）成本收入比。营业费用是指按金融企业会计制度要求编制的损益表中营业费用；营业收入是指按金融企业会计制度要求编制的损益表中利息净收入与其他各项营业收入之和。这一指标也同时反映了商业银行财务管理理念和资产使用效率程度。该指标衡量银行负债业务的成本收益比，该指标越高，则银行负债获利的能力越强。

成本收入比＝业务及管理费用/营业收入

（4）每股收益。每股收益（Earning per Share，EPS），又称每股税后利润、每股盈余，指税后利润与股本总数的比率。它是测定股票投资价值的重要指标之一，是分析每股价值的一个基础性指标，是综合反映公司获利能力的重要指标，它是公司某一时期净收益与股份数的比率。

每股收益＝净利润/发行在外普通股加权平均数

（5）人均净利。人均净利指的是银行中每个员工所享受到的银行总利润的数额，一般可以反映企业职工的薪酬福利水平的高低。其公式表示如下：

人均净利＝净利润/员工人数

（二）安全性分析

安全性是指商业银行为保证资金安全以避免经营风险，从而能有足够的能力应付各种可能发生的损失和风险。银行资产的安全性的高低不仅会直接影响商业银行的流动能力和盈利能力，而且从长远来看对商业银行的发展能力也有一定的影响，因此对商业银行的资产的安全性进行评价就显得非常必要。安全性和风险性是相互对立的两方面，银行必须控制影响银行价值的基本因素即风险来保证未来盈利的安全。但是对于银行风险来说，无论是从种类还是程度上都远远大于一般的工商企业。由于银行是高负债经营，所以其安全性很大程度上取决于资本的充足性和资产的质量方面的因素。对于资本充足率对安全性的影响，国外许多学者做过相应的研究，主要有梅塞、贝克切奥、Jonathan、约瑟夫辛基等。通过对研究的结论可以看出，在激烈的金融市场竞争中，充足的资本发挥着非常重要的作用。在资产质量方面，资产质量优秀的银行有能力保持足够的利润和维持资本充足性。而不良的资产质量会直接影响银行的流动性，降低银行的获利能力。

商业银行经营绩效安全性的评价指标主要有：

（1）资本充足率。资本充足率是指商业银行一定时期核心资本与附属资本之和同风险加权资产的比率。它衡量银行全面抵御风险的能力。计算公式为：

资本充足率＝(核心资本＋附属资本)/风险加权资产×100％

该指标主要考核银行资产的抗御风险能力。资本是银行取得客户信任，从而吸纳客户资本并开展信贷业务的基础，即银行赖以生存的前提。保持充足的资本金，能够弥补资产风险，从而保护存款人的利益。因此该比例越大，说明银行资产安全性越好。

（2）不良贷款率。不良贷款率是指商业银行贷款总额中不良贷款所占的比率。计算公式为：

不良贷款率＝不良贷款额/贷款总额×100％

该指标用于评价银行贷款综合管理水平，全面反映贷款质量状况及面临的风险。一般而言，不良贷款率越低，资产流动性越强，银行盈利水平越高，资金营运越安全。毋庸置疑的是，银行贷款中必有一部分银行业务成本构成了不良贷款，它是银行所固有的一项风险。当发生不良贷款时，银行业可以首先取消贷款的赎回权并取得相应担保，然后通过出售担保以减轻贷款的压力。但是一般情况下，担保都是不动产的形式，势必会受到整体经济形势的影响。因此，银行如果存在大量的不良贷款时，银行的经营绩效会受到很大的影响。

（3）资本资产比率。资本与资产比率是指银行资本与资产总额的比例，该比率是监管机构或银行自已确定抵御风险所需的最低资本，它反映监管侧重点是防备总资产风险。

资本资产比率＝股东权益/资产总额

（三）流动性分析

商业银行的流动性是指在一定条件下，商业银行能够以合理的成本筹集一定数量的资金，以此来满足客户当前或未来资金需求的能力。具体包括保证兑现对客户的贷款承诺，银行债权人得到偿付，避免非意愿性的资产销售，减少银行筹措资金所支付的风险溢价。即商业银行资产的变现能力。商业银行具有较强的流动性，才能满足正常的业务需要，从而在出现业务发展机会和紧急情况时，能够从容应对突发需求。反映商业银行流动性的指标主要有：

（1）流动比率。流动比率是指商业银行的流动性资产期末余额与流动性负债期末余额之比，该指标反映商业银行满足客户随时支付变现的能力，直接影响商业银行在业务竞争中的地位和形象，但流动比率过高也会影响商业银行的盈利能力，该指标的计算公式为：

流动比率＝流动资产期末余额/流动负债期末余额

（2）存贷比率。贷款对存款的比率是衡量商业银行流动性的最常用的指标之一。存款是商业银行的主要资金来源，贷款则通常被认为是流动性最低的资产，而贷款对存款的比率越高，则不具有流动性的资产占用了更多稳定的资金来源，就意味着商业银行的流动性越差；相反，贷款对存款的比率较低，说明银行可以用稳定的存款来源发放新的贷款或进行投资。该指标是一个适度指标，因为在实际经营当中，这一比例也不宜过高，过高的存贷比不仅会影响商业银行的资金利用效率，而且也会降低商业银行的获利能力。其计算公式为：

存贷比率＝贷款期末余额/存款期末余额

（3）现金资产比率。现金资产比率是衡量企业现金状况的一个十分重要的指标，银行的现金状况直接影响到银行经营的安全性。这一指标的计算公式如下：

现金资产比率＝经营活动产生的现金流量净额/资产总额

（四）发展能力分析

发展能力也被称为成长性，无论是出资者还是债权人都十分关注银行的发展能力。因为它不仅关系到银行的持续生存问题，也关系到出资人的未来收益和债权人长期债权的风险程度。对银行发展能力的分析是为了判断银行的发展潜力，即未来的盈利能力。为能维持合理的利润以达永续经营的目标，商业银行在对经营绩效的评价过程中对商业银行的发展能力进行评价，可以在某些程度上杜绝经营者的短期行为，从而促进商业银行的稳定发展。因此对发展能力的评价，是衡量商业银行经营绩效的一个非常重要的方面。

（1）存款增长率。存款增长率是反映银行实际发展能力的重要指标之一，存款数量是商业银行拓展经营的主要资金来源，存款数量不仅体现了商业银行市场份额的实际占有量、存款数额的不断增长，而且成为商业银行经营实力不断增强的一个重要标志。该指标反映了商业银行市场份额的扩展速度，其计算公式为：

存款增长率＝本年度期末存款总额/上年度期末存款总额－1

（2）资产增长率。资产增长率，也称为资产扩张率，是反映企业本期资产规模的增长情况，指的是企业本年总资产增长额同年初资产总额的比率。一般情况下，总资产增长率

越高，说明企业一定时期内资产经营规模扩张的速度越快。但在实际研究分析时，不仅需要关注资产规模扩张的质和量的关系，而且为了避免盲目扩张，必须考虑企业的后续发展能力。实际中经常用到的是三年平均资产增长率指标，这一指标消除了资产短期波动的影响，从而反映了企业较长时期内的资产增长情况。

资产增长率=(本期资产余额－上期资产余额)/上期资产余额

（3）净利润增长率。净利润是指利润总额减所得税后的余额，是当年实现的由出资人分配的净收益，又称为税后利润。它是直接反映一个企业经营的最终成果的指标，即净利润多表明企业的经营效益就好；相反，净利润少则说明企业的经营效益就差。因此它是衡量一个企业经营效益的重要指标。

净利润增长率=(本期净利润－上期净利润)/上期净利润

（4）手续费和佣金净收入增长率。商业银行的手续费和佣金净收入已成为商业银行利润的一个新的增长源泉之一，相对于传统的存贷业务来说，商业银行的中间业务成本较低，盈利能力也较强，是商业银行业务的新的主要发展方向之一，手续费和佣金净收入的增长率集中体现了商业银行的中间业务的拓展能力和创新能力的强弱，其增长率越高，说明创新能力越强，发展潜力越大。其计算公式为：

手续费和佣金净收入增长率=(上期手续费和佣金净收入－本期手续费和佣金净收入)/上期手续费和佣金净收入

（5）贷款增长率。贷款增长率能够衡量银行信贷政策实施方式的创新程度、银行对货币政策工具的管理和运用是否科学以及金融机构的信贷结构是否优化的重要的方式。因此这一指标是银行发展能力的非常有效的测量指标。

贷款增长率=(本期贷款余额－上期贷款余额)/上期贷款余额

（6）手续费和佣金净收入占比。这一指标是衡量银行中间业务收入的主要指标，从而进一步检测银行经营方式创新程度、业务结构和收入结构的优化程度以及银行盈利的主要方式。计算公式如下：

手续费和佣金净收入占比=手续费和佣金净收入/营业收入

第三节　商业银行绩效评价方法

商业银行是经营货币的特殊企业，采用不同的绩效评价方法对商业银行绩效评价，也会引导银行管理者和职工不同的行为，进而导致商业银行之间不同的绩效差异，即使对同一商业银行采用不同的绩效评价方法，也会得出不同的结论。因此，商业银行绩效评价的方法选择关系着银行的生存和发展，选择合适的绩效评价方法是银行绩效评价工作的核心环节。

一、杜邦分析法

杜邦分析法（The Du Pont Analysis）是由美国杜邦公司的经理创造的，它是利用几种主要的财务比率之间的关系来综合分析企业财务状况的一种方法。1972 年，美国学者戴维·科尔将杜邦财务分析体系引入银行管理领域。这种方法的核心就是把各种含义财务指标之间的关系绘制成杜邦分析图（见图 12—2）。

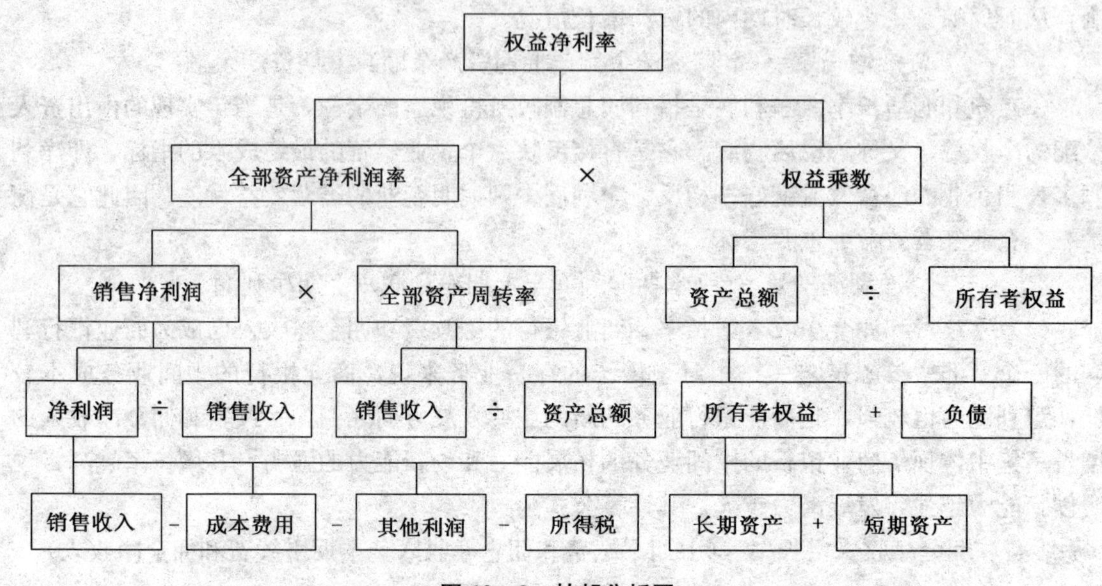

图 12—2　杜邦分析图

附注 1：权益净利率＝全部资产净利润率×权益乘数

附注 2：全部资产净利润率＝销售净利润×全部资产周转率

附注 3：销售净利润＝净利润÷销售收入

附注 4：净利润＝销售收入－成本费用－其他利润－所得税

附注 5：全部资产周转率＝销售收入÷资产总额

附注 6：所有者权益＝长期资产＋短期资产

附注 7：权益乘数＝资产总额÷所有者权益

附注 8：资产总额＝所有者权益＋负债

杜邦财务系统以所有者权益净利率为核心指标，将偿债能力、资产营运能力、盈利能力有机地结合起来，层层分解，逐步深入，这样就可以全面、系统的揭示企业的财务状况，以及在财务状况系统内部各个因素之间的相互关系。这样就可以把全部资本报酬率这样一个综合性指标发生升降的原因具体化，落实到银行生产经营的各个领域和部门，指导和协调各级管理人员的决策和行动。

然而，从综合绩效评价的角度来看，杜邦分析法只包括财务方面的信息，不能全面反映银行的综合实力，具有很大的局限性：①局限于事后财务分析，杜邦分析法仅能反映银行过去的经营情况，从而不利于有效地计划、控制和决策，不能揭示银行未来的发展潜力。②杜邦分析法仅对短期财务结果过分重视，而忽略长期的价值创造，这将会助长银行管理层的短期行为。③杜邦分析法仅注重财务指标的分析，而在当前社会，客户、内部流程和银行的技术创新等对银行经营情况的影响越来越大，杜邦分析法在揭示这些因素所起的作用时显得无能为力。

二、经济增加值法

1982年，一家咨询公司提出了经济增加值（Economic Value Added，EVA）的绩效评价方法，经过美国商业界10年的推广和应用，EVA在表现良好的公司中逐渐扎根，并开始引起了媒体的关注。这种绩效评价方法在1993年9月20《财富》杂志中的“EVA——创造财富的关键”一文中得到了完整的描述。

经济增加值指的是经营所得在支付所有成本之后的剩余部分。它表示了净利润与投资者用同样资本投资其他风险相似的项目的最低回报相比超出或低于后者的量值。EVA优于传统指标的地方就在于它充分考虑了股权资本的机会成本，其衡量银行业绩和投资者价值是否增加的思路是公司的投资者可以自由地将他们投资于公司的资本变现，并将其投资于其他资产。因此，投资者应从公司至少获得其投资的机会成本。也就是说，从经济利润中扣除按权益的经济价值计算的资本的机会成本才是股东从经营活动中获得的增值收益。因此，以EVA为基础的绩效评价体系全面调整了公司的损益表和资产负债表数据，并且克服了会计报表上没有全面考虑资本成本的缺陷，更容易实现企财务管理系统的一体化。EVA的计算公式为：

EVA＝税后净营业利润－资本总额×加权平均资本成本

经济资本成本＝经济资本总额×资本最低回报率

经济资本总额＝表内外风险资产×8%(选取商业银行资本充足率的最低标准)

经过计算，如果EVA＞0，表示企业获得了净收益，即企业经营者创造了新的价值，反之，若EVA＜0，则表示企业获得的收益无法弥补其投入的资本，股东利益则受损害。传统会计利润指标与EVA的区别（见表12－1）

表12－1　　传统会计利润指标与EVA的区别

传统会计利润指标	EVA指标
忽视了货币的时间价值，牺牲企业长远利益	指标衡量了包括股权成本在内的全部资本成本，增强了股东对经营者的监督力度，并将二者利益紧密结合起来
会计利润不能解释股东价值的创造过程	通过会计利润基础上的调整，能够全面、正确地反映经营者的业绩
不考虑股权资本的成本，引发短期和粗放经营行为	体现了企业的持续获利能力，从而可以衡量决策是否为企业带来长期的价值创造能力

该方法的缺陷：①EVA 是一个绝对值，不便于不同规模银行之间绩效比较；②无法从根本上杜绝盈余管理和利润操纵行为。实践中，银行经理人可通过推迟费用的确认、提前收入的实现、降低一些必要的支出来包装绩效，因而与其他财务指标一样可能会使银行有短期行为，不利于银行的长期发展；③EVA 本身仍然是单一的财务指标，没有将非财务指标纳入其中，无法对银行财务资本之外的其他方面进行有效地评价；④EVA 指标仅仅反映的是银行经营的最终结果，不能体现银行发展战略的具体需要。

三、平衡计分卡法

（一）平衡计分卡产生的背景

20 世纪初，许多部门公司运用杜邦分析法作为企业绩效评价的方法，20 世纪 90 年代随着公司财务体系的不断扩大，产生了基于价值和经济增加值的绩效评价体系。然而，在今天竞争日益激烈的环境下，即使最好的财务体系也无法涵盖绩效评价的所有的特点，此时，平衡计分卡应运而生。平衡计分卡是 1992 年由哈佛大学商学院卡普兰教授和诺兰·诺顿研究所的所长诺顿教授经过近两年的合作研究提出来的。

平衡计分卡自产生以来就受到了广泛的关注，并在理论界和实务界的共同努力下不断发展，如今已经成为战略管理的重要工具。平衡计分卡以企业的战略为导向，以管理为核心，以各个方面相互影响、相互渗透为前提，以综合、平衡为原则，建立起来的一个网络式的绩效评价系统。其核心思想是通过财务、客户、内部流程、学习成长四个方面指标之间相互驱动的因果关系来展现组织的战略轨迹。平衡计分卡中的每一项指标都是一系列因果关系中的一环，通过它们把相关部门的目标同组织的战略联系在一起，而“驱动关系”一方面是指平衡计分卡的各个方面的指标必须代表业绩结果与业绩驱动因素的双重含义，另一方面是指平衡计分卡本身必须是包含业绩结果与业绩驱动因素双重指标的绩效评价系统。平衡计分卡实现了财务指标与非财务指标之间的平衡，长期目标与短期目标的平衡，结果和动因的平衡多个方面，所以能反映组织的综合经营状况，使业绩评价趋于平衡和完善，有利于企业的长远发展。

（二）平衡计分卡法评估的四个方面

平衡计分卡的基本内容包括四个方面，即财务方面、客户方面、内部流程方面、学习与成长方面。这种计量的多样性包含着目的性的统一，因为所有的计量都直接指向战略。它提供了一个综合性框架，由此可将公司的战略目标以一系列紧密相连的目标来表现并对企业实现目标的情况进行计量，在平衡计分卡中，以上四个方面是相互影响的，并依据一定的因果关系紧密联系起来。

1. 财务方面

财务方面主要从股东角度来看企业增长、利润率以及风险战略。它体现了战略目标对于财务绩效的要求，同时也是平衡计分卡其他方面指标要达到的最终结果。财务指标够反映企业的战略以及实施和执行是否为最终经营结果的改善作出贡献，直接体现股东的利益。因此，财务维度是其他三个维度的出发点和归宿，其他三个维度的改善必然会反映在财务指标上。常见的指标包括：总资产收益率、净利差率、不良贷款率、资本充足率、流动性比率、存贷比等。

2. 客户方面

客户方面主要反映企业创造价值和差异化的战略，体现了银行对外界变化的反应。只有了解客户，不断地满足客户的需求，产品的价值才能够得以实现，银行才能获得持续增长的经济源泉。平衡计分卡中重新强调了“客户至上”这个思想，指出其在实现银行利润中的关键地位，银行工作除了在吸引新用户上加大力度之外，还要积极保留旧的客户，提高客户满意度和忠诚度。商业银行客户指标大致包括市场占有率、顾客满意度、客户保持率、客户增长率等。

3. 内部流程方面

内部流程主要反映如何使业务流程满足客户和利益相关者需求的优先战略。内部流程是指从确定客户的要求开始到能够研究开发出满足客户需要的产品和服务项目，制造并销售产品或劳务，最后提供售后服务，满足顾客需求的一系列活动。它是银行改善经营业绩的重点，客户各种需求的满足以及利益相关者价值的实现，都要靠企业内部良好的运作方式来维持，都要从内部流程中获得支持。商业银行内部流程指标大致包括服务时间服务质量、案件、事故差错发生率等。

4. 学习和成长方面

学习与成长方面主要反映银行如何创造一种支持银行变化、革新和成长的氛围。银行的成长与员工能力素质的提高息息相关，而且从长远角度看，银行唯有不断学习和创新，才能实现长远的发展。学习和成长方面主要衡量的是商业银行如何保持创新、变化和不断提高的能力。在目前日益激烈的竞争市场环境里，商业银行的学习和创新能力是决定银行竞争力的关键因素。主要指标有员工满意度、员工培训率、员工保持率、创新产品和服务数量。

平衡计分卡法的四个维度不是毫不相关的四个维度，而是具有紧密的内在逻辑关系的。这些逻辑关系表现为前后相应，因果相照的关系。财务指标是商业银行最终的追求和目标，也是股东最关心的部分，而银行要提高其在财务指标方面的表现，就必须树立“客户至上”的观念，不断满足客户的需求，提高客户的忠诚度。要不断提高客户的满意度，就必须从自身下手，不断提高银行内部流程的运营效率；而提高商业银行内部流程效率的前提是商业银行的员工不断进行新技术、新知识的培训学习，以适应新时代发展的需要，所以说平衡计分卡四个维度是一个有机的整体（见图12—3）。

平衡计分卡所认定的四个方面是建立在大量的调查与研究基础之上的。财务方面的指标主要是衡量股东们对企业的评价；客户方面的指标主要是考察客户对企业的评价，从客户的角度看企业的价值；内部流程方面的指标考查的是与银行的运作效率，效果有关的一系列问题；而学习与创新指标则考察银行能否持续的成长和不断地创造新的价值，所以，与传统的企业绩效评价方法相比，平衡计分卡具有以下优点：①评价指标体系的全面性，即平衡计分卡所设计的评价指标体系做到了财务指标与非财务指标的有机结合，能够对银

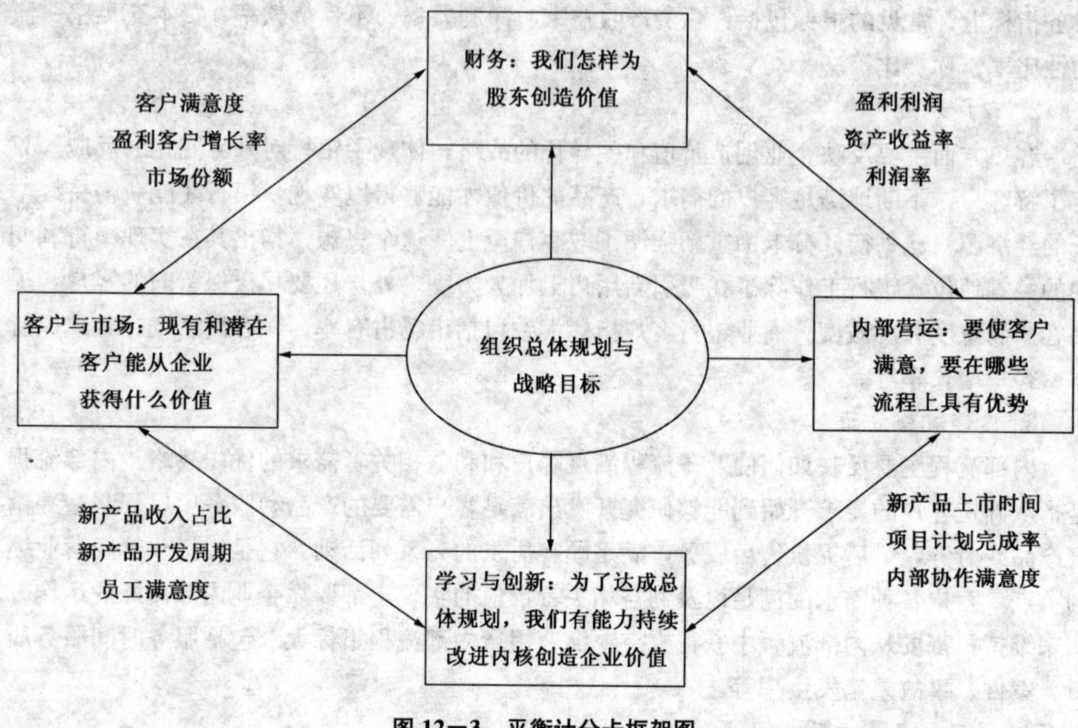

图 12—3　平衡计分卡框架图

行的经营业绩和竞争能力进行系统的评价。②评价内容的广泛性，即平衡计分卡的内容除包括财务外，还包括客户、内部流程、学习与成长等方面，以便对企业的经营业绩和发展潜力加以系统评价。③评价作用的能动性，即平衡计分卡既是一种评价系统，也是战略管理的重要组成部分，还是一种银行管理制度。④评价指标的长期性，即平衡计分卡从银行战略的角度，对银行的经营业绩和竞争优势进行评价，有利于银行的决策和目标从短期型向战略型转化。

表 12—2　商业银行绩效评价方法比较

评价方法 / 比较项目	杜邦财务分析法	经济增加值法	平衡计分卡法
产生背景	工业经济时代 卖方市场	知识经济时代 买方市场	信息时代 买方市场
管理思维	利润最大化 股东至上	财富最大化 股东至上	战略中心主义平衡
管理方式	财务管理	财务管理	战略管理
指标选择	按杜邦公式分解的单纯的财务指标	EVA 单一指标	按 BSC 模型分解的财务与非财务指标

续　表

比较项目 \ 评价方法		杜邦财务分析法	经济增加值法	平衡计分卡法
及时性	及时程度	差	差	较好
	客观程度	较好	较好	一般
	执行成本	最低	较低	较高
	战略契合程度	较差	较差	最好

本章小结

1. 商业银行的绩效评价是指运用数理统计和运筹学原理，采用特定的指标体系，对照统一的标准，遵循一定的程序对商业银行的绩效做出公正、客观和准确全面的考核和评价。它是商业银行进行自我管理和改进经营绩效的依据，是商业银行决策者进行科学决策的前提和基础。

2. 商业银行绩效评价的作用包括：发现和处置风险；创造公平的金融环境；发挥资源配置指示器作用；提供监管依据。

3. 商业银行绩效评价大体上可由以下几个要素组成：评价主体；评价客体；评价指标；评价标准；评价方法。

4. 商业银行的财务绩效水平的高低主要表现为盈利性、安全性、流动性三个方面，进一步通过考虑银行市场占有能力和持续发展能力的重要性，因此结合上述指标选取原则，参考相关文献资料，最终将商业银行的财务绩效评价指标分为盈利性指标、安全性指标、流动性指标以及发展能力指标四大类。

5. 杜邦财务系统以所有者权益净利率为核心指标，将偿债能力、资产营运能力、盈利能力有机地结合起来，这样就可以全面、系统的揭示企业的财务状况，以及在财务状况系统内部各个因素之间的相互关系，就可以把全部资本报酬率这样一个综合性指标发生升降的原因具体化，落实到银行生产经营的各个领域和部门，指导和协调各级管理人员的决策和行动。

6. 经济增加值指的是经营所得在支付所有成本之后的剩余部分。它表示了净利润与投资者用同样资本投资其他风险相似的项目的最低回报相比超出或低于后者的量值，EVA 优于传统指标的地方就在于它充分考虑了股权资本的机会成本，其衡量银行业绩和投资者价值是否增加的思路是公司的投资者可以自由地将他们投资于公司的资本变现，并将其投资于其他资产。因此，以 EVA 为基础的绩效评价体系全面调整了公司的损益表和资产负债表数据，并且克服了会计报表上没有全面考虑资本成本的缺陷，更容易实现企财务管理系统的一体化。

7. 平衡计分卡以企业的战略为导向，以管理为核心，以各个方面相互影响、相互渗透为前提，以综合、平衡为原则，建立起来的一个网络式的绩效评价系统。其核心思想是通过财务、客户、内部流程、学习成长四个方面指标之间相互驱动的因果关系来展现组织的战略轨迹。

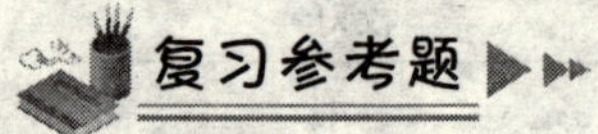

1. 名词解释。

比率分析法　比较分析法　趋势分析法　杜邦分析法　资本充足率　资产利润率　资本利润率　流动性比率　存贷款比率　净值收益率

2. 试述成本与费用的关系。

3. 简述商业银行的利润是如何形成的。

4. 试述财务分析的意义。

5. 如何进行商业银行的财务评价？

6. 你认为我国目前的财务分析指标体系应进行怎样的改进？

第十三章　商业银行未来发展趋势

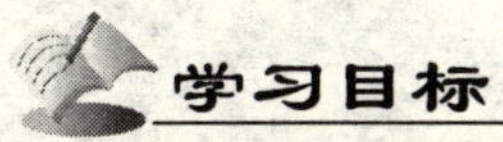

学习目标

商业银行经营管理水平不仅取决于自身的条件和能力，也受外部环境的影响和制约。商业银行的外部环境是不断变化的，有些变化可以事先预料，更多的是难以预料的；有些变化是局部的、暂时的，有些则是系统的、全局的。加强对银行外部经营环境的分析，更准确的预期未来变动趋势，对提高商业银行经营管理水平，防范金融风险，提高经营效益具有重要意义。

1. 知识目标

※认识现代商业银行外部环境变化及面临的挑战；

※了解现代商业银行未来发展趋势。

2. 能力目标

※结合国际国内经济形势的变化，分析我国商业银行所面临的机遇和挑战；

※展望我国商业银行的未来发展趋势。

案例导入 13-1

美国加快重塑金融监管体系

2010 年 7 月 21 日，美国总统签署了金融监管改革法案，业内人士普遍估计，要把法案中的原则和框架落到实处，还需一年乃至更长的时间。期间，华尔街、政府监管机构、相关利益集团间围绕监管规章细则的制定展开异常激烈的博弈。

1. 五大措施修补金融机制漏洞

从宏观的角度看，金融监管改革法案的宗旨是保护消费者，强化对金融投资产品的监管，修补金融机制漏洞，避免重蹈 2008 年金融危机的覆辙。改革涉及五个领域。

第一，建立新的消费者保护机制。在美联储内组建新的消费者金融保护局，该局的职权范围包括：监管大金融公司、贷款企业等大机构执行消费者保护条例的情况；确保金融服务收费等相关方面的透明和公正等。

第二，完善金融风险预警机制。成立金融服务监管委员会，专事捕捉金融市场新出现的风险苗头。该委员会成员包括现任财长级的高官，使得该委员会权限很大，例如，在不得已的情况下甚至可要求金融机构出售资产以化解风险等。

第三，主导企业重组权。该法案授权联邦储蓄保险公司，可对问题严重的金融企业进行接管乃至重组，并确保纳税人在拯救这类企业中不受经济损失。

第四，收紧金融企业的投资权限。银行用于资产对冲或私有资产投资比例，不得超过总资产的3%，新的金融衍生品出台前将受到前所未有的严格审查。

第五，贷款机制改革。金融危机前，大量的银行及金融机构忽视最起码的放贷标准，导致次贷危机爆发，拖累美国乃至世界金融业面临第二次世界大战后最严重的金融危机。新的法案不但要严格监管银行未来的放贷模式，且规定银行要把贷款与其他资金作为投资衍生产品捆绑出售时，必须存留贷款额的5%。

2. 法案细则落实有待更多时间

实际上，布什政府后期，美国金融管理层就开始思考金融危机的根源，探讨对华尔街乃至美国金融业整体进行改革。奥巴马政府更是快马加鞭，于2009年6月推出了金融监管改革蓝图。之后，白宫和国会内的民主、共和两党，美国政府与华尔街等金融利益集团之间展开了长达一年之久的大辩论，终于使长达2300页的金融监管改革法案在国会众参两院先后获得通过，并于7月21日经总统签署生效。美国上下普遍认为，该改革法案涉及的广度和深度，堪称1933年大萧条以来之最。

改革法案最终成为法律经历了近两年的利益集团激烈博弈，而相关规章制度的细化、确定乃至落实，更将是一个各个利益集团较量的过程。根据法案，美国要进行70项相关专题研究，并产生250项新的规章制度。在美国政府上下及金融业内外，人们一致认为，新的金融监管改革法案不但涉及金融业的方方面面，而且对消费者和其他行业都将形成不可忽视的影响。只是这类影响要随着规章制度的细化及时间的推移才会逐步明晰，而金融监管改革法案要求的规章制度细化和落实，还需要更多时日才可完成。

资料来源：该文章作者为李正信，载于2010年8月7日《经济日报》。

请思考：

1. 美国为什么要重塑金融监管体系？

2. 我国金融监管体系与美国有什么不同？后危机时代应如何完善。

案例导入13-2

民生银行“事业部改制”

推进银行流程建设和事业部制改革是国内大型商业银行进行业务结构调整和战略转型的重要举措，也是当前中国银行业监管层督促商业银行尽快实施的机构改革方向。作为国内首家全面启动公司金融事业部制改革的银行，民生银行极具特色的事业部制模式值得国内其他商业银行学习和借鉴。民生银行事业部改制的总体思路是：在公司业务集中经营改

革的基础上，实行责权利结合，激励约束配套，优化运行机制，对公司金融主要产品线和行业线实施准事业部制度，迅速做大做强主要的利润增长点，促进全行公司业务转型和协调发展。

民生银行事业部改制的核心理念为：第一，公司化运作，战略定位清晰，人财物配套，责权利对应，激励约束清晰；第二，专业化销售，基于产品和客户细分建立专业化的营销架构和团队，业务单元之间边界清晰，明确的协作模式和收入共享机制；第三，专业化管理，管理流程化，致力于提升制定规则、资源配置、决策支持和集中营运管理能力；第四，专业化评审，在各个事业部内进行产品/行业专业评审。

为了卓有成效地进行事业部改制，民生银行分三个阶段进行改革。

第一阶段，分行集中经营改革。2006 年 7 月，民生银行将公司业务营销平台从全国 246 家支行上收到分行，成立了煤炭、焦炭、冶金、电力、化工、交通、机械等 176 个行业金融部，并按照公司化运作理念，对公司金融主要产品线和行业线实施准事业部制，使分行成为公司业务的基本单元，所有支行专注于零售业务的经营，不再经营批发业务。通过这一阶段的改革，初步明确了公司业务各条线的发展规划、市场定位，形成了专业化团队、专业化营销和专业化评审的经营格局，为一年后启动的公司事业部制改革创造了条件。

第二阶段，事业部改制全面快速推进。2007 年 7 月，民生银行高层在分行长会议上正式宣布，即将进行彻底的公司事业部制改革。2007 年第三季度，建立四大事业部，即贸易金融、金融市场部、投行部、工商企业部。到 2007 年第四季度，建立 6 个总行直属的行业部，包括机构金融部、能源金融部、房地产金融部、交通金融部、冶金金融部和电子电信金融部。同年 11 月，民生银行事业部制改革实施小组坐镇广州、深圳，实施分行改革试点，此后仅用了 43 天就完成了 24 家分行的事业部制改革推广，新成立的八大公司事业部于 2008 年 1 月进入正式运营。

第三阶段，管理与服务能力的综合提升。这一阶段的任务是：提升公司业务线的整体管理能力，完善利润中心的业务运作机制，使中后台管理流程化、标准化；完成分支行的重新定位和职能调整；IT 系统全面改造升级；打造租赁公司、基金公司、信托公司平台，形成国内银行业较全面的公司金融体系。民生银行计划到 2010 年，公司金融业务全面集中到总行，成立公司金融批发银行事业部总部，全面实行事业部管理和运作。

截至目前，民生银行在事业部硬件方面的改革已经基本完成，但在配套软件建设上还存在较多后续需要解决的问题，包括内部运行机制、制度流程框架与利益分配关系还需要进一步理顺，中后台配套改革滞后、支撑能力不足，专业人才队伍比较缺乏等。最为突出的是，在改革过程中，由于传统的利益格局被打破，而新的利益格局尚未形成，加之业务边界划分不清晰，产生了所谓事业部“强势群体”与分行“弱势群体”的利益之争。但是，必须看到自 2008 年年初，民生银行事业部正式运营两年多以来，面对金融危机影响下复杂多变的经营环境，通过细分行业业务结构及客户结构、灵活配置业务资源、专业评审、分级监控、专业贷后管理等多层次防控风险，表现出了良好的专业运作优势，可以说改革已经取得了超出预期的效果。

当今社会，银行组织架构调整的基本方向是跟随市场需求，根据更好地适应客户需要、更有效地节省成本和更有效率地组织推动等原则去确立自己的管理体制，而不是简单地“客户驱动”或“产品驱动”。民生银行事业部制改革是我国银行业走向组织架构现代化，运作模式规范化、国际化的一个重要标志，作为银行业未来组织架构改革的方向，对于其他银行的改革将会起到示范效应。

资料来源：招商证券研究报告．“民生银行——模式创新把握新一轮竞争机遇”，2009.03.04。

请思考：

1. 民生银行极具特色的事业部制模式的核心是什么？

2. 如何理解民生银行事业部改制的核心理念？

第一节　商业银行面临的挑战

从资本主义萌芽时期意大利的板凳银行到现在的虚拟银行，商业银行的经营内容、组织方式、功能及对经济的影响发生了巨大变化。20世纪80年代后期开始的信息技术革命，催生了以计算机技术为基础的新经济，加速了经济全球化、金融一体化的步伐。特别是进入21世纪以后，低碳经济发展已成为新的经济增长点，美国次贷危机的爆发，引发全球金融版图发生变化，金融风险不断升级，金融监管力度进一步增强，现代商业银行面临着空前的挑战。

一、国际资本监管约束商业银行发展

2008年金融危机爆发后，总结本轮国际金融危机的教训，巴塞尔委员会正在对资本监管国际规则进行根本性改革。改革范围包括：扩大监管资本覆盖风险范围和捕捉风险的能力，包括交易业务、资产证券化交易、交易对手信用风险和交叉性风险；提高监管资本工具的质量，强化资本的损失吸收能力；建立简单的、透明的杠杆率监管标准，弥补资本充足率的缺陷；建立反周期超额资本监管框架，弱化银行体系与实体经济之间的正反馈效应；对大型复杂银行提出附加的资本要求，降低“太大不宜倒”带来的道德风险；重新确立资本充足率监管标准。按照G20领导人匹兹堡峰会的要求，2010年年底巴塞尔委员会将完成改革方案的设计，2012年年底包括20国集团成员开始执行新的资本监管制度。

2004—2008年，为达到资本充足率监管要求，避免被监管当局采取强制性监管措施，国内银行主动降低信贷扩张速度，银行业贷款增速由2003年的21.4%分别下降到2004年的14.3%、2005年的12.8%、2006年的14.6%、2007年的16.4%和2008年的18%。这不仅收缩了资本需求，推动了资本充足率提高，而且控制了信贷风险，降低了资本消耗。2009年，为支持国内经济尽快复苏，银行业新增贷款达到创纪录的9.59万亿元，贷

款增速达 32.8%。贷款高速增长直接扩大当期资本需求，带动银行业平均资本充足率由 2008 年年底的 12%下降到 11.4%。而且，一般来说，贷款高速增长将通过下面两个相互联系的渠道影响商业银行中长期资本充足率水平。

（一）信贷损失渠道

国内外实证研究结果表明，通常情况下贷款超速增长之后的几年里不良贷款将上升，商业银行需增提贷款损失准备金以吸收信贷损失，由此将导致银行盈利水平下降，甚至动用资本冲销损失，削弱银行资本积累能力。伴随快速信贷快速增长而来的贷款质量下降是陷入财务困境银行的共同特征之一。

从 2009 年国内银行新增贷款结构来看，相当一部分贷款投向了地方政府的融资平台以及波动性较高的房地产行业，资产质量向下迁徙的压力很大。

（二）信贷供给渠道

理论分析表明，即使实体经济增速下降导致信贷需求收缩，为防止存量贷款的质量恶化，并维护信贷关系，银行仍倾向于对现有项目提供信贷支持，信贷供给的回落通常滞后于实体经济。因此除非实行特别控制措施，信贷供给的黏性将推动国内银行业仍维持较高的信贷扩张速度，况且为支持实体经济的持续增长，也有必要保持相对较高的信贷增长速度。

因此，从我国的情况来看，未来 2～3 年国内银行的每年新增贷款约在 6 万亿～8 万亿元之间，在不考虑其他因素的情况下，银行业每年需补充资本 5000 亿～6000 亿元，才能维持目前的资本充足率水平。如果采取严格信贷紧缩措施，可能导致不良资产较快显现，信贷损失渠道将发挥作用，同样加大了对资本的需求。

面对国内信贷高速增长和国际上日趋严厉的资本监管制度，商业银行资本管理将面临一系列新的约束条件，这种变化趋势将逐步对商业银行的资本管理、业务发展、风险管理理念和制度建设等方面产生实质性影响。

二、资本市场发展使商业银行地位下降

20 世纪 80 年代以来，市场经济发达国家资本市场的发展使金融脱媒化日益严重。资金的融通越来越远离银行，直接融资成为企业和投资者普遍接受、乐意使用的途径。金融脱媒为金融市场业务提供了广阔的平台。企业债、公司债、短期融资债、中期票据、股票等直接融资比例逐年上升，银行融资主导作用下降，资金的供给方绕开商业银行媒介体系，直接将资金输送到资金需求方，造成银行大型优质客户流失，银行存款增速减慢、放贷困难、银行融资地位下降、利差收入减少等一系列问题。

（一）对商业银行存款业务的影响

资本市场的迅速发展所引起的社会资金分流，既影响了商业银行的存款总量，又影响了商业银行的存款结构。从总量来看，资本市场的发展为广大的居民和机构提供了更多的投资渠道。为了获得更高的收益，他们纷纷从商业银行提取存款购买股票、债券、证券投资基金、保险等资本市场金融工具，因而直接影响着商业银行对于存款的吸收。另外，随

着人们风险意识和投资意识的增强以及社会保障制度的改革，保险公司尤其是投资类险种的出现（如分红保险）对商业银行存款的冲击也不容忽视。因此，资本市场的迅速发展在相当程度上会引起商业银行现有存款的减少及存款增长速度的下降。从存款结构上看，投资者进行投资动用的是储蓄存款和企业存款，且这些存款多为定期存款，而回流的往往是活期存款或短期存款，这就导致商业银行资金来源的稳定性下降，期限缩短，从而不利于商业银行的经营管理。

（二）对商业银行贷款业务的影响

资本市场的发展首先影响了银行的贷款总量。一方面，由于存款规模的减少，商业银行可贷资金减少，因而贷款规模相应受到影响；另一方面，由于资本市场的发展使企业直接融资比例上升，通过银行间接融资的比重亦相应下降。其次，资本市场的发展也影响了商业银行贷款的结构。一方面，资本市场的发展使业绩好的企业纷纷到资本市场融资而不从银行或很少从银行贷款，导致从银行贷款的大多是效益不太好的企业，进而造成商业银行贷款的客户结构发生变化，风险上升；另一方面，由于企业在资本市场上筹集的主要是长期或永久性资金，因此，商业银行贷款的期限结构也相应发生了变化，短期流动资金贷款比重增加，长期固定资产贷款比重下降，银行利息收益受到影响。

由于资本市场发展对商业银行业务的上述影响，传统的贷款收入减少，因而对商业银行的盈利能力形成了冲击，商业银行的利润下降。

三、金融衍生工具增加商业银行经营风险

20 世纪 90 年代以来，金融衍生工具市场迅速发展，衍生合约每年以 40％的速度增长，衍生金融工具的年交易金额超过 3000 万亿美元。衍生工具具有部分冲销金融资产价格波动的功能，被企业甚至金融机构普遍视为有效的风险管理工具。企业在经营中遇到利率风险、汇率风险或者价格风险时，通常要求银行提供衍生工具帮助其规避风险，这就导致衍生工具交易主要集中于大银行。

对于银行而言，向客户提供衍生工具可以增加手续费收入，同时又不必增加其资产或者负债，是一件有利可图的事情，只要能够确定一个合理的报价，银行不会增加太多的风险。此外，银行可用较低的成本对冲基础市场交易的风险，增强了金融资产的流动性。但是银行很少能完全将客户的风险转嫁出去，而是持有部分头寸，进行投机性炒作，这样的行为必然给银行带来各种风险。

（1）市场风险。衍生合约的市场价值对基础市场的利率、汇率、股市指数等变化高度敏感，其反映基础市场的波幅也很大。

（2）信用风险或对手风险。即合约的任何一方违约的风险。衍生合约需要连续对冲才能减少市场风险，一旦环环相扣的对冲中出现对手违约，往往引发连锁违约，从而增加了市场总体信用风险。

（3）流动性风险。许多场外交易的衍生工具往往是量体裁衣制定的，缺乏标准性和规范化，不仅难以在市场上标价，而且也难以转售。

（4）经营风险。即内部管理人员不了解衍生工具的复杂性，管理系统不健全，不能适应突发性市场变化而产生的风险。

（5）结算风险及各国法律不统一和管理条例变化产生的风险。

由于衍生工具交易的杠杆作用较大，如果单纯从事投机性炒作而看错市场又不及时止住，必将会蒙受巨大损失。英国巴林银行的里森因期货交易亏损而导致具有230多年历史的老牌投资银行倒闭，便是惨重的教训。衍生工具的广泛使用，使银行面临一系列特征迥异的新风险，甚至在不知不觉中遭遇灭顶之灾。可以说正是衍生工具加深了银行管理层对金融风险的认识，改变了人们对传统金融风险的看法。"水能载舟，亦能覆舟"，衍生金融工具作为银行进行风险头寸管理的有力工具和一项有利可图的表外业务，必然会得到进一步的发展，但是衍生工具本身所造成的有别于传统信贷风险的新的风险还需要建立一套更加严谨和有效的管理体系。银行风险管理体系将更复杂，风险管理的范围及深度都将大大超过目前的银行风险管理。

四、金融市场的国际化加大了商业银行的汇率风险

从全球角度看，金融市场的国际化已经进入一个快速发展、不可逆转的阶段，利用得当，国际化不断推进的金融市场可以提供低成本便利的资金来源，外资可能大量流入银行体系，促使银行资产负债规模快速扩张，加速经济发展。但当银行的资产负债结构不合理时，大规模资本流入使银行的流动性出现大幅度摆动，银行资产大幅膨胀和紧急收缩交替出现，流动性管理难度加大，并且容易引起影响全局的风险，甚至导致金融危机的爆发。同时由于银行体系保持巨额对外负债，面临着很大的汇率风险，可能遭受汇率意外贬值和升值引起的损失，造成外汇市场大幅波动的风险。

五、非银行金融机构对商业银行形成挑战

从国际金融业的发展来看，由于金融创新和金融自由化步伐的加快，因此，各国纷纷放宽金融管制，与此相伴随，混业经营已成为世界潮流。在这种情况下，其他非银行金融机构如储蓄贷款协会、信用社、证券公司、人寿保险公司和某些金融公司纷纷涌入传统的商业银行经营领域，从而使得商业银行传统业务优势丧失，进而面临的对手空前增多。在英国，这一特点尤其表现在建筑协会通过结构重组，大量地向银行转变。我国金融业亦面临着同样的问题。从20世纪80年代信托机构大办银行业务到目前证券投资基金及保险公司对商业银行存款的分流，如此等等，都表明商业银行将面临来自非银行金融机构的激烈竞争。而且，当前我国实行的还是分业经营，且金融创新步伐较慢，金融自由化程度不高，应该说，这些因素在很大程度上限制了非银行金融机构对于商业银行的冲击。可以预计，随着这种情况的改变，非银行金融机构对商业银行构成的威胁将会大大增加。

第二节 现代商业银行的发展趋势

在信息技术飞速发展、金融创新和全球经济一体化的推动下，银行业正朝着以金融品牌为主导、以全面服务为内涵、以互联网络为依托的综合化、全球化、电子化、多元化、虚拟化的全能服务机构的方向发展。

一、银行经营国际化

经营国际化是当今世界经济发展的一个趋势，是全球一体化的必然结果。随着国际贸易与国际投资的迅速发展、商业银行竞争压力的加大、规避金融管制的现实需要以及欧洲货币市场的发展，20 世纪 60 年代以后，银行业务的国际化速度明显加快。20 世纪 90 年代以来，随着欧美经济的强劲发展，为实现业务的多元化和达到规模经济，西方发达国家的商业银行加快了国际化的步伐，不仅在国外广设分支机构提供传统的商业银行业务和投资银行业务，而且进行跨国并购实现资产经营一体化。

商业银行经营的国际化具有多方面的内容，主要包括银行机构国际化、银行业务国际化、银行市场国际化和银行管理国际化。其中比较重要的是银行机构的国际化和银行业务的国际化。银行机构的国际化主要通过在国外设立分支机构来实现，具体的组织形式可归纳为以下三种：①直接设立分支机构。这种组织形式主要适用条件宽松、外国法律允许的情况。②收购外国金融机构作为附属机构，附属机构可以全部或者部分归本国银行所有。通过这一方式，不仅可以避开设立分支行的限制，而且可以很快融入国外市场。③设立国外空壳银行，即在国外设立空壳银行吸收当地存款，吸收的资金由国内的分支行使用。这种组织形式主要是为了规避所在国法规的监管。目前，全球 70%以上的商业银行采用第一种组织形式，而很少采用第二种形式，以确保决策系统的高度集中和对各分行的全面控制。银行业务的国际化包括在国外向当地居民提供金融产品和服务与在境内提供国际业务。在境内提供国际业务是指在境内为本国居民提供外部金融服务，或者为非本国居民提供欧洲货币业务。

目前商业银行国际化进程已经从 20 世纪 70 年代在国外大量设立分支机构发展到利用电子记账、结算从事跨越国界的资金融通业务。现代商业银行国际业务范围很广，包括提供外汇、防止汇率和利率波动的资金套期保值、为贸易和资本扩张提供贷款和信贷担保、现金管理服务以及支持出口销售等。当前，最活跃的银行国际业务是帮助客户进行国外企业的并购，进入新的国际金融市场和开发新的金融产品，从而更好地满足国外客户和跨国公司的需求。

二、经营业务多元化

多元化是指商业银行以其传统的存款、取款和汇兑业务为载体，以金融创新为基础，兼营多种业务的市场行为。商业银行经营多元化主要包括资金来源多元化和经营业务多元

化两方面。

（一）资金来源多元化

商业银行资金来源的多元化主要是指除了传统的个人和企业存款之外，加快发展信用卡融资、票据融资、证券融资、外币融资等业务。资金的多少代表着商业银行的实力，而商业银行多依靠外部融资取得绝大部分资金，因此快速有效地取得高质量的资金对商业银行的稳健经营意义重大。商业银行要本着盈利性、流动性和安全性相统一的原则，做好多元化的筹资业务。

（二）经营业务多元化

经营业务多元化包括两方面内容：一是银行业务品种增加，即银行在原有的业务范围内，通过对资产、负债和中间业务产品进行的整合及完善，创造出新的业务品种；二是业务领域的扩大，即银行的经营范围从传统的银行业务扩张到证券、基金、保险、信托等业务领域。

经过 30 多年的改革开放，中国步入了财富积累的阶段，在强劲的经济带动、私营企业崛起、资本市场发展的带动下，未来中国财富市场会保持持续增长，为客户管理资产的市场需求迅速增长，这为银行理财产品市场的发展提供了广阔的空间，并进一步促进了我国商业银行业务的多元化。

三、银行资产证券化

近年来兴起的商业银行资产证券化是一种金融创新，它不同于银行的证券投资业务，代表着银行业一种新的发展趋向。商业银行资产证券化是指银行将自己的贷款资产转化为在金融市场上可以自由买卖的证券，使其具有流动性。具体表现在：①传统的银行信贷融资越来越多地被各种各样的证券融资所取代。②商业银行越来越多的通过把贷款资产转换为证券出售给投资者的方式来扩大资金的业务经营规模。在证券化过程中，商业银行只是充当了资金借贷双方的中介人，贷款本息由最后提供资金者所得，出卖贷款的银行只赚取一定的手续费。通过金融资产证券化，商业银行增加了经营业务和盈利机会，减少了金融风险和资本金要求，而且获得流动性。因此，资产证券化自诞生之后就发展迅速，但是必须看到它其实是一把“双刃剑”，同时带来了很大的风险。美国次贷危机中，资产证券化不断放大风险，大量的次级贷款转化为证券，证券又继续演变为各种金融衍生品。当次级贷款出现问题时，风险迅速蔓延，最终导致全球经济衰退。

四、业务经营电子化

在网络和通信技术的推动下，金融电子化在短短十几年间席卷全球，网络银行已成为全球金融市场一种崭新的运作模式，引导着银行业走向新的制度变迁之路。

（一）业务处理电子化

电子计算机网络的发展使得商业银行能为客户提供更加便利、快捷的金融产品和服务，如柜台服务以及自动柜员机（ATM）系统和销售终端机（POS）系统的广泛应用。

目前，商业银行所有的存款业务和通存通兑业务等都是通过电子计算机来完成的。自动柜员机系统不需要银行工作人员即时操作就能全天 24 小时不间断地提供服务，节假日也不例外，且服务范围广泛，包括取款、存款、查询存款余额、转账等，一些自动柜员机还能供国内外其他商业银行银行卡持有人取款。自动柜员机系统已经成为银行柜台服务不可或缺的一部分，实现了银行业务的延伸。销售终端机系统通过 POS 机的运用把银行、客户和商户之间的业务关系连接起来，客户在商户处购物获得服务后，可以通过商户电脑终端的 POS 机，直接从自己的银行账户中把所需款项划转至商户，因而节省了现金和支票的使用，加速了货币的流通。

近些年来，电子商务日渐兴盛，电子银行服务应运而生并不断发展，使得银行业务不断虚拟化。电子银行是银行传统柜台业务的延伸，它们使银行不再受营业地点、营业时间的限制，随时为客户提供所需的金融服务。作为电子商务的重要环节，电子银行正逐渐成为未来银行的主流模式。

对客户而言，电子银行给银行客户带来了全新的服务方式。一是电子银行的服务模式突破了时间和空间的限制，使客户在任何时间（Anywhere）、任何地点（Anytime），以任何方式（Anyhow）均能获得现代金融服务。二是网上银行具有方便、快捷的优势，客户在家中，即可轻松办理各类银行业务，除现金、支票等需要实物介质的业务之外，网上银行几乎可以办理其他所有的银行业务。

对银行而言，节约了大量运营成本。这里有一组数据可以说明：美国银行业对单笔交易成本的统计，网点为 1.07 美元，电话为 0.55 美元，ATM 为 0.27 美元，网上银行仅为 0.1 美元，网上银行的业务成本大大低于网点。

截至 2010 年 6 月，中国网民规模达 4.2 亿，手机网民 2.77 亿。中国电话用户数已经达到 11.3 亿，其中手机用户达到 8.3 亿。这表明社会信息化的发展已经形成了一个庞大的客户群体，为电子银行未来的普及和发展提供了广泛的客户基础。电子银行所具有的方便、快捷以及随时随地以任何方式办理多种金融业务的独特优势，在人们的数字化生活中具有广阔的应用前景，电子银行将逐渐成为银行服务的主要渠道。

（二）支付清算电子化

支付清算系统是伴随着经济活动而产生的对交易者之间、金融机构之间的债权债务关系进行清偿的一系列组织和安排。目前现代支付清算体系日趋电子化，自动化的金融交易系统的出现使得个人、企业、政府在市场经济中对商品和服务的购买更加便捷。电子商务的发展使得电子支付系统的地位和作用日趋重要，电子支付系统是实现网上支付的基础，网上支付则是电子支付系统发展的更高形式。

五、规模拓展并购化

银行并购是指在市场竞争机制的作用下，银行为获取被并购方的经营控制权，有偿购买被并购方的部分或全部产权，以实现资产经营一体化。银行并购一般有两种方式：兼并和收购。兼并是指两家或多家银行结合在一起。收购是一家银行通过购买另一家银行的股

票，成为绝对控股者，收购后的银行结构完全由买方决定。银行并购作为金融产业结构调整的载体，在当今世界金融活动中占有相当重要的地位。

从对美国银行业的研究发现，不同规模的银行有最佳的业务范围，不同的业务又有不同的规模化门槛。在美国 FDIC 担保的 7380 家银行中，仅有 27 家专业化的信用卡银行，116 家以汽车贷款为主的消费信贷银行，而专业化的抵押银行有 796 家，专业化的企业贷款银行多达 4720 家。由以上数据可以看出，信用卡业务的市场集中度最高，要求的资产规模门槛也最高，其次是以汽车贷款为主的消费信贷，抵押贷款居中，而企业贷款，尤其是中小企业贷款的市场集中度最低，规模化门槛也最低。

商业银行的各项业务沿着资产规模化与多元化的方向发展的过程中，规模化门槛最低的是中小企业贷款业务，依次向上是一般企业贷款、住房抵押贷款、财富管理业务、居民循环贷款、汽车消费贷款、信用卡、投资银行等业务。随着银行资产规模的扩大，新业务的规模化门槛被不断突破，银行可以开展的新业务也越来越丰富。反之，银行要引入新业务，就要扩大资产规模，突破资产规模门槛限制。

通过梳理国际银行业发展史可以发现，收购、兼并是国际活跃银行做大做强的重要途径，20 世纪 90 年代以来，金融全球化和信息技术革命导致全球银行业竞争加剧，国际银行业以前所未有的规模和速度展开跨国界跨行业的并购浪潮，推动着银行朝着业务全能化和服务全球化方向发展。这种并购产生了像花旗银行、汇丰银行、摩根大通银行和美国银行这样的超级银行。国际商业银行战略并购成功经验共同的特点是，把握经济周期低谷形成的金融资产价值低估的时机，进行套利并购，规模化和多元化扩张交替进行，形成全球化的资产配置和综合化运营平台。

美国两大金融机构美国银行和富国银行 2009 年 1 月 1 日分别宣布，已各自完成对美林公司和美联银行的收购。美国银行当天表示，已经完成以股票置换方式对美林公司的收购。根据美联社的报道，按照美国银行最新的股票收盘价计算，本次交易的账面价值约 194 亿美元。就此，美国银行资产规模约达到 2.7 万亿美元，超过摩根大通和花旗集团，一举成为美国最大的金融服务机构。同日，美国另一家主要商业银行富国银行宣布，按照 0.1991∶1 的比例交换美联银行股票，并已完成对美联银行的换股收购，账面交易总额为 127 亿美元。这起并购案让市场清晰地看到了富国银行强大的经济实力及其扩大公司在美国东部业务范围的决心。

战略并购的规模扩张功能，扩大了商业银行的客户规模和信贷资产规模，为业务多元化扩展提供了资产规模和客户规模基础。同时，在扩大了的资产规模平台上，某些业务的规模门槛被突破，战略并购的多元化业务功能为商业银行引入了新的业务，包括投资银行业务。这样通过规模并购扩大了银行的客户规模和资产规模，通过业务多元化的扩张为客户提供了更加多元化的业务，激活了客户潜在的金融需求，增加了客户对银行的利润贡献度，进而提高了非利息收入在总收入中的占比，推动了银行的业务结构和收益结构调整。商业银行通过战略并购进行的规模扩张和多元化扩张往往交替进行，规模扩张与业务拓展相互配合，呈现梯形扩张路径。

银行的并购能充分发挥并购双方在经营战略、组织结构、人才技术等方面的比较优势，进行优势互补，能产生协同效应，提高经营绩效。同时，银行并购能促进产业集中，使国际银行业逐步走向垄断。近年来，从国际银行业的并购情况来看，银行并购主要以超大型化为主，着眼于争取世界金融格局中的优势领导地位，带有进攻性和挑战性，呈现出从大银行兼并小银行走向强强联合的趋势。

商业银行金融创新与监管

1. 金融创新的动力和路径

经济金融发展的新形势要求商业银行加大金融创新的力度，这是商业银行金融创新的动力。

(1) 资本充足率的新要求加大了商业银行股本融资的压力。在总结了金融危机的教训之后，《巴塞尔协议Ⅲ》极大地提高了资本充足率的要求：2015 年年初，全球各商业银行一级资本充足率将从现在的 4%上调至 6%；由普通股构成的核心一级资本充足率，将从现在的 2%提高到 4.5%；同时还要求资本防护的缓冲资金总额不得低于风险资产的 2.5%；一周期的资本缓冲要达到 2.5%。按照这样计算，商业银行要达到安全经营，其资本充足率必须达到 12%～13%。这加大了商业银行股本融资的压力。

(2) 信贷扩张受到制约，直接金融比例必须提高。中国的货币超经济发行是客观现实：前 30 年，中国的货币化过程在不断推进，2000 年前，我们的生活资料、生产资料的商品化，吸纳了超经济的货币；特别是 2000—2005 年股市的大发展，房市、住宅的商品化，大量商品进入到市场中，吸纳了很多超额发行的货币；2008—2010 年的平均货币供应量超出 GDP＋物价 9 个百分点，这极大地透支了未来城市化过程中新的资产投入流通、吸纳超额货币的能力。当前，中国的 M2 已经是 GDP 的 2 倍，这种货币扩张态势不能再继续下去，未来的路只能是控制货币、搞活金融。控制货币就是控制商业银行的资产扩张，当前资本充足率要求的提高，以及我们经济货币化的程度，决定了银行的资本回报率不可能再像过去那么高，不可能再这样无限地创造货币。要依靠直接金融，必须要创新。

(3) 上市银行面临极大的利润压力。如果银行信贷扩张受到制约，资本充足率要求面临提高，商业银行只有通过金融创新提高资本回报率。创新最重要的动力，来自于资本充足率提高的要求以及信贷扩张受到的制约。商业银行减轻资本压力，增加利润来源的路径选择有几条。首先，腾挪资产，提高资产的运作能力。在资产总规模受限制的情况下，只能做结构调整，通过信贷资产的转让，如买卖贷款和信贷资产证券化实现。其次，发展不占用或少占用资本的中间业务。包括中间服务业务、委托代理业务、资产管理业务等。

(4) 资本创新，优化资本结构，充分发挥一级核心资本的作用，合理配置附属资本。现在《巴塞尔协议Ⅲ》提出的资本结构，对欧美银行业来说是一个极大的挑战，对中国银

行业来说则是一个极大的机遇。中国银行业的资本质量非常好，资本充足率远高于巴塞尔协议的要求，这给了我们充分发展附属资本、调整附属资本结构的余地。附属资本包括重估储备、一般准备、优先股、可转换债券、混合资本债券、长期次级债。我们除了重估储备和一般准备运用得比较好以外，优先股、可转换债、混合资本债、长期次级债，这四个工具在中国还远没有很好的应用，还值得开发。

2. 金融创新产品的监管

（1）法律关系分析。要弄清楚产品的法律关系是债权关系、股权关系还是信托关系。

（2）风险承担和风险转移分析。这个产品是谁在承担风险，能不能够转移风险，转移之后会产生什么问题？

全面的风险评估分析。产品有信用、市场，操作和道德风险。在风险转移产品中，道德风险是个非常重要的问题。证券化以后，在次贷基础上弄出的CDO、CDS发酵出来的很重要的问题就是基础产品的道德风险很大。

（3）按上述风险分析和评估确定风险拨备要求和资本占用要求。《巴塞尔协议Ⅲ》对几乎所有的风险都要求风险拨备，对银行所有的业务都提出了资本金要求。美国提出在金融机构倒闭以后，财政先垫钱，再向各大具有系统性风险的金融机构征收费用、分摊费用；英国提出要对商业银行征税，其实都是为了解决让商业银行的资本承担风险问题。

（4）金融产品是千变万化的，要弄懂所有的理论不容易，关键是产品信息披露，确立产品信息披露的方式与范围。信息披露的目的是为了动员投资者和市场，依靠投资者、市场的自律和监管者共同来监管这个产品。

我们来分析一下银行的产品：第一类是商业银行综合理财服务。其特点可以概括为：接受客户委托和授权；投资收益与风险由客户或客户与银行按照约定方式承担；向特定目标客户群销售。在约定的先期条件下，银行理财产品主要有三类：保证收益理财计划、保本浮动收益计划和非保本浮动收益计划。

第二类是信贷转让。各个银行地理位置、贷款的客户群、资金来源不同，因此银行之间的信贷转让是一类值得发展的产品。信贷转让最主要的问题是要防止道德风险。银行间在签署贷款转让主协议时，如果做了独立的尽职调查和风险评估，贷款风险是可以完全转让的。如果没有做独立的尽职调查和风险评估，监管当局应要求银行作风险留存，并计提相应的风险拨备和资本占用。如果信贷转让给了信托，就要求实现贷款的真实转让，而不能有回购协议。信贷转让是否会影响宏观调控？我认为，贷款转让给另一家银行，会占用贷款规模；贷款转让给信托，只要是真实转让，并不会创造新的货币，因此信贷转让并不会对宏观调控造成影响。

第三类是信贷资产证券化。引起这次金融危机最大的祸害就是次级按揭贷款证券化，在此基础上再次证券化做出了CDO，又在CDO的基础上做出了CDS。在此过程中，用分级的方式做证券的增信，把证券分成A、B、C三个等级，把C级留在销售机构的手里，就认为增信了，认为C级债券的风险都是由银行来承担的，而且作为一个独立的SPV销售出去了，当时还特别强调完全真实出售，移出表外。这次的巴塞尔协议对于真实出售也表示了不同意，提出只要还存在控制之内就要求资本计提和风险计提。我想我们能否把信贷资产证券化分级增信作为金融机构的监管要求提出来，而不仅仅是金融机构自身的风险分析。目前是由市场机构对信贷资产质量作评估，按照可能出现的不良贷款率确定C级债券的比例。比如100亿贷款中出风险的可能为3%，则有3%的债券是作为C级债券由发行机构自留的，这就等于保证了A级债券和B级债券的偿付力。如果不要求对SPV进行并表监管，那么能否对资产证券化的市场分级提出强制性的监管要求，强制性要求银行留存一定比例的风险，并对风险留存计提资本和拨备。这会极大地增加商业银行的成本，但也是防止资产证券化道德风险的一个重要措施。

3. 金融产品创新的指导思想

金融产品创新的指导思想主要是三点：服务经济，服务客户，力争双赢；坚持衍生产品可透视原则；坚持让客户可认知原则。

现在银行业很大的一个问题不是产品需求的供应方，而是产品需求的制造方。金融是一个服务业，不应该太主动地去制造需求，而应该了解客户，发掘客户需求，并帮助客户满足需求，这样才能够实现双赢。银行就是一个中介机构、服务机构，不应该做自营业务，成为客户的交易对手。沃尔克原则是对的，但由于华尔街的力量太过强大，沃尔克原则在美国没有得到很好的贯彻。金融机构设计产品时应当把市场上的需方和供方很好地结合在一起，服务经济，这是第一个原则。

坚持衍生产品可透视原则。如果看不见衍生产品的基础产品是什么，就看不见风险的真正承担者是谁，就无法控制风险。如果监管当局对看不见基础产品的衍生产品，提出更高的资本要求或风险拨备要求，就能限制衍生产品只能做到二次衍生，而不能做到三次衍生。

坚持让客户可认知的原则。银行在让客户对理财产品可认知方面做得太差，对于理财产品客户的风险教育有时是形同虚设。银行的理财产品之所以有那么多缺陷，却没有闹出大的社会问题，就在于理财产品上一旦出现风险，银行有条件悄悄替换资产，给客户补偿的余地。坚持让客户认知的原则，应该是各家商业银行坚持的原则。

资料来源：中国金融四十人论坛顾问吴晓灵《商业银行金融创新与监管》，2010年11月，有删节。

本章小结

1. 本章分析了商业银行面临着空前的挑战，主要表现在：更加严格的国际资本监管约束商业银行发展、资本市场发展使商业银行地位下降、金融衍生工具增加商业银行经营风险、金融市场的国际化加大了商业银行的汇率风险、非银行金融机构对商业银行形成挑战等几个方面。

2. 商业银行未来发展的趋势主要体现在银行资产证券化、电子银行逐渐成为未来银行的主流模式、商业银行经营国际化和业务多元化。

复习参考题

1. 试论述商业银行发展面临的挑战。
2. 银行经营的发展趋势是怎样的?
3. 结合商业银行未来发展趋势，试分析我国银行未来发展的方向。

参 考 文 献

[1] 甘当善．商业银行经营管理［M］．上海：上海财经大学出版社，2009.
[2] 王淑敏，符宏飞．商业银行经营管理［M］．北京：清华大学出版社，2007.
[3] 孙可娜．商业银行经营管理［M］．3 版．北京：机械工业出版社，2010.
[4] 张晓明．商业银行经营管理［M］．北京：清华大学出版社，2012.
[5] 姜波克．国际金融学［M］．北京：高等教育出版社，1999.
[6] 陈雨露．国际金融［M］．北京：中国人民大学出版社，2000.
[7] 王晋．国际金融理论与实务［M］．北京：中国财富出版社，2013.
[8] 苏综祥．国际结算［M］．4 版．北京：中国金融出版社，2008.
[9] 朱新蓉，宋清华．商业银行经营管理［M］．北京：中国金融出版社，2009.
[10] 温红梅，姚凤阁，刘千．商业银行经营管理［M］．大连：东北财经大学出版社，2011.
[11] 胡良琼，李远慧．商业银行经营管理［M］．北京：北京大学出版社，2012.
[12] 王红梅．商业银行经营管理［M］．北京：中国人民大学出版社，2009.
[13] 杨有振．商业银行经营管理［M］．北京：中国金融出版社，2003.
[14] 陈浪南．商业银行经营管理［M］．北京：中国金融出版社，2001.
[15] 任远，岳忠宪．商业银行经营管理［M］．西安：陕西人民出版社，2006.
[16] 刘瑛晖，阎永新．商业银行经营管理［M］．北京：首都经济贸易大学出版社，2004.
[17] 吴念鲁．商业银行经营管理［M］．2 版．北京：高等教育出版社，2009.
[18] 郭福春，李敏．商业银行经营管理与案例分析［M］．杭州：浙江大学出版社，2010.
[19] 薛誉华，郑晓玲．现代商业银行经营管理［M］．上海：复旦大学出版社，2012.
[20] 李春，徐辉．商业银行经营管理实务［M］．大连：东北财经大学出版社，2012.
[21] 韩宗英．商业银行经营管理［M］．北京：清华大学出版社，2010.
[22] 盖锐．商业银行经营管理［M］．北京：高等教育学出版社，2005.
[23] 唐旭，戴小平．商业银行经营管理［M］．成都：西南财经大学出版社，2000.
[24] 戴相龙．商业银行经营管理［M］．北京：中国金融出版社，1998.
[25] 李民辉．商业银行管理学［M］．北京：中国金融出版社，2011.
[26] 施晓春，周江银．商业银行会计实务［M］．北京：经济科学出版社，2013.
[27] 郭浩达，罗永宁．商业银行运营管理［M］．北京：中国金融出版社，2013.

[28] 杨宜．商业银行业务管理［M］．北京：北京大学出版社，2011.
[29] 程婵娟，周好文．商业银行财务管理［M］．西安：西安交通大学出版社，2012.
[30] 王启姣．商业银行会计实务［M］．北京：北京大学出版社，2012.
[31] 关新红，李晓梅．商业银行会计［M］．北京：中国人民大学出版社，2012.
[32] 谭遥．商业银行经营管理［M］．成都：西南财经大学出版社，2012.
[33] 朱静．商业银行经营管理［M］．北京：电子工业出版社，2012.
[34] 王晓芳．商业银行业务模拟［M］．北京：清华大学出版社，2012.
[35] 史建平．商业银行管理［M］．北京：北京大学出版社，2011.
[36] 何铁林，张涛．商业银行创新业务［M］．北京：中国金融出版社，2010.
[37] 赵素春．商业银行信贷业务［M］．北京：经济科学出版社，2010.
[38] 伏琳娜．商业银行客户经理［M］．北京：中国金融出版社，2010.
[39] 闫寒．商业银行柜台业务［M］．北京：中国财政经济出版社，2010.
[40] 陈颖．商业银行营销教程［M］．北京：中国人民大学出版社，2010.
[41] 蒋建华．商业银行内部控制评价［M］．上海：复旦大学出版社，2012.
[42] 虞群娥．商业银行国有股权研究［M］．北京：商务印书馆，2012.
[43] 庄毓敏．商业银行业务与经营［M］．北京：中国人民大学出版社，2010.
[44] 王光宇．商业银行信用风险管理［M］．北京：中国财政经济出版社，2010.
[45] 陆岷峰．商业银行声誉风险管理［M］．上海：上海财经大学出版社，2010.
[46] 赵勇．商业银行法人治理研究［M］．北京：中国金融出版社，2010.
[47] 席德应．商业银行机构金融业务［M］．北京：中国金融出版社，2010.
[48] 郝渊晓．商业银行营销管理学［M］．北京：科学出版社，2009.
[49] 张峻．商业银行新兴业务［M］．北京：中国金融出版社，2009.
[50] 李昭蓉．商业银行实用英语［M］．北京：中国金融出版社，2009.
[51] 周好文，何自云．商业银行管理［M］．北京：北京大学出版社，2008.
[52] 牛刚．商业银行清算业务［M］．北京：中国金融出版社，2008.
[53] 贾志丽．商业银行零售业务［M］．北京：中国金融出版社，2008.
[54] 彼得 S. 罗斯，西尔维亚 C. 赫金斯．商业银行管理［M］．8 版．刘园，译．北京：机械工业出版社，2011.
[55] 弗雷德里克·S. 米什金．经济科学译丛：货币金融学［M］．9 版．郑艳文，荆国勇，译．北京：中国人民大学出版社，2011.
[56] 沈吉利．商业银行法律基础知识［M］．上海：上海财经大学出版社，2011.
[57] 中华人民共和国商业银行法［M］．北京：中国法制出版社，2004.
[58] 中华人民共和国银行业监督管理法［M］．北京：中国法制出版社，2004.